S0-BYC-880

Instructor's Annotated Edition

LECTURAS

VENTANAS

Curso intermedio de lengua española

SECOND EDITION

José A. Blanco

María Colbert
Colby College

VISTA
HIGHER LEARNING

Boston, Massachusetts

Publisher: José A. Blanco
Vice President and Editorial Director: Beth Kramer
Managing Editor: Sarah Kenney
Project Manager: María Eugenia Corbo
Editors: Gisela M. Aragón-LaCarrubba, Armando Brito
Director of Art & Design: Linda Jurras
Director of Production and Manufacturing: Lisa Perrier
Design Manager: Polo Barrera
Photo Researcher and Art Buyer: Rachel Distler
Production and Manufacturing Team: Jeff Perron, Nick Ventullo

President: Janet L. Dracksdorf
Sr. Vice President of Operations: Tom Delano
Vice President of Sales and Marketing: Scott Burns
Executive Marketing Manager: Benjamín Rivera

Copyright © 2009 by Vista Higher Learning.

All rights reserved.

No part of this work may be reproduced or distributed in any form or by any means, electronic or mechanical, including photocopying and recording, or by any information storage or retrieval system without prior written permission from Vista Higher Learning, 31 St. James Avenue, Suite 1005, Boston, MA 02116-4104.

Printed in the United States of America.

Instructor's Annotated Edition: ISBN-13: 978-1-60007-606-0
ISBN-10: 1-60007-606-8
Student Edition: ISBN-13: 978-1-60007-602-2
ISBN-10: 1-60007-602-5

1 2 3 4 5 6 7 8 9-W-13 12 11 10 09 08 07

Instructor's Annotated Edition

Table of Contents

The **VENTANAS** Story

Vista Higher Learning, the publisher of **VENTANAS**, was founded with one mission: to raise the teaching of Spanish to a higher level. Years of experience working with textbook publishers convinced us that more could be done to offer you superior tools and to give your students a more profound learning experience. Along the way, we questioned everything about the way textbooks support the teaching of introductory and intermediate college Spanish.

In fall 2000, our focus was **VISTAS: Introducción a la lengua española,** a textbook and coordinated package of ancillaries that looked different and were different. **PANORAMA**, a briefer text based on **VISTAS,** followed in fall 2001. We took a fresh look at introductory college Spanish and found that hundreds of Spanish instructors nationwide liked what they saw. In just two years, **VISTAS** and **PANORAMA** became the most widely adopted new introductory college Spanish programs in more than a decade. Eight years later, **VISTAS** and **PANORAMA** are in their third editions. We now have six introductory programs in Spanish, five intermediate programs, and one advanced, as well as two in French, all of which have been received with excitement and acclaim by both students and instructors.

In our intermediate programs, we have worked to address a need that many Spanish instructors have expressed to us, that is, an alternative to the standard offerings for intermediate Spanish. Our authors and all of us at Vista Higher Learning are therefore excited to welcome you to the second edition of **VENTANAS**, our original intermediate college Spanish program. **VENTANAS** and its derivatives, **ENFOQUES** and **FACETAS**, share the hallmark user-friendly and video-integrated approach of our introductory programs, yet offer their own distinctive content, design, and coordinated print and technology components.

We hope that you and your students enjoy using the **VENTANAS** program. Please contact us with your questions, comments, and reactions.

Vista Higher Learning
31 St. James Avenue
Boston, MA 02116-4104
TOLLFREE: 800-618-7375
TELEPHONE: 617-426-4910
FAX: 617-426-5215
www.vistahigherlearning.com

Getting to Know VENTANAS

VENTANAS, Second Edition, is a unique, fully integrated intermediate Spanish program that emphasizes a student-friendly approach. It is designed to make learning Spanish an easy, rewarding experience for students. To accomplish this goal, **VENTANAS** takes an interactive, communicative approach. It focuses on real communication in meaningful contexts that develop students' speaking, listening, reading, and writing skills, all the while stressing cultural competency.

The **VENTANAS** program has two main components—**VENTANAS: Lengua** (the grammar text) and **VENTANAS: Lecturas** (the literary/cultural reader). Designed for flexibility, these two volumes are coordinated by lesson theme, grammar structures, and vocabulary, which allows them to be used jointly or independently.

VENTANAS: Lecturas

Here are some of the key features of **VENTANAS: Lecturas.**

- **VENTANAS: Lecturas** has a revised and expanded four-part lesson organization. **Cultura** opens the lesson with a relevant reading on the theme; **Cinemateca** further pushes discussion by presenting an authentic short film for each lesson; **Literatura** offers two thought-provoking literary readings for each lesson; **Conexiones** synthesizes each lesson with opportunities for presentations and discussion.

- **VENTANAS: Lecturas** was the first book to integrate authentic short films into the program. The expanded **Cinemateca** section now offers one film for each lesson, as well as access for students to view the films online at the **VENTANAS** Supersite.

- **VENTANAS: Lecturas** offers comprehensive pre-reading and post-reading support designed to facilitate understanding and strengthen students' reading and critical-thinking skills. **Antes de leer** sections provide background information, and teach valuable literary analysis techniques. **Después de leer** sections take students from basic comprehension of key ideas, to analysis and interpretation, and finally to personalized application of the readings' content.

- **VENTANAS: Lecturas** connects language learning with other disciplines through vibrant works of fine art, famous quotes, and the diverse topics of its readings.

- **VENTANAS: Lecturas** emphasizes academic essay writing through strategies and essay themes that engage students in critical thinking about the reading and film selections.

- **VENTANAS: Lecturas** provides numerous opportunities in each lesson to develop communicative skills in a wide variety of situations. At the end of every **Cultura** section, an **Opiniones** page expands the themes of the section with opportunities for group discussions and opinion writing tasks. In **Conexiones**, oral presentations in the **Abriendo ventanas** pages expand the lesson theme through guided brainstorming and presentations, while the **Tertulia** page offers opportunities for brief group and class discussion.

VENTANAS: Lengua

Here are some of the features you will encounter in **VENTANAS: Lengua**.

- **VENTANAS: Lengua** integrates an award-winning video sitcom with the student textbook in each lesson's **Fotonovela** section and in the captioned video stills of the **Estructura** sections.

- **VENTANAS: Lengua** facilitates the learning process through its carefully crafted graphic design and organization. Page layout, color-coded sections, and other graphic elements enhance students' learning. Lesson sections appear either on one page or on two-page spreads, making navigation easy. The photos, illustrations, realia, charts, graphs, and diagrams support pedagogical purposes and multiple learning styles.

- **VENTANAS: Lengua** incorporates communicative practice throughout every lesson. The two-part practice sequence for every grammar point progresses from directed, meaningful **Práctica** exercises to open-ended, interactive **Comunicación** activities. At the end of each **Estructura** section, **¡A conversar!** conversation activities and **¡A escribir!** writing projects integrate language skills and promote self-expression as they synthesize the lesson.

- **VENTANAS: Lengua** presents authentic, practical language in natural contexts through comprehensible input in the **Contextos** and **Fotonovela** sections.

- **VENTANAS: Lengua** uses student sidebars to provide on-the-spot linguistic information and to highlight grammatical concepts.

- **VENTANAS: Lengua** presents authentic materials in the **Actualidades** section, which serves as a springboard for activities ranging from comprehension to peer interaction, to cultural exploration and self-reflection.

To get the most out of pages IAE-7 – IAE-16 in your **VENTANAS: Lecturas** Instructor's Annotated Edition, you should familiarize yourself with the front matter to the **VENTANAS: Lecturas** Student Text, especially Introduction (p. iii), **VENTANAS: Lecturas**-at-a-glance (pp. x–xxiii), Ancillaries (p. xxvi), and Supersite (p. xxvi).

Getting to Know Your Instructor's Annotated Edition

The Instructor's Annotated Edition (IAE) of **VENTANAS: Lecturas** includes various teaching resources. For your convenience, answers to all exercises with discrete answers have been overprinted on the student text pages. In addition, marginal annotations were created to complement and support varied teaching styles, to extend the rich contents of the student text, and to save you time in class preparation and course management. The annotations are suggestions; they are not meant to be prescriptive or limiting. Here are some examples of the types of annotations you will find in **VENTANAS: Lecturas:**

- **Preview** Suggestions for introducing a reading or film

- **Named or numbered annotations** Ideas for presenting, varying, expanding, or altering activities to suit your students' needs

- **Variación léxica** Alternate words and expressions used in the Spanish-speaking world or additional information related to specific vocabulary items

- **Teaching option** Ideas for supplemental games, drills, activities, and projects to reinforce or expand upon core material, along with cultural information and resources, reading and writing strategies, and suggestions for outside research and projects

- **Conexión personal, Contexto cultural,** and **Análisis literario** Teaching suggestions and expansion activities for the subsections in **Antes de leer**

- **Synopsis** Plot summaries in the **Cinemateca** section

- **National Standards Icons** Special icons that indicate when a lesson section or subsection is closely linked to one or more of the Five C's of the *Standards for Foreign Language Learning:* Communication, Cultures, Connections, Comparisons, and Communities

- **Instructional Resources** A correlation to student and instructor supplements, the Film Collection DVD and the **VENTANAS** Supersite, available to reinforce each lesson section or subsection

DVD	Video Program on DVD
Supersite	**VENTANAS** Supersite (**ventanas.vhlcentral.com**)

> **Please access the VENTANAS** website at ventanas.vhlcentral.com for program as well as course and lesson planning information.

VENTANAS: Lecturas and the *Standards for Foreign Language Learning*

Since 1982, when the *ACTFL Proficiency Guidelines* was first published, that seminal document and its subsequent revisions influenced the teaching of modern languages in the United States. **VENTANAS: Lecturas** was written with the *ACTFL Proficiency Guidelines* in mind. It emphasizes an interactive, proficiency-oriented approach to the teaching of language and culture.

The pedagogy behind **VENTANAS: Lecturas** was also informed from its inception by the *Standards for Foreign Language Learning in the 21st Century.* First published under the auspices of the *National Standards in Foreign Language Education Project*, the Standards are organized into five goal areas, often called the Five C's: Communication, Cultures, Connections, Comparisons, and Communities.

Since **VENTANAS: Lecturas** takes a communicative approach to the teaching of literature and culture, the Communications goal is an integral part of the student text. For example, the diverse formats (discussion topics, role-plays, interviews, oral presentations, and so forth) in **Después de leer, Opiniones,** and **Tertulia** engage students in communicative exchanges, providing, obtaining, or interpreting information, and expressing feelings, emotions, or opinions. **Abriendo ventanas** teaches strategies for effective oral communication and guides students in presenting information, concepts, and ideas to their classmates on a wide range of topics. **Opiniones** also focuses on written interpersonal communication through various types of practical and creative tasks, such as writing letters, stories, personal opinions, and anecdotes.

The Cultures goal is most evident in the cultural and literary readings, the fine arts pieces and quotes on the opening pages of the **Cultura** and **Literatura** sections, the **Cinemateca** sections, and the **Contexto cultural** subsection in the **Antes de leer** page in **Cultura**. All of these sections expose students to multiple facets of practices, products, and perspectives of the Spanish-speaking world. These sections also fulfill the Connections goal because students acquire information and learn to recognize distinctive cultural viewpoints through them. In addition, special Standards icons appear on the pages of your IAE to call out sections that have a particularly strong relationship with the Standards. You will find many more connections to the Standards as you work with the student textbook, the **VENTANAS Film Collection,** the **VENTANAS** Supersite, and **VENTANAS: Lengua**.

General Teaching Considerations

Orienting Students to the Student Textbook

Since the interior and graphic design of **VENTANAS: Lecturas** was created to support and facilitate students' language learning experience, you may want to spend some time orienting them to the textbook on the first day. Have students flip through **Lección 1**, pointing out the major sections. Explain that all lessons are organized in the same manner and that, because of this, they will always know "where they are" in the textbook. Emphasize that sections are self-contained, occupying either a full page or spreads of two facing pages. Call students' attention to the use of color and/or boxes to highlight important information in charts, word lists, and activities. Also point out how the major sections of each lesson are color-coded for easy navigation: red for **Cultura**, turquoise for **Cinemateca**, purple for **Literatura**, and blue for **Conexiones**.

Flexible Lesson Organization

To meet the needs of diverse teaching styles, institutions and instructional objectives, **VENTANAS: Lecturas** has a very flexible lesson organization. For example, you can begin with the lesson opening page and progress sequentially through the lesson. If you do not want to devote class time to reading the literary and cultural selections, you can assign them for outside study, freeing up class time for other purposes like developing speaking or writing skills and working with the film collection. Similarly, all writing activities can be assigned as homework. You might even prefer to skip some sections entirely or use them only periodically, depending on students' interests and time constraints.

Identifying Active Vocabulary

All words and expressions in the **Vocabulario** boxes in the **Antes de leer** and **Antes de ver el corto** sections are considered active vocabulary. These are the key terms students will need to understand and discuss the reading or film that follows. Marginal glosses in the readings are not considered active, although you may make them active, if you so choose. The glosses provide contextual definitions in English of unfamiliar terms that students cannot guess from context and that are important for meaning.

Maintaining a Writing Portfolio

Since students are building their writing skills at this level, you might want to have them maintain a portfolio of the writings they produce so they can periodically review their progress. You might also suggest that they keep a running list of the most common grammatical or spelling errors they make when writing. They can then refer to that list when editing and revising each assignment.

Suggestions for Using *Cinemateca*

The **Cinemateca** sections in the student text and the **VENTANAS Film Collection** were created as interlocking pieces. The short feature films provide comprehensible input and offer rich and unique opportunities to build students' listening skills and cultural awareness. The **Cinemateca** sections provide activities specially created to help students have successful viewing experiences.

Depending on your teaching preferences and school facilities, you might show the films in class or assign them for viewing outside the classroom. You could begin by showing the first one in class to teach students how to approach viewing a film and listening to natural speech. After that, you could work in class only with the **Cinemateca** section and have students view the films outside of class on the **VENTANAS** Supersite (**ventanas.vhlcentral.com**). No matter which approach you choose, students have the support they need to view the films independently and process them in a meaningful way.

For each film, there are **Antes de ver el corto** (pre-viewing) and **Después de ver el corto** (post-viewing) activities, as well as vocabulary support, in the **Cinemateca** section of the corresponding textbook lesson. In addition, the photos and abbreviated dialogues on the **Escenas** page provide students with helpful visual references since they are actual video stills from the corresponding film. Here are some strategies for viewing the films in class:

- Tell students that they are not expected to understand every word as they watch the film. Emphasize that they should concentrate on listening for the gist of what is being said. Point out that background settings and nonverbal communication also provide visual clues that can help them understand what is happening.

- Before showing the film, preview the vocabulary and have students complete the **Antes de ver el corto** section. Then have them read through the **Escenas** dialogues and look at the stills.

- Play the film and have them complete the **Después de ver el corto** activities.

- If students have difficulty understanding the film, replay one or more key segments. Alternately, you could pause the film at key points and ask students to recap what they saw.

- Allow students to take notes during the film if they wish, although you should point out that it is difficult to listen and write at the same time and they might miss some key information.

- Show the first part of a film in one class and the second part in the next class. Have students speculate about how the film will end.

Suggestions for Using *Cultura* and *Literatura*

Fine Art Pieces and Quotes

- Have students describe the fine art piece and explain how it relates to the lesson theme. They could also describe the style or technique (realistic, abstract, etc.) and other elements of the work. Alternately, you could have students express their opinions of the work.

- Have students discuss the quote and how it relates to the lesson theme and fine art piece. Also ask them whether they agree or disagree with the quote and to explain their answers.

- Have students compare the fine art pieces on the section openers of **Cultura** and **Literatura** with respect to subject matter, theme, style, use of color, and perspective. This comparison could be extended to include other works of art in the lesson or other lessons.

Antes de leer

- The **Antes de leer** activities can be done orally as class, pair, or group activities, or assigned as homework.

- Provide additional examples for the **Análisis literario** or ask students to come up with examples.

- Ask students personalized questions using the words and expressions in the **Vocabulario** or have students create sentences with them.

Cultural and Literary Readings

- Talk to students about how to become effective readers in Spanish. Point out the importance of using reading strategies. Encourage them to read every selection more than once. Explain that they should read the entire text through first to gain a general understanding of the plot or main ideas and the theme(s), without stopping to look up words. Then, they should read the text again for a more in-depth understanding of the material. At this point, they should try to complete the **Después de leer** activities. If they have difficulty completing an activity, suggest that they reread the text to find specific information that will help them complete the activity.

- Discourage students from translating the readings into English and relying on a dictionary. Tell them that reading directly in the language will help them grasp the meaning better and improve their ability to discuss the reading in Spanish.

- Always ask students how the reading relates to the lesson theme, and have them summarize the reading orally or in writing as appropriate.

Después de leer

- The **Después de leer** activities can be assigned as written homework unless they involve pair or group work. They may also be done orally as class, pair, or group activities. For example, **Escribir** activities may be done in class as pair or group compositions.

- Insist on the use of Spanish only during these activities.

- Have students form pairs or groups quickly, or assign them. Allow sufficient time for them to do the activities (between five and fifteen minutes, depending on the activity), but do not give them too much time or they may lapse into English and socialize. Always give students a time limit for an activity before they begin.

- Circulate around the room and monitor students to make sure they are on task. Provide guidance as needed and note common errors for future review.

- Remind students to jot down information during the pair activities and group discussions. Have students report the results of these activities to the class.

- If you wish to evaluate students' performance in speaking activities like role-plays or interviews, you could assign grades of 0–3: 3 = well done, 2 = satisfactory, 1 = needs improvement, and 0 = no credit or absence.

Suggestions for Using *Taller de escritura*

- The **Taller de escritura** essays are best suited as written homework. The preparation activities may be done orally in pairs or groups.

- Encourage students to be creative in their writing, but remind them to follow the essay requirements carefully and use vocabulary they know, rather than relying on a dictionary.

- Allow class time for peer review of drafts; remind students to be tactful in their comments.

- Make a list of frequent errors and review the material with the class.

- Explain to students on what basis you will grade their writing. For example, this rubric could be adapted to suit your needs.

Evaluation			
Criteria	**Scale**		**Scoring**
Appropriate details	1 2 3 4	Excellent	18–20 points
Organization	1 2 3 4	Good	14–17 points
Use of vocabulary	1 2 3 4	Satisfactory	10–13 points
Grammatical accuracy	1 2 3 4	Unsatisfactory	<10 points
Mechanics	1 2 3 4		

Suggestions for Using *Conexiones*

Abriendo ventanas

- Allow sufficient class time for presentations. Encourage students to be creative and to use visuals in their presentations. For variety, ask them to videotape their presentations.

- Have each group create a comprehension exercise (true/false, questions, matching, or fill-in-the-blank) to give the class after their presentation.

- Explain to students how you will grade their presentations. Use this rubric or adapt it to suit your needs.

Evaluation			
Criteria	**Scale**		**Scoring**
Appropriate details	1 2 3 4	Excellent	22–24 points
Organization	1 2 3 4	Good	17–21 points
Control of vocabulary	1 2 3 4	Satisfactory	12–16 points
Grammatical accuracy	1 2 3 4	Unsatisfactory	<11 points
Mechanics	1 2 3 4		
Fluency/Pronunciation	1 2 3 4		
Level of interest/Use of visuals	1 2 3 4		

Tertulia

- For suggestions on implementing group activities in the classroom, see **Después de leer**, page IAE-12.

- Have students describe illustrations, if available, and then explain how they relate to the topics of discussion.

- For time management, have groups select one member who will be in charge of tracking time in Step 2.

Course Planning

The **VENTANAS** program was developed for flexibility and manageability in a wide variety of academic situations. These sample course plans illustrate how **VENTANAS: Lecturas** can be used in courses on a semester or quarter system.

Two-Semester System

This chart shows how **VENTANAS: Lecturas** can be completed in a two-semester course. The materials are organized into two balanced segments, which provide ample time for reading, class discussion, pair and group work, and writing.

Semester 1	Semester 2
Lecciones 1–6	Lecciones 7–12

Quarter System

This chart illustrates how **VENTANAS: Lecturas** can be used in the quarter system. The lessons are equally divided among the three quarters, allowing students to progress at a steady pace.

Quarter 1	Quarter 2	Quarter 3
Lecciones 1–4	Lecciones 5–8	Lecciones 9–12

For convenience in course and lesson planning, you can use the same breakdowns and divisions with **VENTANAS: Lengua**, the grammar text that accompanies **VENTANAS: Lecturas**.

One-Semester Course

This chart shows how **VENTANAS: Lecturas** can be used as the primary text in a one-semester course. This configuration allots one week per lesson, plus two weeks for testing, projects, etc.

Weeks 1–7	Weeks 8–14
Lecciones 1–6	Lecciones 7–12

This sample lesson plan illustrates how **VENTANAS: Lecturas** can be used in a two-semester program with three contact hours per week and fifty-minute classes.

NOTE: Specific instructional techniques, suggestions, and other pertinent material are presented on pages IAE–10 to IAE–13 and in marginal annotations on the pages of the **VENTANAS: Lecturas** Instructor's Annotated Edition.

Sample Lesson Plan for *Lección 1*

The lesson plan presented here is not prescriptive; there is no one correct way to teach or present the lessons. You should feel free to adapt the materials to accommodate your own teaching preferences and your student's learning styles. For example, you may want to allow extra time for longer readings, or you may want to omit certain activities or sections altogether.

Day 1
1. Introduce yourself, present the course syllabus, and explain the course objectives.
2. Present the painting and quote on the **Cultura** section opener.
3. Present the **Vocabulario** and do the **Conexión personal** questions in **Antes de leer** with the class. Have students talk about their favorite comedians. Asign the **Vocabulario** activity as homework on the Supersite.
4. Have students read and discuss the **Contexto cultural** in **Antes de leer**.
5. Have students read **"Carlos Mencía: políticamente incorrecto"** and do **Después de leer** Activity 1 on the Supersite.

Day 2
1. Work through **Después de leer** Activity 2 with the class. Have students do **Después de leer** Activities 3 and 4 in pairs. Assign Activity 5 as homework.
2. Have students do the **Conversación** section of **Opiniones** in pairs. Then have a brief class discussion about the main questions.
3. Have students write a draft of the **Por escrito** task and share it with a parner. With the partner's input, have them finish the task as homework.

Day 3
1. Present the **Cinemateca** section and have students discuss the poster.
2. Go over the **Vocabulario** and assign the corresponding activity as homework on the Supersite.
3. Have students do Activity 2 in pairs and share their answers with the class.
4. Have students look at the stills and read the dialogues. Then have them speculate about what will happen next.
5. Show the film once without stopping.
6. Show the film again stopping at key scenes and ask simple comprehension questions.
7. Have students do **Después de ver el corto** Activity 1 on the Supersite and prepare Activity 2 as homework.

Day 4

1. Complete the remaining **Después de ver el corto** activities in class. Have students do Activity 3 individually or in pairs and have some students read their dialogues to the class. Activity 4 can be done in pairs or groups.
2. Present the painting and quote on the **Literatura** section opener.
3. Read **Sobre el autor** in class.
4. Go over the **Vocabulario**, assign the corresponding activity as homework on the Supersite, and do the **Conexión personal** questions in **Antes de leer** with the class.
5. Present and explain the purpose of the **Análisis literario**. Have students read the **Análisis literario** paragraph in groups and invent examples of personifications.
6. As homework, have students read *Poema 20* as they listen to the recording on the Supersite and prepare **Después de leer** Activities 1 (available on the Supersite) and 2.

Day 5

1. Work through **Después de leer** Activity 3 with the class. Have students do **Después de leer** Activities 4 and 5 in pairs. Assign Activity 6 as homework.
2. Read **Sobre el autor** and the **Vocabulario** for the second **Literatura** selection. Have students do the **Vocabulario** Activity as homework on the Supersite.
3. Present the excerpt from *Después del amor primero* and do the **Conexión personal** questions in **Antes de leer** with the class.
4. Have students read *Después del amor primero* and prepare the **Después de leer** activities for the next class. Have students bring a draft of Activity 5.

Day 6

1. Work through **Después de leer** Activities 1 and 2 with the class. Have students do **Después de leer** Activity 3 in groups and Activity 4 in pairs.
2. Have pairs of students exchange drafts of **Después de leer** Activity 5 and give each other feedback. Have them complete the task as homework.
3. Introduce the **Taller de escritura** page and go over the explanation about theses statements. Have pairs of students do the **Práctica**.
4. Go over the essay requirements and topics and ask students to write a draft for the next class.
5. Have students work in groups to complete the activities on the first page of **Abriendo ventanas**. Tell groups to prepare their presentations for the next class.

Day 7

1. Ask groups to make the presentations they prepared for **Abriendo ventanas**.
2. Discuss and clarify issues students have encountered while writing their essay drafts and have them complete the essay as homework.

Day 8

1. Have students work in groups on **Tertulia** Activities 1 and 2.
2. Have groups present their ideas to the class. Then discuss the different opinions presented.
3. Present the painting and quote on the **Cultura** section opener in **Lección 2**.
4. Have students read **Antes de leer**, do the **Vocabulario** activity on the Supersite, read **"El toreo: ¿cultura o tortura?"** and prepare **Después de leer** Activity 1 on the Supersite.

LECTURAS

VENTANAS

Curso intermedio de lengua española

SECOND EDITION

José A. Blanco

María Colbert
Colby College

VISTA
HIGHER LEARNING

Boston, Massachusetts

Publisher: José A. Blanco
Vice President and Editorial Director: Beth Kramer
Managing Editor: Sarah Kenney
Project Manager: María Eugenia Corbo
Editors: Gisela M. Aragón-LaCarrubba, Armando Brito
Director of Art & Design: Linda Jurras
Director of Production and Manufacturing: Lisa Perrier
Design Manager: Polo Barrera
Photo Researcher and Art Buyer: Rachel Distler
Production and Manufacturing Team: Jeff Perron, Nick Ventullo

President: Janet L. Dracksdorf
Sr. Vice President of Operations: Tom Delano
Vice President of Sales and Marketing: Scott Burns
Executive Marketing Manager: Benjamín Rivera

Copyright © 2009 by Vista Higher Learning.

All rights reserved.

No part of this work may be reproduced or distributed in any form or by any means,
electronic or mechanical, including photocopying and recording, or by any information
storage or retrieval system without prior written permission from Vista Higher
Learning, 31 St. James Avenue, Suite 1005, Boston, MA 02116-4104.

Printed in the United States of America.

Instructor's Annotated Edition: ISBN-13: 978-1-60007-606-0
                              ISBN-10: 1-60007-606-8
Student Edition: ISBN-13: 978-1-60007-602-2
               ISBN-10: 1-60007-602-5

Library of Congress Control Number: 2007934457
1 2 3 4 5 6 7 8 9-W-13 12 11 10 09 08 07

Introduction

Bienvenido a VENTANAS, Second Edition, your window to the rich language, literature, and culture of the Spanish-speaking world.

VENTANAS, Second Edition is a fully integrated intermediate Spanish program written with you, the student in mind. It is designed to provide you with an active and rewarding learning experience. Its primary goal is to strengthen your language skills and develop your cultural competency. The program consists of two main texts— **VENTANAS: Lecturas** (a literary/cultural reader) and **VENTANAS: Lengua** (the grammar text). Coordinated by lesson theme, grammar structures, and vocabulary, these texts may be used together or independently of each other.

Here are some of the features you will encounter in **VENTANAS: Lecturas:**

- A wide variety of cultural and literary readings that recognize and celebrate the diversity of the Spanish-speaking world and its peoples: male and female writers, up-and-coming and classic authors, and voices from all over the Spanish-speaking world

- A video-based section directly connected to the **VENTANAS Film Collection**

- Consistent, multi-faceted pre-reading and post-reading support to build your reading proficiency and check your understanding of what you read

- Numerous opportunities to express yourself in a wide range of communicative situations with a classmate, small groups, or the full class

- Consistent integration of important cultural concepts and insights into the daily lives of native Spanish speakers

- Ongoing development of your language and critical-thinking skills

VENTANAS: Lecturas has twelve lessons, and each lesson is organized exactly in the same manner. To familiarize yourself with the textbook's organization and features, turn to page x and take the **VENTANAS: Lecturas**-at-a-glance tour. For more information on **VENTANAS: Lengua,** see page xxiii.

New to the Second Edition

VENTANAS: Lecturas, Second Edition, offers many new features for students and instructors.

- **Revised! Cultura** and **Literatura** readings have been revised and refreshed to offer new authors, genres, topics, and perspectives on the lesson themes.

- **Expanded!** The incredibly successful film section, now called **Cinemateca**, offers an authentic, dynamic short film for each lesson of the text.

- **Expanded!** A new essay-writing section, **Taller de escritura**, provides writing strategies and practice in each lesson.

- **NEW! Opiniones** offers a variety of discussion opportunities on contemporary topics, while **Conexiones** provides opportunities for class presentations and debates, with specific communication strategies to improve your presentation skills.

	CULTURA	**CINEMATECA**

Table of Contents

	CULTURA	CINEMATECA

	CULTURA	CINEMATECA

Lesson openers
outline the content and features of each lesson.

Las relaciones personales

1

Communicative Goals
You will expand your ability to...
- express your opinion
- write a narrative piece
- talk about relationships
- construct a thesis

Cultura
páginas 2–7
- **Lectura:** *Carlos Mencía: políticamente incorrecto*
- **Opiniones:** Conversación Por escrito

Cinemateca
páginas 8–11
- **Cortometraje:** *Momentos de estación* de Gustavo Cabaña

Literatura
páginas 12–21
- **Poema:** *Poema* 20 de Pablo Neruda
- **Autobiografía:** *Después del amor primero* de Alfredo Bryce Echenique
- **Análisis literario:** La personificación Los relatos de aprendizaje
- **Taller de escritura:** La tesis

Conexiones
páginas 22–24
- **Abriendo ventanas:** Artistas hispanos
- **Tertulia:** Controversias

Communicative Goals highlight the tasks you will be able to carry out in Spanish by the end of each lesson.

The **table of contents** guides you through the contents of the lesson.

CULTURA
opens each lesson in a visually dramatic way.

Una familia, 1989.
Fernando Botero, Colombia.

"En cuestión de árboles genealógicos es más seguro andarse por las ramas que atenerse a las raíces."

— Jacinto Benavente

2 *dos*   Lección 1

Fine Art A fine art piece by a Spanish-speaking artist illustrates an aspect of the lesson's theme and exposes you to a broad spectrum of works created by male and female artists from different areas of the Spanish-speaking world.

Quotation A quotation by a prominent Spanish speaker provides food for thought about the lesson's theme.

CULTURA
presents dynamic, thought-provoking articles on the lesson theme.

Appealing Topics The **Cultura** readings present a unique range of topics that expose you to the people, traditions, and accomplishments particular to the different cultures of the Spanish-speaking world.

Open Design An open interior design, including numbered lines and marginal glosses, helps make the **Cultura** readings accessible to you.

Antes de leer & Después de leer

activities provide pre-reading and post-reading support for each selection in Cultura.

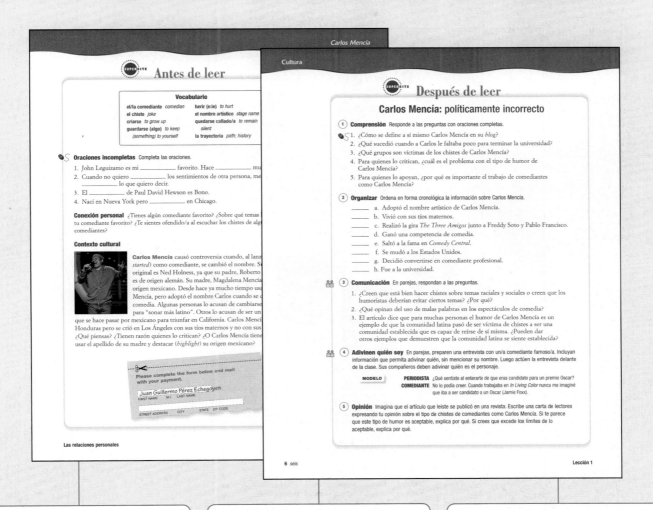

Conexión personal Personalized questions prompt you to think about the theme of the reading as it relates to your own life and experiences.

Contexto cultural The selection is introduced by culturally relevant background information about the theme of the reading.

Comprensión This first exercise always checks your understanding of the reading's key ideas. A mouse indicates that this activity is available with auto-grading on the Supersite (ventanas.vhlcentral.com).

Vocabulario A vocabulary box lists words and expressions key to the reading.

Supersite An icon indicates that even more material related to the readings is available on the Supersite (ventanas.vhlcentral.com).

Additional Activities These exercises guide you in analyzing, interpreting, and reacting to the content.

Opiniones
develops your oral communication skills and writing skills through discussion opportunities about cultural topics.

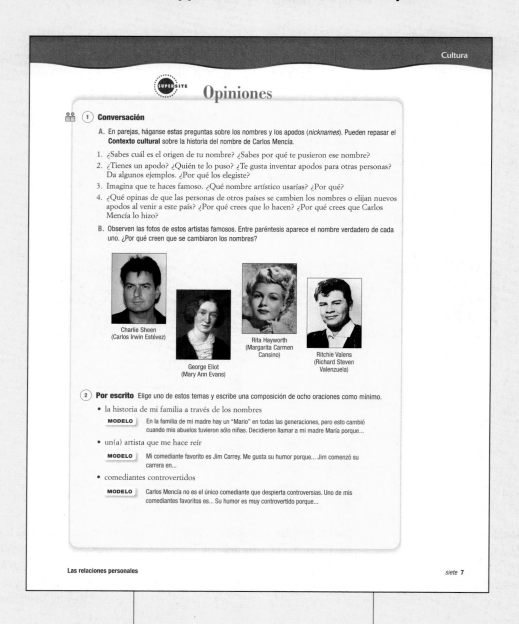

Conversación This section engages you in discussion in pairs, through questions, photographs, and realia.

Por escrito This section provides an engaging, real-life writing task spun off from the themes and ideas of the lesson.

CINEMATECA
appears in every lesson, integrating pre-, while-, and post-viewing activities for an authentic short film.

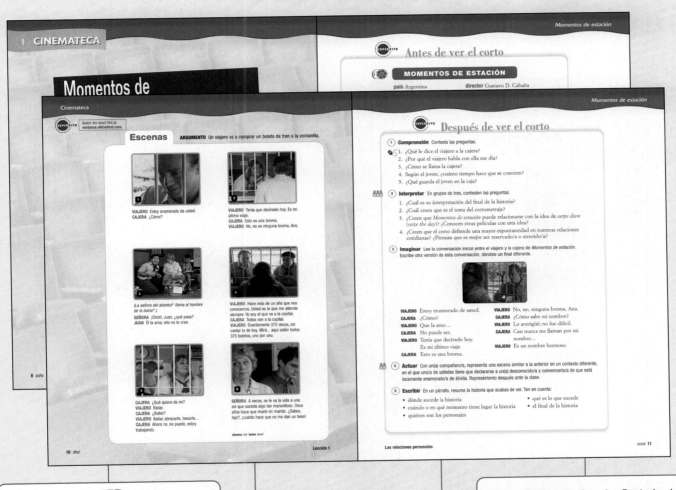

Cortometrajes Twelve dramatic short films from the Spanish-speaking world provide authentic language input with four pages of support. You can watch the films in class or on the Supersite (**ventanas.vhlcentral.com**).

Después de ver el corto Post-viewing activities check your comprehension and guide you in interpreting the film and reacting to it.

Escenas Video stills with excerpts of the dialogue help you to focus on key events and ideas as you watch the film.

Antes de ver el corto Pre-viewing activities prepare you to view the film. Active vocabulary key to understanding the film is called out in the **Vocabulario** section.

LITERATURA opens in
a visually dramatic way.

1 **LITERATURA**

Los enamorados, 1923.
Pablo Picasso, España.

"La única fuerza y la única verdad que
hay en esta vida es el amor."

— José Martí

12 *doce*

Lección 1

Fine Art A fine art piece by a Spanish-speaking painter illustrates a key aspect of the lesson's theme.

Quotation Quotations by Spanish speakers from around the world and across the ages provide thought-provoking insights into the lesson's theme.

The first reading in **LITERATURA**
is a brief literary selection that expands on the lesson's theme.

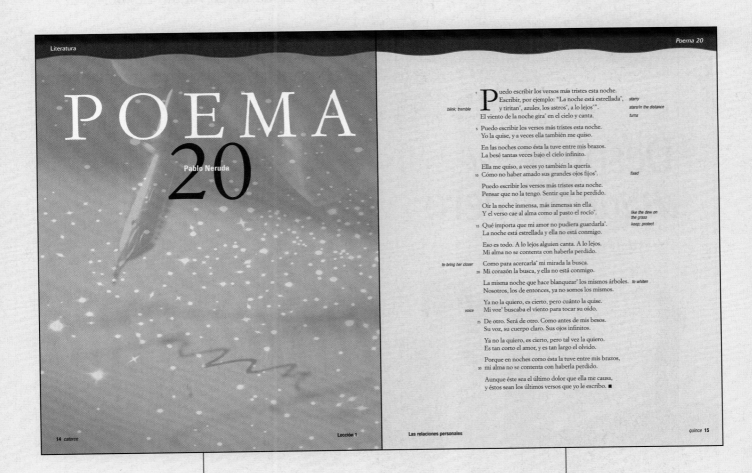

Literatura

POEMA
20
Pablo Neruda

14 *catorce*   Lección 1

Poema 20

P uedo escribir los versos más tristes esta noche.
Escribir, por ejemplo: "La noche está estrellada°,   *starry*
y tiritan°, azules, los astros°, a lo lejos°".   *stars/in the distance*
blink; tremble
El viento de la noche gira° en el cielo y canta.   *turns*

5 Puedo escribir los versos más tristes esta noche.
Yo la quise, y a veces ella también me quiso.

En las noches como ésta la tuve entre mis brazos.
La besé tantas veces bajo el cielo infinito.

Ella me quiso, a veces yo también la quería.
10 Cómo no haber amado sus grandes ojos fijos°.   *fixed*

Puedo escribir los versos más tristes esta noche.
Pensar que no la tengo. Sentir que la he perdido.

Oír la noche inmensa, más inmensa sin ella.
Y el verso cae al alma como al pasto el rocío°.   *like the dew on the grass*
15 Qué importa que mi amor no pudiera guardarla°.   *keep; protect*
La noche está estrellada y ella no está conmigo.

Eso es todo. A lo lejos alguien canta. A lo lejos.
Mi alma no se contenta con haberla perdido.

to bring her closer Como para acercarla° mi mirada la busca.
20 Mi corazón la busca, y ella no está conmigo.

La misma noche que hace blanquear° los mismos árboles.   *to whiten*
Nosotros, los de entonces, ya no somos los mismos.

Ya no la quiero, es cierto, pero cuánto la quise.
voice Mi voz° buscaba el viento para tocar su oído.

25 De otro. Será de otro. Como antes de mis besos.
Su voz, su cuerpo claro. Sus ojos infinitos.

Ya no la quiero, es cierto, pero tal vez la quiero.
Es tan corto el amor, y es tan largo el olvido.

Porque en noches como ésta la tuve entre mis brazos,
30 mi alma no se contenta con haberla perdido.

Aunque éste sea el último dolor que ella me causa,
y éstos sean los últimos versos que yo le escribo. ■

Las relaciones personales   *quince* 15

Diverse Texts Theme-related texts from high-profile male and female authors from all over the Spanish-speaking world expose you to a variety of genres, such as poetry, short stories, and novels.

Open Design The type size, open space, numbered lines, and marginal glosses were specially designed to make the readings inviting and highly accessible to you.

The second reading in LITERATURA
is an increasingly longer piece that offers you a more sustained reading experience.

Después *del* amor primero

(fragmento)

Alfredo Bryce Echenique

complexion
turned-up

mischievous 5

skinny; thin 10

plainly and simply 15
malice; treachery
malevolence

20

what the hell

25

boarding school

Teresa era una muchacha de tez° muy blanca y nariz respingada°. Su sonrisa era irónica, era inteligente, pero, sobre todo, preciosa. Preciosa y traviesa°. Nadie en el mundo se había querido tanto como nosotros y perderla para mí había representado, entre otras cosas, acostarme gordo una noche de mi adolescencia, y levantarme flaco° al día siguiente, por la mañana. Desde entonces, lo sabía, cualquier cosa podía pasarme porque había perdido a Teresa de una manera simple y llanamente° demasiado cruel. Teresa me había dejado por otro con alevosía° y gran maldad°, palabras éstas que eran totalmente nuevas en mi vocabulario y en mi vida. Me había dejado por un hombre mayor de edad, que tenía un carro mayor de edad y que le estaba dando un beso también mayor de edad cuando me acerqué a ver qué diablos° había en ese automóvil que se había estacionado en la puerta de la casa, a la hora de aquel día de invierno en que me tocaba llegar del internado°.

Me arrojé° a la amplia acequia que había en el campo de polo, frente a la casa de Teresa, pero sin resultado 30 alguno. O sea que cualquier cosa podía pasarme, simple y llanamente porque a Teresa no le importaba que yo enlodara° mi amor por ella, ni que enlodara la ropa elegantísima 35 que usaba para irla a ver los fines de semana. Teresa incluso permitía que mi más atroz sufrimiento se cubriera también de barro°. Perdí exactamente veinte kilos y terminé el colegio 40 con un sentimiento de culpa atroz: a Teresa la había perdido por mi culpa, aterrándola° con la posesividad de mi amor, con mis celos, con el desenlace trágico en el que siempre 45 tenía que desembocar cada una de nuestras conversaciones. Convencido en cuerpo y alma de que los más grandes amores son los imposibles, quería que el nuestro resultara 50 imposible a gritos, que fuera totalmente invivible°, tremendamente desgarrador° y lleno de lágrimas y divinos castigos imperdonables°. ∎

threw myself/
ditch

tarnished

mud

terrifying her

unlivable
heartbreaking
unforgivable
punishments

18 *dieciocho*   Lección 1

Las relaciones personales   *diecinueve* 19

Variety of Text Types You will encounter many different types of readings in the **Literatura** section: short stories, poems, essays, and excerpts from novels.

Identical Support Features To support learning, the same informative features used in the first reading of **Literatura** also accompany the second reading.

Antes de leer & Después de leer

activities provide pre- and post-reading support for each selection in **Literatura**.

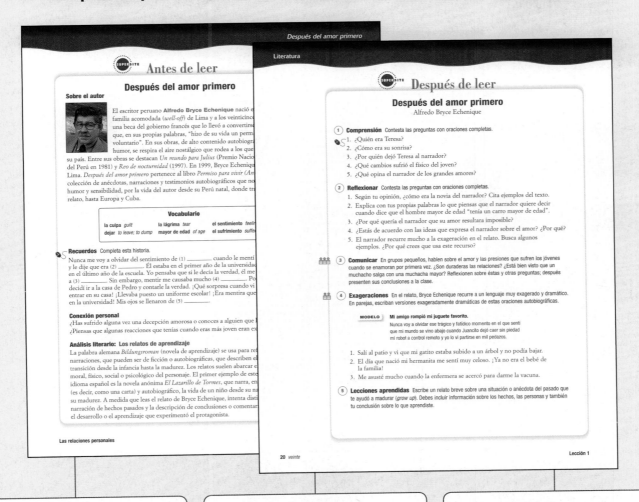

Sobre el autor Biographical information focuses your attention on important information about the authors and their works.

Conexión personal Personalized questions prompt you to think about the theme of the reading as it relates to your own life and experiences.

Comprensión This first exercise always checks your understanding of the reading's key ideas. The mouse icon lets you know this activity is also available with auto-grading on the Supersite (**ventanas.vhlcentral.com**).

Vocabulario A vocabulary box lists words and expressions key to the reading.

Análisis literario Explanations and practice of literary techniques central to the reading give you the support you need to analyze literature in Spanish.

Additional Activities Subsequent activities guide you as you explore various facets of each reading: analysis, interpretation, personal reactions to the reading, pair work, small group work, and writing tasks.

Taller de escritura
synthesizes the lesson as it develops your writing skills.

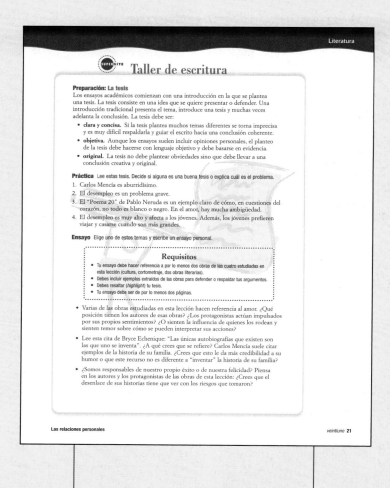

Preparación provides strategies and support to guide the essay writing process.

Ensayo This section provides challenging and engaging topics for academic essays comparing the **Cultura**, **Cinemateca**, and **Literatura** pieces studied in the lesson or earlier in the book.

CONEXIONES

synthesizes the lesson and further develops your oral communication skills.

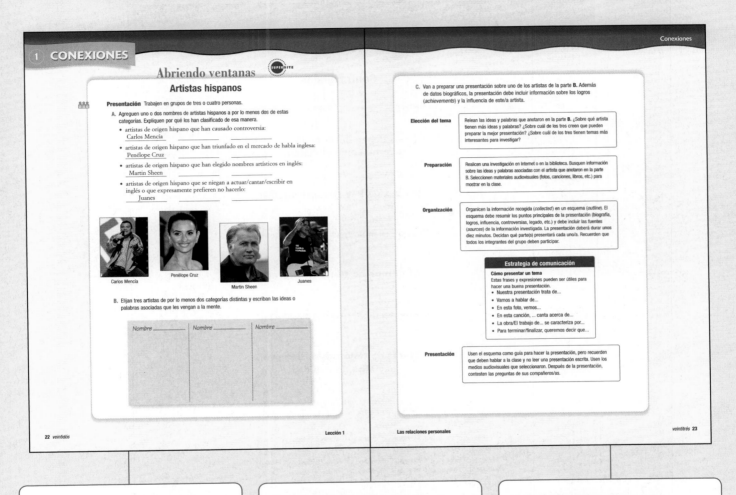

Abriendo ventanas The section involves you with a small group in researching, preparing, and giving oral presentations on cultural topics. Photos and realia serve as a guide to narrow and select the presentation topic.

Step-by-step Support A series of steps guides you through the presentation from choosing the topic, to finding the information you need, to organizing your research results, to final advice about how to present your work.

Estrategia de comunicación Speaking-related tips, techniques, and key words and expressions help you improve your oral presentation skills.

Tertulia
concludes the lesson, tying together themes in small group oral communication activities.

Conexiones

SUPERSITE Tertulia

Controversias

1 La clase se divide en seis grupos; cada uno tiene que pensar y anotar sus ideas sobre uno de
5 min. estos temas.

Los niños deben llevar tanto el apellido
paterno como el materno.

¡En la vida hay que arriesgarse!

¿Siempre es malo burlarse de los demás?

El humor no tiene fronteras.

¡No se puede vivir sin amor!

**Detrás de todo chiste, siempre
hay algo de realidad.**

2 Cada grupo tiene que preparar una breve presentación sobre el tema elegido. En el caso de
10 min. que no todos opinen lo mismo sobre el tema, pueden mencionar que dentro del grupo hay
distintas opiniones.

3 Los diferentes grupos presentan sus ideas a la clase, mientras todos toman nota.
25 min.

4 Cuando todos los grupos hayan terminado de presentar sus ideas, toda la clase participa
10 min. haciendo preguntas o expresando sus opiniones.

24 veinticuatro

Lección 1

VENTANAS: Lengua

This companion language text focuses on developing your overall linguistic skills and cultural competency.

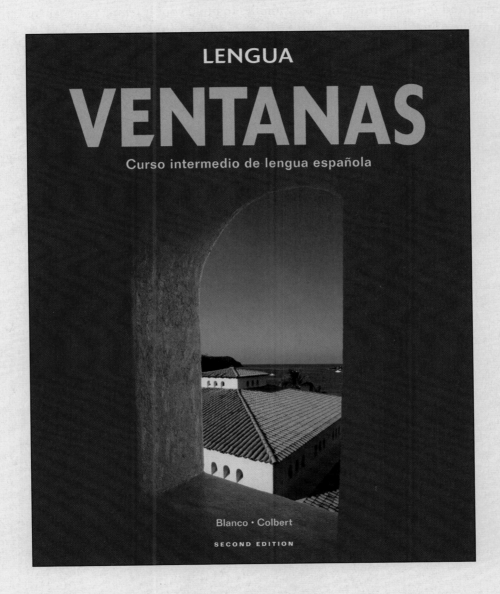

Film Collection

The **VENTANAS** Film Collection contains the short films by Hispanic filmmakers that are the basis for the **Cinemateca** section of every lesson. These award-winning films offer entertaining and thought-provoking opportunities to build your listening comprehension skills and your cultural knowledge of the Spanish-speaking world.

Film Synopses

Lección 1 *Momentos de estación* (Argentina) A commuter purchases his train ticket every day, never once telling the ticket window employee about his feelings for her. He suddenly takes advantage of the moment and tells her... causing a spiraling effect for those around them.

NEW! Lección 2 *Espíritu deportivo* (México) At the funeral of a deceased soccer star, his teammates argue the lineup of their famous match against Brazil.

Lección 3 *Adiós mamá* (México) A man is grocery shopping alone on an ordinary day when a chance meeting makes him the focus of an elderly woman's existential conflict, with a surprising result.

NEW! Lección 4 *Éramos pocos* (España) **Oscar nominated!** After being abandoned by his wife, a father and son enlist the help of her mother to keep house.

NEW! Lección 5 *El anillo* (Puerto Rico) Every object has its own story to tell.

NEW! Lección 6 *El día menos pensado* (México) A city ends up without potable water; people must decide whether to flee or stand and guard what little water they have left.

NEW! Lección 7 *Happy Cool* (Argentina) A man decides to wait out a recession by having himself cryogenically frozen until better economic times.

NEW! Lección 8 *Clown* (España) Companies will go to any length to collect what is due to them... and to make sure they have hired the right person for the job.

NEW! Lección 9 *Sintonía* (España) Stuck in traffic, the only way a man can get the attention of a woman is to figure out which radio station she's listening to and call in.

NEW! Lección 10 *Las viandas* (España) In a restaurant where food is art, a customer learns whether it is possible to have too much of a good thing.

NEW! Lección 11 *El rincón de Venezuela* (Venezuela/Estados Unidos) It's enough of a struggle for one immigrant family to keep their restaurant afloat without having to mediate the political preferences of their patrons.

NEW! Lección 12 *Un pedazo de tierra* (México/Estados Unidos; producción argentina) In honoring their great-great-grandfather's dying wish, two brothers learn about themselves and the people that came before them.

Icons

Icons consistently classify activities by type. They also signal when there is additional material on the Supersite (**ventanas.vhlcentral.com**).

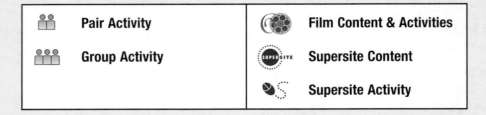

👥	Pair Activity	🎞	Film Content & Activities
👥	Group Activity	SUPERSITE	Supersite Content
		🖱	Supersite Activity

Instructor Ancillaries

Instructor's Annotated Edition
The Instructor's Annotated Edition (IAE) provides a wealth of information designed to support classroom teaching. The IAE contains answers to exercises overprinted on the page, cultural information, suggestions for implementing and extending student activities, and supplemental activities.

NEW! VENTANAS: Lecturas Film Collection DVD 🎞
This DVD includes all twelve films from the **VENTANAS** Film Collection.

NEW! Supersite (ventanas.vhlcentral.com) SUPERSITE 🖱
Supersite Powered by MAESTRO™

Vista Higher Learning is proud to introduce the **VENTANAS, Second Edition,** Supersite to accompany your intermediate Spanish Textbook. Powered by **Maestro™,** a brand-new language learning system, the **VENTANAS Supersite** offers a wealth of resources that correlate to your textbook and go beyond it.

For Students
Free-of-charge with the purchase of a new student text:
- Selected activities from the student text, available with auto-grading 🖱
- Additional activities for each strand of the book SUPERSITE
- Additional cultural information and research activities SUPERSITE
- Audio recordings of select literary readings
- The entire Film Collection, with subtitles in English and Spanish
- And much, much more…

For Instructors
Instructors have access to the entire student site, as well as these key resources:
- The entire Instructor Ancillary package
- A robust course management system, powered by **Maestro™**
- And much, much more…

Acknowledgements

On behalf of its authors and editors, Vista Higher Learning expresses its sincere appreciation to the Spanish instructors who contributed their feedback about the first edition of **VENTANAS**. Their insights and detailed comments were invaluable to the development of this **Second Edition**.

We are especially grateful to Dr. Leticia McGrath at Georgia Southern University for her in-depth review of the First Edition and her subsequent input. Her insight and detailed feedback were critical in the planning of this revision from its inception to the final product.

Isabel Alvarez
University of Wisconsin Oshkosh, WI

Blanca Anderson
Loyola University, LA

Eileen M. Angelini
Philadelpia University, PA

Elizabeth Archibald
Moses Brown School, RI

Kathleen Bruegging
SUNY Ulster, NY

Catherine M. Bryan
University of Wisconsin Oshkosh, WI

Margarita Casas
Linn-Benton Community College, OR

M. Isela Chiu
Utah State University, UT

Ava Conley
Harding University, AR

Beverly R. Cook
North Central College, IL

María de Jesús Cordero
Utah State University, UT

William Dooley
Jesuit High School, New Orleans, LA

Lee Durbin
West Texas A&M University, TX

Margaret Eomurian
Houston Community College, TX

David Flaxman
Moses Brown School, RI

Erica Frouman-Smith
CW Post College of Long Island University, NY

Kevin Gaugler
Marist College, NY

Judy Getty
California State University, CA

Elena Gonzalez-Muntaner
University of Wisconsin Oshkosh, WI

M. Cecilia Herrera
University of Wisconsin Oshkosh, WI

Martha Hosey
Bancroft School, MA

Meliza Hull Frederick
Dillard University, LA

Jorge Koochoi
Central Piedmont Community College, NC

Kevin Krogh
Utah State University, UT

Karen Martin
Union University, TN

Leticia McGrath
Georgia Southern University, GA

Marco Mena
University of Wisconsin Oshkosh, WI

Thérèse Marie Mirande
Pierce College Ft. Steilacoom, WA

Kelly Montijo Fink
Kirkwood Community College, IA

Anna Montoya
Florida Institute of Technology, FL

Olga M. Muñiz
Hillsdale College, MI

Elena B. Odio
Georgia Southwestern State
University, GA

Cecilia Ortiz
The Thacher School, CA

Angel Osle
Archer School for Girls, CA

Amanda Papanikolas
Drew School, CA

Graciela Pérez
Biola University, CA

Clara Ramirez
Loma Linda University, CA

Graziana Ramsden
Mass. College of Liberal Arts, MA

Kenneth Randall,
Cincinnati Country Day School, OH

Monica Roney
The Marin School, CA

Rafael E. Salazar
Aiken Preparatory School, SC

Jose A. Sandoval
Des Moines Area Community
College, IA

David Shook
Georgia Institute of Technology, GA

Lynn Talbot
Roanoke College, VA

Cristobal Trillo
Joliet Junior College, IL

Nora Vera-Godwin
Southeastern Community College, IA

Adam Vigor
Kents Hill School, ME

Witold Wolny
University of Virginia's College
at Wise, VA

We would also like to express our gratitude to all those over the years who have shared with us their recommendations and suggestions for the continued improvement of all programs in the Vista Higher Learning family. Their feedback has been instrumental in allowing us to continue in the mission of Vista Higher Learning.

We extend our gratitude to all the directors, producers and government agencies who granted us permission to incorporate their short films, commercials and TV clips into this project.

We thank all of the writers and their publishers and agents who allowed us to reprint their literary pieces in **VENTANAS**. The varied perspectives on the Spanish-speaking world that they represent are invaluable.

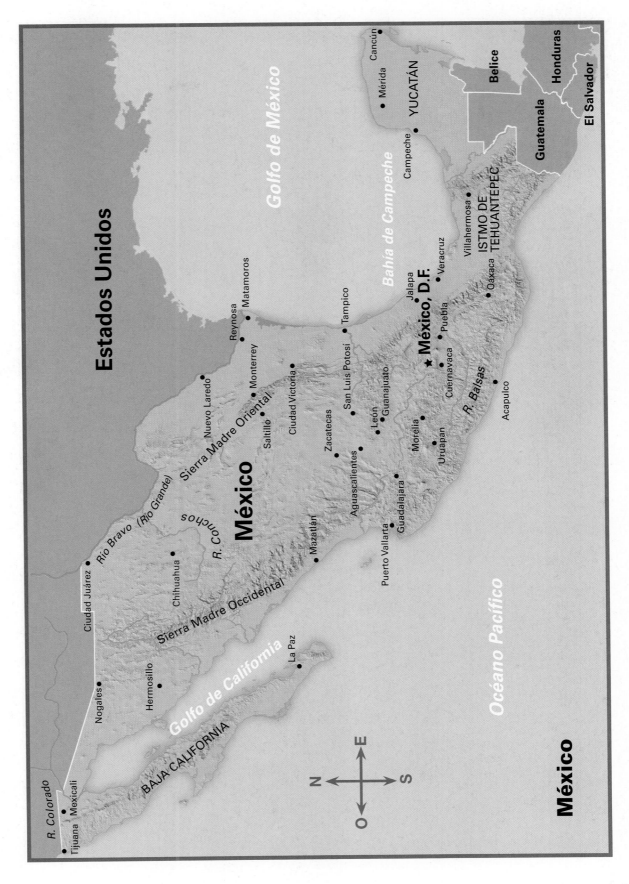

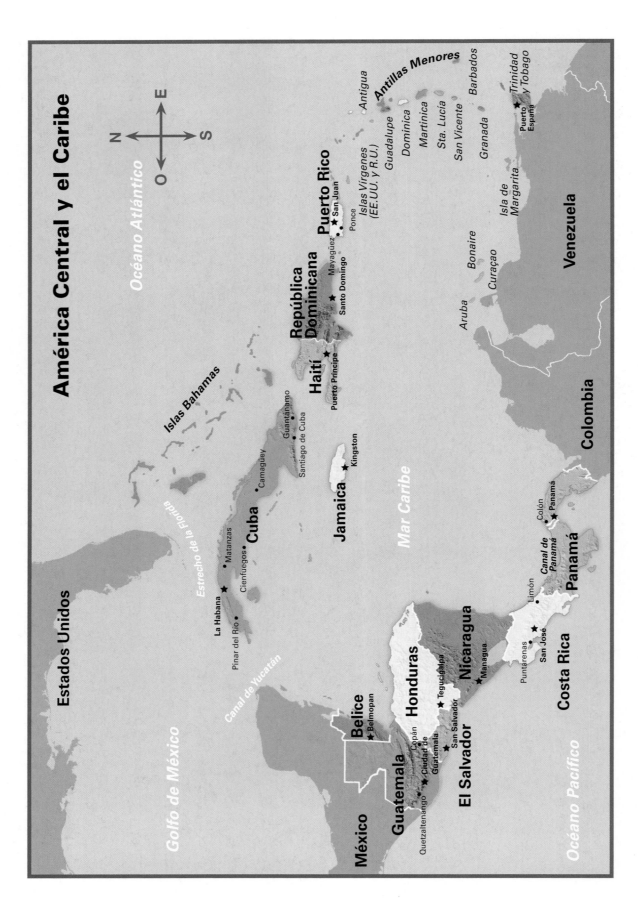

América Central y el Caribe

Estados Unidos

Golfo de México

Océano Atlántico

N · E · O · S

Islas Bahamas

Estrecho de la Florida

La Habana ·
Pinar del Río ·
Matanzas ·
Cienfuegos ·
Cuba
Camagüey ·
Guantánamo ·
Santiago de Cuba ·

Canal de Yucatán

México

Belice
★ Belmopan

Guatemala
Copán ·
★ Ciudad de Guatemala
Quetzaltenango ·

Honduras
★ Tegucigalpa

El Salvador
★ San Salvador

Nicaragua
Managua ★

Costa Rica
Limón ·
★ San José
Puntarenas ·

Panamá
Canal de Panamá
Colón ·
★ Panamá

Océano Pacífico

Mar Caribe

Jamaica
★ Kingston

Haití
★ Puerto Príncipe

República Dominicana
★ Santo Domingo
Mayagüez ·

Puerto Rico
★ San Juan
Ponce ·

Islas Vírgenes
(EE.UU. y R.U.)

Guadalupe
Dominica
Martinica
Sta. Lucía
San Vicente
Granada
Barbados

Antillas Menores
Antigua

Trinidad
y Tobago
★ Puerto
España

Isla de
Margarita

Aruba
Bonaire
Curaçao

Venezuela

Colombia

Mar Caribe

Barranquilla
Maracaibo
Caracas
Puerto España
Trinidad y Tobago
Venezuela
Medellín
Colombia
Bogotá
Cali
Pasto
R. Orinoco
Georgetown
Guyana
Paramaribo
Cayena
Surinam
Guayana Francesa
Quito
Ecuador
Guayaquil
Iquitos
R. Negro
R. Amazonas
Manaus
Belém
Perú
R. Madeira
Recife
Lima
Cuzco
Cordillera de los Andes
Lago Titicaca
Arequipa
La Paz
Arica
Sucre
Bolivia
Brasil
Brasilia
Belo Horizonte
Iquique
R. Paraguay
R. Paraná
São Paulo
Rio de Janeiro
Santos
Antofagasta
Paraguay
Salta
Asunción
Océano Pacífico
Chile
R. Paraná
R. Uruguay
Porto Alegre
Córdoba
Valparaíso
Mendoza
Rosario
Uruguay
Santiago
Buenos Aires
Montevideo
Océano Atlántico
Concepción
Argentina
Bahía Blanca
Puerto Montt
Cordillera de los Andes
N
O E
S
Estrecho de Magallanes
Islas Malvinas
Punta Arenas
Tierra del Fuego
América del Sur

Islas Galápagos
Océano Pacífico
Isla Pinta
Isla Marchena
Isla Genovesa
Isla Isabela
Línea ecuatorial
Volcán Darwin
Isla Santiago (San Salvador)
Isla Fernandina
Puerto Ayora
Isla San Cristóbal
Santo Tomás
Isla Santa Cruz
Puerto Barquerizo Moreno
Isla Santa María
Isla Española

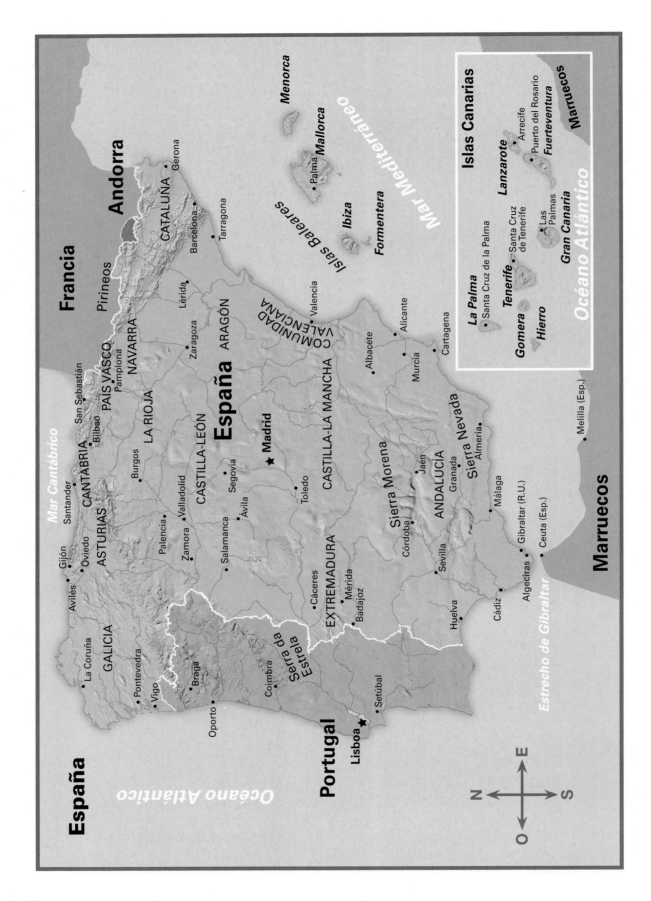

España

Las relaciones personales

Communicative Goals

You will expand your ability to…

- express your opinion
- write a narrative piece
- talk about relationships
- construct a thesis

Una familia, 1989.
Fernando Botero, Colombia.

"En cuestión de árboles genealógicos es más seguro andarse por las ramas que atenerse a las raíces."

— Jacinto Benavente

Antes de leer

Vocabulario

el/la comediante *comedian*

el chiste *joke*

criarse *to grow up*

guardarse (algo) *to keep (something) to yourself*

herir (e:ie) *to hurt*

el nombre artístico *stage name*

quedarse callado/a *to remain silent*

la trayectoria *path; history*

 Oraciones incompletas Completa las oraciones.

1. John Leguizamo es mi _____comediante_____ favorito. Hace _____chistes_____ muy divertidos.

2. Cuando no quiero _____herir_____ los sentimientos de otra persona, me _____guardo_____ lo que quiero decir.

3. El _____nombre artístico_____ de Paul David Hewson es Bono.

4. Nací en Nueva York pero _____me crié_____ en Chicago.

Conexión personal ¿Tienes algún comediante favorito? ¿Sobre qué temas hace chistes tu comediante favorito? ¿Te sientes ofendido/a al escuchar los chistes de algunos comediantes?

Contexto cultural

Carlos Mencía causó controversia cuando, al lanzarse (*get started*) como comediante, se cambió el nombre. Su nombre original es Ned Holness, ya que su padre, Roberto Holness, es de origen alemán. Su madre, Magdalena Mencía, es de origen mexicano. Desde hace ya mucho tiempo usa el apellido Mencía, pero adoptó el nombre Carlos cuando se dedicó a la comedia. Algunas personas lo acusan de cambiarse el nombre para "sonar más latino". Otros lo acusan de ser un hondureño que se hace pasar por mexicano para triunfar en California. Carlos Mencía nació en Honduras pero se crió en Los Ángeles con sus tíos maternos y no con sus padres. ¿Qué piensas? ¿Tienen razón quienes lo critican? ¿O Carlos Mencía tiene derecho a usar el apellido de su madre y destacar (*highlight*) su origen mexicano?

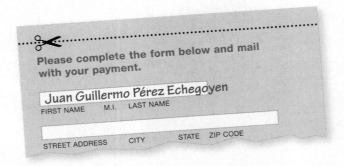

INSTRUCTIONAL RESOURCES
Supersite

Contexto cultural
In Spain and other Hispanic countries, it is common for people to have two names and two last names (father's last name plus mother's last name). Ask students what their own names would be if they followed this naming convention.
If there are any heritage speakers in the class whose families follow this convention, ask them to share any complication it causes in the United States.

Preview
Have students read the title of the article on the next page and make guesses about what they will read.

Carlos Mencía
Políticamente incorrecto

1 El comediante **Carlos Mencía** tiene tanto éxito con su programa en *Comedy Central* que mantiene un *blog* para sus *fans*. Allí, se define a sí mismo como una persona que dice lo que piensa. Explica que no le importa "herir los sentimientos" de nadie; "lo que hiere aún más es
5 quedarse callado y dejar que la gente estúpida siga siendo estúpida". También dice en su *blog* que "algunos pueden hacer chistes sobre otras personas, pero no pueden aceptar que se hagan chistes sobre ellos… bueno… si tú eres así… ¡entonces hazme el favor y CÁLLATE!".

Carlos Mencía integra una nueva
10 generación de humoristas latinos que
llegó para quedarse. Esta gran familia de
comediantes también incluye nombres
como Pablo Francisco, Liz Torres,
Freddy Soto, Mike Robles, Joey Medina,
15 Ernie G y Shayla Rivera, entre otros.
Además, hay que destacar al ya clásico
John Leguizamo. Antes de saltar a la
fama con su programa *Mind of Mencía*
en *Comedy Central*, Carlos ya tenía una
20 larga trayectoria artística.

Nació en Honduras en 1967 y es
second-to-last el penúltimo° de dieciocho hijos. Se
crió en Los Ángeles en casa de sus
tíos. Estudiaba ingeniería hasta que ganó
competition 25 una competencia° de comedia en el
Laugh Factory. Le faltaba sólo un crédito
para graduarse pero decidió dejar la
universidad y dedicarse a la comedia.
Aunque al principio su familia no estaba
30 de acuerdo con el cambio, gracias a su
support perseverancia y al apoyo° de su hermano
Joseph, Carlos logró convertirse° en un
managed to become comediante profesional. Fue en *The*
renowned *Comedy Store* —un renombrado° club de
35 comedia de Los Ángeles— donde adoptó
el nombre artístico de Carlos Mencía.
Durante la década de los noventa,
Carlos participó como comediante y
host como anfitrión° en varios programas de
40 televisión. En 2001, realizó una popular
tour gira° titulada *The Three Amigos* con
Freddy Soto y Pablo Francisco. Antes

de su llegada a *Comedy Central*, también
hizo dos especiales para HBO.

El humor de Carlos Mencía no 45
perdona a nadie —ni siquiera a su
propia familia— y, como consecuencia,
Carlos tiene tanto admiradores como
detractores. Hace chistes acerca de
blancos, negros, minorías y sobre todo 50
latinos. En su lenguaje abundan° las   *are plentiful*
malas palabras. Algunos de sus temas
preferidos son las cuestiones raciales, la
política, la religión y los temas sociales.
Muchos consideran que su estilo excede 55
los límites de lo que es "políticamente
correcto".

Cuando observamos las opiniones
y reacciones que provoca, las aguas
están divididas°. Para algunos, los 60   *there is*
chistes de Carlos Mencía son demasiado   *disagreement*
provocativos y perpetúan° estereotipos;   *perpetuate*
para otros, sus chistes son un ejemplo
de libre expresión°, un ejemplo de que   *freedom of speech*
los latinos ya no son una minoría que es 65
víctima de los chistes de otras personas,
sino una comunidad que se siente
establecida y que es capaz de reírse de sí
misma... y de los demás. ■

Teaching option
Ask students to read the
three jokes in small groups
and decide which is their
favorite and why. Have
them discuss what kind of
jokes they prefer and how
they feel about reading
jokes that are meant to be
performed. What happens
to humor when you change
its medium?

El humor de Carlos Mencía

❝ El racismo significa exclusión. Por eso, yo me río de todos. ❞

❝ Al igual que mi padre, yo también nací en América Central… Nebraska. ❞

❝ En Texas, si te llamas Carlos, eres mexicano. En Florida, eres cubano. En
Nueva York, eres puertorriqueño. Y luego vengo aquí (Canadá) y me entero
de que soy esquimal. ❞

Después de leer

Carlos Mencía: políticamente incorrecto

(1) Comprensión Responde a las preguntas con oraciones completas.

1. ¿Cómo se define a sí mismo Carlos Mencía en su *blog*?
Se define como una persona que dice lo que siente.
2. ¿Qué sucedió cuando a Carlos le faltaba poco para terminar la universidad?
Ganó una competencia de comedia y decidió abandonar la universidad y convertirse en comediante.
3. ¿Qué grupos son víctimas de los chistes de Carlos Mencía?
Blancos, negros, minorías y latinos son víctimas de los chistes de Carlos Mencía.
4. Para quienes lo critican, ¿cuál es el problema con el tipo de humor de Carlos Mencía?
Es demasiado provocativo y perpetúa estereotipos.
5. Para quienes lo apoyan, ¿por qué es importante el trabajo de comediantes como Carlos Mencía? Es importante porque demuestra que la comunidad latina ya no es una comunidad que tiene que defenderse de los chistes de otros. Es una comunidad establecida que es capaz de reírse de sí misma.

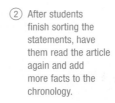
② After students finish sorting the statements, have them read the article again and add more facts to the chronology.

(2) Organizar Ordena en forma cronológica la información sobre Carlos Mencía.

6 a. Adoptó el nombre artístico de Carlos Mencía.
2 b. Vivió con sus tíos maternos.
7 c. Realizó la gira *The Three Amigos* junto a Freddy Soto y Pablo Francisco.
4 d. Ganó una competencia de comedia.
8 e. Saltó a la fama en *Comedy Central*.
1 f. Se mudó a los Estados Unidos.
5 g. Decidió convertirse en comediante profesional.
3 h. Fue a la universidad.

(3) Comunicación En parejas, respondan a las preguntas.

1. ¿Creen que está bien hacer chistes sobre temas raciales y sociales o creen que los humoristas deberían evitar ciertos temas? ¿Por qué?
2. ¿Qué opinan del uso de malas palabras en los espectáculos de comedia?
3. El artículo dice que para muchas personas el humor de Carlos Mencía es un ejemplo de que la comunidad latina pasó de ser víctima de chistes a ser una comunidad establecida que es capaz de reírse de sí misma. ¿Pueden dar otros ejemplos que demuestren que la comunidad latina se siente establecida?

④ For an expansion activity, assign small groups to research and write brief profiles of other famous Hispanic comedians. Ask each group to present its profile to the class.

⑤ Teaching option As a follow-up activity, have students hold a debate. Half the students should hold the position that politically incorrect humor is acceptable, while the other half should defend the opposite position. A heritage student or another student can act as moderator.

(4) Adivinen quién soy En parejas, preparen una entrevista con un/a comediante famoso/a. Incluyan información que permita adivinar quién, sin mencionar su nombre. Luego actúen la entrevista delante de la clase. Sus compañeros deben adivinar quién es el personaje.

MODELO

PERIODISTA ¿Qué sentiste al enterarte de que eras candidato para un premio Oscar?
COMEDIANTE No lo podía creer. Cuando trabajaba en *In Living Color* nunca me imaginé que iba a ser candidato a un Oscar (Jamie Foxx).

(5) Opinión Imagina que el artículo que leíste se publicó en una revista. Escribe una carta de lectores expresando tu opinión sobre el tipo de chistes de comediantes como Carlos Mencía. Si te parece que este tipo de humor es aceptable, explica por qué. Si crees que excede los límites de lo aceptable, explica por qué.

Opiniones

① Conversación

A. En parejas, háganse estas preguntas sobre los nombres y los apodos (*nicknames*). Pueden repasar el **Contexto cultural** sobre la historia del nombre de Carlos Mencía.

1. ¿Sabes cuál es el origen de tu nombre? ¿Sabes por qué te pusieron ese nombre?

2. ¿Tienes un apodo? ¿Quién te lo puso? ¿Te gusta inventar apodos para otras personas? Da algunos ejemplos. ¿Por qué los elegiste?

3. Imagina que te haces famoso. ¿Qué nombre artístico usarías? ¿Por qué?

4. ¿Qué opinas de que las personas de otros países se cambien los nombres o elijan nuevos apodos al venir a este país? ¿Por qué crees que lo hacen? ¿Por qué crees que Carlos Mencía lo hizo?

B. Observen las fotos de estos artistas famosos. Entre paréntesis aparece el nombre verdadero de cada uno. ¿Por qué creen que se cambiaron los nombres?

Charlie Sheen
(Carlos Irwin Estévez)

George Eliot
(Mary Ann Evans)

Rita Hayworth
(Margarita Carmen Cansino)

Ritchie Valens
(Richard Steven Valenzuela)

② Por escrito
Elige uno de estos temas y escribe una composición de ocho oraciones como mínimo.

- la historia de mi familia a través de los nombres

  MODELO En la familia de mi madre hay un "Mario" en todas las generaciones, pero esto cambió cuando mis abuelos tuvieron sólo niñas. Decidieron llamar a mi madre María porque...

- un(a) artista que me hace reír

  MODELO Mi comediante favorito es Jim Carrey. Me gusta su humor porque... Jim comenzó su carrera en...

- comediantes controvertidos

  MODELO Carlos Mencía no es el único comediante que despierta controversias. Uno de mis comediantes favoritos es... Su humor es muy controvertido porque...

① Before you have students discuss the origins of their names, tell students the origin of your name. If possible, give them the meanings and origins of some common first names. Encourage students to follow up by searching for their name at one of many sites online that list meanings and origins of names.

② Encourage students who need more support by asking them questions that will help them break down the writing task into sections. For example:

¿Sobre cuál de los tres temas quieres escribir?

¿Cómo se llama tu comediante favorito?

¿Por qué te hace reír?

¿Cómo se hizo famoso?

¿Causa controversia su humor? ¿Por qué?

Momentos de estación

1er Premio BA en Primer Plano y Festival Interuniversitario Cortos UdeSA, Argentina

Nada que perder

Una producción del CENTRO DE INVESTIGACIÓN CINEMATOGRÁFICA Guión y Dirección GUSTAVO D. CABAÑA
Jefe de Producción GUSTAVO SAMMARTINO Dirección de Fotografía GUSTAVO GÓMEZ OLIVERA
Cámara LUCAS CABALLERO Montaje FEDERICO CALDERÓN/GUSTAVO CABAÑA Edición MARTÍN BLASSI
Dirección de Arte NATALIA OBATTA Sonido FEDERICO CALDERÓN
Actores SANDRA VILLANI/CLAUDIO TOLCACHIR/CARLOS DONIGIAN/ELENA CÁNEPA/LUCAS SANTA ANA/
CAROLINA PAINCERIRA/LUCRECIA OVIEDO/RODOLFO ROCA

Antes de ver el corto

INSTRUCTIONAL RESOURCES
Supersite/DVD: Film Collection
Supersite: Script & Translation

MOMENTOS DE ESTACIÓN

país Argentina **director** Gustavo D. Cabaña
duración 7:15 minutos **protagonistas** viajero, cajera

Vocabulario

abrazar *to hug; to hold*
el afiche *poster*
averiguar *to find out*
el boleto *ticket*
la broma *joke*
el cortometraje/corto *short film*

enamorado/a (de) *in love (with)*
la escena *scene*
meterse *to break in (to a conversation)*
el/la protagonista *protagonist; main character*
el recuerdo *memento; souvenir*
suceder *to happen*

1 Vocabulario Completa este párrafo con las opciones correctas.

Estaba comprando (1) __un boleto__ (un recuerdo/un boleto) en la estación,
cuando de repente (2) __sucedió__ (sucedió/se metió) algo. Mientras hablaba
con el empleado, un hombre se acercó y (3) __se metió__ (se metió/averiguó)
en la conversación e hizo (4) __una broma__ (una broma/un boleto). Esto me
trajo a la mente (5) __el recuerdo__ (el recuerdo/la broma) de dos niños
bromeando en una estación de trenes. ¡El hombre era mi primo Alberto,
a quien no veía desde 1996!

2 Comentar Con un(a) compañero/a, intercambia opiniones sobre *Momentos de estación*.

1. La palabra **estación** tiene varios significados. ¿Los recuerdas? ¿Cuáles son las estaciones que conoces?
2. ¿Qué te sugiere el título de este cortometraje?
3. Observa el segundo fotograma e inventa tres rasgos diferentes para la personalidad de cada personaje.
4. ¿Crees que las personas del segundo fotograma se conocen?
5. Observa el afiche del cortometraje en la página opuesta. ¿Qué tipo de relación hay entre los dos personajes de la foto?
6. El afiche dice "Nada que perder". ¿Qué te sugiere esa frase sobre la historia que vas a ver?

Teaching option
Have students discuss these questions in small groups:
1. ¿Les gustan los cortometrajes?
2. ¿En qué lugares o eventos pueden ver cortometrajes?
3. ¿Cuáles son los principales desafíos de los directores de cortometrajes?
4. ¿Qué ventajas tiene para ustedes como estudiantes la oportunidad de ver cortos de distintos países hispanos?

SUPERSITE
Watch the short film at
ventanas.vhlcentral.com.

Escenas

ARGUMENTO Un viajero va a comprar un boleto de tren a la ventanilla.

Synopsis *Momentos de estación* proves that anything can happen at a train station. A commuter purchases his train ticket every day, never telling the ticket window employee about his feelings for her. He suddenly takes advantage of the moment and tells her, causing a spiraling effect for the people around them.

Preview Ask students to describe the personalities of the characters based on the dialogue and photos. Then have them offer predictions about the ending of the film.

VIAJERO Estoy enamorado de usted.
CAJERA ¿Cómo?

VIAJERO Tenía que decírselo hoy. Es mi último viaje.
CAJERA Esto es una broma.
VIAJERO No, no es ninguna broma, Ana.

(La señora del abanico° llama al hombre de la boina°.)

SEÑORA ¡Chist!, Juan, ¿qué pasa?
JUAN Él la ama; ella no le cree.

VIAJERO Hace más de un año que nos conocemos. Usted es la que me atiende siempre. Yo soy el que va a la capital.
CAJERA Todos van a la capital.
VIAJERO Exactamente 375 veces, sin contar la de hoy. Mirá... aquí están todos: 375 boletos, uno por uno.

CAJERA ¿Qué quiere de mí?
VIAJERO Bailar.
CAJERA ¿Bailar?
VIAJERO Bailar, abrazarte, besarte...
CAJERA Ahora no, no puedo, estoy trabajando.

SEÑORA A veces, se le va la vida a uno sin que suceda algo tan maravilloso. Once años hace que murió mi marido. ¿Sabes, hijo?, ¡cuánto hace que no me dan un beso!

abanico *fan* **boina** *beret*

Después de ver el corto

1 Comprensión Contesta las preguntas.

1. ¿Qué le dice el viajero a la cajera? El viajero le dice: "Estoy enamorado de usted".
2. ¿Por qué el viajero habla con ella ese día? Porque es la última vez que va a tomar el tren.
3. ¿Cómo se llama la cajera? La cajera se llama Ana.
4. Según el joven, ¿cuánto tiempo hace que se conocen? Según el joven, hace más de un año que se conocen.
5. ¿Qué guarda el joven en la caja? El joven guarda los boletos de todos sus viajes a la capital.

2 Interpretar En grupos de tres, contesten las preguntas.

1. ¿Cuál es su interpretación del final de la historia?
2. ¿Cuál creen que es el tema del cortometraje?
3. ¿Creen que *Momentos de estación* puede relacionarse con la idea de *carpe diem* (*seize the day*)? ¿Conocen otras películas con esta idea?
4. ¿Creen que el corto defiende una mayor espontaneidad en nuestras relaciones cotidianas? ¿Piensan que es mejor ser reservado/a o atrevido/a?

3 Imaginar Lee la conversación inicial entre el viajero y la cajera de *Momentos de estación*. Escribe otra versión de esta conversación, dándole un final diferente.

3 Have students work in pairs and then read or perform their dialogues for the class.

VIAJERO Estoy enamorado de usted.	**VIAJERO** No, no, ninguna broma, Ana.
CAJERA ¿Cómo?	**CAJERA** ¿Cómo sabe mi nombre?
VIAJERO Que la amo…	**VIAJERO** Lo averigüé; no fue difícil.
CAJERA No puede ser.	**CAJERA** Casi nunca me llaman por mi
VIAJERO Tenía que decírselo hoy.	nombre…
Es mi último viaje.	**VIAJERO** Es un nombre hermoso.
CAJERA Esto es una broma.	

4 Actuar Con un(a) compañero/a, representa una escena similar a la anterior en un contexto diferente, en el que uno/a de ustedes tiene que declararse a un(a) desconocido/a y convencerlo/a de que está locamente enamorado/a de él/ella. Represéntenlo después ante la clase.

5 Escribir En un párrafo, resume la historia que acabas de ver. Ten en cuenta:

- dónde sucede la historia
- cuándo o en qué momento tiene lugar la historia
- quiénes son los personajes
- qué es lo que sucede
- el final de la historia

INSTRUCTIONAL RESOURCES
Supersite: Literatura recording

Los enamorados, 1923.
Pablo Picasso, España.

"La única fuerza y la única verdad que
hay en esta vida es el amor."

— José Martí

Poema 20

Sobre el autor

Ya de muy joven, el chileno Ricardo Eliecer Neftalí Reyes Basoalto —tal fue el nombre que sus padres dieron a **Pablo Neruda** (1904–1973) al nacer— mostraba inclinación por la poesía. En 1924, con tan sólo veinte años, publicó el libro que lo lanzó (*launched*) a la fama: *Veinte poemas de amor y una canción desesperada.* Además de poeta, fue diplomático y político. El amor fue sólo uno de los temas de su extensa obra: también escribió poesía surrealista y poesía con fuerte contenido histórico y político. Su *Canto general* lleva a los lectores en un viaje por la historia de América Latina desde los tiempos precolombinos hasta el siglo veinte. En 1971, recibió el Premio Nobel de Literatura.

Vocabulario

el alma *soul*
amar *to love*
besar *to kiss*
contentarse con *to be contented, satisfied with*

el corazón *heart*
la mirada *gaze*
el olvido *forgetfulness; oblivion*
querer (e:ie) *to love; to want*

Poema Completa este poema.

Quiero (1) __besarte__ (besarte/amarte) porque te (2) __quiero__ (quiero/olvido), pero tú te alejas y desde lejos me miras.

Mi (3) __corazón__ (corazón/olvido) no (4) __se contenta__ (quiere/se contenta) con una (5) __mirada__ (alma/mirada) triste.

Entonces me voy y sólo espero el (6) __olvido__ (corazón/olvido).

Conexión personal

¿Has estado enamorado/a alguna vez? ¿Te gusta leer poesía? ¿Has escrito alguna vez una carta o un poema de amor?

Análisis literario: La personificación

La personificación es una figura retórica (*figure of speech*) que consiste en atribuir cualidades humanas a seres inanimados (*inanimate objects*), ya sean animales, cosas o conceptos abstractos. Observa estos ejemplos de personificación: *me despertó el llanto* (crying) *del violín; tu silencio habla de dolores pasados.* En *Poema 20*, Pablo Neruda utiliza este recurso en varias ocasiones. Mientras lees el poema, prepara una lista de las personificaciones. En cada caso, indica qué cualidad humana atribuye el poeta al objeto.

Sobre el autor Ask students if they have seen or heard of the 1995 film *Il postino (The Postman)*, which was a fictitious account of a relationship between a simple **cartero** and Neruda.

Vocabulario As a variant, show students famous paintings of photographs related to the **Literatura** theme and have them describe the images using the new vocabulary.

Conexión personal Ask volunteers to answer these questions. If they cannot or are unwilling to answer these questions about themselves, ask them to talk about people they know, or even about similar situations in films, television, music, etc.

Análisis literario Supply other examples of personification with which students might be familiar, such as "the **angry** storm subsided."

POEMA 20

Pablo Neruda

¹ Puedo escribir los versos más tristes esta noche.

Escribir, por ejemplo: "La noche está estrellada°, *starry*

y tiritan°, azules, los astros°, a lo lejos°". *stars/in the distance* — *blink; tremble*

El viento de la noche gira° en el cielo y canta. *turns*

5 Puedo escribir los versos más tristes esta noche.

Yo la quise, y a veces ella también me quiso.

En las noches como ésta la tuve entre mis brazos.

La besé tantas veces bajo el cielo infinito.

Ella me quiso, a veces yo también la quería.

10 Cómo no haber amado sus grandes ojos fijos°. *fixed*

Puedo escribir los versos más tristes esta noche.

Pensar que no la tengo. Sentir que la he perdido.

Oír la noche inmensa, más inmensa sin ella.

Y el verso cae al alma como al pasto el rocío°. *like the dew on the grass*

15 Qué importa que mi amor no pudiera guardarla°. *keep; protect*

La noche está estrellada y ella no está conmigo.

Eso es todo. A lo lejos alguien canta. A lo lejos.

Mi alma no se contenta con haberla perdido.

Como para acercarla° mi mirada la busca. *to bring her closer*

20 Mi corazón la busca, y ella no está conmigo.

La misma noche que hace blanquear° los mismos árboles. *to whiten*

Nosotros, los de entonces, ya no somos los mismos.

Ya no la quiero, es cierto, pero cuánto la quise.

Mi voz° buscaba el viento para tocar su oído. *voice*

25 De otro. Será de otro. Como antes de mis besos.

Su voz, su cuerpo claro. Sus ojos infinitos.

Ya no la quiero, es cierto, pero tal vez la quiero.

Es tan corto el amor, y es tan largo el olvido.

Porque en noches como ésta la tuve entre mis brazos,

30 mi alma no se contenta con haberla perdido.

Aunque éste sea el último dolor que ella me causa,

y éstos sean los últimos versos que yo le escribo. ■

Preview Before discussing the poem, give students a few minutes to read the poem aloud to a partner. Remind them that it is not necessary to understand every single word, especially during the first read-through.

Teaching option
Have students work in groups to answer these questions. Then have them share their answers with the class.

1. ¿Qué palabras y frases usa el poeta para describir la noche?

2. ¿Qué palabras y frases usa el poeta para describir a su amada?

3. ¿Qué palabras y frases usa el poeta para describir cómo se siente?

Después de leer

Poema 20
Pablo Neruda

1. Comprensión Contesta las preguntas con oraciones completas.

1. ¿Quién habla en este poema? Un hombre enamorado. / Un poeta habla en este poema.
2. ¿De quién habla el poeta? El poeta habla de su amada. / El poeta habla de su antigua novia.
3. ¿Cuál es el tema del poema? El tema del poema es el amor.
4. ¿Qué momento del día es? Es de noche.
5. ¿Sigue el poeta enamorado? Da un ejemplo del poema.
   El poeta no lo sabe. Ejemplo: "Ya no la quiero, es cierto, pero tal vez la quiero."

2. Analizar Lee el poema otra vez para contestar las preguntas con oraciones completas.

1. ¿Qué personificaciones hay en el poema y qué efecto transmiten? Explica tu respuesta.
2. ¿Tienen importancia las repeticiones en el poema? Explica por qué.
3. La voz poética habla sobre su amada pero no le habla directamente a ella. ¿A quién crees que le habla la voz poética en este caso?
4. ¿Qué sentimientos provoca el poema en los lectores?

3. Interpretar Contesta las preguntas con oraciones completas.

1. ¿Cómo se siente el poeta? Da algún ejemplo del poema.
2. ¿Es importante que sea de noche? ¿Por qué?
3. Explica con tus propias palabras este verso: "Es tan corto el amor, y es tan largo el olvido".
4. En un momento dado el poeta afirma: "Yo la quise, y a veces ella también me quiso" y, un poco más adelante, escribe: "Ella me quiso, a veces yo también la quería". Explica el significado de estos versos y su importancia en el poema.

4. Ampliar Trabajen en parejas para imaginar cómo es la mujer del poema. Hablen sobre:
- su apariencia física
- su personalidad
- sus aficiones

5. Imaginar En parejas, imaginen la historia de amor entre el poeta y su amada. Preparen una conversación en la que se despiden para siempre. Deben inspirarse en algunos de los versos del poema.

6. Personificar Elige un objeto y escribe un párrafo breve en el que atribuyes (*attribute*) cualidades humanas al objeto.

> **MODELO** Tengo en mi cuarto una estrella de mar. Me cuenta historias de piratas…

① Have students work in pairs to write two more questions about the poem on a sheet of paper. They should exchange these questions with another pair, who will then mark their answers on the sheet below the questions. After the sheets are returned to the pair that wrote the original questions, they should correct the answers.

③ Ask students to work in small groups to discuss the answers to these questions. One student from each group will be responsible for summarizing the group's ideas for each question for the rest of the class.

④ Ask students to imagine the same characteristics as they apply to the poet.

⑤ Have a few groups of students act out their dialogues in front of the class.

⑤ Give students the option of writing a story from the point of view of the woman in the poem, explaining what happened in her own words. Was it an unrequited love, a fading love, a case of opposites attracting?

 **Antes de leer**

Después del amor primero

Sobre el autor

 El escritor peruano **Alfredo Bryce Echenique** nació en 1939 en una familia acomodada (*well-off*) de Lima y a los veinticinco años obtuvo una beca del gobierno francés que lo llevó a convertirse en alguien que, en sus propias palabras, "hizo de su vida un permanente exilio voluntario". En sus obras, de alto contenido autobiográfico y llenas de humor, se respira el aire nostálgico que rodea a los que viven lejos de su país. Entre sus obras se destacan *Un mundo para Julius* (Premio Nacional de Narrativa del Perú en 1981) y *Reo de nocturnidad* (1997). En 1999, Bryce Echenique se radicó en Lima. *Después del amor primero* pertenece al libro *Permiso para vivir (Antimemorias)*, una colección de anécdotas, narraciones y testimonios autobiográficos que nos transporta, con humor y sensibilidad, por la vida del autor desde su Perú natal, donde transcurre este relato, hasta Europa y Cuba.

<table>
<tr><td colspan="3">Vocabulario</td></tr>
<tr><td>la culpa guilt</td><td>la lágrima tear</td><td>el sentimiento feeling</td></tr>
<tr><td>dejar to leave; to dump</td><td>mayor de edad of age</td><td>el sufrimiento suffering</td></tr>
</table>

Vocabulario
Point out that the opposite of **mayor de edad** is **menor de edad**.

Recuerdos Completa esta historia.

Nunca me voy a olvidar del sentimiento de (1) ___culpa___ cuando le mentí a Pedro y le dije que era (2) _mayor de edad_. Él estaba en el primer año de la universidad y yo en el último año de la escuela. Yo pensaba que si le decía la verdad, él me iba a (3) ___dejar___. Sin embargo, mentir me causaba mucho (4) _sufrimiento_. Por eso, decidí ir a la casa de Pedro y contarle la verdad. ¡Qué sorpresa cuando vi a Pedro entrar en su casa! ¡Llevaba puesto un uniforme escolar! ¡Era mentira que él estaba en la universidad! Mis ojos se llenaron de (5) _lágrimas_.

Conexión personal

¿Has sufrido alguna vez una decepción amorosa o conoces a alguien que la haya sufrido? ¿Piensas que algunas reacciones que tenías cuando eras más joven eran exageradas?

Análisis literario: Los relatos de aprendizaje

La palabra alemana *Bildungsroman* (novela de aprendizaje) se usa para referirse a narraciones, que pueden ser de ficción o autobiográficas, que describen el proceso de transición desde la infancia hasta la madurez. Los relatos suelen abarcar el desarrollo moral, físico, social o psicológico del personaje. El primer ejemplo de este género en idioma español es la novela anónima *El Lazarillo de Tormes*, que narra, en estilo epistolar (es decir, como una carta) y autobiográfico, la vida de un niño desde su nacimiento hasta su madurez. A medida que lees el relato de Bryce Echenique, intenta distinguir entre la narración de hechos pasados y la descripción de conclusiones o comentarios que muestran el desarrollo o el aprendizaje que experimentó el protagonista.

Análisis literario
Ask students if they have read any *Bildungsromans* in English. Give a few examples, such as *Tom Sawyer*, *Huckleberry Finn*, etc.

Preview Ask students to read the title and look at the photo to predict what the story will be about.

Después *del* amor primero

(fragmento)

Alfredo Bryce Echenique

Teresa era una muchacha de tez° muy blanca y nariz respingada°. Su sonrisa era irónica, era inteligente, pero, sobre todo, preciosa. Preciosa y traviesa°. Nadie en el mundo se había querido tanto como nosotros y perderla para mí había representado, entre otras cosas, acostarme gordo una noche de mi adolescencia, y levantarme flaco° al día siguiente, por la mañana. Desde entonces, lo sabía, cualquier cosa podía pasarme porque había perdido a Teresa de una manera simple y llanamente° demasiado cruel. Teresa me había dejado por otro con alevosía° y gran maldad°, palabras éstas que eran totalmente nuevas en mi vocabulario y en mi vida. Me había dejado por un hombre mayor de edad, que tenía un carro mayor de edad y que le estaba dando un beso también mayor de edad cuando me acerqué a ver qué diablos° había en ese automóvil que se había estacionado en la puerta de la casa, a la hora de aquel día de invierno en que me tocaba llegar del internado°.

Me arrojé° a la amplia acequia° que había en el campo de polo, frente a la casa de Teresa, pero sin resultado alguno. O sea que cualquier cosa podía pasarme, simple y llanamente porque a Teresa no le importaba que yo enlodara° mi amor por ella, ni que enlodara la ropa elegantísima que usaba para irla a ver los fines de semana. Teresa incluso permitía que mi más atroz sufrimiento se cubriera también de barro°. Perdí exactamente veinte kilos y terminé el colegio con un sentimiento de culpa atroz: a Teresa la había perdido por mi culpa, aterrándola° con la posesividad de mi amor, con mis celos, con el desenlace trágico en el que siempre tenía que desembocar cada una de nuestras conversaciones. Convencido en cuerpo y alma de que los más grandes amores son los imposibles, quería que el nuestro resultara imposible a gritos, que fuera totalmente invivible°, tremendamente desgarrador° y lleno de lágrimas y divinos castigos imperdonables°. ■

Glosas (márgenes):
- complexion (tez°)
- turned-up (respingada°)
- mischievous (traviesa°)
- skinny; thin (flaco°)
- plainly and simply (llanamente°)
- malice; treachery (alevosía°)
- malevolence (maldad°)
- what the hell (diablos°)
- boarding school (internado°)
- threw myself/ditch (arrojé°/acequia°)
- tarnished (enlodara°)
- mud (barro°)
- terrifying her (aterrándola°)
- unlivable (invivible°)
- heartbreaking (desgarrador°)
- unforgivable punishments (imperdonables°)

 Después de leer

Después del amor primero
Alfredo Bryce Echenique

1 **Comprensión** Contesta las preguntas con oraciones completas.

1. ¿Quién era Teresa? Teresa fue la primera novia/el primer amor del narrador.
2. ¿Cómo era su sonrisa? Su sonrisa era irónica, inteligente y, sobre todo, preciosa.
3. ¿Por quién dejó Teresa al narrador? Teresa dejó al narrador por un hombre mayor de edad.
4. ¿Qué cambios sufrió el físico del joven? El joven perdió veinte kilos de peso.
5. ¿Qué opina el narrador de los grandes amores? Opina que los más grandes amores son los imposibles.

2 **Reflexionar** Contesta las preguntas con oraciones completas.

1. Según tu opinión, ¿cómo era la novia del narrador? Cita ejemplos del texto.
2. Explica con tus propias palabras lo que piensas que el narrador quiere decir cuando dice que el hombre mayor de edad "tenía un carro mayor de edad".
3. ¿Por qué quería el narrador que su amor resultara imposible?
4. ¿Estás de acuerdo con las ideas que expresa el narrador sobre el amor? ¿Por qué?
5. El narrador recurre mucho a la exageración en el relato. Busca algunos ejemplos. ¿Por qué crees que usa este recurso?

3 **Comunicar** En grupos pequeños, hablen sobre el amor y las presiones que sufren los jóvenes cuando se enamoran por primera vez. ¿Son duraderas las relaciones? ¿Está bien visto que un muchacho salga con una muchacha mayor? Reflexionen sobre éstas y otras preguntas; después presenten sus conclusiones a la clase.

4 Have students share their exaggerated statements with the class. The class should then vote for the best.

4 **Exageraciones** En el relato, Bryce Echenique recurre a un lenguaje muy exagerado y dramático. En parejas, escriban versiones exageradamente dramáticas de estas oraciones autobiográficas.

> **MODELO** **Mi amigo rompió mi juguete favorito.**
>
> Nunca voy a olvidar ese trágico y fatídico momento en el que sentí que mi mundo se vino abajo cuando Juancito dejó caer sin piedad mi robot a control remoto y yo lo vi partirse en mil pedazos.

5 Have pairs of students exchange their stories without revealing what they learned. Student should then speculate about what their partners may have learned from the experience.

1. Salí al patio y vi que mi gatito estaba subido a un árbol y no podía bajar.
2. El día que nació mi hermanita me sentí muy celoso. ¡Ya no era el bebé de la familia!
3. Me asusté mucho cuando la enfermera se acercó para darme la vacuna.

Teaching option Provide pairs of students with funny/humorous news stories in Spanish and underline a few sentences. Have students rewrite these sentences in an overly exaggerated tone.

5 **Lecciones aprendidas** Escribe un relato breve sobre una situación o anécdota del pasado que te ayudó a madurar (*grow up*). Debes incluir información sobre los hechos, las personas y también tu conclusión sobre lo que aprendiste.

Taller de escritura

Preparación: La tesis

Los ensayos académicos comienzan con una introducción en la que se plantea una tesis. La tesis consiste en una idea que se quiere presentar o defender. Una introducción tradicional presenta el tema, introduce una tesis y muchas veces adelanta la conclusión. La tesis debe ser:

- **clara y concisa.** Si la tesis plantea muchos temas diferentes se torna imprecisa y es muy difícil respaldarla y guiar el escrito hacia una conclusión coherente.

- **objetiva.** Aunque los ensayos suelen incluir opiniones personales, el planteo de la tesis debe hacerse con lenguaje objetivo y debe basarse en evidencia.

- **original.** La tesis no debe plantear obviedades sino que debe llevar a una conclusión creativa y original.

Preparación y estrategias After students read the strategy, brainstorm examples of good thesis statements with the class.

Práctica Lee estas tesis. Decide si alguna es una buena tesis o explica cuál es el problema.

Answers may vary slightly. Sample answers.

1. Carlos Mencía es aburridísimo.   Problema: tesis poco objetiva.

2. El desempleo es un problema grave.   Problema: tesis obvia.

3. El "Poema 20" de Pablo Neruda es un ejemplo claro de cómo, en cuestiones del corazón, no todo es blanco o negro. En el amor, hay mucha ambigüedad.   Buena tesis.

4. El desempleo es muy alto y afecta a los jóvenes. Además, los jóvenes prefieren viajar y casarse cuando son más grandes.   Problema: tesis imprecisa.

Práctica Do the activity orally, then call on students to work in pairs to create two additional examples each of good theses and bad theses.

Ensayo Elige uno de estos temas y escribe un ensayo personal.

Requisitos

- Tu ensayo debe hacer referencia a por lo menos dos obras de las cuatro estudiadas en esta lección (cultura, cortometraje, dos obras literarias).
- Debes incluir ejemplos extraídos de las obras para defender o respaldar tus argumentos.
- Debes resaltar (*highlight*) tu tesis.
- Tu ensayo debe ser de por lo menos dos páginas.

- Varias de las obras estudiadas en esta lección hacen referencia al amor. ¿Qué posición tienen los autores de esas obras? ¿Los protagonistas actúan impulsados por sus propios sentimientos? ¿O sienten la influencia de quienes los rodean y sienten temor sobre cómo se pueden interpretar sus acciones?

- Lee esta cita de Bryce Echenique: "Las únicas autobiografías que existen son las que uno se inventa". ¿A qué crees que se refiere? Carlos Mencía suele citar ejemplos de la historia de su familia. ¿Crees que esto le da más credibilidad a su humor o que este recurso no es diferente a "inventar" la historia de su familia?

- ¿Somos responsables de nuestro propio éxito o de nuestra felicidad? Piensa en los autores y los protagonistas de las obras de esta lección: ¿Crees que el desenlace de sus historias tiene que ver con los riesgos que tomaron?

Abriendo ventanas

Artistas hispanos

Presentación Trabajen en grupos de tres o cuatro personas.

A. Agreguen uno o dos nombres de artistas hispanos a por lo menos dos de estas categorías. Expliquen por qué los han clasificado de esa manera.

- artistas de origen hispano que han causado controversia:
  Carlos Mencía _____ _____

- artistas de origen hispano que han triunfado en el mercado de habla inglesa:
  Penélope Cruz _____ _____

- artistas de origen hispano que han elegido nombres artísticos en inglés:
  Martin Sheen _____ _____

- artistas de origen hispano que se niegan a actuar/cantar/escribir en inglés o que expresamente prefieren no hacerlo:
  Juanes _____ _____

Carlos Mencía

Penélope Cruz

Martin Sheen

Juanes

B. Elijan tres artistas de por lo menos dos categorías distintas y escriban las ideas o palabras asociadas que les vengan a la mente.

Nombre _____	Nombre _____	Nombre _____

Teaching option
Before you begin **A** and **B**, brainstorm a list of Spanish-speaking artists. Write the list on the board, along with any brief information about them that students can supply. Encourage students to refer to that list when they do the activities.

Part A
If students have difficulty thinking of names to add to the categories, encourage them to do some research in magazines, newspapers or on the Internet.

C. Van a preparar una presentación sobre uno de los artistas de la parte **B.** Además de datos biográficos, la presentación debe incluir información sobre los logros (*achievements*) y la influencia de este/a artista.

Elección del tema

Relean las ideas y palabras que anotaron en la parte **B.** ¿Sobre qué artista tienen más ideas y palabras? ¿Sobre cuál de los tres creen que pueden preparar la mejor presentación? ¿Sobre cuál de los tres tienen temas más interesantes para investigar?

Preparación

Realicen una investigación en Internet o en la biblioteca. Busquen información sobre las ideas y palabras asociadas con el artista que anotaron en la parte B. Seleccionen materiales audiovisuales (fotos, canciones, libros, etc.) para mostrar en la clase.

Organización

Organicen la información recogida (*collected*) en un esquema (*outline*). El esquema debe resumir los puntos principales de la presentación (biografía, logros, influencia, controversias, legado, etc.) y debe incluir las fuentes (*sources*) de la información investigada. La presentación deberá durar unos diez minutos. Decidan qué parte(s) presentará cada uno/a. Recuerden que todos los integrantes del grupo deben participar.

Estrategia de comunicación

Cómo presentar un tema
Estas frases y expresiones pueden ser útiles para hacer una buena presentación.
- Nuestra presentación trata de...
- Vamos a hablar de...
- En esta foto, vemos...
- En esta canción, ... canta acerca de...
- La obra/El trabajo de... se caracteriza por...
- Para terminar/finalizar, queremos decir que...

Presentación

Usen el esquema como guía para hacer la presentación, pero recuerden que deben hablar a la clase y no leer una presentación escrita. Usen los medios audiovisuales que seleccionaron. Después de la presentación, contesten las preguntas de sus compañeros/as.

Elección del tema
Remind students what they learned about creating a thesis statement on page 21. Encourage them to create a preliminary thesis statement, then revise it once they have completed their research and know more about the selected artist.

Estrategia de comunicación
Encourage students to practice their presentation together beforehand and to incorporate expressions from the list to make smooth transitions from one topic to another.

  Tertulia

Controversias

NATIONAL
communication
comparisons
STANDARDS

Teaching option
Explain to students that Spanish-speakers use the word **tertulia** to refer to an informal gathering or discussion. It can also refer to an organized discussion. A typical custom is Spanish-speaking countries is to have a long discussion at the table after a meal, in which case the conversation is also referred to as **sobremesa**.

1
5 min. La clase se divide en seis grupos; cada uno tiene que pensar y anotar sus ideas sobre uno de estos temas.

Los niños deben llevar tanto el apellido paterno como el materno.

¡En la vida hay que arriesgarse!

¿Siempre es malo burlarse de los demás?

El humor no tiene fronteras.

¡No se puede vivir sin amor!

Detrás de todo chiste, siempre hay algo de realidad.

2
10 min. Cada grupo tiene que preparar una breve presentación sobre el tema elegido. En el caso de que no todos opinen lo mismo sobre el tema, pueden mencionar que dentro del grupo hay distintas opiniones.

3 Each student observing the presentation should write down at least two questions or observations.

3
25 min. Los diferentes grupos presentan sus ideas a la clase, mientras todos toman nota.

4
10 min. Cuando todos los grupos hayan terminado de presentar sus ideas, toda la clase participa haciendo preguntas o expresando sus opiniones.

Las diversiones

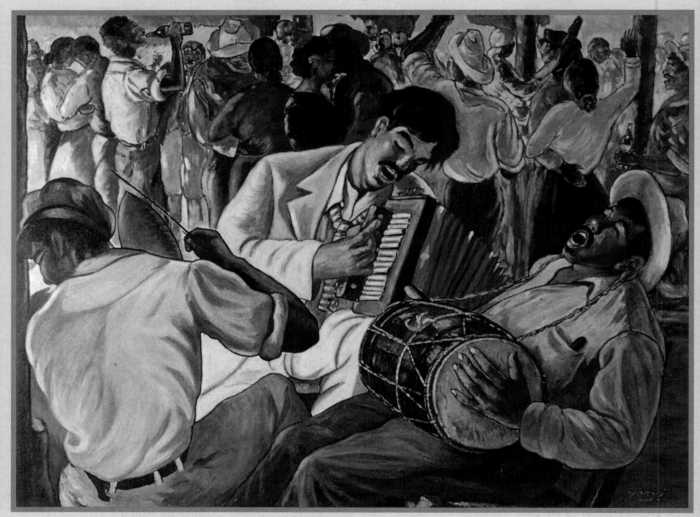

La bachata, 1942.
Yori Morel, República Dominicana.

"El problema más acuciante es el ocio, pues es muy dudoso que el hombre se aguante a sí mismo."

— Nacho Duato

Antes de leer

Vocabulario

la corrida *bullfight*
lidiar *to fight bulls*
el/la matador(a) *bullfighter who kills the bull*
la plaza de toros *bullfighting stadium*

el ruedo *bullring*
torear *to fight bulls in the bullring*
el toreo *bullfighting*
el/la torero/a *bullfighter*
el traje de luces *bullfighter's outfit (lit. costume of lights)*

El toreo Completa las oraciones.

1. Ernest Hemingway era un aficionado al ___toreo___. Asistió a muchas ___corridas___ y las describió en detalle en sus obras.

2. El ___matador___ es la persona que mata al toro al final. Siempre lleva un ___traje de luces___ de colores brillantes.

3. Manolete fue un ___torero___ español muy famoso que fue herido por un toro y que murió al poco tiempo.

4. No se permite que el público baje al ___ruedo___ porque los toros pueden ser muy peligrosos.

Conexión personal ¿Conoces alguna costumbre local o una tradición estadounidense que cause mucha controversia? ¿Hay deportes que son muy problemáticos o controvertidos para alguna gente? ¿Por qué? ¿Cuál es tu opinión al respecto?

Contexto cultural

En Fresnillo, México, en 1940 una mujer tomó una espada y se puso un traje de luces —una blusa y falda bordadas de adornos brillantes— para promover la causa de la igualdad en un terreno casi completamente dominado por los hombres: el toreo. **Juanita Cruz** había nacido en Madrid en 1917, cuando aún no se permitía a las mujeres torear a pie en el ruedo. En batalla constante contra obstáculos legales, Cruz consiguió lidiar en múltiples novilladas (*bullfights with young bulls*) en su país. Pero cuando terminó la guerra civil, al ver que Franco imponía estrictamente las leyes de prohibición del toreo a las mujeres, Cruz dejó España con rumbo a (*headed for*) México y se convirtió en torera oficial. Fue todo un fenómeno, la primera gran matadora de la historia, y en el proceso abrió camino para otras mujeres, como la española Cristina Sánchez, que han cruzado fronteras para llegar al ruedo. Hoy día la presencia de toreras añade sólo un nivel más a la controversia constante y a veces apasionada que marca el toreo. ¿Cuál es tu impresión? ¿Cambia la imagen del toreo con toreras lidiando junto a toreros?

El toreo:
¿cultura o tortura?

1   Hay pocas cosas tan emblemáticas en el mundo hispano, y a la vez tan polémicas, como el toreo. Los días de corrida, hasta cuarenta mil aficionados se sientan en la Plaza Monumental de México, la plaza de toros más grande de la Tierra. Sin embargo, la opinión
5 pública está profundamente dividida: algunos defienden con orgullo esta tradición que sobrevive desde tiempos antiguos y otros se levantan en protesta antes del final.

Point out that, in countries where bullfighting is popular, bullfighters constitute an elite class.
They enjoy celebrity status alongside movie stars, models, musicians, etc.

origins — Las raíces° del toreo son diversas. Los celtibéricos han dejado en España restos de
10 templos circulares, precursores de las plazas actuales, donde sacrificaban animales. Los
slaughter — griegos y romanos practicaban la matanza° ritual de toros en ceremonias públicas sagradas. Sin embargo, fue en la España del
developed 15 siglo XVIII donde se desarrolló° la corrida que conocemos y se introdujeron la muleta, una capa muy fácil de manejar, y el estoque, la espada del matador.

El aficionado de hoy
20 considera que el toreo es más
rite, ceremony — un rito° que un espectáculo, ciertamente no un deporte. Es una lucha desigual, a muerte, entre una persona
25 —armada con sólo la capa la mayor parte del tiempo— y el toro, bestia
weighs — que pesa° hasta más de media tonelada. El torero se prepara para el duelo como para una ceremonia: se viste con el traje de luces
30 tradicional y actúa dirigido por la música. Se enfrenta contra el animal con su arte y su inteligencia y generalmente gana, aunque no siempre. El
risk/goring — riesgo° de una cornada° grave forma parte de la realidad del torero, que
35 en su baile peligroso muestra su talento y su belleza. Para el defensor de las corridas, no matar al toro al final es como jugar con él,

> **"El toreo es cabeza y plasticidad, porque a fuerza siempre gana el toro."**

una falta de respeto al animal, al público y a la tradición.

Quienes se oponen a las corridas dicen 40
que es una lucha injusta° y cruel. Hay gente — *unjust*
que piensa que el toreo es una barbarie° — *savagery*
similar a la de los juegos de los romanos°, una — *gladiator games*
costumbre primitiva que no tiene sentido en
una sociedad moderna y civilizada. Protestan 45
contra la crueldad de una muerte lenta y
prolongada, dedicada al entretenimiento. En
respuesta a las protestas, en
algunos países ha aparecido
una alternativa, la "corrida sin 50 — *bloodless bullfight*
sangre°", donde no se permite
hacer daño físico° al toro. — *to hurt*
Pero otros sostienen que esta
corrida tortura igualmente a
la bestia y, por tanto, han 55
prohibido el toreo por completo. En abril
de 2004, el ayuntamiento de Barcelona dio el
primer paso° hacia la prohibición al declarar — *step*
a la ciudad oficialmente "antitaurina°". — *anti-bullfighting*

Por último, a algunas personas les indigna 60
la idea machista de que sólo un hombre tiene
la fuerza y el coraje para lidiar. Las toreras
pioneras como Juanita Cruz tuvieron que
coserse° su propio traje de luces, con falda en — *to sew*
vez de pantalón, y cruzar océanos para poder 65
ejercer su profesión. Incluso en tiempos
recientes, algunos toreros célebres como el
español Jesulín de Ubrique se han negado° a — *have refused*
lidiar junto a una mujer.

La torera más famosa de nuestra época, 70
Cristina Sánchez, sostiene que no es necesario
ser hombre para lidiar con éxito: "El toreo
es cabeza y plasticidad°, porque a fuerza — *expression*
siempre gana el toro". En su opinión, el
derecho de torear es incuestionable, una 75
parte de la cultura hispana. No obstante,
su profesión provoca tanta división que
a veces el duelo entre la bestia y la
persona es empequeñecido° por la batalla — *dwarfed*
entre las personas. ■ 80

¿Dónde hay corridas?
Toreo legalizado: España, México, Colombia, Ecuador, Perú, Venezuela
Corridas sin sangre: Bolivia, Nicaragua, Estados Unidos
Toreo ilegalizado: Argentina, Chile, Cuba, Uruguay

¡Olé! ¡Olé!
El público también tiene su papel en las corridas: evalúa el talento del torero. La interjección "¡olé!" se oye frecuentemente para celebrar una acción particularmente brillante y expresar admiración. De origen árabe, contiene la palabra "alá" (Dios) y significa literalmente "¡por Dios!".

Teaching option Write this quote from the article on the board: **El toreo es cabeza y plasticidad, porque a fuerza siempre gana el toro.** Ask students to write a paragraph explaining their interpretation of the quote as it relates to women's role in bullfighting.

Después de leer

El toreo: ¿cultura o tortura?

(1) Ask additional comprehension questions. Ex: **¿Por qué la gente compara el toreo con los juegos romanos? ¿Qué torero español se negó a lidiar junto a una mujer?**

① Comprensión Responde a las preguntas con oraciones completas.

1. ¿En qué país se encuentra la plaza de toros más grande del mundo?
   Se encuentra en México.
2. ¿Qué hacían los celtibéricos en sus templos circulares?
   Sacrificaban animales.
3. ¿Qué es el toreo según un aficionado?
   Es un rito, una lucha a muerte entre la bestia y el torero.
4. ¿Cómo se prepara el torero para la corrida?
   Se pone el traje de luces y actúa dirigido por la música.
5. Para quienes se oponen al toreo, ¿cuáles son algunos de los problemas?
   Es una lucha injusta y cruel. Se prolonga la muerte del toro para el entretenimiento de las personas.
6. ¿Qué es una "corrida sin sangre"?
   Es una corrida en que no se hace daño al toro.
7. ¿Qué sucedió en Barcelona en abril de 2004?
   El ayuntamiento declaró a Barcelona oficialmente antitaurina.
8. Según Cristina Sánchez, ¿sólo los hombres pueden lidiar bien?
   No, no es necesario ser hombre para lidiar con éxito.

(2) For item 2, divide the class into two groups to debate the cultural merits of bullfighting. One group should defend traditional bullfighting as a necessary component of Hispanic culture. The other group should criticize it and propose the **corridas sin sangre** as an alternative.

② Opinión Responde a las preguntas con oraciones completas.

1. ¿Te gustaría asistir a una corrida? ¿Por qué?
2. ¿Qué opinas del duelo entre toro y torero/a?
3. ¿Qué piensas de las alternativas al toreo tradicional como la "corrida sin sangre"? ¿Es una solución adecuada para proteger a los animales?
4. ¿Es más cruel la vida de un animal destinado al toreo o la de uno destinado a una carnicería?

③ ¿Qué piensan? Trabajen en parejas para contestar las preguntas.

1. Un eslogan conocido en las protestas antitaurinas es: "Tortura no es arte ni cultura". ¿Qué significa esta frase?
2. ¿Hay acciones cuestionables que se justifiquen porque son parte de una costumbre o tradición? ¿Por qué?
3. ¿Es apropiado tener una opinión sobre las tradiciones de culturas diferentes a la tuya o es necesario aceptar sin criticar?
4. ¿Creen que el gobierno tiene derecho a reglamentar (*regulate*) o prohibir tradiciones o costumbres? Den ejemplos.

(4) Have students research a specific **torero/a** that they would like to interview. Encourage them to cater their interview questions and answers specifically to that **torero/a**.

④ Entrevista Trabajen en parejas para preparar una entrevista con un(a) torero/a. Una persona será el/la torero/a y la otra el/la periodista. Cuando terminen, presenten la entrevista a la clase.

(5) Review related vocabulary with the class before assigning the writing activity.

(5) Have students exchange their postcards and write responses to their classmates.

⑤ Postales Imagina que viajaste a algún país donde son legales las corridas de toros y tus amigos te invitaron a una corrida. Escribe una postal a tu familia para contarles qué sucedió. Usa estas preguntas como guía:

- ¿Aceptaste la invitación o no? ¿Por qué?
- Si fuiste a la corrida, ¿qué te pareció?
- ¿Te sentiste obligado/a a asistir por respeto a la cultura local?

Opiniones

1 **Conversación** En parejas, hablen acerca de estas preguntas. Usen las expresiones del recuadro para expresar sus opiniones.

1. Observen el cuadro de la página 26. La bachata es un ritmo dominicano. ¿Qué otros ritmos o bailes populares latinamericanos conocen? ¿Qué saben sobre los bailes que se muestran en las fotos?

salsa

tango

cumbia

2. ¿Creen que la globalización cultural hará que se pierdan los pasatiempos tradicionales regionales o creen que éstos mantendrán su popularidad?

3. ¿Qué pasatiempos son más populares sólo entre las mujeres o sólo entre los hombres? ¿A qué se debe esto? ¿Creen que esta situación está cambiando?

4. ¿Los gobiernos deberían tomar medidas para limitar o prohibir los pasatiempos que pueden tener características violentas? ¿Por qué?

Estrategia de comunicación

Cómo presentar opiniones

En mi opinión,...   Me parece que...

Yo creo/opino/   Estoy de acuerdo/
considero/pienso que...   Coincido en que...

---

2 **Por escrito** Elige uno de estos temas y escribe una composición de una página.

- Piensa en un pasatiempo de tu país que provoque controversia y escribe un breve artículo para el periódico de tu escuela o universidad. El objetivo es presentar este pasatiempo y las controversias relacionadas. Incluye información sobre la historia de este pasatiempo, por qué es popular, entre quiénes es popular, por qué causa controversia, etc.

- ¿Qué pasatiempos tradicionales de países de habla hispana se han hecho populares en tu país? ¿Qué diversiones te gustaría "importar" a tu país? ¿Crees que esos pasatiempos pierden valor en una cultura distinta a la original? ¿Por qué?

1 Brainstorm with the class the names of as many international dances as possible. Ex: merengue, polka, square dancing, hip-hop, swing dancing, hula, samba, belly dancing, Irish step dancing.

2 Encourage the class to discuss American pastimes that might be considered controversial. Ex: hunting, fishing, skeet shooting and other gun-related sports, the recreational use of all-terrain vehicles and jet skis, professional wrestling, boxing, horse racing, and dog racing.

GANADOR DEL 3ER. CONCURSO NACIONAL DE PROYECTOS DE CORTOMETRAJE, MÉXICO 2004

espíritu deportivo

Una Producción de CONACULTA/INSTITUTO MEXICANO DE CINEMATOGRAFÍA Guión y Dirección JAVIER BOURGES
Fotografía SERGEI SALDÍVAR TANAKA Edición JAVIER BOURGES Diseño Sonoro AURORA OJEDA
Música EDUARDO GAMBOA Dirección de Arte ÁLVARO CHÁVEZ
Actores MAX KERLOW/MA. ELENA OLIVARES/PEPE URCELAY/FAMESIO DE BERNAL/JOSÉ L. AVENDAÑO/
RAFAEL G. MIYAGUI/VÍCTOR H. ARANA/JOSÉ L. HUERTA/BALTIMORE BELTRÁN/LUIS ÁVILA/RENÉ CAMPERO/
GEORGINA GONZÁLEZ/MA. FERNANDA GARCÍA

Have students look at the movie poster. Ask: **En su opinión, ¿qué puede significar el dibujo del balón con alas de ángel y cuernos de diablo? ¿Tiene que ver con el título de este cortometraje?**

Antes de ver el corto

INSTRUCTIONAL RESOURCES
Supersite/DVD: Film Collection
Supersite: Script & Translation

ESPÍRITU DEPORTIVO

país México
duración 11 minutos

director Javier Bourges
protagonistas futbolista muerto, esposa, amigos, grupo de jóvenes

Vocabulario

el ataúd *casket*
el balón *ball*
la cancha *field*
deber (dinero) *to owe (money)*
enterrado/a *buried*
la misa *mass*

mujeriego *womanizer*
el Mundial *World Cup*
patear *to kick*
la prueba *proof*
la señal *sign*

Variación léxica
el Mundial ⟷ la Copa Mundial
el balón ⟷ la pelota

1 **Comentaristas deportivos** Completa la conversación.

COMENTARISTA 1 Emocionante comienzo del (1) __Mundial__ de fútbol. La (2) __cancha__ está llena. El capitán patea el (3) __balón__, el arquero (*goalie*) no logra frenarlo (*stop it*) y… ¡goooooool!

COMENTARISTA 2 ¡Muy emocionante el debut de Sánchez como capitán! Debemos contar al público que sólo hace siete días murió el abuelo de Sánchez. El jugador casi no llega a tiempo para el primer partido porque no quiso dejar de ir a una (4) __misa__ en el cementerio donde ahora está (5) __enterrado__ su abuelo.

1 Have different volunteers read the commentaries aloud as if they were sports radio announcers. Then have the class vote on the best announcers.

2 **Comentar** En parejas, túrnense para hacerse las preguntas.

1. ¿Qué papel tiene el deporte en tu vida?
2. ¿Qué deporte practicabas cuando eras niño/a?
3. ¿Quién es tu deportista favorito/a? ¿Por qué?
4. Observa los fotogramas. ¿Qué está sucediendo en cada uno?
5. Piensa en el título del cortometraje. ¿Qué es para ti el "espíritu deportivo"?
6. Observa el afiche del cortometraje. ¿Crees que la historia será una comedia o un drama?

2 Before beginning the activity, survey the class on their favorite sports to play and/or watch.

Watch the short film at ventanas.vhlcentral.com.

Escenas

ARGUMENTO El futbolista Efrén "El Corsario" Moreno ha muerto de un ataque al corazón. Su familia y amigos lo están velando°.

Synopsis At the funeral of a former Mexican soccer star, the teammates of the deceased argue over the lineup of the team that defeated Brazil. The proof is on the soccer ball signed by the players, which is about to be buried with the deceased.

Preview Divide the class into groups of five and assign a role to each student. Have students read the dialogue aloud, then ask them to characterize El Tacho. Ask: **¿Creen que es un hablador, como dice Maraca, o que realmente jugó en el famoso partido contra Brasil?** Keep a tally of students' opinions on the board, both before and after viewing the film.

REPORTERA Sin duda, extrañaremos al autor de aquel gran gol de chilena° con el que eliminamos a Brasil del Mundial de Honduras de 1957.

REPORTERA Don Tacho, ¿es cierto que usted dio el pase para aquel famoso gol?
TACHO Claro que sí, yo le mandé como veinte pases al área penal, pero él nada más anotó esa sola vez.

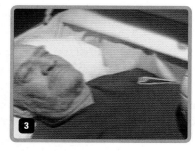

JUANITA Quiso ser enterrado con el balón de fútbol con las firmas de todos los que jugaron con él en aquel partido con Uru... con... con Brasil. Se irá a la tumba° con sus trofeos° y con su uniforme, como un gran héroe.

MARACA Tacho, eres un hablador. Estás mal. Tú ni siquiera fuiste a ese Mundial. Es más, cien pesos a que te lo compruebo.
TACHO Y cien pesos más que estuve en el juego.

MARACA A ver, ¿dónde está tu firma?
TACHO Aquí debe estar... ¡Ya la borraron!
(Molesto porque no encuentra su firma y patea el balón.)

(El balón cae sobre la guitarra de un grupo de jóvenes y la rompe.)
HUGO Si no le pagan la guitarra aquí a mi carnal°, no les regresamos° su balón. ¿Cómo ven?

velando *holding a wake* **chilena** *scissor kick* **tumba** *grave* **trofeos** *trophies* **carnal** *buddy* **regresamos** *give back*

Después de ver el corto

(1) Comprensión Contesta las preguntas con oraciones completas.

1. ¿Quién es Efrén "El Corsario" Moreno? Es un jugador famoso del fútbol mexicano de los años 50.
2. ¿Cuándo y de qué murió "El Corsario" Moreno? Murió en la madrugada de un ataque al corazón.
3. ¿Cómo ganó México su partido contra Brasil en el Mundial de 1957? Ganó con un gol que metió el Corsario Moreno.
4. Según "El Tacho" Taboada, ¿cómo anotó "El Corsario" el gol de la victoria? El Tacho dice que le mandó varios pases al Corsario, pero él sólo anotó una vez.
5. ¿Qué hay en el balón de "El Corsario"? El balón tiene las firmas de todos los que jugaron en el partido contra Brasil.
6. ¿Cuánto apuestan los amigos sobre la firma de "El Tacho"? Apuestan doscientos pesos.
7. ¿Cuánto le cuesta la misa a Juanita? ¿Por qué? No le costó nada porque viene con el paquete.
8. ¿Qué pasa cuando "El Tacho" patea el balón? El balón cae en la guitarra de unos jóvenes y la rompe.
9. ¿Qué posición jugaba "El Tacho" en la selección nacional? El Tacho jugaba como delantero en la selección.
10. ¿Quién les ayuda a ganar a "El Tacho" y sus amigos? El Corsario Moreno les ayuda a ganar el partido.

(2) Interpretar En parejas, contesten las preguntas.

1. ¿Crees que "El Tacho" jugó en el partido contra Brasil?
2. ¿Piensas que el sacerdote admira a "El Corsario" Moreno? ¿Cómo lo sabes?
3. ¿Piensas que "El Corsario" era mujeriego?
4. ¿Quién se queda con el balón al final?
5. ¿Por qué crees que "El Corsario" regresa al ataúd?
6. ¿Crees que el cortometraje tiene un final feliz?

(3) Analizar En grupos de tres, analicen las citas. ¿Qué significan? ¿Están de acuerdo con ellas?

"La muerte es una vida vivida. La vida es una muerte que viene." *Jorge Luis Borges*

"La muerte es algo que no debemos temer porque, mientras somos, la muerte no es y cuando la muerte es, nosotros no somos." *Antonio Machado*

(4) Actuar En parejas, imaginen que el fantasma de "El Corsario" regresa para hablar con un joven del grupo que se queda con el balón. "El Corsario" quiere pedirle al joven que repare el balón y lo use con sus amigos. ¿Por qué es esto importante para "El Corsario"? Ensayen la escena y represéntenla ante la clase. Pueden usar el vocabulario del corto y las palabras del recuadro.

homenaje *tribute*	**regalo** *gift*
recuerdo *memory; keepsake*	**tradición** *tradition*

1 To check comprehension, call on volunteers to answer the questions.

2 Have students write two additional questions and exchange papers with another pair.

4 If time and resources permit, have students film their scenes outside of class. View the groups' recordings in class and discuss the different interpretations.

INSTRUCTIONAL RESOURCES
Supersite: Literatura recording

Calesita en la plaza, 1999.
Aldo Severi, Argentina.

"No está la felicidad en vivir, sino en saber vivir."

— Diego de Saavedra Fajardo

Antes de leer

Idilio

Sobre el autor

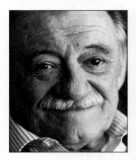

Mario Benedetti nació en Tacuarembó, Uruguay, en 1920. Su volumen de cuentos publicado en 1959, *Montevideanos*, lo consagró como escritor, y dos años más tarde alcanzó fama internacional con su segunda novela, *La tregua*, con fuerte contenido sociopolítico. Tras diez años de exilio en Argentina, Perú, Cuba y España, regresó a Uruguay en 1983. El exilio que lo alejó de su patria y de su familia dejó una profunda huella *(mark)* tanto en su vida personal como en su obra literaria. Benedetti ha incursionado en todos los géneros *(genres)*: poesía, cuento, novela y ensayo. El amor, lo cotidiano, la ausencia, el retorno y el recuerdo son temas constantes en la obra de este prolífico escritor. En 1999, ganó el Premio Reina Sofía de Poesía Iberoamericana.

Vocabulario

colocar *to place (an object)*
hondo/a *deep*
la imagen *image; picture*
la pantalla *(television) screen*

por primera/última vez *for the first/last time*
redondo/a *round*
señalar *to point to; to signal*
el televisor *television set*

Practicar Completa las oraciones.

1. Voy a ___colocar___ el televisor sobre la mesa.
2. Julio me ___señaló___ la calle que debo tomar, pero no quiso ir conmigo.
3. En lo más ___hondo___ de mi corazón, guardo el recuerdo de mi primer amor.
4. Ayer salí ___por primera vez___ en la televisión y me invitaron a participar en otro programa la semana que viene.

Conexión personal

¿Cómo te entretenías cuando eras niño/a? ¿A qué jugabas? ¿Mirabas mucha televisión? ¿Tus padres establecían límites y horarios? ¿Qué harás tú cuando tengas hijos?

Análisis literario: Las formas verbales

Las formas verbales son un factor muy importante a tener en cuenta al analizar obras literarias. La elección de formas verbales es una decisión deliberada del autor y afecta el tono del texto. El uso de registro formal o informal puede hacer el texto más o menos cercano al lector. La elección de tiempos verbales también puede tener efectos como involucrar o distanciar al lector, dar o quitar formalidad, hacer que la narración parezca más oral, etc. A medida que lees *Idilio*, presta atención a los tiempos verbales que usa Benedetti. ¿Qué tono dan a la historia estas elecciones deliberadas del autor?

Teaching option Discuss the quote on p. 36. Ask the class: ¿Qué significa "saber vivir" para ustedes?

Conexión personal Ask: ¿Qué importancia tiene la televisión en la vida diaria? ¿Cuáles son las ventajas y desventajas que tiene la televisión para los niños? ¿Es realista prohibir que la vean?

Análisis literario Have students recall a work of fiction they have recently read. Ask: ¿Qué tono utiliza el autor en su obra de ficción? ¿Les parece formal o informal? ¿Por qué? ¿Cómo afecta el tono al lector?

IDILIO

Mario Benedetti

Preview Ask students to think about this question before reading the text: **¿Creen que es posible confundir la ficción con la realidad al ver la televisión?**

Teaching option As students read the selection, have them underline all verbs and identify the most common verb tense (present tense). After reading the text, ask how the author's use of present tense affects the tone of the story.

1 La noche en que colocan a Osvaldo (tres años recién cumplidos) por primera vez frente a un televisor (se exhibe un drama británico de hondas resonancias), queda

half-opened hipnotizado, la boca entreabierta°, los ojos redondos de estupor.

surrendered to the magic 5 La madre lo ve tan entregado al sortilegio° de las imágenes que

washes pots and pans se va tranquilamente a la cocina. Allí, mientras friega ollas y sartenes°, se olvida del niño. Horas más tarde se acuerda, pero piensa: "Se habrá dormido". Se seca las manos y va a buscarlo al living.

empty; blank La pantalla está vacía°, pero Osvaldo se mantiene en la misma

10 postura y con igual mirada extática.

orders —Vamos. A dormir —conmina° la madre.

—No —dice Osvaldo con determinación.

—¿Ah, no? ¿Se puede saber por qué?

—Estoy esperando.

15 —¿A quién?

—A ella.

Y señaló el televisor.

—Ah. ¿Quién es ella?

—Ella.

20 Y Osvaldo vuelve a señalar la pantalla. Luego sonríe,

innocent; naïve candoroso°, esperanzado, exultante.

—Me dijo: "querido". ■

Después de leer

Idilio
Mario Benedetti

① Comprensión Contesta las preguntas con oraciones completas.

1. ¿Cómo se llama el protagonista de esta historia?
   El protagonista se llama Osvaldo.
2. ¿Cómo se queda el niño cuando está por primera vez delante
   del televisor? El niño se queda hipnotizado, con la boca entreabierta y los ojos redondos de estupor.
3. ¿Qué hace la madre mientras Osvaldo mira la televisión?
   La madre va tranquilamente a la cocina y friega (lava) ollas y sartenes.
4. Cuando la madre va a buscarlo horas más tarde, ¿cómo está la pantalla?
   Cuando la madre vuelve, la pantalla está vacía.
5. ¿Qué piensa Osvaldo que le dice la televisión?
   Osvaldo piensa que la televisión le dice "querido".

② Interpretar Contesta las preguntas.

1. Según Osvaldo, ¿quién le dijo "querido"? ¿Qué explicación lógica le puedes dar a esta situación?

2. En el cuento, la madre se olvida del hijo por varias horas. ¿Crees que este hecho es importante en la historia? ¿Crees que el final sería distinto si se tratara sólo de unos minutos frente al televisor?

3. ¿Crees que la televisión puede ser adictiva para los niños? ¿Y para los adultos? ¿Qué consecuencias crees que tiene la adicción a la televisión?

③ Imaginar En grupos, imaginen que un grupo de padres quieren sugerir cambios en la programación de un canal. Miren la programación y decidan: ¿Qué programas quieren cambiar? ¿Por qué? ¿Qué programas deben seguir en la programación? ¿Qué otros tipos de programas se pueden incluir? ¿Harían cambios en los horarios?

CANAL 7 – TARDE Y NOCHE

6:00 Trucos para la escuela
Cómo causar una buena impresión con poco esfuerzo.

6:30 Naturaleza viva
Documentales sobre animales, fenómenos naturales y el medioambiente.

7:00 Mi familia latina
Divertida comedia sobre un joven estadounidense que va a México como estudiante de intercambio.

8:00 Historias policiales
Ladrones, crímenes, accidentes y los casos policiales más curiosos.

9:15 Buenas y curiosas
Noticiero alternativo que presenta noticias buenas y divertidas de todo el mundo.

10:00 Dibujos animados clásicos
Conoce los dibujos animados que miraban tus padres.

---

④ Escribir Piensa en alguna anécdota divertida de cuando eras niño/a. Cuenta la anécdota en un párrafo usando el tiempo presente.

> **MODELO**
> Un día estoy con mi hermano en el patio de mi casa jugando a la pelota. De repente, …

Margin notes

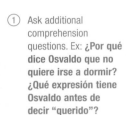

① Ask additional comprehension questions. Ex: **¿Por qué dice Osvaldo que no quiere irse a dormir? ¿Qué expresión tiene Osvaldo antes de decir "querido"?**

③ Before completing the activity, have students list several popular children's programs.

④ If students have trouble coming up with ideas, suggest that they think of a time they might have believed something they saw on TV.

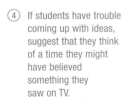

④ Have students read their anecdotes aloud to the class. Encourage classmates to ask detailed questions.

Antes de leer

Microcosmos III

Sobre el autor

Rodrigo Soto, escritor y cineasta, nació en San José de Costa Rica en 1962. Vivió su niñez entre Guatemala y Costa Rica. Estudió filosofía en Costa Rica y se formó como guionista de cine en Madrid. Sus comienzos como escritor se remontan (*date back*) a los años 80. Publicó su primera novela, *La estrategia de la araña,* a los 23 años. En 1983 y en 2006 recibió el Premio Nacional de Cuento en Costa Rica. Su trabajo audiovisual incluye documentales sobre temas como los derechos humanos, la juventud y el medio ambiente. Se lo considera uno de los renovadores de la narrativa centroamericana. En los relatos de Soto se observa un realismo psicosocial, muchas veces de tono existencialista, con historias y personajes complejos inmersos en la realidad centroamericana. El relato *Microcosmos III* pertenece a la colección de cuentos *Dicen que los monos éramos felices,* publicada en 1996.

Vocabulario

agitar *wave*   **la multitud** *crowd*
la bandera *flag*   **el orador** *speaker; orator*
el/la fanático/a *fan* **el partido** *political party*
el megáfono *megaphone* **romper** *break*

Vocabulario Point out **partido** means *game* in the context of sports. For some sports and games, such as chess (**ajedrez**), bowling (**bolos**) or billiards (**billar**) the feminine **partida** is used.

Vocabulario Completa esta noticia con las palabras apropiadas.

Después de incidentes ocurridos en el cierre de campaña, el candidato explicó a los periodistas que, aunque la (1) __multitud__ participó de la reunión política pacíficamente, hubo algunos inadaptados que (2) __rompieron__ varios (3) __megáfonos__. Por eso, los (4) __oradores__ no pudieron terminar sus discursos (*speeches*). Además, uno de los participantes resultó herido cuando alguien lo golpeó en la cabeza con una (5) __bandera__ del (6) __partido__.

Conexión personal

¿Crees que las personas se comportan en forma diferente cuando se encuentran en grupos grandes? ¿Por qué? Da ejemplos.

Análisis literario: El monólogo

Un monólogo es una reflexión, interna o en voz alta, en la que una persona habla consigo misma o le habla a otras personas que no intervienen. Al tratarse de un género hablado, los monólogos escritos presentan muchas características del lenguaje oral. Cuando leas *Microcosmos III,* presta atención a los elementos del cuento que pertenecen al lenguaje oral. ¿A quién le habla el narrador? ¿Se dirige a sí mismo o a otra persona? Presta también atención a la distinción entre escritor y narrador: ¿Es Rodrigo Soto el que habla o es un personaje de ficción?

Análisis literario Brainstorm with students situations in which monologues are common, such as plays, stand-up comedy acts, etc.

Microcosmos III

Rodrigo Soto

¿Conspiración? ¿Sabotaje? Quizás. Porque sucede que uno, en esta época, está acostumbrado a mirar a los autos° paseándose con las banderas de los partidos políticos, pero nunca con una de un club deportivo. Conspiración, sí señor. Casi estoy seguro.

Todo iba bien hasta que llegó el carro ése, con la bandera del Sport Cartaginés°. Ya habían hablado dos oradores, ya venía nuestro candidato; todos estábamos satisfechos, habíamos repetido las consignas° hasta enronquecer°. Todo iba bien, señor. Fue sabotaje. Complot. Conspiración. Se lo digo yo, que estaba cerca y pude verlo todo.

El asunto° fue que cuando el carro ése pasó, agitando la bandera del Sport Cartaginés, uno de los que estaba ahí le encajó tamaño banderazo en el techo°. Pero el problema, señor, es que todos éramos del mismo partido, eso siempre, cómo no, pero no fanáticos del mismo equipo. Y ahí tiene lo que sucedió: el que estaba a la par° del que golpeó° el carro, un cerdo° del Sport Cartaginés, se le lanzó al tipo° de la bandera y le dio un puñetazo° que le quebró° todos los dientes. Rapidito se corrió la voz°: que los del Sport Cartaginés estaban peleando° contra nosotros, señor. ¡Imagínese! Contra nosotros, dos veces campeones nacionales. En los megáfonos decían que la misma causa nos unía, decían que nuestro candidato era el mejor y aquí y allá, pero nadie escuchaba. Todos nos unimos para romperle la cabeza hasta al último fanático del Sport Cartaginés. Y venían las ambulancias y hasta llegó la policía. Pero le rompimos la cabeza hasta al último fanático del Sport Cartaginés. Sí señor. Las banderas de nuestro Partido quedaron ahí, pisoteadas° por la multitud. Pero le rompimos la cabeza hasta al último fanático del Sport Cartaginés. Vaya si lo hicimos. Sí señor. ■

cars

Costa Rican soccer team

slogans

to lose one's voice

issue

slammed the roof of the car with the flag

the person next to/struck

pig

he pounced on the guy

punch/broke

the word spread

fighting

trampled

Después de leer

Microcosmos III
Rodrigo Soto

1 ¿Qué sucedió? Indica qué pasó en el cuento en orden cronológico.

- __3__ a. De repente un carro pasó agitando la bandera del Sport Cartaginés.
- __7__ b. El narrador y sus amigos le rompieron la cabeza hasta al último fanático del Sport Cartaginés.
- __1__ c. Todo estaba tranquilo durante el acto político.
- __6__ d. Tras el desastre llegaron las ambulancias y la policía.
- __5__ e. Aunque todos eran del mismo partido, comenzaron a golpearse.
- __4__ f. Uno del Sport Cartaginés le dio un puñetazo al individuo que tenía la bandera y le quebró los dientes.
- __2__ g. Dos oradores ya habían hablado y ahora le tocaba al candidato.

2 Interpretar Contesta las preguntas con oraciones completas.

1. ¿Quién es el narrador de este cuento? ¿A quién crees que le está hablando?
2. ¿Crees que el narrador es una persona naturalmente violenta? ¿Por qué?
3. ¿Cómo empezó la pelea? ¿Tiene esto alguna lógica?
4. ¿Crees que el narrador está orgulloso de lo que sucedió? Busca ejemplos en el texto.
5. ¿A qué pregunta(s) crees que está respondiendo el narrador?

3 Análisis En parejas, respondan las preguntas.

1. ¿Qué elementos del lenguaje oral aparecen en el cuento? Busquen cuatro ejemplos.
2. ¿Creen que el narrador hace un relato objetivo? ¿Por qué? Den ejemplos del texto.
3. Además del deporte, ¿qué otros temas trata el autor en este relato?

④ Expand the discussion to include other events involving crowds (rock concerts, demonstrations, etc.)

4 ¿Afición o fanatismo? En grupos pequeños, compartan sus opiniones sobre estas preguntas.

1. ¿Creen que las pasiones políticas o deportivas unen o dividen a las personas?
2. ¿Qué medidas se pueden tomar para evitar la violencia en los eventos deportivos?
3. ¿Qué temas los apasionan? ¿Por qué?
4. ¿Creen que la pasión por el deporte y la política es tan intensa como en el cuento de Soto?

⑤ Have students write and/or role play a dialogue between one of the fans of the opposite team that ended up in hospital and a detective trying to figure out what happened.

5 Interrogatorio En parejas, conviertan el monólogo que han leído en un diálogo entre el narrador y la persona a quien le habla. Decidan quién es esta persona, por qué está hablando con el narrador y cuáles son las preguntas que le hace. Toda la información debe provenir del cuento. Escriban el interrogatorio y luego represéntenlo ante la clase.

Taller de escritura

Preparación: Las citas

En un ensayo, la tesis debe probarse con evidencia. Uno de los tipos de evidencia más sólida son las citas extraídas directamente de las fuentes primarias. Las citas deben:

- estar directamente relacionadas con lo que se quiere demostrar.
- estar en contexto. No se puede cambiar el mensaje del autor original.
- incluir la fuente. Citar textos sin dar la fuente constituye plagio (*plagiarism*).

Las citas textuales deben estar entre comillas (*quotation marks*). Si se omiten partes de oraciones, se debe indicar la omisión así: [...]. Por último, si elegimos citar usando nuestras propias palabras, puede ser necesario hacer cambios en los tiempos verbales y en otros referentes (Ver **Apéndice B en la página 314.**).

MODELO

Cita directa: Esto puede apreciarse en la cita de la torera Cristina Sánchez: "El toreo es cabeza y plasticidad, porque a fuerza siempre gana el toro."

Cita parcial: Como dijo la torera Cristina Sánchez, "El toreo es cabeza y plasticidad porque [...] siempre gana el toro."

Cita indirecta: La torera Cristina Sánchez reafirma su posición al decir que el toreo es cabeza y plasticidad porque a fuerza siempre gana el toro.

Práctica En parejas, relean el primer párrafo del artículo de la página 4 e identifiquen ejemplos de citas directas, parciales e indirectas.

Ensayo Elige uno de estos temas y escribe un ensayo.

Requisitos

- Tu ensayo debe hacer referencia a por lo menos dos obras de las cuatro estudiadas en esta lección (cultura, cortometraje, dos obras literarias).
- Debes incluir por lo menos cuatro citas directas o indirectas de las obras para defender o respaldar tus argumentos.
- Tu ensayo debe ser de por lo menos dos páginas.

Temas

- Tanto *Espíritu deportivo* como *Microcosmos III* tratan el tema del fanatismo en el fútbol. ¿Crees que la visión de ambas obras es opuesta o hay puntos de contacto? ¿Existe fanatismo positivo y negativo?
- En las obras de esta lección, ¿tienen las diversiones y los pasatiempos presentados una influencia positiva o negativa sobre los protagonistas?
- ¿Por qué causas se convierte una afición en fanatismo? ¿Crees que el fanatismo es una forma de llenar un vacío (*emptiness*)?

Preparación Point out to students the differences between English and Spanish in the use of quotation marks with other punctuation marks.

Modelo Point out that if the reporting verb is in the past, then the verb tenses used in the quote might have to change: **La torera Cristina Sánchez** *reafirmó* **su posición al decir que el toreo** *era* **cabeza y plasticidad porque a fuerza siempre** *ganaba* **el toro.** Reported speech (**Discurso indirecto**) will be covered in detail on p. 314.

Teaching option Give students some quotes from famous Spanish speakers and have them practice changing them into indirect quotes.

- "El sueño de la razón produce monstruos." (Francisco Goya)
- "La duda es uno de los nombres de la inteligencia." (Jorge Luis Borges)
- "Puede haber amor sin celos, pero no sin temores." (Miguel de Cervantes)
- "La palabra es el arma de los humanos para aproximarse unos a otros." (Ana María Matute)

Temas Discuss with students what kind of U.S. sports fans tend to be the most fanatical. Do they think that sports fans in the U.S. are more or less violent than fans in other countries? Have them give examples of positive and negative sports fanaticism.

Abriendo ventanas

Más allá del fútbol

Teaching option

• Before you begin the activities on this page, have students conduct a survey about the most popular sports in your area. If students have friends who live in other parts of the country, encourage them to email or call them to find out if preferences are similar in their area. Have students share their findings.

• Follow up by discussing with students whether or not they consider it valid to divide popular sports into gender categories. Ask: **Si tuvieran que dividir deportes populares estadounidenses entre "deportes para mujeres" y "deportes para hombres", ¿cómo los clasificarían?**

Presentación Trabajen en grupos de tres o cuatro.

A. **Otros deportes populares** Al pensar en los deportes en América Latina y España, el primero que viene a la mente es el fútbol. Sin embargo, hay otros deportes que también son muy populares. Lean la información de esta tabla y contesten las preguntas.

No todo es fútbol...

	Cuba	Colombia	España	Argentina	México
Algunos deportes populares entre los hombres	• pelota (béisbol) • boxeo	• béisbol • básquetbol • ciclismo	• básquetbol • tenis	• rugby • básquetbol	• béisbol • fútbol americano • básquetbol
Algunos deportes populares entre las mujeres	• gimnasia deportiva	• vóleibol	• handball	• vóleibol • hockey sobre césped	• vóleibol • gimnasia deportiva

1. ¿Les sorprende la información de la tabla? ¿Por qué?
2. En su país, ¿qué deportes son populares entre hombres y mujeres?
3. ¿Creen que con el paso de los años los mismos deportes seguirán siendo populares entre hombres y mujeres?

B. **Deportes autóctonos** Estos son algunos juegos y deportes tradicionales de países hispanoamericanos. Algunos han sido declarados "Deporte nacional" en sus respectivos países. Lean la información del cuadro, observen las fotos y contesten las preguntas.

Deportes tradicionales

Palín (Chile)
Palo canario (Islas Canarias, España)
Pato (Argentina)
Pelota vasca/Jai alai (País Vasco, España)
Tejo (Colombia)

Pato (Argentina)   Pelota vasca/Jai alai (País Vasco, España)

1. ¿Los deportes de las fotos se parecen a simple vista a algún otro deporte conocido?
2. Hagan una investigación general básica sobre estos cinco deportes. Averigüen: el origen, la popularidad actual, si está declarado deporte nacional y otros datos básicos interesantes.

C. Van a preparar una presentación sobre uno de los juegos o deportes de la parte **B** u otro deporte popular en Latinoamérica. La presentación debe incluir información sobre el origen del deporte, su historia, las reglas, su situación actual, y otros datos importantes.

Elección del tema

Relean los datos de la investigación inicial que hicieron en la parte **B**. ¿Qué deporte les parece más interesante? ¿O prefieren investigar acerca de otro deporte?

Preparación

Una vez elegido el juego o deporte, amplíen la investigación en Internet o en la biblioteca. Preparen materiales audiovisuales, como un croquis (*sketch*) del campo de juego, fotos de eventos deportivos, dibujos de los accesorios necesarios para el juego, etc.

Organización

Organicen la información en un esquema (*outline*). Éste debe resumir los puntos principales de la presentación y debe incluir las fuentes (*sources*) de la información investigada. La presentación deberá durar unos diez minutos. Decidan qué parte(s) presentará cada uno/a. Recuerden que todos los integrantes del grupo deben participar. Pueden usar las preguntas y las expresiones del recuadro como guía.

La historia del juego o deporte	
¿Cuál es el origen de este juego?	• Este juego surgió en... • La historia de este juego se remonta a (*dates back to*)... • Los jugadores usaban/tenían/corrían... • El objetivo del juego era + **infinitivo**
Cómo se juega	
¿Cómo se juega este deporte? ¿Cuáles son las reglas básicas?	• Para jugar... se necesita/hace falta/es necesario/a... • ... se juega en/con... • Según las reglas,... • Las reglas establecen que...
La situación actual	
¿Cuál es la situación de este juego/deporte? ¿Entre qué sectores de la población es más popular?	• Actualmente,... • En la actualidad,... • Hoy en día,... • Es popular entre... • Lo juegan principalmente...

Presentación

Usen el esquema como guía para hacer la presentación, pero recuerden que deben hablar a la clase y no leer una presentación escrita. Usen los medios audiovisuales que seleccionaron. Después de la presentación, contesten las preguntas de sus compañeros/as.

Preparación Have students review the use of quotes on p. 45 and include a quote from someone who is currently playing the sport or is famous for having played the sport.

Teaching option
• Encourage students to make their presentation as visual as possible. They can download images of fans, posters, team uniforms, action shots, equipment, newspaper articles, etc. If video is available, encourage students to show a short video clip of their sport being played.

• As students make their presentations, lead the class in a cross-cultural discussion that compares aspects of the sport presented to other sports they know. Ask: **¿En qué se parece este deporte a otros deportes que conocen? ¿En qué se diferencia?**

 Tertulia

¿Sobredosis de imágenes?

Teaching option

• Before students begin the activity, take a poll to see how many hours a week students watch television. What are the most popular shows among class members?

• Evaluate how students watch television. Ask: **¿Tienen el televisor encendido mientras hacen otras actividades? ¿Cuánto tiempo pasan frente al televisor prestando atención al programa que miran?**

• Based on the class's findings, ask students: **¿Qué papel tiene la televisión en sus vidas?**

(1) 5 min. La clase se divide en cinco grupos; cada uno tiene que pensar y anotar sus ideas sobre uno de estos temas.

La televisión es la droga más poderosa.

Deben prohibirse los reproductores de DVD en los carros.

La televisión puede ser un buen medio educativo.

Por culpa de la televisión, la gente lee menos y juega menos deportes.

Es importante que los padres miren los mismos programas que los hijos.

(2) 10 min. Cada grupo tiene que preparar una breve presentación sobre el tema elegido. En el caso de que no todos opinen lo mismo sobre el tema, pueden mencionar que dentro del grupo hay distintas opiniones.

(3) 25 min. Los diferentes grupos presentan sus ideas a la clase, mientras todos toman nota.

(4) 10 min. Cuando todos los grupos hayan terminado de presentar sus ideas, toda la clase participa haciendo preguntas o expresando sus opiniones.

La vida diaria

3

Concierto en el mercado, 1997.
Herman Brau-Vega, Perú.

"Yo soy de clase media y no tengo acceso a reflexiones tan profundas."

— Juan José Millás

Antes de leer

INSTRUCTIONAL RESOURCES
Supersite

Variación léxica
imprevisto/a ⟷ inesperado/a
el cansancio ⟷ el agotamiento

Vocabulario

el cansancio *exhaustion*	**pintar** *to paint*
el cuadro *painting*	**el/la pintor(a)** *painter*
fatigado/a *exhausted*	**previsto/a** *planned*
imprevisto/a *unexpected*	**retratar** *to portray*
la obra maestra *masterpiece*	**el retrato** *portrait*

 Pablo Picasso Completa las oraciones.

Guernica, Pablo Picasso

1. De todo el arte del Museo Reina Sofía, yo prefiero los <u>cuadros/retratos</u> de Pablo Picasso.

2. De muy joven, el <u>pintor</u> español creaba arte realista.

3. Al poco tiempo, este gran artista empezó a experimentar y a <u>pintar</u> cuadros de otros estilos; incluso inventó el cubismo.

4. Su obra más famosa, *Guernica*, quiere <u>retratar</u> el horror de un día cuando los alemanes bombardearon un pueblo español.

5. Según mucha gente, *Guernica* es su creación más importante, la <u>obra maestra</u> de Picasso.

Conexión personal ¿Qué haces para no olvidar los eventos y las personas que son importantes para ti? ¿Sacas fotos o mantienes un diario? ¿Cuentas historias? ¿Cuáles son algunos de los recuerdos que quieres atesorar (*treasure*)?

Contexto cultural

Niños comiendo uvas y un melón,
Bartolomé Esteban Murillo

Del siglo XVI al siglo XVII, España pasó de ser una enorme potencia política a un imperio en camino de extinción. Donde antes había victorias militares, riqueza (*wealth*) y expansión ahora había derrota (*defeat*), crisis económica y decadencia. Sin embargo, estos problemas formaron un contraste extremo con el arte del momento, que estaba en su época cumbre (*peak*), el Siglo de Oro. A pesar de su éxito, se consideraba a los pintores más artesanos que artistas y, por lo tanto, no eran de alta posición social. Muchos artistas trabajaban por encargo (*comission*); la realeza (*royalty*) y la nobleza eran sus mecenas (*patrons*). Con sus obras, contribuían a la educación cultural, y frecuentemente religiosa, de la sociedad.

Contexto cultural
Have students research Spanish paintings from the 16th and 17th centuries on the Internet or at the library and identify common themes.

Preview
Ask the class to discuss art as an imitation of life. **¿Qué importancia tenía la pintura antes del invento de la cámara de fotos? ¿Todavia tiene la misma importancia?**

La vieja friendo huevos

El arte de la vida diaria

1 **Diego Velázquez** es importante no sólo por su mérito artístico, sino también por lo que nos cuentan sus cuadros. Conocido sobre todo como pintor de retratos, Velázquez se interesaba también por temas mitológicos y escenas cotidianas. 5 En todo su arte, examinaba y reproducía en minucioso detalle sólo aquello que veía. Su imitación de la naturaleza, de lo inmediatamente observable, era lo que daba vida a su arte y a la vez creaba un arte de la vida diaria.

king's court

Antes de mudarse a la Corte del rey°,
10 Velázquez pintó cuadros de temas cotidianos.
Un ejemplo célebre es *La vieja friendo huevos*
(1618). El cuadro capta un momento sin
aparente importancia: una mujer vieja cocina

oil

mientras un niño trae aceite° y un melón.
15 Varios objetos de la casa, reproducidos con

canvas

precisión, llenan el lienzo°, dignos de nuestra
atención, por ejemplo: la cuchara, un plato
blanco en el que descansa un cuchillo, jarras°,

jugs

wicker basket

una cesta de paja°. Junto con la comida que
20 prepara —no hay carne ni variedad— la
ropa típica de pobre sugiere que la mujer
es humilde. En este cuadro, Velázquez
interrumpe un momento que podría ser de

still life

cualquier día. No es una naturaleza muerta°,
25 sino un instante de la vida.

Incluso cuando pintaba temas
mitológicos, Velázquez tomaba como modelo
gente de la calle. Por eso, se pueden percibir
escenas diarias en temas distanciados de la

triumph 30

época. Un ejemplo es *El triunfo° de Baco*
(1628–9). En este cuadro, el dios romano del
vino se sienta en un campo abierto no con

peasants

otros dioses, sino con campesinos°. Sus caras
fatigadas reflejan a la vez el cansancio de una

common person 35

vida de trabajo —la vida del plebeyo° español
era entonces especialmente dura— y la alegría
de poder descansar un rato.

En los cuadros de la Corte, Velázquez nos
da una imagen rica y compleja del mundo del

El triunfo de Baco

palacio. En vez de retratar exclusivamente a 40
la familia real y los nobles, incluye también
toda la tropa de personajes° que los servía y

troop of characters

entretenía. En este grupo numeroso entraban
enanos° y bufones°, a quienes Velázquez

little people/ jesters

pinta con dignidad. En *Las Meninas* 45
(c. 1656), su cuadro más famoso y misterioso,
la princesa Margarita está rodeada° por sus

surrounded

damas, una enana y un perro. A la izquierda,
el mismo Velázquez pinta detrás de un lienzo
inmenso. En el fondo° se ve una imagen de 50

background

los reyes.

Sin embargo, el cuadro sugiere más
preguntas que respuestas. ¿Dónde están
exactamente el rey y la reina? ¿La imagen
de ellos que vemos es un reflejo de espejo°? 55

mirror

¿Qué pinta el artista y por qué aparece en el
cuadro? ¿Qué significa? Tampoco se sabe por
qué se detiene aquí el grupo: puede ser por una
razón prevista, como posar para un cuadro;
o puede ser algo totalmente imprevisto, un 60
momento efímero° de la vida de una princesa

fleeting

y su grupo. ¿Es un momento importante? *Las
Meninas* invita el debate sobre un instante que
no se pierde sólo porque un pintor lo capta y
lo rescata° del olvido. Paradójicamente es su 65

rescues

enfoque en lo momentáneo y en el detalle de
la vida común lo que eleva a Velázquez por
encima de otros grandes artistas. ■

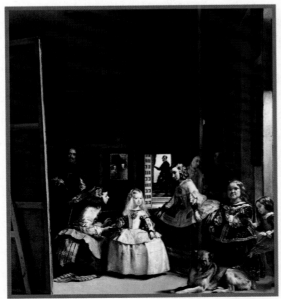

Las Meninas

Biografía breve

1599 Diego Velázquez nace en Sevilla.
1609 Empieza sus estudios formales de arte.
1623 Nombrado pintor oficial del Rey Felipe IV en Madrid.
1660 Muere después de una breve enfermedad.

Teaching option As an expansion activity, have students
do additional research about Velázquez's biography.

Después de leer

El arte de la vida diaria

1 Comprensión Indica si las oraciones son **ciertas** o **falsas**. Corrige las falsas.

1. Velázquez es conocido sobre todo como pintor religioso.
   Falso. Velázquez es conocido sobre todo como pintor de retratos.
2. Velázquez era un pintor impresionista que transformaba su sujeto en la imaginación.
   Falso. Reproducía en minucioso detalle sólo aquello que veía.
3. Por lo general, Velázquez tomaba como modelo gente de la calle.
   Cierto.
4. En *El triunfo de Baco*, el dios romano del vino se sienta con campesinos españoles.
   Cierto.
5. Velázquez retrataba exclusivamente a la familia real y a los nobles.
   Falso. También retrataba a la tropa de personajes, como los bufones y los enanos, que los servía y entretenía.
6. Velázquez se pintó a sí mismo en *Las Meninas*.
   Cierto.

2 Interpretación Contesta las preguntas con oraciones completas. Answers will vary.

1. ¿Se puede encontrar evidencia de la crisis económica del siglo XVII en los cuadros de Velázquez? Menciona detalles específicos en tu respuesta.
2. ¿Qué puedes aprender de *La vieja friendo huevos* que posiblemente no puedas leer en un libro de historia?
3. ¿Es *El triunfo de Baco* un cuadro realista? Explica tu respuesta.
4. ¿Te sorprende que Velázquez represente a los sirvientes de la Corte? ¿Por qué?
5. ¿En qué sentido es *Las Meninas* un cuadro misterioso?

3 Análisis En parejas, respondan a las preguntas.

1. A través de pequeños detalles, *El triunfo de Baco* revela mucho sobre la posición social de los hombres del cuadro. Estudien, por ejemplo, la ropa y el aspecto físico para describir y analizar su situación económica. ¿Cuál es su conclusión?
2. ¿Qué o quién es el verdadero sujeto de *Las Meninas*? ¿El grupo de la princesa? ¿Los reyes? ¿El mismo Velázquez? ¿El arte? Discutan las múltiples posibilidades y presenten una teoría sobre la historia que cuenta el cuadro.

4 Reflexión En grupos de cuatro, conversen sobre la vida de las personas que entretenían a los nobles en la Corte de Felipe IV. Algunos nobles consideraban que los bufones eran sagrados y por eso los protegían y les daban trabajo.

- ¿Qué piensan de la situación social de los bufones de la Corte?
- En su opinión, ¿cuál es la diferencia entre el papel de los bufones en la Corte y el de los cómicos que se ven en la televisión hoy en día?

5 Recuerdos Imagina que eres el niño retratado en *La vieja friendo huevos*. Escribe una composición sobre cómo era tu vida y sobre el momento plasmado (*captured*) en el cuadro.

- ¿Qué hacía tu abuela?
- ¿Cómo pasaba los días?
- ¿Cómo pasabas tú los días?
- ¿Por qué llegaste a la cocina aquel día?
- ¿Te mandó tu madre o tenías hambre?
- ¿Qué sucedió el resto del día?

2 As an expansion activity, have students research the different representations of *Las Meninas* painted by Picasso. Ask: **¿Por qué creen que Picasso pintó su propias versiones de esa pintura? ¿Qué significado tenía para él?**

4 Have students debate modern-day reality shows in this context. Ask: **¿Creen que los *reality shows* utilizan a las personas para la diversión?**

5 Review the differences between preterite and imperfect when narrating in the past.

Opiniones

1 Conversación En parejas, hablen acerca de estas preguntas.

1. Observen las fotografías. ¿Qué tienen en común? ¿En qué se diferencian? ¿Creen que alguna de las dos tiene mayor valor artístico? ¿Por qué?

2. ¿Es importante que los artistas representen la vida en forma objetiva? ¿Por qué?

3. Piensen en programas de televisión populares viejos o actuales. ¿Cómo son los jóvenes y adultos en estos programas? ¿Creen que la representación de la vida diaria es realista en esos programas? ¿Por qué?

4. ¿Qué opinan de la representación de la vida diaria y de la gente común en la publicidad? Den ejemplos.

Estrategia de comunicación

Cómo expresar desacuerdo
- No estoy (muy) de acuerdo. Para mí,...
- No coincido con tu opinión./ No comparto tu opinión.
- Aunque tienes razón en que..., también es cierto que...

2 Por escrito Elige uno de estos temas y escribe una composición de una página.

- Compara la vida cotidiana de un familiar mayor que tú (tu padre o madre, tus abuelos, tíos) cuando tenía tu edad con tu vida cotidiana en este momento. ¿En qué se parecen? ¿En qué se diferencian?

- Imagina que eres una de las personas del cuadro de la página 50 y has viajado hasta el presente para contarles a un grupo de estudiantes de español cómo era tu vida hace veinte años. ¿Quién eres? ¿Cuál era tu rutina de un día como el que se muestra en el cuadro? ¿Quiénes eran las personas que te rodeaban en esa imagen?

- Observa *Las Meninas*. Imagina ese día en la vida de la princesa. ¿Qué hizo antes del momento presentado en el cuadro? ¿Qué hizo después?

1 Before students begin the activity, guide the class in a brief discussion about the roles art and entertainment play in society. **¿Tiene el arte la obligación de ser un reflejo de la realidad?** Encourage students to define their assumptions about art and entertainment before beginning their conversation.

2 Before students begin writing, have them create a word web of different daily activities spinning off categories such as **casa**, **comida**, **familia**, **escuela**, **trabajo**, **deportes**, **diversiones**, etc. Encourage students to personalize their vocabulary by using a bilingual dictionary to find related words that they would like to know and use in their written piece.

Premio especial del Jurado, Semana Internacional de Cine Experimental de Valladolid 1997, España

Una producción de CONACULTA/INSTITUTO MEXICANO DE CINEMATOGRAFÍA Guión y Dirección ARIEL GORDON
Producción JAVIER BOURGES Producción ejecutiva PATRICIA RIGGEN
Fotografía SANTIAGO NAVARRETE Edición CARLOS SALCES Música GERARDO TAMEZ
Sonido SANTIAGO NÚÑEZ/NERIO BARBERIS
Arte FERNANDO MERI/AARÓN NIÑO CÁMARA
Actores DANIEL GIMÉNEZ CACHO/DOLORES BERISTAIN/PATRICIA AGUIRRE/PACO MORAYTA

Antes de ver el corto

INSTRUCTIONAL RESOURCES
Supersite/DVD: Film Collection
Supersite: Script & Translation

ADIÓS MAMÁ

país México   **director** Ariel Gordon

duración 7 minutos   **protagonistas** hombre joven, señora

Vocabulario

afligirse *to get upset*	**parecerse** *to look like*
el choque *crash*	**repentino/a** *sudden*
despedirse (e:i) *to say goodbye*	**el timbre** *tone of voice*
las facciones *facial features*	**titularse** *to graduate*

(1) **Practicar** Completa cada una de las rimas usando el vocabulario del corto.

1. Cuando Anabel tiene un problema, ___se aflige___ pero nunca lo corrige.
2. ¡Qué buen actor! Sus ___facciones___ siempre reflejan sus acciones.
3. ¡Pobre don Roque! Compró carro nuevo y a los dos días tuvo un ___choque___.
4. No me gusta el ___timbre___ de la voz de ese hombre.
5. ¡Qué estilos tan variados! Las pinturas son trece y no ___se parecen___.
6. Le faltan muchos cursos. Si no decide apurarse (*hurry up*), nunca va a ___titularse___.

(2) **Comentar** En parejas, intercambien opiniones sobre las preguntas.

(2) Ask additional questions.
Ex: ¿**Puede ser peligroso hablar con un desconocido?** ¿**En qué situación hablarían con un desconocido?** ¿**Creen que es más fácil hablar con un desconocido en una gran ciudad o en un pueblo pequeño?**

1. ¿Hablan con desconocidos en algunas ocasiones? ¿En qué situaciones?
2. Según el título, ¿de qué creen que va a tratar el corto?
3. ¿En qué lugares es más fácil o frecuente hablar con gente que no conocen? Den dos o tres ejemplos.
4. ¿A veces son ingenuos/as? ¿Se creen historias falsas? Den ejemplos.
5. ¿Alguna vez les sucedió algo interesante o divertido en un supermercado? ¿Qué sucedió?
6. Observen los fotogramas. ¿Qué creen que va a pasar en este cortometraje?

SUPERSITE Watch the short film at
ventanas.vhlcentral.com.

Escenas

ARGUMENTO Un hombre está en el supermercado. En la fila para pagar, la señora que está delante de él le habla.

Synopsis In this award-winning short film, a man is grocery shopping alone on an ordinary day when a chance meeting makes him the focus of an elderly woman's existential conflict, with a surprising result.

Preview Read and discuss the dialogue before viewing the film. Ask: **¿Por qué no termina el cortometraje en la quinta escena? ¿Cuál será el problema en la sexta escena?**

Teaching option While viewing the film, ask students to pay close attention to the characters' facial expressions and their own reactions to the characters' emotions.

SEÑORA Se parece a mi hijo. Realmente es igual a él.
HOMBRE Ah, pues no, no sé qué decir.

SEÑORA Murió en un choque. El otro conductor iba borracho. Si él viviera, tendría la misma edad que usted.
HOMBRE Por favor, no llore.

SEÑORA ¿Sabe? Usted es su doble. Bendito sea el Señor que me ha permitido ver de nuevo a mi hijo. ¿Le puedo pedir un favor?
HOMBRE Bueno.

SEÑORA Nunca tuve oportunidad de despedirme de él. Su muerte fue tan repentina. ¿Al menos podría llamarme "mamá" y decirme adiós cuando me vaya?

SEÑORA ¡Adiós hijo!
HOMBRE ¡Adiós mamá!
SEÑORA ¡Adiós querido!
HOMBRE ¡Adiós mamá!

CAJERA No sé lo que pasa, la máquina desconoce el artículo. Espere un segundo a que llegue el gerente.
(El gerente llega y ayuda a la cajera.)

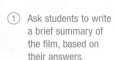

 Después de ver el corto

(1) Comprensión Contesta las preguntas con oraciones completas.

1. ¿Dónde están los personajes? Están en un supermercado.
2. ¿Qué relación hay entre el hombre y la señora? Ninguna. Ellos no se conocen.
3. ¿A quién se parece físicamente el hombre? Se parece al hijo de la señora.
4. ¿Por qué no pudo despedirse la señora de su hijo? Porque el hijo murió en un accidente de tráfico.
5. ¿Qué favor le pide la señora al hombre? Le pide que le diga "adiós mamá" al salir.
6. ¿Cuánto dinero tiene que pagar el hombre? ¿Por qué? Tiene que pagar tres mil cuatrocientos ochenta pesos con veinte centavos porque tiene que pagar por lo que compró la señora.

(2) Ampliación En parejas, háganse las preguntas.

1. ¿Les pasó a ustedes o a alguien que conocen algo similar alguna vez?
2. Si alguien se les acerca (*approaches*) y les pide este tipo de favor, ¿qué hacen?
3. ¿Qué creen que sucedió realmente al final? ¿Tuvo que pagar la cuenta completa el hombre? ¿Tuvo que intervenir la policía?
4. Después de lo que sucedió, ¿qué consejos puede darles el hombre a sus amigos?

(3) Imaginar En parejas, describan la vida de uno los personajes del corto. Escriban por lo menos cinco oraciones usando las preguntas como guía.

- ¿Cómo es?
- ¿Dónde vive?
- ¿Con quién vive?

- ¿Qué le gusta?
- ¿Qué no le gusta?
- ¿Tiene dinero?

(4) Detective El joven está contándole a un(a) detective lo que pasó en el supermercado. En parejas, uno/a de ustedes es el/la detective y el/la otro/a es el hombre. Preparen el interrogatorio (*interrogation*) y represéntenlo delante de la clase.

MODELO **DETECTIVE** ¿Usted puede probar que esa mujer no es su madre?
JOVEN Por supuesto, le puedo mostrar fotos de mi madre. Mi madre es rubia.

(5) Notas Ahora, imagina que eres el/la detective y escribe un informe (*report*) lo más completo posible de lo que pasó. Puedes inventar los datos que tú quieras.

Marginal notes:

(1) Ask students to write a brief summary of the film, based on their answers.

(2) Ask the class to think about strangers in modern-day society. Ex: **¿Cómo distingues a una persona que necesita ayuda de un impostor? ¿Se puede confiar en un desconocido?**

(3) Have students make a list of the qualities that they associate with each character.

(3) Ask the students to be creative and invent a backstory for the characters. Ex: **¿Cómo eran de jóvenes? ¿Pasó algo que cambió la vida de estas personas?**

(5) Encourage students to use active vocabulary from the film.

INSTRUCTIONAL RESOURCES
Supersite: Literatura recording

La siesta, 1943.
Antonio Berni, Argentina.

"Tras el vivir y el soñar, está lo que
más importa: el despertar."

— Antonio Machado

Antes de leer

Pedro Salvadores

Sobre el autor

Jorge Luis Borges nació en Buenos Aires en 1899. En el comienzo fue poeta y en 1923 publicó *Fervor de Buenos Aires*, al que seguiría una importante obra de cuentos y ensayos breves; nunca escribió una novela. Alguna vez afirmó: "El hecho central de mi vida ha sido la existencia de las palabras y la posibilidad de entretejer (*interweave*) y transformar las palabras en poesía". Sus obras fundamentales son *Ficciones* (1944) y *El Aleph* (1949). Sus temas principales son la muerte, el tiempo, el "yo", el mundo como sueño y Buenos Aires, y sus símbolos recurrentes son el laberinto, la biblioteca, los libros, los espejos y el ajedrez. Muchas obras de Borges desafían los límites entre la ficción y la realidad. En 1961 compartió el Premio del Congreso Internacional de Escritores con Samuel Beckett y en 1980 recibió el prestigioso Premio Cervantes. Murió en Ginebra en 1986. Se lo considera uno de los escritores más importantes del siglo XX.

Vocabulario

amenazar *to threaten*   **ocultarse** *to hide*

delatar *to denounce*   **la servidumbre** *servants; servitude*

el hecho *fact*   **el sótano** *basement*

huir *to flee; to run away*   **vedado/a** *forbidden*

la madriguera *burrow; den*   **el zaguán** *entrance hall; vestibule*

Sinónimos Escribe el sinónimo de cada palabra.

1. vestíbulo: __zaguán__   3. esconderse: __ocultarse__   5. intimidar: __amenazar__   7. cueva: __madriguera__

2. prohibido: __vedado__   4. denunciar: __delatar__   6. escapar: __huir__   8. evento: __hecho__

Conexión personal

Todo el mundo sueña; a veces podemos recordar qué soñamos y a veces no. Cuando los sueños son espantosos se llaman pesadillas (*nightmares*) y sentimos alivio (*relief*) al despertar. ¿Recuerdas alguna pesadilla que hayas tenido?

Análisis literario: La metáfora

La metáfora consiste en nombrar una cosa con el nombre de otra, con la que tiene semejanza real o ficticia. En la metáfora, una cosa se compara con otra sin usar la palabra *como*: "tus labios son como rubíes" es una comparación, pero "tus labios son rubíes" es una metáfora. Éste es un recurso que Borges usa a menudo. Cuando leas el cuento, presta atención a las metáforas utilizadas.

Marginal notes:

Sobre el autor Ask students to discuss possible meanings behind literary symbols such as labyrinths, mirrors, or chess. Have students think of examples of art, movies, or literature that contain these symbols.

Conexión personal Refer students to the quote and painting on the previous page. Ask: **¿Qué quiere decir Machado con esta cita? Para ustedes, ¿qué significa "despertar" en la vida? ¿Qué significado tiene la pintura para demostrar este concepto?**

Análisis literario Have students find poems in Spanish that contain metaphors. For a faster-paced class, have students work in pairs to create their own short poem using metaphors.

La vida diaria

sesenta y uno **61**

Preview Before reading
the text, review the
Contexto histórico as a
class. Ask students what
other stories they have
read that take place
during a time of war or
political upheaval.

Teaching option Read
the first paragraph aloud
to the class. Have students
identify the narrator and
the tone of the passage.
Ask them to give their
opinion on why the
narrator does not want to
intervene in the story.

Pedro Salvadores

Jorge Luis Borges

Litografía
de *Usos y
costumbres
del Río de la
Plata,* 1845,
Carlos Morel.

1   Quiero dejar escrito, acaso por
primera vez, uno de los hechos
más raros y más tristes de nuestra
historia. Intervenir lo menos posible en su
5   narración, prescindir de adiciones pintorescas
y de conjeturas° aventuradas es, me parece, la
mejor manera de hacerlo.

   Un hombre, una mujer y la vasta sombra de
un dictador son los tres personajes. El hombre
10   se llamó Pedro Salvadores; mi abuelo Acevedo

lo vio, días o semanas después de la batalla de
Caseros. Pedro Salvadores, tal vez, no difería
del común de la gente, pero su destino y los
años lo hicieron único. Sería un señor como
tantos otros de su época. Poseería (nos cabe   15
suponer) un establecimiento de campo y era
unitario°. El apellido de su mujer era Planes;
los dos vivían en la calle Suipacha, no lejos
de la esquina del Temple. La casa en que los
hechos ocurrieron sería igual a las otras: la   20

conjectures

*opposer of
the regime*

puerta de calle, el zaguán, la puerta cancel°,
las habitaciones, la hondura° de los patios.
Una noche, hacia 1842, oyeron el creciente y
sordo° rumor de los cascos° de los caballos
en la calle de tierra y los vivas y mueras° de
los jinetes°. La mazorca°, esta vez, no pasó
de largo. Al griterío sucedieron los repetidos
golpes; mientras los hombres derribaban° la
puerta, Salvadores pudo correr la mesa del
comedor, alzar° la alfombra y ocultarse en el
sótano. La mujer puso la mesa en su lugar.
La mazorca° irrumpió, venían a llevárselo a
Salvadores. La mujer declaró que éste había
huido a Montevideo. No le creyeron; la
azotaron°, rompieron toda la vajilla° celeste,
registraron la casa, pero no se les ocurrió
levantar la alfombra. A la medianoche se
fueron, no sin haber jurado° volver.

Aquí principia verdaderamente la historia
de Pedro Salvadores. Vivió nueve años en el
sótano. Por más que nos digamos que los años
están hechos de días y los días de horas y que
nueve años es un término abstracto y una suma
imposible, esa historia es atroz. Sospecho
que en la sombra que sus ojos aprendieron
a descifrar°, no pensaba en nada, ni siquiera
en su odio° ni en su peligro. Estaba ahí, en
el sótano. Algunos ecos de aquel mundo que
le estaba vedado le llegarían desde arriba:
los pasos habituales de su mujer, el golpe del
brocal° y del balde°, la pesada lluvia en el patio.
Cada día, por lo demás, podía ser el último.

La mujer fue despidiendo a la
servidumbre, que era capaz de delatarlos.
Dijo a todos los suyos que Salvadores estaba
en la Banda Oriental°. Ganó el pan de los dos
cosiendo° para el ejército. En el decurso° de
los años tuvo dos hijos; la familia la repudió°,
atribuyéndolos a un amante. Después de la caída
del tirano°, le pedirían perdón de rodillas.

Glosses (left margin):
- storm door
- depth
- dull, muffled / hooves
- 25 cries of "long live" and "die" / horsemen / supporters of the regime / knocked down
- 30 lift
- supporters of the regime
- 35 whipped / table service
- sworn
- 40
- 45
- to decipher / hatred
- 50
- curbstone of a well / bucket
- 55 Uruguay / sewing / course of time / repudiated, rejected
- 60 tyrant

CONTEXTO HISTÓRICO

Juan Manuel de Rosas (1793–1877), gobernador de la Provincia de Buenos Aires desde 1829, controló la Confederación Argentina desde 1835 hasta 1852. En ese período la población quedó dividida en dos bandos: **unitarios**, que querían un gobierno centralizado, y **federales**, que apoyaban (*supported*) la federación de estados. El grupo federal, "**la Mazorca**", que apoyaba a Rosas, aterrorizaba a los unitarios con gritos de "¡Vivan los federales!" y "¡Mueran los salvajes (*wild*) unitarios!"

¿Qué fue, quién fue, Pedro Salvadores?
¿Lo encarcelaron el terror, el amor, la invisible
presencia de Buenos Aires y, finalmente, la
costumbre? Para que no la dejara sola, su mujer
le daría inciertas° noticias de conspiraciones
y de victorias. Acaso era cobarde° y la mujer
lealmente° le ocultó que ella lo sabía. Lo
imagino en su sótano, tal vez sin un candil°, sin
un libro. La sombra lo hundiría° en el sueño.
Soñaría, al principio, con la noche tremenda
en que el acero° buscaba la garganta, con
las calles abiertas, con la llanura°. Al cabo
de los años no podría huir y soñaría con el
sótano. Sería, al principio, un acosado°, un
amenazado; después no lo sabremos nunca,
un animal tranquilo en su madriguera o una
suerte de oscura divinidad.

Todo esto hasta aquel día del verano
de 1852 en que Rosas huyó. Fue entonces
cuando el hombre secreto salió a la luz del
día; mi abuelo habló con él. Fofo° y obeso,
estaba del color de la cera° y no hablaba en
voz alta. Nunca le devolvieron los campos que
le habían sido confiscados; creo que murió en
la miseria.

Como todas las cosas, el destino de Pedro
Salvadores nos parece un símbolo de algo que
estamos a punto de comprender. ■

Glosses (right margin):
- 65 uncertain
- coward
- loyally
- oil lamp
- would sink
- 70 steel
- plain
- harassed
- 75
- 80 Soft, spongy
- wax
- 85

Teaching option Have students read the last line of the story. Ask the students: **El narrador dice que el destino de Pedro es un símbolo. ¿Por qué? ¿Es un símbolo de qué? ¿Por qué dice el narrador que estamos "a punto de comprender"?**

Después de leer

Pedro Salvadores
Jorge Luis Borges

Teaching option Have
students work in pairs
to write six events from
the story on separate
strips of paper. Then have
pairs exchange papers
and put the events in
chronological order.

(1) **Comprensión** Indica si las oraciones son **ciertas** o **falsas**. Corrige las falsas.

1. El apellido de la esposa de Pedro es Acevedo. Falso. Acevedo es el nombre del abuelo del narrador.
2. De acuerdo con el narrador, Pedro Salvadores es un hombre común. Cierto.
3. El sótano de la casa está debajo del comedor. Cierto.
4. Los perseguidores no ven la alfombra. Falso. No se les ocurrió levantar la alfombra.
5. La esposa trabajaba haciendo pan para el ejército. Falso. Trabajaba cosiendo para el ejército.
6. Ella dice que su marido huyó a Montevideo. Cierto.
7. Pedro Salvadores pasó ocho años en el sótano. Falso. Pasó nueve años en el sótano.
8. El narrador vio a Pedro cuando salió del sótano. Falso. Su abuelo Acevedo lo vio.

(2) **Historia** Contesta las preguntas con oraciones completas.

1. ¿En qué siglo se desarrolla la acción? La acción se desarrolla en el siglo XIX.
2. ¿Dónde transcurre el relato? El relato transcurre en Buenos Aires.
3. ¿A qué bando pertenecía Pedro Salvadores? ¿Y el narrador? Pedro Salvadores era unitario.
4. ¿En qué año terminó el gobierno del dictador? Terminó en 1852.

(3) Ask students to work
in small groups to
discuss their answers.
Have one student
take notes and report
the group's ideas to
the class.

(3) **Análisis** En parejas, respondan a las preguntas.

1. El narrador imagina a Salvadores en el sótano y usa dos metáforas: "un animal tranquilo en su madriguera o una suerte de oscura divinidad". ¿Qué características puedes atribuir a uno y a otro?
2. ¿Qué significa la frase "el acero (*steel*) buscaba la garganta (*throat*)"?
3. Borges usa palabras entre paréntesis, comas o guiones para expresar vacilación. También usa expresiones como "tal vez" y "me parece". Busca ejemplos. ¿Qué función tienen?

(4) **Interpretación** Responde a las preguntas con oraciones completas.

1. ¿Qué importancia tiene la hora del día en este cuento?
2. ¿Por qué piensas que Salvadores permaneció encerrado en el sótano?
3. ¿Cómo era Pedro cuando se escondió? ¿Cómo es ahora? ¿Por qué?
4. El narrador menciona "el destino de Pedro Salvadores". ¿Crees en el destino?

(5) To review vocabulary,
have class brainstorm
a list of adjectives that
might describe Pedro
during his hiding.

(5) **Imaginar** En grupos pequeños, preparen un *talk show* en el que un(a) presentador(a) entrevista a Pedro y a su esposa sobre cómo eran sus días durante el tiempo de encierro.

(6) As a variation, have
students write a letter
from the point of view
of Pedro or his wife.

(6) **Escribir** Resume brevemente la historia de Pedro Salvadores en un artículo periodístico, publicado después de su aparición.

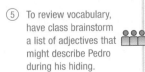

Anónimo

Sobre la autora

Esther Díaz Llanillo nació en La Habana en 1934. Se doctoró en Filosofía y Letras. Es bibliotecaria, narradora y ensayista, y colabora habitualmente en muchas revistas especializadas de literatura como *Casa de las Américas* y *Gaceta de Cuba*. Entre sus libros de relatos se destacan *El castigo* (1966), *Cuentos antes y después del sueño* (1999) y *Entre latidos* (2005). Sus cuentos también han aparecido con frecuencia en antologías de cuentistas cubanos y en revistas literarias de Cuba y otros países.

Vocabulario

adivinar *to guess*	**el peldaño** *step; stair*
la amenaza *menace*	**el/la remitente** *sender*
asombrar *to amaze*	**el sobre** *envelope*
estrecho/a *narrow*	**vigilar** *to watch; to keep an eye on*

Vocabulario Completa las oraciones.

1. Nunca pensé que con tan poca información iba a poder __adivinar__ lo que sucedió.

2. Después de las múltiples quejas (*complaints*) de los vecinos, la policía decidió __vigilar__ la zona.

3. La carta llegó en un __sobre__ negro muy extraño sin __remitente__. Me preguntaba de quién podía ser...

4. El __estrecho__ corredor llevaba a una escalera en la que faltaban algunos __peldaños__.

Conexión personal

¿Te gusta estar solo/a o prefieres la compañía de otras personas? ¿Crees que la gente en general está cada vez más sola o aislada (*isolated*)? ¿Por qué?

Análisis literario: Los relatos de suspenso

Muchos afirman que el padre de la literatura de suspenso es Edgar Allan Poe. Sus obras marcaron el estilo de muchos otros escritores de habla inglesa, y el suspenso como género cruzó fronteras y se hizo popular en muchos idiomas. En los relatos de suspenso, el escritor muchas veces adelanta algo que va a suceder al final del relato para crear una sensación de misterio o tensión. La tensión, para los personajes y para los lectores, va aumentando progresivamente hasta llegar a un desenlace (*outcome*), que muchas veces plantea nuevos interrogantes. A medida que lees *Anónimo* presta atención a los recursos que usa la autora para crear un clima de tensión y angustia, tanto para su personaje como para los lectores.

Vocabulario
- Antonyms:
  estrecho/a – ancho/a
  el/la remitente – el/la destinatario/a
- Verbs and nouns:
  adivinar – la adivinanza
  amenazar – la amenaza
  asombrar – el asombro
  vigilar – la vigilancia

Análisis literario Ask students to talk about their favorite suspense stories.

Anónimo

Esther Díaz Llanillo

Preview Ask students to read the title and look at the photo to predict what the story will be about.

Teaching option Point out that *Anónimo* is set in contemporary Cuba. After the Cuban Revolution, people on neighborhood vigilance committees received benefits in return for keeping tabs on their neighbors. Is this historical context reflected in the story? Is this "watchful eye" something that all of us may feel in our lives? Refer to *1984* or *Brave New World* to encourage class discussion.

1 Aquella mañana se levantó temprano y, sin calzarse, casi dormido, avanzó hacia la cocina hambriento.

5 Era la suya una habitación peculiar: vivía en una buhardilla°, al final de una larga escalera que trepaba° por la parte posterior de la casa, como una culebra°; los peldaños eran tan estrechos que 10 uno temía haber sobrepasado las proporciones normales de un ser humano, pues podía resbalar° y caerse con suma facilidad; por otra parte, la escalera vibraba sospechosamente a 15 cada paso y esto, unido a la insegura barandilla de hierro°, hacía pensar que la vida del que se atrevía a utilizarla se hallaba en constante peligro. Como el cartero no compartía estos arrestos°, 20 ni por vocación de su oficio, solía dejarle la correspondencia junto al primer apartamento de la planta baja del edificio, en una cajita de madera incrustada en la pared°.

25 Le gustaba vivir allí, donde nadie lo molestaba, ni ruidos ni personas. No me atrevería a asegurar que aquello pudiera considerarse un hogar en el sentido exacto de la palabra: un 30 cuadrilátero aprisionado entre cuatro paredes; dentro de él, a la izquierda de la puerta, otro cuadrilátero más

° attic apartment
° climbed
° snake
° slip
° iron banister
° didn't share this courage
° set in the wall

pequeño hacía de baño en condiciones tan reducidas que nos asombraba que cupiera° en él un ser humano. Al final 35 de un rectángulo, con pretensiones de corredor, estaba la sala-cuarto-cocina. De primera intención, lo que se percibía era una hornilla eléctrica° sobre una mesa donde se amontonaban° 40 platos, cubiertos°, un vaso, una taza con lápices, un portarretrato con el asombroso perfil de Michele Morgan° y una fina capa° de polvo de varios días. La cama era a la vez sofá. En las 45 paredes de madera había fotografías de otras actrices, un cartel de propaganda y programas de teatro.

Cuando me dieron aquella noticia de él, traté de reconstruir los hechos 50 colocándome° en su lugar; me basé en lo que pude adivinar de él en tan poco tiempo, pues trabajamos juntos en la misma oficina durante cuatro meses, ambos como mecanógrafos°, y no 55 creo que este trabajo nos diera grandes oportunidades de conocernos. Sin embargo, creo poder reconstruir lo que pasó en aquellos días...

Esa mañana se levantó temprano. 60 Al encender la hornilla para calentar el café, le asombró descubrir un pequeño sobre blanco debajo de la puerta. Le extrañó que alguien se hubiera

° could fit
° hotplate
° were piled
° silverware
° English actress of the 1940s and 1950s
° layer
° placing myself
° typists

tomado el trabajo de subirlo hasta allí.
Cogió el sobre y leyó: "Sr. Juan Ugarte
Ruedas", escrito a mano, con una letra
temblorosa e irregular. Inmediatamente
rompió uno de los extremos y extrajo la
carta, que decía con la misma letra del
sobre: "Nombre: Juan Ugarte Ruedas.
Edad: 34 años. Señas: Una pequeña
marca tras la oreja derecha, producto
de una caída cuando niño. Gustos:
Prefiere leer al acostarse; suele tardar
en dormirse imaginando todas las
peripecias° de un viaje a Francia que
en realidad no puede costear°. Detalle°:
Ayer, alrededor de las once p.m.,
se cortó levemente el índice de la mano
derecha tratando de abrir una lata° de
conservas. Anónimo."

Aquello le intrigó. ¿Qué propósito
podía perseguir quien le mandaba la
carta, que por ende° le jugaba la broma
de firmarla Anónimo, como si ya no
fuera evidente que se trataba de un
anónimo? Por otra parte, ¿cómo sabía
Anónimo todos aquellos detalles de
su vida? Su primera preocupación fue
averiguar si le había contado a alguien
esos detalles; no lo recordaba.

En éstas y otras cavilaciones° pasó
toda la jornada°, salvo° las horas de
oficina y de almuerzo, pues tenía la
costumbre de ser reservado con todos,
hasta consigo mismo cuando estaba
con los demás. Por la noche, como es
lógico, reanudó° estos pensamientos y
llegó a la conclusión de que recibiría

otro algún día, quizás más pronto de lo
que esperaba; tuvo un sueño intranquilo
y por primera vez se olvidó de su viaje
a Francia antes de dormirse.

Al día siguiente, octubre 13, recibió
otra carta misteriosa. Como la anterior,
venía fechada° y escrita con letra
irregular y nerviosa; decía: "Padre:
Regino Ugarte, cafetero. Madre:
Silvia Ruedas, prostituta. El primero
ha muerto; la segunda huyó del hogar
cuando usted tenía nueve años y se
dio a la mala vida; usted desconoce
su paradero° y no le interesa saberlo.
Educación: autodidacta° desde los
quince años. Preocupaciones: teme
que los demás lean sus pensamientos.
Anónimo."

Durante varios días estuvo
recibiendo comunicaciones de
Anónimo que revelaban detalles de su
pasado, de su vida cotidiana y de sus
procesos mentales, que sólo hubiera
podido saber él mismo o alguien que
tuviera poderes° extraordinarios. Esto
no lo aterraba°, sino el pensar que
en realidad aquel hombre estuviera
empleando algún procedimiento
simple y directo para saberlo; es decir,
que lo vigilara constantemente.

Las cartas de Anónimo empezaron
por adivinar sus deseos y luego
descubrieron sus preocupaciones,
sacaron a relucir° su pasado y quizás
aventurarían° su futuro, lo cual lo
intranquilizó. Frases como: "ayer no

adventures
afford/Detail

can

therefore;
consequently

musings
day / except

resumed

dated

whereabouts

self-taught

powers

terrified

brought into
the open
would venture

Al finalizar el mensaje llegó a la conclusión de que no le quedaba más remedio que acudir° a la policía, pues no sabiendo en qué condiciones moriría, ni dónde, ni cuándo, no podría evitar el hecho. Llevó los anónimos a la estación de policía y fue cuidadosamente vigilado. Siguió trabajando como si nada hubiera sucedido, y por la noche, a eso de las ocho, llegó a la casa.

165 *to turn to; go to*

170

Sabía que estaba bien protegido, no podía temer nada, salvo la pérdida de su soledad, pero por poco tiempo, hasta que se descubriera al autor de los anónimos, después sería nuevamente independiente y feliz.

175

pudo dormir en casi toda la noche", "esta mañana, durante el almuerzo, estuvo a punto de° contárselo todo a su amigo, pero se detuvo° pensando que él fuera el remitente", "ha decidido usted no abrir más estas cartas, pero no puede dejar de hacerlo, ya ve, ha abierto la de hoy", "su trabajo estuvo deficiente ayer, no cesa de pensar en mí"; eran para sobresaltar a cualquiera°. Finalmente, Anónimo envió en tres cartas seguidas° este mismo mensaje: "usted teme una amenaza"; al cuarto día lo varió por: "la amenaza está al formularse"; y después por "sé que ha dejado de leer mis cartas durante varios días, ésta es la penúltima°, por lo tanto la leerá, mañana sabrá cuál es la amenaza. Anónimo."

was about to

stopped yourself 140

145

were enough to make anybody jump

in a row

150

the one before the last

155

Se acostó más tranquilo; tardó un poco en dormirse, quizás planeó otra vez el viaje a Francia. Al día siguiente apareció muerto frente a su cuarto, la puerta abierta, el cuerpo atravesado en el umbral°, un sobre abierto junto a él y una carta ensangrentada en la mano derecha. La única palabra visible era "ya", y después: "Anónimo". Tenía abiertas las venas° del brazo, la sangre había rodado° por los escalones. Nadie la había visto hasta que el vecino de los bajos notó el largo hilillo° rojo bajo sus zapatos.

180

185 *lying across the threshold*

veins

190 *run*

stream; thread

Por último, pensó que no tenía el valor suficiente para leer la última carta, pero el deseo de saber en qué consistía la amenaza y la esperanza de que al saberla podría escapar de ella lo llevaron a abrirla y leyó: "Morirá mañana. Anónimo."

160

Se hicieron múltiples indagaciones° sin resultados positivos. No obstante, por sugerencia mía, se ha comparado la letra de Anónimo con la del muerto: coinciden en sus rasgos° más esenciales. ∎

investigations

195

characteristics

Después de leer

Anónimo
Esther Díaz Llanillo

① After students finish, ask them to determine which sentences are facts that can be proven by rereading the text, and which reflect opinions (which may also be disguised as facts).

② Ask students to read the text looking for clues to the social environment surrounding Juan. Would they have reacted as he did, had they received these letters? What social factors may have contributed to his paranoia?

1 **Comprensión** Indica si estas oraciones son **ciertas** o **falsas**. Corrige las falsas.

1. Juan vivía en la planta baja de una casa grande.
   Falso. Juan vivía en una buhardilla.
2. El cartero le dejaba la correspondencia justo en la puerta.
   Falso. El cartero le dejaba la correspondencia en la planta baja.
3. Los peldaños eran peligrosos porque eran muy estrechos.
   Cierto.
4. Juan era mecanógrafo.
   Cierto.
5. A Juan no le gustaba su casa porque era muy ruidosa.
   Falso. A Juan le gustaba su casa porque no había ruidos.
6. Juan hablaba muy poco con los demás.
   Cierto.
7. El narrador de la historia es el padre de Juan.
   Falso. El narrador es un compañero de trabajo de Juan.
8. Juan temía que los demás leyeran sus pensamientos.
   Cierto.

2 **Interpretar** Contesta estas preguntas.

1. ¿Cómo era la personalidad del protagonista?
2. ¿Con qué soñaba Juan cada noche antes de acostarse?
3. ¿Crees que Juan estaba satisfecho con su vida y su trabajo? ¿Por qué?
4. ¿Cuál es la relación que, al final de la lectura, se sugiere que existe entre Juan y las cartas? ¿Crees que es posible esa relación?

3 **Deducir** En grupos de tres, imaginen que son los detectives responsables de solucionar este caso. Cada uno de ustedes tiene una teoría diferente. Escriban las tres teorías y hagan una lista con los posibles motivos o razones para cada una.

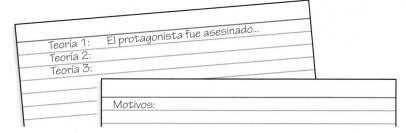

4 **Historias de suspenso**

A. Formen parejas. Cada persona debe contar a la otra los hechos principales de una breve historia de misterio en orden cronológico. Puede ser una historia inventada, una noticia, el argumento de un libro o película, etc.

B. Relee *Anónimo* e identifica los recursos que usa la autora para crear un clima de suspenso. Escribe la historia que te contó tu compañero/a añadiendo elementos de suspenso para crear tensión y despertar la curiosidad de los lectores.

Taller de escritura

Preparación: Los argumentos

En el desarrollo de un ensayo personal, se recurre a argumentos para defender la tesis. La tesis consiste en una idea que se quiere presentar o defender. Existen muchos tipos de argumentos, entre ellos:

- **Autoridad:** respaldar la tesis con la opinión de una persona de prestigio intelectual o en la materia.
- **Ejemplificación:** respaldar la tesis con ejemplos, citas, etc.
- **Refutación:** rechazar los argumentos contrarios a nuestra postura.
- **Analogía:** destacar las semejanzas entre dos hechos o casos.
- **Sentir social:** recurrir la opinión general (a favor o en contra) de un grupo de personas.

¿Qué otros tipos de argumentos conoces?

Práctica ¿A cuál de las dos categorías pertenece cada uno?

1. refutación/sentir social: Hoy en día, todos los jóvenes están de acuerdo...
2. analogía/refutación: Así como en el siglo XIX la gente llevaba vidas normales sin tener acceso a los medios de comunicación modernos, en la actualidad...
3. analogía/autoridad: Ya en la década de 1960 un renombrado profesor de... defendió la teoría...
4. ejemplificación/sentir social: Esta metáfora es el ejemplo más claro de...

Ensayo Elige uno de estos temas y escribe un ensayo.

> ### Requisitos
>
> - Tu ensayo debe hacer referencia a por lo menos dos obras de las cuatro estudiadas en esta lección (cultura, cortometraje, dos obras literarias) o, en el caso del tercer tema, una de las obras puede ser de una lección anterior.
> - Debes incluir al menos dos tipos distintos de argumentos.
> - Debes incluir ejemplos o citas extraídos de las obras para defender o respaldar tus argumentos.
> - Tu ensayo debe ser de por lo menos dos páginas.

- En *Anónimo* el narrador interviene después de la descripción inicial para crear un clima de misterio y suspenso. ¿En qué se parece este recurso al utilizado en los primeros párrafos de *Pedro Salvadores*? ¿Qué efecto logran los autores al hacer que los narradores intervengan?

- Un tema presente en varias obras de esta lección es el engaño. ¿Cuál es la posición de los creadores de estas obras con respecto al engaño? ¿Siempre es malo el engaño o crees que a veces el fin justifica los medios?

- Las obras de esta lección, al igual que las de lecciones anteriores, nos permiten ser testigos de la vida cotidiana de los personajes en un lugar específico en el espacio y en el tiempo. ¿Muestra cada una de estas obras la misma vida cotidiana desde más de un punto de vista? ¿Hay otros puntos de vista implícitos?

Preparación Give the class a thesis statement (e.g.: **Todos los estudiantes deben sacarse una A en esta clase.**) Then call on individual students to present different arguments to support that thesis. After a student makes an argument, have the class categorize it as **autoridad**, **ejemplificación**, **refutación**, **analogía** or **sentir social**. Encourage students to contribute until you have heard arguments in all five categories.

NATIONAL
communication
comparisons cultures
STANDARDS

Abriendo ventanas SUPERSITE

Las fiestas

Presentación Trabajen en grupos de tres o cuatro.

A. En América del Norte, la Navidad se celebra en el invierno. Las imágenes típicas de la Navidad son la nieve, los hogares (*fireplaces*), los pinos y comidas invernales. En América del Sur, por el contrario, la Navidad se festeja en pleno verano. Contesten estas preguntas:

Procesión navideña
en Caracas, Venezuela.

Fiestas de la calle San Sebastián,
San Juan, Puerto Rico.

1. ¿Tiene el clima algo que ver con la forma de festejar? Den algunos ejemplos.
2. ¿Cuáles son los aspectos más importantes de una celebración tradicional?
3. ¿Qué es lo más importante? ¿La comida, la música, los regalos, las tradiciones familiares u otra cosa?
4. ¿Con quién se suelen festejar las fiestas y celebraciones tradicionales? ¿Por qué?
5. ¿Qué saben o imaginan sobre estas fiestas? ¿Se celebran también en América del Norte? ¿En qué se parecen y en qué se diferencian los festejos?

- Navidad en un país de América del Sur
- 5 de Mayo en México
- Fiestas de la calle San Sebastián en San Juan, Puerto Rico
- Año Nuevo en el Caribe
- Carnaval (*Mardi Gras*) en un país de América Central o del Sur
- Semana Santa en un país hispanohablante

Teaching option Have students name their favorite holiday celebrations and share aspects of the celebrations that they particularly like. Keep track of these aspects on the board, grouping them into different categories, such as **comida**, **música**, **imágenes**, **familia**, **regalos**, **eventos públicos**. Encourage students to refer to this list when they complete the **Presentación** activities.

B. Van a preparar una presentación sobre una de las fiestas de la parte **A** o sobre otra fiesta importante de un país hispanohablante.

Elección del tema

Repasen sus respuestas a la última pregunta de la parte **A**. ¿Sobre cuál de estas fiestas prefieren hacer la presentación? ¿O prefieren investigar otra fiesta? ¿Por qué?

Preparación

Hagan una investigación en Internet o en la biblioteca. También pueden entrevistar a personas que conozcan el país hispanohablante elegido y pedirles que les cuenten anécdotas y experiencias personales sobre el festejo. Busquen materiales audiovisuales u objetos relacionados con la fiesta.

Organización

Organicen la información recogida (*collected*) en un esquema (*outline*). El esquema debe resumir los puntos principales de la presentación:

- origen de la fiesta
- cómo se festeja
- similitudes y diferencias
- objetos y símbolos especiales
- comidas tradicionales
- anécdotas y experiencias

Preparen los materiales audiovisuales que van a usar: un afiche, una presentación de PowerPoint, etc. La presentación deberá durar unos diez minutos. Decidan qué parte(s) presentará cada uno/a. Recuerden que todos los integrantes del grupo deben participar.

Estrategia de comunicación

Expresiones útiles para contrastes y comparaciones
- A diferencia de nosotros, los guatemaltecos celebran...
- Al igual que en este país, en...
- Existen varias diferencias en/entre...
- Existen muchas similitudes en/entre...
- En Paraguay, por el contrario,...

Presentación

Usen el esquema como guía para hacer la presentación, pero recuerden que deben hablar a la clase y no leer una presentación escrita. Usen los medios audiovisuales que seleccionaron. Después de la presentación, contesten las preguntas que puedan tener sus compañeros/as.

Teaching option If you have access to a video camera, encourage students to record their presentation and then review it to see how they might improve it. Alternately, have students practice in front of a full-length mirror. Remind them that it is important to incorporate questions, audiovisual aids, and movement to keep things interesting.

 Tertulia

Vida pública y vida privada

Teaching option Before students begin this activity, take a class poll to see how much importance students place on their privacy. Have them agree or disagree with the following statements.
• **No me importa que todo el mundo sepa cuáles son los sitios web que yo visito.**
• **Es importante guardar las contraseñas con mucho cuidado.**
• **No me gusta usar mi propio nombre en el ciberespacio.**
• **No tengo problema en comprar por Internet con tarjeta de crédito si el sitio web garantiza que las transacciones son seguras.**
Have students evaluate the results in order to rate their own level of personal privacy.

1
5 min. La clase se divide en cinco grupos. Cada uno tiene que pensar y anotar sus ideas sobre uno de estos temas.

Las empresas tienen derecho a recopilar información sobre las personas que visitan sus sitios web.

A medida que avanza la tecnología, retrocede el derecho a la privacidad.

Está bien que los padres controlen los perfiles de sus hijos en sitios como *My Space*.

Actualmente, la distinción entre vida pública y vida privada es muy borrosa (*blurry*).

La posibilidad de hacer compras por Internet simplifica la vida de las personas ocupadas.

Gracias a los *blogs* podemos aprender sobre la vida cotidiana en otras culturas.

2
10 min. Cada grupo tiene que preparar una breve presentación sobre el tema elegido. En el caso de que no todos opinen lo mismo sobre el tema, pueden mencionar que dentro del grupo hay distintas opiniones.

3
25 min. Los diferentes grupos presentan sus ideas a la clase, mientras todos toman nota.

4
10 min. Cuando todos los grupos hayan terminado de presentar sus ideas, toda la clase participa haciendo preguntas o defendiendo sus opiniones.

La salud y el bienestar ④

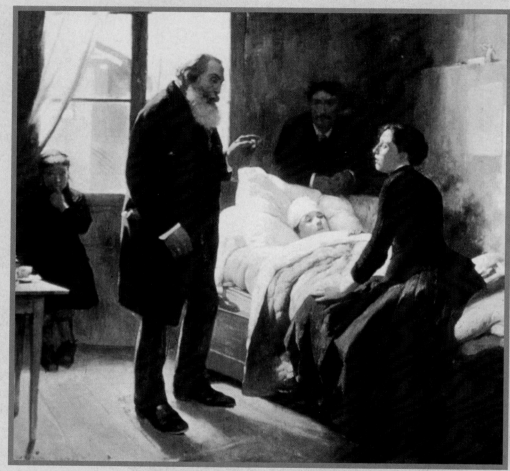

El niño enfermo, 1886.
Arturo Michelena, Venezuela.

"La muerte es una vida vivida.
La vida es una muerte que viene."

— Jorge Luis Borges

Antes de leer

INSTRUCTIONAL RESOURCES
Supersite

Variación léxica
la lesión ⟷ la herida

Vocabulario

afligir *to afflict*	**el/la investigador(a)** *researcher*
descubrir *to discover*	**la lesión** *wound*
la dolencia *illness; condition*	**la población** *population*
la genética *genetics*	**el pueblo** *people*
el/la indígena *indigenous person*	**recetar** *to prescribe*

Oraciones incompletas Completa las oraciones. No repitas palabras.

1. La diversidad cultural es un efecto del contacto entre múltiples ___pueblos/indígenas___.

2. La ___genética___ es la ciencia que estudia la herencia biológica.

3. La ___investigadora___ de este laboratorio trabaja para ___descubrir___ un tratamiento nuevo para el cáncer.

4. Cuando los españoles llegaron a Suramérica se encontraron con los ___indígenas/pueblos___ que estaban allí.

5. Los doctores trabajan para curar las ___dolencias/lesiones___ que ___afligen___ a los enfermos.

6. Debido a la epidemia, toda la ___población___ debe ponerse la vacuna.

Conexión personal ¿Puedes pensar en alguna enfermedad o dolencia que afecta a tu comunidad o a un grupo que conoces? ¿Ha recibido la comunidad alguna ayuda?

Contexto cultural

Selección colombiana
de fútbol sub 20

Situada en una zona de tránsito entre Norteamérica y Suramérica, Colombia presenta un lugar ideal para la convergencia de múltiples culturas. La mayoría de los habitantes son mestizos, es decir, descendientes de europeos y amerindios. Hay también más de diez millones de afrocolombianos —casi el veinte por ciento de la nación entera— y una población indígena que cuenta con más de 700.000 habitantes. De esta diversidad étnica han surgido (*have arisen*) costumbres variadas, una riquísima tradición musical y la multiplicidad lingüística. El lenguaje oficial del país es el español, pero todavía se hablan más de sesenta lenguas indígenas.

Conexión personal
Continue discussion with related questions. Ex: **Aparte del tratamiento médico, ¿de qué manera se puede ayudar a una persona que está enferma?**

Contexto cultural
Ask heritage speakers if they are familiar with the indigenous population from their families' home countries. If so, discuss how this population enriches the national culture. Are there any current controversies related to the rights of these indigenous groups?

Preview
Ask the class to discuss potential social issues that might arise from the interaction of two cultures. Have them give examples from their communities.

La ciencia: la nueva arma en una guerra antigua

Famoso por su talento especial con el arco y la flecha°, el pueblo indígena Chimila tiene una historia larga de rebelión y resistencia contra los españoles de la época colonial. Estos valientes guerreros° formaron una sorprendente potencia militar que parecía imposible de conquistar. Ahora, en nuestra época, los indígenas Chimila hacen guerra a° unos enemigos muy distintos: la pobreza, la falta de recursos° médicos y enfermedades endémicas sin solución.

bow and arrow

warriors

wage war against/ lack of resources

allies/fight

tries 10

with the 15
aim of

discovered

20

a chronic skin
disorder

It appears

25

30

sources

pre-Columbian

dug up 35

40

45

50

Por fortuna, tienen aliados° en su lucha°. La Expedición Humana es una organización que identifica y trata de° resolver los problemas que afligen particularmente a las comunidades indígenas y afrocolombianas.

En los últimos quince años, varios grupos de la Expedición Humana se han integrado en numerosas comunidades con el fin de° determinar sus verdaderas necesidades. De esta manera, los investigadores han descubierto° que los Chimila tienen una incidencia sorprendentemente alta de una enfermedad dermatológica llamada prurigo actínico°. Esta enfermedad ataca a varios grupos indígenas en toda Latinoamérica y se considera incurable. Aparece° normalmente en niños pequeños en forma de lesiones y, en situaciones graves, puede afectar los ojos y la vista. A pesar de su potencial gravedad, el prurigo actínico ha recibido muy poca atención por parte de la comunidad médica mundial.

Al estudiar el caso desde muchos ángulos, el equipo de la Expedición Humana encontró información en varias fuentes° interesantes, incluyendo los artefactos precolombinos°. De las cerámicas con dibujos de enfermos que desenterraron° los arqueólogos, aprendieron que problemas similares han afectado a las poblaciones colombianas desde hace 2.500 años. Los investigadores sabían que la exposición al sol provoca la aparición del prurigo actínico, pero tenían muchas preguntas. ¿Por qué afecta especialmente a ciertas comunidades? En una población como los indígenas Chimila, ¿por qué aflige sólo a ciertas personas? ¿Qué tienen en común estos pacientes?

Los científicos decidieron explorar la base genética de la enfermedad. Después de años de investigación, el equipo de la Expedición Humana confirmó que existe una predisposición genética que, en combinación

to develop 55

prescribed

60

Centers for
Disease Control
and Prevention
(CDC)

65 environmental

70

battle

con la exposición al sol, causa las lesiones. Gracias a la cooperación de los Chimila en los estudios, los investigadores pudieron desarrollar° tratamientos más efectivos que utilizan medicamentos con menos efectos secundarios que los que habitualmente recetaban° los médicos. Estos medicamentos alternativos, asimismo, se pueden adquirir fácilmente y son de bajo costo.

Según los Centros para el Control y la Prevención de Enfermedades° del gobierno de los Estados Unidos, la mayoría de las dolencias más comunes son el resultado de la interacción entre genes y ciertos factores medioambientales°. Los estudios que ha realizado la Expedición Humana son un modelo de cooperación entre personas de diferentes comunidades y de integración de muchas maneras de investigar. Nos ofrecen un ejemplo a imitar en la gran batalla° contra las enfermedades del mundo. ∎

Detalles de la investigación

- El prurigo actínico afecta principalmente a poblaciones indígenas y mestizas de países como México, Guatemala, Honduras, Colombia, Perú, Bolivia y el norte de Argentina, así como Canadá y Estados Unidos.
- Entre 704 habitantes de la comunidad Chimila, se diagnosticaron 56 casos.
- Fundada por el Instituto de Genética Humana de la Pontificia Universidad Javeriana de Bogotá, la Expedición Humana reúne a profesores, científicos y estudiantes con el propósito de servir a los pueblos colombianos que viven aislados de la capital y que tradicionalmente están menos representados en los estudios científicos del país.
- En la etapa llamada la Gran Expedición Humana (1992–3), los investigadores realizaron 17 viajes en los que participaron 320 personas, que visitaron 35 comunidades y atendieron alrededor de 8.000 pacientes en los lugares más apartados de Colombia.

Después de leer

La ciencia: la nueva arma en una guerra antigua

① Ask students to write a one-paragraph summary of the article based on their answers.

① Comprensión Responde a las preguntas con oraciones completas.

1. ¿Contra quiénes lucharon los Chimila durante la época colonial?
   Lucharon contra los españoles.
2. ¿Qué han descubierto los investigadores de la Expedición Humana?
   Los investigadores han descubierto que los Chimila tienen una incidencia sorprendentemente alta de prurigo actínico.
3. ¿Qué es el prurigo actínico?
   El prurigo actínico es una enfermedad dermatológica.
4. ¿Ha recibido el prurigo actínico mucha atención por parte de la comunidad médica mundial? No. Ha recibido muy poca atención.
5. ¿Qué descubrimiento de unos arqueólogos ayudó a la Expedición Humana?
   Los arqueólogos desenterraron cerámicas con dibujos de enfermos.
6. ¿Qué decidieron explorar los científicos de la Expedición Humana?
   Los científicos decidieron explorar la base genética de la enfermedad.

② Preguntas Contesta las preguntas con oraciones completas.

1. ¿Cuál es la fama de los indígenas Chimila?
   Los indígenas Chimila tienen fama de ser valientes guerreros.
2. ¿Cuáles son algunos de los problemas que afectan al pueblo Chimila?
   Algunos de los problemas son la pobreza, la falta de recursos médicos y las enfermedades endémicas.
3. ¿Por qué es importante el desarrollo de nuevos tratamientos?
   Porque es importante buscar tratamientos más efectivos, con menos efectos secundarios y de bajo costo.
4. ¿Cuáles son los dos factores principales relacionados con la aparición de la enfermedad? Los dos factores principales son la predisposición genética y la exposición al sol.
5. ¿Cuál es el objetivo de la Expedición Humana? El objetivo es servir a los pueblos colombianos que viven en lugares apartados y suelen tener poca representación en los estudios científicos.
6. Según la perspectiva de los Centros para el Control y la Prevención de Enfermedades, ¿es el prurigo actínico una enfermedad inusual? Explica tu respuesta. No. Se produce por la misma combinación de factores que muchas enfermedades comunes.

③ Have students create a public service announcement about the dangers of sun exposure.

③ Los peligros del sol En parejas, imaginen que son médicos y que están hablando con un grupo de niños que no comprenden los peligros de la exposición al sol. ¿Qué preguntas deben hacerles? ¿Qué consejos pueden darles?

④ Before debating the topic, help students brainstorm possible criteria: **el número de personas afectadas por la enfermedad, la gravedad de la enfermedad,** etc.

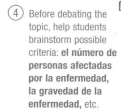

④ Debate Considerando el dinero y el tiempo que se necesitan para curar o combatir una enfermedad como el prurigo actínico, ¿es aceptable utilizar gran cantidad de recursos para investigar los productos de belleza? Divídanse en grupos de cuatro para debatir el tema. Compartan sus conclusiones con la clase.

⑤ As a variant, have students write a letter to the head of **Expedición Humana** expressing their opinions on the matter. Review how to open and close a formal letter. You can refer students to p. 179 in **Ventanas Lengua.**

⑤ Opiniones Un objetivo de la Expedición Humana es ayudar a comunidades particulares. En tu opinión, ¿es bueno gastar dinero en la investigación de una enfermedad poco estudiada aunque afecte a pocas personas o es más importante ocuparse de los problemas de la mayor parte de la población? Describe en tres párrafos lo que piensas de los objetivos de la Expedición Humana y defiende tu posición.

> **MODELO**
>
> No pienso que sea una buena idea gastar tanto dinero en investigar enfermedades que afectan a pocas personas./Creo que es fundamental que la Expedición Humana trabaje para ayudar a comunidades pequeñas con pocos recursos económicos.

Opiniones

NATIONAL STANDARDS — communication comparisons connections

1 **Conversación** En parejas, contesten estas preguntas sobre la ética y la salud. Pueden usar las expresiones del recuadro para defender sus opiniones con información objetiva.

El Mundo

Empresa de cosméticos suspende las pruebas con animales.

El gobierno busca limitar el turismo médico.

Buscan prohibir la publicidad de medicinas.

1. ¿Qué opinan del uso de animales en experimentos científicos y en la industria de los productos cosméticos?
2. ¿Está bien que se publiciten medicinas de venta bajo receta en la televisión?
3. Mucha gente viaja a otros países para recibir tratamientos médicos. ¿Debe permitirse o prohibirse esto? ¿Por qué?
4. ¿Es una buena idea importar medicinas más baratas de otros países? ¿Por qué?

2 **Por escrito** Elige uno de estos temas y escribe una composición de una página.

- Lee esta cita: "La responsabilidad del médico es ahora mucho mayor que antes, pues es también mucho mayor su poder." (Gonzalo Herranz, médico y académico español) ¿Estás de acuerdo en que los médicos tienen ahora más poder que antes? ¿Crees que los pacientes tienen más o menos poder? ¿Por qué?

- En las últimas décadas ha habido un auge (*peak; boom*) de demandas (*lawsuits*) contra doctores y hospitales. ¿Crees que este auge es justificado? ¿Qué consecuencias positivas y negativas tiene?

Estrategia de comunicación

Como respaldar opiniones con información

- De acuerdo con/Según un estudio/artículo publicado en...,
- Los especialistas en... coinciden en que/ opinan que...
- Las estadísticas confirman que...

---

1 As a class, quickly review the pros and cons of each of the topics presented in the headlines.
- **Hacer experimentos con animales es cruel e innecesario.** / **Hacer experimentos con animales es una buena idea porque los riesgos pueden ser muy altos si las medicinas se prueban en seres humanos.**
- **El turismo médico permite que la gente ahorre dinero en operaciones y tratamientos.** / **El turismo médico incentiva a la gente a someterse a operaciones que no son necesarias desde el punto de vista médico.**
- **La publicidad de medicinas bajo receta ayuda a informar al público.** / **Hacer publicidad de medicinas bajo receta quita autoridad a los médicos.**

2 If students have a relative or friend who is a doctor, encourage them to interview that person about either one of the composition topics. Remind them to use direct, indirect, or partial quotes when citing that person, following the conventions they learned on p. 45 in **Lección 2**.

Antes de ver el corto

 ÉRAMOS POCOS

país España
duración 16 minutos
director Borja Cobeaga

protagonistas Joaquín (padre), Fernando (hijo), Lourdes (abuela)

INSTRUCTIONAL RESOURCES
Supersite/DVD: Film Collection
Supersite: Script & Translation

Vocabulario

el álbum (de fotos) *(photo) album*
apañar *to mend; to fix*
apañarse *to manage*
el asilo (de ancianos) *nursing home*
descalzo/a *barefoot*
el desorden *mess*

enseguida *right away*
largarse *to take off*
el marco *frame*
la paella *(Esp.) traditional rice and seafood dish*
la tortilla *(Esp.) potato omelet*
el trastero *storage room*

① **Oraciones incompletas** Completa las oraciones.
1. Pones las fotos en un _____marco_____ para colocarlas en la pared.
2. Te vas a vivir a un ____asilo____ cuando eres un anciano.
3. Guardas los muebles antiguos en un ____trastero____.
4. Cuando no llevas zapatos, vas ____descalzo/a____.
5. La ____tortilla____ es un plato que se cocina con huevos y patatas.

② **Preguntas** En parejas, contesten las preguntas.
1. ¿Crees que los hombres ayudan en las tareas del hogar más que hace unos años?
2. ¿Conoces a alguna mujer que sea ama de casa? ¿Le gusta serlo?
3. ¿Cuáles son las ventajas y las desventajas de vivir en un asilo o vivir con la familia cuando una persona es anciana? ¿Qué vas a preferir tú: vivir en un asilo o vivir con la familia? ¿Por qué?
4. ¿Crees que la situación de los ancianos va a mejorar dentro de unos años? ¿Por qué?

③ **¿Qué sucederá?** En parejas, miren el fotograma e imaginen lo que va a ocurrir en la historia. Compartan sus ideas con la clase.

① For expansion, ask students if they have ever tried **paella** or a Spanish **tortilla**. If any students have traveled to Spain, ask them to share any thoughts or stories involving Spanish food.

② For item 3, have heritage speakers discuss nursing homes vs. living with the family in their families' countries of origin.

③ Once students have watched the film, ask them if they were correct in their predictions.

SUPERSITE
Watch the short film at
ventanas.vhlcentral.com.

Escenas

ARGUMENTO Tras ser abandonado por su mujer, Joaquín decide traer a su suegra a casa para que haga las labores del hogar.

Synopsis A father and his son are incapable of taking care of themselves. When mom walks out, they decide to bring nana back from the nursing home to cook and clean for them.

Preview In pairs, ask students to cover the dialogues and look only at the photos. Have them invent their own dialogues based on the stills.

FERNANDO ¿Por qué estás descalzo?
JOAQUÍN Porque no encuentro mis zapatillas.
FERNANDO ¿Y estás seguro de que se ha ido sin más°?
JOAQUÍN Eso parece.

JOAQUÍN Cuánto tiempo sin verte.
LOURDES Mucho tiempo.
JOAQUÍN Mira papá, es la abuela.
LOURDES Hola.
JOAQUÍN Hola, soy tu yerno Joaquín. No sé si te acuerdas de mí.

LOURDES ¿Y mi habitación?
JOAQUÍN Esto se arregla en un momento. Desde que te fuiste usamos este cuarto como un trastero, pero en seguida lo apañamos. ¡Fernando!
LOURDES No te preocupes, no pasa nada.
JOAQUÍN ¡Fernando!

JOAQUÍN Creo que se ha dado cuenta. Que sabe a qué la hemos traído.
FERNANDO ¿Qué dices?
JOAQUÍN ¿No la notas demasiado… contenta?

ABUELA ¿Qué? ¿No coméis?
JOAQUÍN Que te diga esto a lo mejor te parece desproporcionado, Lourdes. Pero es que Julia lleva mucho tiempo de viaje.
FERNANDO Mucho, mucho.
JOAQUÍN No sabes lo que esta tortilla significa para nosotros.

JOAQUÍN Julia, soy yo. No me cuelgues°, ¿eh? Es importante. Es sobre tu madre. Ya sé que fui yo el que insistió en meterla en un asilo pero ahora está aquí, con nosotros. Es para pedirte perdón y para que veas que puedo cambiar.

sin más *just like that* **No me cuelgues** *Don't hang up on me*

Después de ver el corto

(1) Comprensión Contesta las preguntas con oraciones completas.

1. ¿Dónde está Julia?
   Julia se ha ido de casa.
2. ¿Qué ha pasado con las zapatillas de Joaquín?
   Julia tiró las zapatillas por la ventana.
3. ¿Por qué van a recoger a la abuela?
   Van a recoger a la abuela para que ayude en la casa.
4. ¿Por qué cree Joaquín que la abuela se ha dado cuenta del plan?
   Joaquín cree que la abuela se ha dado cuenta del plan porque ella está demasiado contenta.
5. ¿Para qué llama Joaquín a su mujer?
   Joaquín llama a su mujer para pedirle perdón y decirle que ha cambiado.
6. ¿Qué le dice su mujer?
   Le dice que ella está con su madre.
7. ¿Para qué mira Joaquín el álbum de fotos?
   Para ver si la mujer que está en su casa es Lourdes.
8. ¿Qué descubre Joaquín?
   Joaquín descubre que la mujer que vive con ellos no es Lourdes.

(2) Ampliación Contesta las preguntas.

1. ¿Por qué piensas que Joaquín y Fernando son incapaces de vivir sin una mujer?
2. Según Joaquín, ¿por qué es importante la tortilla?
3. ¿Por qué está tan contenta Lourdes a pesar de trabajar tanto?
4. ¿Por qué crees que Joaquín no dice que la mujer no es su suegra?
5. ¿Qué opinas del final del corto? ¿Te parece que los personajes se están engañando unos a otros o se están ayudando? ¿Por qué?
6. ¿Cómo se relaciona el título con lo que sucede en el corto?

 (3) Julia En parejas, imaginen cómo es la esposa de Joaquín y cómo es su vida.

- ¿Cómo es?
- ¿Por qué se fue de casa?
- ¿Dónde está ahora?
- ¿Crees que sigue haciendo las labores del hogar?
- ¿Volverá con su familia?

 (4) Salud mental En parejas, imaginen que un día Julia llama a su hijo para explicarle por qué se fue. Según ella, era necesario para su salud mental y su bienestar. Piensen en estas preguntas y ensayen la conversación telefónica entre Fernando y Julia. Represéntenla delante de la clase.

- ¿Está Fernando de acuerdo con la explicación de su madre?
- ¿Perdona Fernando a su madre?
- ¿Le importa realmente que su madre se haya ido?
- ¿Está arrepentida Julia?
- ¿Estaba realmente enferma Julia cuando se fue de la casa?

(5) Cartas Elige una de estas dos situaciones y escribe una carta.

1. Eres la anciana que se hace pasar por Lourdes y decides escribirle una carta a tu verdadera familia explicando por qué te fuiste del asilo con otra familia.
2. Eres un(a) anciano/a que acaba de irse a un asilo. Escribe una carta a tu familia contando qué cosas echas de menos de vivir en casa y qué te gusta acerca del asilo.

(2) Ask additional questions. Ex: **¿Crees que Lourdes sabía desde el primer momento que Joaquín y Fernando no eran su yerno y su nieto, o sólo se dio cuenta más tarde? ¿Es aceptable engañar a otras personas si al hacerlo las estamos ayudando?**

(2) For item 6, see what students come up with on their own and then explain that the title of the film comes from the saying **Éramos pocos y parió la abuela.** Explain that this saying roughly translates as *As if we didn't have enough problems* and describes a difficult situation that becomes more complicated. How does this saying broaden their understanding of the film?

Teaching option For advanced students, ask discussion questions about the importance of mental health. Ex: **¿La salud mental es tan importante como la salud física? ¿Qué tipo de apoyo ofrece tu escuela o universidad para estudiantes con inquietudes o problemas emocionales? ¿Crees que evadir un problema es una forma de solucionarlo?**

INSTRUCTIONAL RESOURCES
Supersite: Literatura recording

Vegetal Life, 1984.
Hector Giuffré, Argentina.

"Cuando sientes que la mano de la muerte
se posa sobre el hombro, la vida se ve
iluminada de otra manera…"

— Isabel Allende

Antes de leer

Mujeres de ojos grandes

Sobre la autora

Ángeles Mastretta nació en Puebla, México, en 1949. Estudió periodismo y colaboró en periódicos y revistas: "Escribía de todo: de política, de mujeres, de niños, de lo que veía, de lo que sentía, de literatura, de cultura, de guerra". Su primer libro fue de poemas: *La pájara pinta* (1978), pero *Arráncame la vida* (1985), su primera novela, le dio fama y reconocimiento. En su obra se destaca el pensamiento femenino. *Mujeres de ojos grandes* está compuesto de relatos sobre mujeres que muestran "el poder que tienen en sus cosas y el poder que tienen para hacer con sus vidas lo que quieran, aunque no lo demuestren. Son mujeres poderosas que saben que son poderosas pero no lo ostentan (*boast*)".

Vocabulario

el adelanto *improvement*	**el/la enfermero/a** *nurse*	**el ombligo** *navel*
la aguja *needle*	**el hallazgo** *finding; discovery*	**la pena** *sorrow*
la cordura *sanity*	**la insensatez** *folly*	**el regocijo** *joy*
desafiante *challenging*	**latir** *to beat*	**la terapia intensiva** *intensive care*

La historia de Julio Completa el párrafo.

Julio prefería una vida (1) ___desafiante___ que no lo aburriera. Sin embargo al perder todo por la caída de la bolsa (*stock exchange*), Julio —siempre una persona tan sensata— perdió la (2) ___cordura___. Después de unos meses, los síntomas desaparecieron para gran (3) ___regocijo___ de la familia. Sin embargo, Julio estaba deprimido; pensar en su trabajo lo llenaba de (4) ___pena___ y en su corazón latía el deseo de hacer algo nuevo. Tan agradecido estaba con los médicos que decidió estudiar para ser (5) ___enfermero___.

Conexión personal

Cuando te sientes enfermo/a, ¿intentas curarte por tus propios medios? ¿Alguna vez estuviste en un hospital? ¿Confías en la medicina tradicional o has probado la medicina alternativa? ¿Crees que la ciencia puede resolverlo todo?

Análisis literario: El símil

El símil o la comparación es un recurso literario que consiste en comparar una cosa con otra por su semejanza, parecido o relación. De esa manera, se logra mayor expresividad. Implica el uso del término comparativo explícito: **como**. Por ejemplo: "*ojos* grandes **como** *lunas*". Crea algunas comparaciones con estos pares de palabras o inventa tus propias comparaciones: muerte/noche, rostro/fantasma, mejillas/manzanas, hombre/ratón, lugar/cementerio.

NATIONAL STANDARDS connections cultures

Sobre la autora Have students talk about other female authors they may have read (Ex: Charlotte Bronte, Emily Dickinson, Jane Austen, Edith Wharton, Sylvia Plath.) Discuss whether they treat similar themes in their writing.

Variación léxica
el hallazgo ⟷ el descubrimiento

Conexión personal Ask these questions to spark discussion: ¿**Quieres ser médico/a o enfermero/a? ¿Por qué? ¿Qué cualidades se necesitan? ¿Cuáles son algunos programas de televisión populares que tienen lugar en un hospital? ¿Son realistas?**

Análisis literario Have pairs choose a piece of artwork from this book. Based on the image they choose, have them create a series of three similes. For slower-paced classes, review vocabulary from past lessons to get ideas. Have the class vote on the best one.

Mujeres de ojos grandes

Último cuento; sin título

Ángeles Mastretta

¹ Tía Jose Rivadeneira tuvo una hija con los ojos grandes como dos lunas, como un deseo. Apenas colocada en su abrazo, todavía húmeda y vacilante°, la niña mostró los ojos y algo en las alas° de sus labios que parecía pregunta.

—¿Qué quieres saber? —le dijo tía Jose jugando a que entendía ese gesto.

Como todas las madres, tía Jose pensó ¹⁰ que no había en la historia del mundo una criatura tan hermosa como la suya. La deslumbraban° el color de su piel, el tamaño de sus pestañas° y la placidez con que dormía. Temblaba de orgullo imaginando lo que haría ¹⁵ con la sangre y las quimeras° que latían en su cuerpo.

Se dedicó a contemplarla con altivez° y regocijo durante más de tres semanas. Entonces la inexpugnable° vida hizo caer sobre la niña una enfermedad que en cinco ²⁰ horas convirtió su extraordinaria viveza° en un sueño extenuado° y remoto° que parecía llevársela de regreso a la muerte.

Cuando todos sus talentos curativos no lograron mejoría alguna, tía Jose, pálida° ²⁵ de terror, la cargó hasta el hospital. Ahí se la quitaron de los brazos y una docena de médicos y enfermeras empezaron a moverse agitados y confundidos en torno° a la niña. Tía Jose la vio irse tras una puerta que le prohibía ³⁰ la entrada y se dejó caer al suelo incapaz de cargar consigo misma y con aquel dolor como un acantilado°.

Ahí la encontró su marido, que era un hombre sensato y prudente como los hombres ³⁵ acostumbran fingir° que son. La ayudó a levantarse y la regañó° por su falta de cordura y esperanza. Su marido confiaba en la ciencia

hesitating
wings

dazzled
eyelashes

fancy ideas

arrogance; pride

impregnable

liveliness
exhausted/ remote; far off

pale

around

cliff

to feign
scolded

Teaching option Explain to students that the name **Jose**, without an accent and stressed on the first syllable (jo), is a woman's name, short for **Josefina**.

Teaching option As students read, have them make short marginal notes about tía Jose's thoughts and feelings as her daughter's condition progresses. Then have them work in small groups to compare notes.

médica y hablaba de ella como otros hablan de

disturbed; embarrassed

Dios. Por eso lo turbaba° la insensatez en que se había colocado su mujer, incapaz de hacer

to damn; to curse

otra cosa que llorar y maldecir° al destino.

Aislaron a la niña en una sala de terapia intensiva. Un lugar blanco y limpio al que las

45 madres sólo podían entrar media hora diaria. Entonces se llenaba de

prayers

oraciones° y ruegos. Todas

crossed

las mujeres persignaban° el rostro de sus hijos, les

50 recorrían el cuerpo con estampas y agua bendita°,

holy

pedían a todo Dios que los dejara vivos. La tía Jose no conseguía sino llegar

cradle 55

junto a la cuna° donde su hija apenas respiraba para pedirle: "no te mueras". Después lloraba y lloraba sin secarse los ojos ni

60 moverse hasta que las enfermeras le avisaban que debía salir.

Entonces volvía a sentarse en las bancas

65 cercanas a la puerta, con la cabeza sobre las piernas, sin hambre

spiteful

y sin voz, rencorosa°

churlish/ fervent

y arisca°, ferviente° y desesperada. ¿Qué

70 podía hacer? ¿Por qué tenía que vivir su hija? ¿Qué sería bueno ofrecerle a su cuerpo

probes; catheters

pequeño lleno de agujas y sondas° para que le interesara quedarse en este mundo? ¿Qué podría decirle para convencerla

75 de que valía la pena hacer el esfuerzo en vez de morirse?

Una mañana, sin saber la causa, iluminada sólo por los fantasmas de su corazón, se le acercó a la niña y empezó a contarle las historias de sus antepasadas°. Quiénes habían 80 *ancestors* sido, qué mujeres tejieron° sus vidas con qué *wove* hombres antes de que la boca y el ombligo de su hija se anudaran° a ella. De qué estaban *tied* hechas, cuántos trabajos° *hardships* habían pasado, qué penas 85 y jolgorios° traía ella *boisterous frolic* como herencia. Quiénes sembraron con intrepidez° *bravery* y fantasías la vida que le tocaba prolongar. 90

Durante muchos días recordó, imaginó, inventó. Cada minuto de cada hora disponible habló sin tregua° en 95 *relentlessly* el oído de su hija. Por fin, al atardecer de un jueves, mientras contaba implacable alguna historia, su hija abrió los ojos y la 100 miró ávida° y desafiante, *avid; eager* como sería el resto de su larga existencia.

El marido de tía Jose dio las gracias a los 105 médicos, los médicos dieron gracias a los adelantos de su ciencia, la tía abrazó a su niña y salió del hospital sin decir una palabra. Sólo ella sabía a quiénes agradecer la vida de su hija. Sólo ella supo 110 siempre que ninguna ciencia fue capaz de mover tanto, como la escondida en los ásperos y sutiles hallazgos° de otras mujeres con los *harsh and subtle discoveries* ojos grandes. ∎

Después de leer

Mujeres de ojos grandes
Ángeles Mastretta

1. Comprensión Contesta las preguntas con oraciones completas.

1. ¿Quiénes son los personajes de este relato?
   Los personajes son la tía Jose, su marido y su hija.
2. ¿Tía Jose lleva inmediatamente a su hija al hospital?
   No. Sólo cuando sus talentos curativos no logran mejoría, tía Jose la lleva al hospital.
3. ¿Qué piensa el marido de la ciencia de los médicos y del comportamiento de su esposa?
   El marido confía en la ciencia médica y le molesta la insensatez de su esposa que está desesperada.
4. ¿Qué historias le cuenta tía Jose a su hija? ¿Son todas reales?
   Tía Jose le cuenta historias de sus antepasadas. No todas son reales porque también imagina e inventa.
5. Para el padre de la niña, ¿qué o quién le salvó la vida? ¿Y para tía Jose?
   Para el padre, los médicos y la ciencia salvaron a su hija. Para tía Jose fueron las historias sobre las mujeres que ella le contó.

(2) For item 4, ask: **¿Qué poder tiene el uso de luz y oscuridad en este cuento?**

2. Análisis Lee el relato nuevamente y contesta las preguntas.

1. Los ojos de la hija de tía Jose son "grandes como dos lunas, como un deseo". ¿Por qué se eligen estos dos términos para la comparación? ¿Puedes encontrar otras comparaciones en el cuento?

2. La expresión "las alas de sus labios" es un recurso ya analizado. ¿Cómo se llama?

3. En el hospital, la niña es llevada lejos de su madre, "tras una puerta que le prohibía la entrada". ¿A qué lugar se refiere?

4. Tía Jose comienza a contarle historias a su hija "iluminada por los fantasmas de su corazón". Reflexiona: ¿los fantasmas se asocian con la luz o con la oscuridad? ¿A quiénes se refiere la palabra "fantasmas" en el relato?

(3) Ask students this additional question: **El/La narrador(a) llama a la protagonista "tía Jose". ¿Qué significado puede tener la palabra "tía"? ¿Qué nos sugiere sobre la relación entre el/la narrador(a) y la historia que cuenta?**

3. Interpretación En parejas, respondan las preguntas.

1. El personaje de la tía Jose pierde la voz ante la enfermedad de su hija. ¿Cómo recupera la voz y por qué?

2. La hija de tía Jose tiene ojos grandes al igual que las mujeres de los relatos que le cuenta su madre. ¿Qué creen que simboliza esto?

3. El padre agradece a los médicos por haber salvado a la niña; los médicos agradecen a la ciencia. ¿Por qué tía Jose "salió del hospital sin decir una palabra"?

4. ¿Qué creen que salvó la vida de la niña? ¿Conocen algún caso de recuperación asombrosa en la vida real?

4. Debate Formen dos grupos: uno debe hacer una lista de los argumentos que usó el marido de tía Jose para tranquilizarla; el otro debe imaginar cuáles eran las razones de las mujeres que rezaban (*prayed*) para sanar a sus hijos. Luego organicen un debate para discutir las alternativas defendiendo el argumento que les tocó y señalando las debilidades del argumento contrario.

5. Historias Escribe una de las historias que la tía Jose le contó a su hija. Usa las preguntas como guía.

- ¿Quién es la protagonista?
- ¿Qué sucedió?
- ¿Cuál es su relación con tía Jose?
- ¿Qué importancia tiene la protagonista en la historia?

Antes de leer

Autorretrato

Sobre la autora

Rosario Castellanos nació en la ciudad de México en 1925 y murió en Tel Aviv, Israel, en 1974 mientras se desempeñaba como (*worked as*) embajadora de México en ese país. Estudió filosofía en México y realizó estudios de estética y estilística en España. Escribió poesía, narrativa y ensayos, y también colaboró con diarios y revistas especializadas de México y del extranjero. Tres de sus obras —su primera novela, *Balún Canán;* el libro de cuentos *Ciudad Real* y su segunda novela, *Oficio de tinieblas*— conforman la principal trilogía de temática indigenista mexicana del siglo XX. El otro tema central de su obra son las mujeres.

Su obra poética se encuentra reunida en el libro titulado *Poesía no eres tú,* publicado en 1972. Sus poemas se caracterizan por su estilo sencillo, en el que se presenta lo cotidiano con humor e inteligencia.

Vocabulario

acariciar *to caress*	**el autorretrato** *self-portrait*	**llorar** *to cry*
acaso *perhaps*	**feliz** *happy*	**lucir** *wear, display*
arduo/a *hard*	**el llanto** *weeping; crying*	**el maquillaje** *make-up*

Variación léxica
acaso ←→ quizá(s)
arduo/a ←→ difícil
feliz ←→ alegre; contento/a

Vocabulario Completa las oraciones.

1. En este ___autorretrato___ María ___luce___ un vestido que era de su abuela.

2. No me gusta ponerme ___maquillaje___ en los ojos porque me hace ___llorar___.

3. La madre escuchó el ___llanto___ del bebé y enseguida se acercó a ___acariciar___ su cabecita.

4. Aunque el trabajo es ___arduo___, estoy ___feliz___ de tener mi propia empresa.

Conexión personal

Imagina que tienes que hacer una presentación sobre ti mismo/a titulada "Autorretrato". ¿Eliges describirte con palabras relacionadas con tus estudios, con tu trabajo, con tu personalidad, con lo que te hace feliz, con lo que te hace llorar? ¿Por qué?

Conexión personal For expansion, ask students: **Imagina que un(a) amigo/a hace una presentación sobre ti: ¿qué palabras incluirá?**

Análisis literario: La poesía conversacional

Los términos "poesía conversacional" o "poesía coloquial" se refieren a un tipo de poesía que surgió durante los últimos cincuenta años y se caracteriza por su claridad, por su tono coloquial e intimista, por buscar un acercamiento al lector a través de referencias a lo cotidiano, y por romper con el estilo abstracto y menos accesible de movimientos poéticos anteriores. Otra característica de este género es la desmitificación del poeta, quien deja de ser una figura subida a un pedestal y alejada de la realidad cotidiana de los lectores. No se trata en sí de un movimiento literario claramente definido, sino que distintos poetas recorrieron caminos diferentes hasta converger en este estilo coloquial e intimista. A medida que lees *Autorretrato* presta atención a las características de la poesía conversacional en el poema.

Análisis literario Give students examples of conversational poets and ask them to research their biographies. Some conversational poets are: Mario Benedetti, Juan Gelman, Jaime Sabines, Roberto Fernández Retamar.

Autorretrato

Rosario Castellanos

Mira que si te quise, fué por el pelo,
Ahora que estás pelona, ya no te quiero.

Autorretrato con pelo cortado, 1940. Frida Kahlo, México.

Yo soy una señora: tratamiento°
arduo de conseguir, en mi caso, y más útil
para alternar con los demás que un título
extendido a mi nombre en cualquier academia.

5 Así, pues, luzco mi trofeo y repito:
yo soy una señora. Gorda o flaca
según las posiciones de los astros°,
los ciclos glandulares
y otros fenómenos que no comprendo.

10 Rubia, si elijo una peluca rubia.
O morena, según la alternativa.
(En realidad, mi pelo encanece°, encanece.)

Soy más o menos fea. Eso depende mucho
de la mano que aplica el maquillaje.

15 Mi apariencia ha cambiado a lo largo del tiempo
—aunque no tanto como dice Weininger
que cambia la apariencia del genio—. Soy mediocre.
Lo cual, por una parte, me exime de° enemigos
y, por la otra, me da la devoción
20 de algún admirador y la amistad
de esos hombres que hablan por teléfono
y envían largas cartas de felicitación.
Que beben lentamente whisky sobre las rocas
y charlan de política y de literatura.

25 Amigas...hmmm... a veces, raras veces
y en muy pequeñas dosis.
En general, rehuyo° los espejos.
Me dirían lo de siempre: que me visto muy mal
y que hago el ridículo
30 cuando pretendo coquetear con alguien.

Soy madre de Gabriel: ya usted sabe, ese niño
que un día se erigirá en° juez inapelable°
y que acaso, además, ejerza° de verdugo°.
Mientras tanto lo amo.

Escribo. Este poema. Y otros. Y otros.   35
Hablo desde una cátedra°.
Colaboro en revistas de mi especialidad
y un día a la semana publico en un periódico.

Vivo enfrente del Bosque. Pero casi
nunca vuelvo los ojos para mirarlo. Y nunca   40
atravieso° la calle que me separa de él
y paseo y respiro y acaricio
la corteza rugosa° de los árboles.

Sé que es obligatorio escuchar música
pero la eludo° con frecuencia. Sé   45
que es bueno ver pintura
pero no voy jamás a las exposiciones
ni al estreno teatral ni al cine-club.

Prefiero estar aquí, como ahora, leyendo
y, si apago la luz, pensando un rato   50
en musarañas° y otros menesteres°.

Sufro más bien por hábito, por herencia, por no
diferenciarme más de mis congéneres°
que por causas concretas.

Sería feliz si yo supiera cómo.   55
Es decir, si me hubieran enseñado los gestos,
los parlamentos°, las decoraciones.

En cambio me enseñaron a llorar. Pero el llanto
es en mí un mecanismo descompuesto
y no lloro en la cámara mortuoria   60
ni en la ocasión sublime ni frente a la catástrofe.

Lloro cuando se quema el arroz o cuando pierdo
el último recibo del impuesto predial°.

tratamiento *title* **astros** *stars* **encanece** *gets whiter* **me exime de** *exempts me from* **rehuyo** *I shun; I avoid* **se erigirá en** *will become*
inapelable *unappealable* **ejerza** *practice* **verdugo** *executioner* **cátedra** *university chair* **atravieso** *I cross* **corteza rugosa** *rough bark*
eludo *avoid* **musarañas** *pensar en musarañas: to daydream* **menesteres** *occupations* **mis congéneres** *my kind* **parlamentos** *words*
impuesto predial *property tax*

(1) Comprensión Indica si las oraciones son **ciertas** o **falsas**. Corrige las falsas.

1. La protagonista piensa que es una mujer bella.
   Falso. Piensa que es más o menos fea según el maquillaje.
2. Según ella, una mujer mediocre no tiene enemigos pero tampoco amigos.
   Falso. Ser mediocre la exime de enemigos pero le da la amistad de algunos hombres.
3. La protagonista parece no tener interés en tener muchas amigas.
   Cierto.
4. Ella ama a su hijo aunque él la juzga (*he judges her*).
   Falso. Ella ama a su hijo y teme que él la juzgue en el futuro.
5. La protagonista es poetisa, profesora y periodista.
   Cierto.
6. No va muy frecuentemente al cine, al teatro o a exposiciones.
   Cierto.
7. La protagonista sufre por motivos específicos.
   Falso. Sufre por no diferenciarse de los demás pero no por causas concretas.
8. Llora por cosas no muy importantes.
   Cierto.

(2) Interpretación Contesta las preguntas con oraciones completas.

1. ¿En qué versos del poema la protagonista habla acerca de su trabajo?
2. En algunos aspectos, la protagonista del poema se considera diferente a la mayoría de las personas. Busca dos ejemplos.
3. ¿Qué cosas hacen feliz a la protagonista? Nombra al menos una. ¿Por qué sufre la protagonista?
4. ¿Es importante para la protagonista comportarse como el resto de las personas? Da dos ejemplos.
5. ¿Cómo es el tono general del poema? ¿Un poco triste y melancólico o alegre y optimista? Da ejemplos para respaldar tu opinión.

(3) Bring examples of conversational poetry by other writers and have students answer question number 2 in reference to those poems.

(3) Análisis En parejas, contesten las preguntas.

1. ¿Creen que la voz narrativa es cercana a la voz de la propia autora? ¿Por qué?
2. Repasen las características de la poesía conversacional y busquen ejemplos de cada una en el poema.
3. ¿A quién le habla la voz narrativa en este monólogo?
4. ¿Con qué detalles del poema se sienten más identificados? ¿Por qué?

(4) Ampliación En parejas, analicen estos versos en el contexto del poema y expliquen qué quiere resaltar la poetisa en cada caso.

1. "Vivo enfrente del Bosque. Pero casi nunca vuelvo los ojos para mirarlo."
2. "(En realidad, mi pelo encanece, encanece.)"
3. "Sería feliz si yo supiera cómo."
4. "Mientras tanto lo amo."
5. "En general, rehuyo los espejos."

(5) As an advanced organizer, have students prepare an outline in a chart. Each column should include a topic they want to reference in their self-portrait. Students should jot notes under each column, and use the outline to complete the activity.

(5) Mi autorretrato Escribe tu propio autorretrato en forma de poesía coloquial. Puedes escribir acerca de ti mismo o puedes crear una voz poética ficticia. Puedes referirte a los mismos temas elegidos por Rosario Castellanos en *Autorretrato* o puedes escribir sobre cualquier otro tema cotidiano que te interese.

Taller de escritura

Preparación: La oración tema

El cuerpo del ensayo se organiza en varios párrafos en los que se presentan los argumentos para defender la tesis planteada en la introducción. Cada uno de estos párrafos cuenta con una "oración tema" (*topic sentence*).

- Esta oración establece y resume la idea principal del párrafo.
- Es útil para el lector porque le da una idea clara sobre el contenido del párrafo.
- Es útil para el escritor porque delimita (*specifies*) la información que debe incluirse.

Práctica En parejas, lean este párrafo al cual le falta una oración tema. Luego lean las dos opciones de oraciones tema y decidan cuál es la mejor y por qué.

> En la segunda estrofa, el poeta describe las condiciones de vida del protagonista, dándole énfasis a la mala higiene debida a la falta de agua y recursos. En la tercera estrofa, cuenta cómo el hijo del protagonista se cortó con una tijera (*scissors*) que se había usado para cortar unos cueros de oveja. El protagonista no tenía agua ni alcohol para limpiar la tijera; y esto casi le cuesta la vida al niño.

Oraciones tema:

a. En primer lugar, el poema ofrece ejemplos claros del punto de vista del poeta sobre la relación entre pobreza y salud.

b. El autor cita los comentarios de varios expertos sobre la pobreza y la salud para respaldar su argumento central.

Ensayo Elige uno de estos temas y escribe un ensayo.

Requisitos

- Tu ensayo debe hacer referencia a por lo menos dos obras de las cuatro estudiadas en esta lección (cultura, cortometraje, dos obras literarias) o, en el caso del tercer tema, una de las obras puede ser de una lección anterior.
- Debes incluir al menos tres párrafos para defender tu tesis y cada párrafo debe tener una oración tema.
- Tu ensayo debe ser de por lo menos dos páginas.

- ¿Existen puntos de contacto entre la voz poética de *Autorretrato,* la protagonista del cuento de Ángeles Mastretta y las dos mujeres del cortometraje? ¿Qué las motiva? ¿Qué las hace diferentes?

- Teniendo en cuenta las ideas sobre el cuidado de la salud presentadas en el artículo cultural y en el cuento de Ángeles Mastretta, ¿crees que la medicina científica y las creencias tradicionales son incompatibles?

- En varias obras de esta lección, al igual que en obras de lecciones anteriores, los protagonistas toman decisiones que afectan o pueden afectar su bienestar. ¿Tienen estos personajes control real sobre su bienestar o es sólo una ilusión?

Preparación Tell students that a topic sentence summarizes the information contained in a paragraph. If someone were to read an essay and look only at the topic sentence for each paragraph, he or she would still have a good idea of the essay's main points.

Ensayo Encourage students to use a two-column chart to record their ideas on their chosen topic. For topic 1, the columns could be: **semejanzas/diferencias.** For topic 2, they could be **medicina científica/ medicina tradicional**. For topic 3, they could be **control real/ilusión**. Tell students that they can use the information they write in the chart to help them compare and contrast their topic using the categories indicated.

Abriendo ventanas

Los alimentos y sus propiedades

Presentación Trabajen en grupos de tres o cuatro.

A. **Frutas y verduras del continente americano** La cocina tradicional de cualquier país siempre incluye frutas y verduras autóctonas (*native*). En los últimos 500 años, muchas frutas y verduras del continente americano han atravesado las fronteras y ahora son populares también en otros países.

¿Conocen las frutas y verduras del recuadro? ¿Las probaron alguna vez? ¿En qué platos?

augacate o palta	guanábana	papa o patata
batata, boniato o camote	guayaba	papaya
cacao	maíz o choclo	quinoa
chile	maní o cacahuete	tomate
girasol	nopal o tuna	yuca o mandioca

Cacao  Chiles

B. Averigüen de qué lugar del continente americano son originarias al menos cinco de las frutas y verduras de la lista. Pueden elegir también otras frutas y verduras del continente americano que conozcan. Deben incluir al menos dos que no conocen ni han probado. Investiguen también las propiedades naturales de cada una y sus usos medicinales. Por último, busquen una receta o un uso tradicional de cada una.

> **MODELO** No se sabe exactamente de qué lugar del Continente americano proviene el maíz, pero sí se sabe que los indígenas de América Central y México lo difundieron por todo el continente. Es muy rico en vitaminas del grupo B, necesarias para...

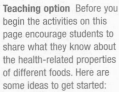

Teaching option Before you begin the activities on this page encourage students to share what they know about the health-related properties of different foods. Here are some ideas to get started:
• **Los cítricos contienen vitamina C. Se cree que su consumo acorta los resfríos.**
• **Mucha gente toma sopa de pollo para recuperarse más rápido de los resfríos y la gripe.**
Review some of the foods that students may not know, such as **guanábana**, **guayaba**, **quinoa** and **yuca**. If possible, bring in photos of these items.

C. Preparen una presentación sobre una de las frutas o verduras de la parte **B**. Pongan énfasis en las propiedades naturales y los usos medicinales.

Elección del tema

Relean las notas que tomaron en la parte **B**. ¿Cuál de las frutas y verduras les llamó más la atención por sus propiedades y usos? ¿Por qué? ¿Sobre cuál tienen más información?

Preparación

Una vez elegido el tema, amplíen la investigación en Internet o en la biblioteca. También pueden entrevistar a hispanohablantes para investigar los usos medicinales populares.

Investiguen:
- el origen del alimento
- las propiedades naturales y nutricionales (vitaminas, minerales, etc.)
- los beneficios para la salud
- los usos medicinales específicos
- otros datos que les resulten interesantes

Busquen además una receta sencilla para compartir con la clase (puede ser la receta de la parte **B**).

Organización

Organicen la información recogida (*collected*) en un esquema (*outline*). Preparen copias de la receta para repartir en la clase. La presentación deberá durar unos diez minutos. Decidan qué parte(s) presentará cada uno/a. Recuerden que todos los integrantes del grupo deben participar.

Estrategia de comunicación

Cómo dar instrucciones:

Existen varias formas de dar instrucciones. Al escribir una lista de instrucciones, es mejor usar el mismo estilo en cada elemento de la lista.
- **Infinitivo:** Primero, **hervir** las patatas y dejarlas enfriar.
- **Mandatos:** Luego, **mezcla/mezclen** el maíz con...
- **Subjuntivo:** Es importante que el maíz **esté** bien cocinado porque...

Presentación

Usen el esquema como guía para hacer la presentación, pero recuerden que deben hablar a la clase y no leer una presentación escrita. Después de la presentación, contesten las preguntas de sus compañeros/as.

Teaching option
Share a possible outline with students.
1. Nombre:...
2. Origen: (región/país)
   a. ¿Quién lo cultiaba?
   b. ¿Cuándo?
   c. ¿Para qué lo usaba?
3. Propiedades y beneficios
   a. Vitaminas
   b. Minerales
   c. Cómo contribuye a la buena nutrición
4. Usos medicinales
   a. ¿Qué enfermedad...?
   b. ¿Cómo ayuda...?
5. Detalles interesantes
   a. ¿...?
   b. ¿...?

 Tertulia

La felicidad

 (1) La clase se divide en cuatro grupos; cada uno tiene que pensar y anotar sus ideas sobre una de
5 min. estas opiniones sobre la felicidad.

Teaching option
• Before students begin the activity, have them answer these questions:
—¿Qué te hacía feliz cuando tenías cinco años?
—¿Qué te hacía feliz cuando tenías trece años?
—¿Qué te hace feliz en este momento?
—¿Cuál es tu definición de la felicidad?
—En tu opinión, ¿cómo cambia la definición de la felicidad en las distintas etapas de la vida?
• Have students read the four opinions. Which one (if any) is closest to their own? Which one gave them the most to think about?
• Now divide students into groups to complete the activity.

¿Qué es para ustedes la felicidad?	
Mercedes **85 años** La felicidad es mirar hacia atrás y darme cuenta de que no siento reproches, y mirar hacia adelante y ver que mis nietos crecen sanos y felices. La felicidad no está en lo material.	**Marcela** **30 años** Para mí, es sentir que estoy siguiendo lo que mi corazón dicta, sin ahogarme en un vaso de agua cuando las cosas no salen como yo quiero. Ser feliz no significa hacer siempre lo que quiero.
Juan Pedro **45 años** La felicidad es poder disfrutar de cada momento sabiendo que gozo de buena salud y que tengo los medios suficientes para que a mi familia no le falte nada.	**Joaquín** **60 años** No existe la felicidad completa. Lo que la gente llama felicidad no es más que el esfuerzo por evitar el sufrimiento. Lo que importa es tener nuestras necesidades materiales satisfechas y no sufrir mucho.

(2) Cada grupo tiene que preparar una breve presentación sobre la opinión elegida. ¿Creen que la
10 min. opinión de la persona está relacionada con la edad y el sexo? ¿Por qué? Si todos no opinan lo mismo, pueden mencionar que dentro del grupo hay distintas opiniones.

(3) Los diferentes grupos presentan sus ideas a la clase, mientras todos toman nota.
25 min.

(4) Cuando todos los grupos hayan terminado de presentar sus ideas, toda la clase participa
10 min. haciendo preguntas, expresando sus opiniones o defendiendo sus puntos de vista.

Los viajes

Etatis XX (Hecho a los 20 años), 1996.
Jacqueline Brito Jorge, Cuba.

"El hombre inteligente viaja para enriquecer después su vida en los días sedentarios."

— Enrique Larreta.

Antes de leer

INSTRUCTIONAL RESOURCES
Supersite

Vocabulario

el apogeo *height; highest level*

el artefacto *artifact*

el campo *ball field*

el/la dios(a) *god/goddess*

el juego de pelota *ball game*

la leyenda *legend*

el mito *myth*

la pared *wall*

la piedra *stone*

la pirámide *pyramid*

la ruta maya *the Mayan Trail*

Tikal Completa las oraciones.

1. Tikal, antiguamente una gran ciudad, es ahora una impresionante colección de ruinas que se encuentra en la __ruta maya__ de Guatemala.

2. Hay seis __pirámides__ en el centro de la ciudad. Son los edificios más grandes de Tikal.

3. En la misma zona hay varios __campos__ donde se jugaba al __juego de pelota__.

4. Durante sus excavaciones, los arqueólogos han encontrado __artefactos__ fascinantes y también esculturas y monumentos de __piedra__.

Conexión personal ¿Cuál es la ruta más interesante que has recorrido? ¿Fue un viaje organizado o lo planeaste por tu cuenta?

Contexto cultural

Campo de pelota en Chichén Itzá

En la cultura maya, el deporte era a veces cuestión de vida y muerte. El juego de pelota se jugó durante más de 3.000 años en un campo entre muros (*walls*) con una pelota de goma (*rubber*) dura y mucha protección para el cuerpo de los jugadores. Era un juego muy violento y acababa a veces con un sacrificio ritual, posiblemente la decapitación (*beheading*) de algunos de los jugadores. Cuenta la leyenda que los hermanos gemelos (*twins*) Ixbalanqué y Hunahpú eran tan aficionados al juego que enojaron a los dioses de la muerte, los señores de Xibalbá, con el ruido (*noise*) que hacían con las pelotas. Los señores de Xibalbá controlaban un mundo subterráneo, al que se llegaba por una cueva (*cave*). Todo individuo que entraba en Xibalbá pasaba por una serie de pruebas y trampas (*traps*) peligrosas como cruzar (*cross*) un río de escorpiones, entrar en una casa llena de cuchillos en movimiento y participar en un juego mortal de pelota. Los gemelos usaron su habilidad atlética, su inteligencia y la magia para vencer (*defeat*) a los dioses y transformarse en el sol y la luna. Por eso, entre los mayas el juego era una competencia entre fuerzas enemigas como el bien y el mal o la luz y la oscuridad.

Conexión personal
Ask students: **¿Por qué creen que es importante preservar y seguir las rutas de nuestros antepasados?**

Contexto cultural
Explain that the Mayans contributed significantly to astronomy, food, religion, architecture, and the Spanish language. Have students work in groups to research one of these elements on the Internet and give a short presentation.

Preview
Preview the reading by asking the class to discuss how travel can help us connect with history. Have students give examples from their own experiences.

Uxmal
600-900 d.C.
Chichén Itzá
967-987 d.C.
MÉXICO

Tikal
250-800 d.C.

GUATEMALA   HONDURAS
Copán
300-900 d.C.

La ruta maya

1 Los mayas, investigadores de ciencias y matemáticas y destacados°   *outstanding*
arquitectos de espacios monumentales, han dejado evidencia de
un mundo ilustre e intelectual que todavía brilla hoy día. En su
momento de mayor extensión, el territorio maya incluía partes
5 de lo que ahora es México, Guatemala, Belice, El Salvador y
Honduras. Una imaginaria ruta maya une estos lugares dispersos,
atravesando° siglos y países, y revela restos de una gran civilización.   *crossing*
La ruta pasa por selva y ciudad, por vegetación exuberante y por

ruinas que resisten y también muestran el
10 paso del tiempo. El viajero puede elegir entre
múltiples lugares y numerosos caminos. Sin
embargo, hay un itinerario particular que
conecta la arquitectura, la cultura y el deporte
a través del tiempo y el espacio: la ruta de los
Due to 15 campos de pelota. Debido al° enorme valor
cultural del juego, se construyeron canchas
en casi todas las ciudades importantes,
incluyendo las espléndidas construcciones
de Copán y Chichén Itzá. La ruta, que pasa
20 por algunos de los 700 campos de pelota,
unearths desentierra° maravillas arqueológicas.

En la densa selva en el oeste de Honduras,
rises cerca de la frontera con Guatemala, surge°
Copán, donde gobernaron varias dinastías
remains 25 de reyes. Entre las ruinas permanece° un
elegantísimo campo de pelota, una cancha
que tenía hasta vestuarios° para los jugadores.
dressing rooms Grandes paredes, adornadas de esculturas
parrots/surround de loros°, rodean° el campo más artístico de
30 Mesoamérica. En Copán vivía una élite de
sculpted artesanos y nobles que esculpían° y escribían
en piedra. Por eso, se concentran en Copán
sculptures la mayor cantidad de esculturas° y estelas
stone tables —monumentos de figuras y lápidas° con

Chichén Itzá

El más impresionante de los campos
de pelota se encuentra en Chichén Itzá
en Yucatán, México. En su período de
esplendor, Chichén Itzá era el centro de
poder de Mesoamérica. Actualmente es uno 45
de los sitios arqueológicos más importantes
del mundo. La gran pirámide, conocida con
el nombre *El Castillo*, era un rascacielos° *skyscraper*
en su época°. Con escaleras que suben a la *age*
cumbre° por los cuatro lados, El Castillo 50 *peak*
sirvió de templo del dios Kukulcán. Hay
varias canchas de pelota en Chichén Itzá,
pero la más grandiosa y espectacular se llama
el Gran Juego de Pelota. A pesar de medir° *measuring*
166 por 68 metros (181 por 74 yardas), la 55
acústica es tan magnífica que sirve de modelo
para teatros: un susurro° se puede oír de un *whisper*
extremo al otro. Mientras competían, los
jugadores sentían la presión de las esculturas
que adornaban las paredes, las cuales 60
muestran a unos jugadores decapitando a
otros. El peligro era un recordatorio° de que *reminder*
el juego era también una ceremonia solemne
y el campo, un templo.

Esta ruta maya continúa por campos 65
como el de Uxmal en Yucatán, México,
donde se pueden apreciar grandes logros° *achievements*
arquitectónicos. En todos ellos, se oyen las
voces lejanas° de la civilización maya, ecos que *far-away voices*
nos hacen viajar por el tiempo y despiertan 70
la imaginación. ■

Mesoamérica

La región de Mesoamérica empieza en el centro
de México y llega hasta la frontera entre Nicaragua
y Costa Rica. Aquí vivían sociedades agrarias
conocidas por sus avances en la arquitectura, el
arte y la tecnología en los 3.000 años anteriores a la
llegada de Cristóbal Colón al continente americano.
Entre las culturas de Mesoamérica se incluyen la
maya, azteca, olmeca y tolteca. Los mayas tomaron
la escritura y el calendario mesoamericanos y los
desarrollaron hasta su mayor grado de sofisticación.

35 jeroglíficos— de la ruta maya. En las famosas
stairways escalinatas° de la ciudad se pueden examinar
jeroglíficos que contienen todo un árbol
genealógico y que cuentan la historia de los
reyes de Copán. Estas inscripciones forman el
40 texto maya más largo que se preserva hoy día.

Después de leer

La ruta maya

1 Comprensión Indica si las oraciones son **ciertas** o **falsas**. Corrige las falsas.

1. En su momento de mayor extensión, el territorio maya empezaba en lo que hoy se llama México y terminaba en lo que hoy se llama Guatemala.
   Falso. El territorio maya incluía partes de lo que ahora es México, Guatemala, Belice, El Salvador y Honduras.
2. Los mayas construyeron muy pocas canchas de pelota.
   Falso. Construyeron canchas en casi todas las ciudades importantes.
3. En Copán vivía una élite de artesanos y nobles que escribían en piedra.
   Cierto.
4. Los jeroglíficos de Copán cuentan la leyenda de los gemelos Ixbalanqué y Hunahpú.
   Falso. Los jeroglíficos de Copán contienen un árbol genealógico y cuentan la historia de los reyes de Copán.
5. Chichén Itzá fue el centro de poder de Mesoamérica.
   Cierto.
6. El Castillo es la cancha de pelota más grande.
   Falso. El Castillo es la gran pirámide y templo del dios Kukulcán. El Gran Juego de Pelota es la cancha más grandiosa y espectacular.

2 Preguntas Contesta las preguntas con oraciones completas.

1. ¿Qué significado tenía el juego de pelota en la cultura maya?
2. ¿Cuáles eran algunos de los peligros del juego?
3. ¿Qué tienen de extraordinario las ruinas de Copán?
4. ¿Qué detalles indican que Chichén Itzá había sido una ciudad importantísima?
5. ¿Cuál es un ejemplo de la importancia de los dioses para los mayas?

3 Itinerarios En grupos, preparen el itinerario para un recorrido por una de estas rutas. Luego compartan el itinerario con el resto de la clase.

- la ruta de los campos de béisbol
- Norteamérica de punta a punta
- el camino de las estrellas de Hollywood

4 Leyendas Relee el **Contexto cultural** en la página 101. Imagina que los gemelos de la leyenda maya, Ixbalanqué y Hunahpú, vuelven al mundo subterráneo de los señores de Xibalbá. Los dioses de la muerte quieren que los hermanos pasen por una serie de pruebas y trampas. Inventa un capítulo de su historia en tres párrafos.

> **MODELO** Una madrugada de un día frío y oscuro, los hermanos Ixbalanqué y Hunahpú decidieron volver a desafiar a los señores de Xibalbá...

Márgenes (notas del profesor):

1. Have students write two more true or false statements about the reading. Ask classmates to answer **cierto** or **falso**.
2. For item 1, spark discussion by asking: **¿Qué opinan del juego de pelota?**
3. Preview this activity by asking students if they have traveled to different baseball stadiums or to Hollywood mansions. Then ask: **¿Están de acuerdo en que estos lugares son símbolos de la cultura estadounidense? ¿Por qué?**
3. Brainstorm other possible routes students could follow. Ex: **los parques nacionales, los monumentos nacionales**
3. Ask heritage students to talk about popular itineraries in their families' home countries.
4. Have students share the traps and tests they invented for their story and have the class vote on the most creative one.

Opiniones

1 Conversación En parejas, contesten estas preguntas.

1. ¿Cuáles son las ventajas y las desventajas de los viajes organizados?
2. ¿Cuáles son las ventajas y las desventajas de planificar un viaje tú mismo/a?
3. ¿Qué precauciones deben tomar los viajeros? ¿Por qué?
4. ¿Qué opinas del turismo ecológico o de los viajes que incluyen tareas de servicio comunitario o voluntariado (*volunteering*)? ¿Son una manera válida de ayudar?
5. ¿El turismo ayuda o perjudica (*hurts*) a los países en desarrollo? ¿Por qué?
6. ¿Se aprende más sobre culturas extranjeras viajando o estudiando? ¿Por qué?

Estrategia de comunicación

Al discutir un tema, puedes diversificar el vocabulario y recurrir a sinónimos y antónimos de palabras comunes. También puedes recurrir a palabras derivadas o relacionadas. En este ejemplo, se expresan de manera diferente ideas similares o relacionadas:

Viajar en grupo ofrece muchos beneficios.

Viajar en grupo tiene muchas ventajas.

Los viajes grupales no tienen los inconvenientes que surgen al viajar solo.

Haz una lista de sinónimos, antónimos y palabras relacionadas con estos términos:
ventaja / precaución / sugerencia / ayudar / viajar

2 Por escrito Elige uno de estos temas y escribe una composición de una página.

- Tu clase de español está planificando un crucero. Tú piensas que, en lugar de un crucero, deberían organizar un viaje educativo. Escribe una carta al profesor sugiriendo un viaje alternativo y explicando por qué tu sugerencia es mejor que un crucero.
- Estás organizando un viaje de una semana a Latinoamérica con un grupo de amigos. Las dos opciones son: a) recorrer las ruinas mayas y b) ayudar a reconstruir viviendas dañadas por un huracán. Escribe un mensaje de correo electrónico a tus amigos en el que explicas cuál prefieres tú y por qué.

1 As a warm-up activity, have students describe various trips they have taken with their families, on their own, and in organized groups. Ask students: **¿Qué aspectos de esos viajes les gustaron más? ¿Y menos? ¿Qué problemas tuvieron? ¿Cómo los solucionaron? ¿Cómo podrían evitarse problemas semejantes en el futuro?**

1 With the class, list typical destinations for ecotourism: Costa Rica, Peru, Brazil, Ecuador, Puerto Rico, etc. Encourage students to discuss the different effects large numbers of tourists might have on these countries.

2 For the first topic, review letter-writing greetings and closings. Greetings: **(Muy) Estimados señores, A quien corresponda.** Closings: **Un saludo cordial, (Muy) Atentamente.**

2 For the second topic, have students organize their ideas using a two-column chart to list the pros and cons of the trip they plan to propose to their friends.

El Anillo

Premio al mejor guión en First Short Film Competition, patrocinado por The Film Foundation, Inc.

Producción Ejecutiva LUIS J. CRUZ ESPINETA "THE FILM FOUNDATION, INC."

Guión, Edición y Dirección CORALY SANTALIZ PÉREZ Producción CORALY SANTALIZ PÉREZ / JAN G. SANTIAGO ECHANDI

Dirección de Fotografía CARLOS J. ZAYAS PLAZA Música WALTER MORCIGLIO

Diseño de Sonido WALTER SANTALIZ Actores GERARDO ORTIZ / ANNETTE SANTALIZ / JOSÉ JORGE MEDINA /

SASHA BETANCOURT / ANDRÉS SANTIAGO / VIVIANA FUSARO / ELIA ENID CADILLA

Antes de ver el corto

EL ANILLO

país Puerto Rico
duración 8 minutos
director Coraly Santaliz Pérez

protagonistas la prometida, Arnaldo (su novio), el vagabundo, el dueño del restaurante, el empleado del restaurante, la novia del empleado, la anfitriona, la senadora

INSTRUCTIONAL RESOURCES
Supersite/DVD: Film Collection
Supersite: Script & Translation

Vocabulario

el anillo ring
el azar chance
botar to throw... out
botarse (P. Rico; Cuba) to outdo oneself
la casualidad chance; coincidence
el diamante diamond
echar to throw away
enganchar to get caught
la manga sleeve
la sortija ring
el tapón traffic jam
tirar to throw

1 **Definiciones** Conecta cada oración con la palabra correspondiente.

d 1. Forma parte de una camisa.
e 2. Sucede cuando hay mucho tráfico o cuando hay un accidente.
f 3. Es un sinónimo de *anillo*.
a 4. Es un conjunto de acontecimientos que ocurren por casualidad.
b 5. Puede pasar esto si andas en bicicleta con pantalones muy anchos (*wide*).

a. azar
b. enganchar
c. diamante
d. manga
e. tapón
f. sortija
g. tirar

2 **Preguntas** En parejas, contesten las preguntas.
1. ¿Alguna vez perdiste algo de mucho valor? ¿Lo encontraste?
2. ¿Encontraste algo valioso en alguna ocasión? ¿Qué hiciste?
3. ¿Pierdes cosas a menudo?
4. Imagina que encuentras tirado un anillo de diamantes. ¿Qué haces?

3 **Un anillo** En parejas, miren la fotografía del cortometraje e imaginen lo que va a ocurrir en la historia. Compartan sus ideas con la clase.

1 Have students use vocabulary to write an anecdote about something that happened by chance (**por casualidad**).

2 For item 2, ask: **¿Hay una diferencia entre el valor monetario y el valor sentimental de algo?** Have students give examples.

3 Once students have watched the film, ask them if they were correct in their predictions.

Teaching option Assign each student a character. As they watch the film, have them jot down descriptive words about that character. For slower-paced classes, review descriptive adjectives.

Watch the short film at
ventanas.vhlcentral.com.

Escenas

ARGUMENTO Una prometida (*fiancée*) pierde su anillo de compromiso que va pasando de persona a persona por azar.

Synopsis When a woman leaves her diamond ring at a party without realizing it, it ends up in the hands of many people: a homeless person, a restaurant employee, a senator... How does it travel back to its rightful owner?

Preview In pairs, ask students to cover the captions and look only at the photos. Have them invent their own captions based on the visual clues.

INVITADA Nena, ¡qué bello ese anillo! Arnaldo se botó.
PROMETIDA Sí, lo sé. Permiso. Voy al baño.
(La prometida olvida el anillo que termina por azar en manos de un vagabundo.)

DUEÑO ¿Cuántas veces te tengo que botar? ¿Eh?
VAGABUNDO Quiero algo de comer. Además me encontré una sortija de diamantes. Deja que la veas. Pero si estaba aquí. Pero, ¡te lo juro que estaba aquí!

(El vagabundo pierde el anillo. Lo encuentra el empleado del restaurante, que se lo lleva a su casa. Su novia cree que le está pidiendo matrimonio.)

NOVIA ¡No lo puedo creer, mi amor! ¡Te botaste! Sí, sí. ¡Me caso contigo! Tengo que llamar a mami.

EMPLEADO Yo no la compré. No, no. Yo estaba limpiando en el restaurante y me la encontré, ¿sabes? Esto nos resuelve porque vale, ¡vale pesos! La podemos vender.

NOVIA ¿Eso es todo lo que a ti te importa?
EMPLEADO Pero mi amor, no te pongas así, chica. ¿Qué tú estás haciendo? ¡No! ¿Qué tú haces?

(La senadora llega a una fiesta con el anillo enganchado en el bolso.)

ANFITRIONA ¡Senadora!
SENADORA Buenas noches.
ANFITRIONA ¡Al fin llegó!
SENADORA Es que había un tapón terrible.

 **Después de ver el corto**

① Comprensión Contesta las preguntas con oraciones completas.

1. ¿Quién compró el anillo y para quién?
Arnaldo compró el anillo para su prometida.
2. ¿Cómo llega el anillo por primera vez a la calle?
El anillo se cae de la manga del vestido de una invitada.
3. ¿Adónde va el vagabundo cuando encuentra el anillo?
El vagabundo va a un restaurante para comer.
4. ¿Quién encuentra el anillo cuando lo pierde el vagabundo?
Lo encuentra el empleado del restaurante.
5. ¿Qué piensa la novia del empleado del restaurante al ver el anillo?
Piensa que su novio le está pidiendo que se case con él.
6. ¿Qué quiere hacer el empleado con el anillo?
El quiere venderlo.
7. ¿Qué hace la novia al ver que no era un anillo comprado para ella?
Ella lo tira por la ventana.
8. ¿Dónde cae el anillo esta vez?
El anillo cae sobre el carro de una senadora.
9. ¿Adónde va la senadora?
La senadora va a la fiesta.
10. ¿Dónde encuentra la prometida su anillo?
La prometida encuentra su anillo en el cuarto de baño.

② Ampliación Contesta las preguntas con oraciones completas.

1. En tu opinión, ¿cómo es la prometida? ¿Por qué?
2. ¿Por qué crees que el dueño del restaurante no deja entrar al vagabundo?
3. ¿Crees que había un tapón de tráfico o que la senadora llegó tarde a propósito?
4. Imagina que la prometida vuelve a dejar el anillo en el cuarto de baño. ¿Qué sucede esta vez?
5. ¿Crees en las casualidades? ¿Por qué?

③ Cita En parejas, lean la cita que aparece al principio del corto. ¿Están de acuerdo con lo que dice? ¿Por qué? Den ejemplos de situaciones que respalden su punto de vista.

> "Si el mundo fuese verdaderamente gobernado
> por el azar, no habría tantas injusticias.
> Porque el azar es justo."
>
> — Fernando Galiano

④ Me encontré un anillo En parejas, imaginen que uno de estos dos personajes se queda con (*keeps*) el anillo. Imaginen cómo cambia la vida del personaje durante los próximos seis meses. Luego compartan la historia con la clase.

VAGABUNDO

EMPLEADO DEL RESTAURANTE

① Ask additional comprehension questions. Ex: **¿Cómo reacciona el empleado del restaurante al ver al vagabundo? ¿La senadora sabía que tenía un anillo enganchado en la bolsa?**

② For item 3, ask volunteers to describe excuses they have used in order to avoid a commitment.

④ Have pairs create two columns (**antes** and **después**) under which they list different characteristics. Remind students to use the imperfect tense to describe how the character used to be.

Teaching option For an oral project, have small groups write and perform a brief, one-act play in which something absurd happens by chance to an ordinary person.

INSTRUCTIONAL RESOURCES
Supersite: Literatura recording

Paisaje Marino, 1983.
Armando Morales, Nicaragua.

"Viajar es pasear un sueño."

— Anónimo

Antes de leer

El viaje

Sobre la autora

Cristina Fernández Cubas nació en Barcelona en 1945. Desde la publicación de su primer libro de cuentos, *Mi hermana Alba,* en 1980, Fernández Cubas se ha convertido en una escritora de culto. Periodista de profesión, ha escrito cuentos, novelas, ensayos y una obra de teatro. Fernández Cubas define al cuento, su género favorito, como "algo misterioso y tiránico, que va siempre más allá de la extensión que tiene". Siempre se ha considerado a sí misma una escritora que está fuera del mundo editorial y que prefiere elegir con libertad qué escribir y cuándo hacerlo. El cuento *El viaje* fue publicado en la antología *Dos veces cuento* (1998).

Vocabulario

alcanzar *to reach; to achieve; to succeed in*	**el marco** *frame*
	la regla *rule*
la abadesa *abbess*	**sonar** *to ring*
el barrio *neighborhood*	**el timbre** *doorbell*
dar a *to face*	

Vocabulario Completa las oraciones.

Después de muchos años, volví al (1) ____barrio____ donde me crié (*grew up*). Desde mi casa, que antes (2) ____daba____ a los jardines de un convento, ya no (3) ____alcanzaba a____ a ver el convento: habían construido un edificio muy alto. Luego me contó mi madre que la (4) ____abadesa____ había muerto hace ya varios años. Aunque no tenía mucho tiempo, decidí visitar el convento, tal como lo hacía (*just as I did*) todas las semanas cuando era niña. Caminé hasta el viejo edificio de ladrillo (*brick*), toqué el (5) ____timbre____ que estaba en el (6) ____marco____ de la puerta, y escuché una voz (*voice*) que dijo "Ya voy; ya voy". Puedo jurar (*swear*), sin temor a equivocarme, que era la voz de la vieja abadesa.

Conexión personal

¿Cuál es el viaje más largo que has hecho? ¿Cuánto duró? ¿Por qué lo hiciste?

Análisis literario: La anécdota

Una anécdota es un relato breve que cuenta un hecho biográfico interesante. En este tipo de relato, los personajes y los lugares son reales. Las anécdotas suelen transmitirse en forma oral y suelen contarse para entretener a la audiencia. El único fin no es entretener: el narrador puede añadir comentarios y usar el relato como un medio para transmitir una idea o mensaje que va más allá del evento relatado. Esto no convierte a la anécdota en una metáfora ni le añade una moraleja (*moral*); la anécdota sigue siendo, en esencia, un relato que ilustra un evento en la vida de una persona. Algunos escritores eligen la anécdota como formato para sus cuentos. A medida que lees *El viaje,* presta atención a los elementos utilizados por la autora para convertir el cuento en una anécdota. ¿Tiene el relato un significado más profundo o es una simple anécdota?

Vocabulario Point out to students that **sonar** can also mean *to sound*: **Esto me suena un poco extraño.**

Conexión personal Encourage students to consider "personal" journeys as well as physical ones in preparation for the reading content.

Análisis literario Tell students that jokes are a form of anecdote. Encourage them to consider the art involved in telling a joke or other kind of anecdote. Guide them to see that jokes and other anecdotes normally have three parts: an initial description of the background situation, new action, and a punch line or moral that sums up the action that just occurred.

El viaje

Cristina Fernández Cubas

1   Un día la madre de una amiga me contó una curiosa
anécdota. Estábamos en su casa, en el barrio
antiguo de Palma de Mallorca, y desde el balcón
interior, que daba a un pequeño jardín, se alcanzaba a ver

5   la fachada° del vecino convento de clausura°. La madre de
mi amiga solía visitar a la abadesa; le llevaba helados para
la comunidad y conversaban durante horas a través de la
celosía°. Estábamos ya en una época° en que las reglas de
clausura eran menos estrictas de lo que fueron antaño°, y

10   nada impedía a la abadesa que, si así lo hubiera deseado,
interrumpiera en más de una ocasión su encierro° y saliera
al mundo. Pero ella se negaba en redondo°. Llevaba casi
treinta años entre aquellas cuatro paredes y las llamadas del
exterior no le interesaban lo más mínimo. Por eso la señora

15   de la casa creyó que estaba soñando cuando una mañana
sonó el timbre y una silueta oscura se dibujó al trasluz° en
el marco de la puerta. "Si no le importa", dijo la abadesa
tras los saludos de rigor, "me gustaría ver el convento desde
fuera". Y después, en el mismo balcón en el que fue narrada

20   la historia se quedó unos minutos en silencio. "Es muy
bonito", concluyó. Y, con la misma alegría con la que había
llamado a la puerta, se despidió y regresó al convento. Creo
que no ha vuelto a salir, pero eso ahora no importa. El viaje
de la abadesa me sigue pareciendo, como entonces, uno

25   de los viajes más largos de todos los viajes largos de los
que tengo noticias. ∎

façade/cloistered convent

lattice/age

years ago

confinement

absolutely refused

outlined in the shadow

Después de leer

El viaje
Cristina Fernández Cubas

① Comprensión Contesta las preguntas.

1. ¿En qué ciudad española ocurre la anécdota?
   La anécdota ocurre en Palma de Mallorca.
2. ¿Quién le había contado la anécdota a la narradora?
   La madre de una amiga le había contado la anécdota.
3. ¿Qué se veía desde el balcón de la madre de su amiga?
   Se veía la fachada de un convento de clausura.
4. ¿Cuántos años llevaba la abadesa sin salir del convento?
   Llevaba casi treinta años sin salir al exterior.
5. ¿Qué decidió hacer la abadesa una mañana?
   Decidió ir a la casa de su amiga.
6. ¿Qué es lo que quería ver la abadesa desde la casa de su amiga?
   Quería ver el convento desde fuera.
7. ¿Cómo reaccionó la abadesa al ver el convento? ¿Se entristeció?
   Dijo que era muy bonito. No se entristeció. Estaba alegre.
8. ¿Qué hizo ella después de ver el convento desde el balcón?
   Se despidió y regresó al convento.

② As a follow-up activity, ask students to place themselves in the role of the nun. Have them write a short paragraph describing the nun's emotions when she saw the convent from outside. Students should read their paragraphs aloud (dramatically, if possible).

② Interpretar Responde a las preguntas.

1. Según la narradora, la abadesa no sentía ningún interés por salir al exterior. ¿Por qué crees que no le interesaba el mundo exterior?
2. ¿Por qué al final del cuento la narradora comenta que el viaje de la abadesa es uno de los viajes más largos de todos de los que ella ha tenido noticias?
3. ¿Por qué crees que a la narradora de este cuento le resulta curiosa esta anécdota?
4. ¿Crees que una persona puede viajar sin moverse de casa?

③ In preparation for question 4, review with students that an anecdote is usually divided into three parts—an initial description of the background situation, new action, and a punch line or moral that sums up the action that just occurred. Encourage students to identify those three parts in *El viaje*.

③ Análisis En parejas, contesten las preguntas.

1. La narradora no cuenta directamente la historia de la abadesa, sino que cuenta una historia que le contaron. ¿Por qué crees que la narradora elige contar la historia a través de otra persona en lugar de simplemente contar la historia de la abadesa?
2. Hacia el final del cuento, la narradora dice: "Creo que no ha vuelto a salir, pero eso ahora no importa". ¿Por qué no importa?
3. ¿Qué efecto tiene el uso de la anécdota como formato para contar la historia?
4. Piensa en este cuento y en viajes que has hecho o sobre los que te han contado. ¿Qué cosas hacen que un viaje sea importante o memorable?

④ Have students role play the conversation the abbess has with the nuns inside the convent after she returns. **¿Qué les cuenta cerca del viaje? ¿Cómo reaccionan las demás monjas?**

④ La protagonista Imagina que eres la abadesa. Acabas de volver al convento después de tu viaje. Narra la historia del viaje en tu diario personal.

- ¿Por qué quisiste viajar?
- ¿Qué sentiste durante el viaje?
- ¿Por qué tardaste tantos años en hacer el viaje?
- ¿Qué sentiste al volver?

Antes de leer

La luz es como el agua

Sobre el autor

Nacido en 1928 en Aracataca, Colombia, **Gabriel García Márquez** fue criado por sus abuelos entre mitos, leyendas y libros fantásticos. Eso fue construyendo la base de su futura obra narrativa. Comenzó a estudiar derecho pero lo abandonó para dedicarse al periodismo. Como corresponsal en Italia, viajó por toda Europa. Vivió en diferentes lugares y escribió guiones (*scripts*) cinematográficos, cuentos y novelas. En 1967 publicó su novela más famosa, *Cien años de soledad*, cuya acción transcurre

en el mítico pueblo de Macondo. En 1982 se le concedió el Premio Nobel de Literatura. De su libro *Doce cuentos peregrinos* (al que pertenece el cuento *La luz es como el agua*) dijo que surgió (*came about*) porque quería escribir "sobre las cosas extrañas que les suceden a los latinoamericanos en Europa".

> ## Vocabulario
>
> | | | |
> |---|---|---|
> | **ahogado/a** *drowned* | **el faro** *lighthouse; beacon* | **la popa** *stern* |
> | **la bahía** *bay* | **flotar** *to float* | **la proa** *bow* |
> | **el bote** *boat* | **el muelle** *pier* | **el remo** *oar* |
> | **la cascada** *cascade; waterfall* | **la pesca** *fishing* | **el tiburón** *shark* |

 Palabras relacionadas Indica la palabra que no pertenece al grupo.

1. bote
   remo
   (sótano)
   navegar

2. bote
   (servidumbre)
   puerto
   proa

3. pesca
   muelle
   tiburones
   (agujas)

4. popa
   (penas)
   cascada
   bahía

5. muelle
   flotar
   (zaguán)
   ahogado

Conexión personal Cuando eras niño/a, ¿te gustaba soñar con viajes a lugares imposibles? ¿Sigues soñando o imaginando viajes a lugares fantásticos o imposibles?

Análisis literario: El realismo mágico

El realismo mágico es una síntesis entre el realismo y la literatura fantástica. Muchos escritores latinoamericanos, como Gabriel García Márquez y Carlos Fuentes, incorporan elementos fantásticos al mundo cotidiano de los personajes, que aceptan la magia y la fantasía como normales. En el realismo mágico, lo real se torna mágico, lo maravilloso es parte de lo cotidiano y no se cuestiona la lógica de lo fantástico. Uno de los precursores del género, Alejo Carpentier, explicó que "En América Latina, lo maravilloso se encuentra en vuelta de cada esquina, en el desorden, en lo pintoresco de nuestras ciudades, [...] en nuestra naturaleza y [...] también en nuestra historia". Presta atención a la representación de la realidad en el cuento.

Sobre el autor Ask students: **¿Los viajes de un(a) artista influyen en sus obras? ¿Cómo?** Have students give examples.

Palabras relacionadas Have students explain what the three remaining words have in common.

Conexión personal For additional discussion, ask: **¿Viajabas mucho cuando eras niño/a? ¿Cómo crees que tu percepción de un lugar cambia con la edad?**

Análisis literario For advanced classes, have students read and analyze additional examples of magical realism by García Márquez or other writers.

Altamar, 2000.
Graciela Rodo Boulanger, Bolivia.

La luz es *como el agua*

Gabriel García Márquez

En Navidad los niños volvieron a pedir un bote de remos.

—De acuerdo —dijo el papá, lo compraremos cuando volvamos a Cartagena.

Totó, de nueve años, y Joel, de siete, estaban más decididos de lo que sus padres creían.

—No —dijeron a coro°—. Nos hace falta ahora y aquí.

—Para empezar —dijo la madre—, aquí no hay más aguas navegables que la que sale de la ducha°.

Tanto ella como el esposo tenían razón. En la casa de Cartagena de Indias había un patio con un muelle sobre la bahía, y un refugio para dos yates grandes. En cambio aquí en Madrid vivían apretados° en el piso quinto del número 47 del Paseo de la Castellana. Pero al final ni él ni ella pudieron negarse, porque les habían prometido un bote de remos con su sextante° y su brújula° si se ganaban el laurel del tercer año de primaria, y se lo habían ganado. Así que el papá compró todo sin decirle nada a su esposa, que era la más reacia° a pagar deudas° de juego. Era un precioso bote de aluminio con un hilo dorado° en la línea de flotación.

—El bote está en el garaje —reveló el papá en el almuerzo—. El problema es que no hay cómo subirlo ni por el ascensor ni por la escalera, y en el garaje no hay más espacio disponible.

Sin embargo, la tarde del sábado siguiente los niños invitaron a sus condiscípulos° para subir el bote por las escaleras, y lograron llevarlo hasta el cuarto de servicio°.

—Felicitaciones —les dijo el papá—, ¿ahora qué?

—Ahora nada —dijeron los niños—. Lo único que queríamos era tener el bote en el cuarto, y ya está.

La noche del miércoles, como todos los miércoles, los padres se fueron al cine. Los niños, dueños y señores de la casa, cerraron puertas y ventanas, y rompieron la bombilla encendida de una lámpara de la sala. Un chorro° de luz dorada y fresca como el agua empezó a salir de la bombilla° rota, y lo dejaron correr hasta que el nivel llegó a cuatro palmos. Entonces cortaron la corriente°, sacaron el bote, y navegaron a placer° por entre las islas de la casa.

Esta aventura fabulosa fue el resultado de una ligereza° mía cuando participaba en un seminario sobre la poesía de los utensilios domésticos. Totó me preguntó cómo era que la luz se encendía con sólo apretar° un botón, y yo no tuve el valor de pensarlo dos veces.

—La luz es como el agua —le contesté: uno abre el grifo°, y sale.

De modo que siguieron navegando los miércoles en la noche, aprendiendo el manejo del sextante y la brújula, hasta que los padres regresaban del cine y los encontraban dormidos como ángeles de tierra firme. Meses después, ansiosos de

schoolmates
spare room
in unison
shower
tight; cramped
sextant/compass
reluctant/debts
golden thread
spurt
light bulb
current
at one's pleasure
lightness
push
faucet

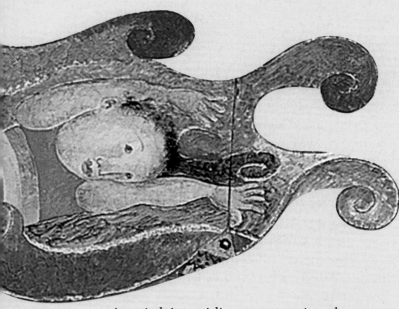

ir más lejos, pidieron un equipo de pesca submarina. Con todo: máscaras, aletas°, tanques y escopetas° de aire comprimido.

flippers
shotguns

75 —Está mal que tengan en el cuarto de servicio un bote de remos que no les sirve para nada —dijo el padre—. Pero está peor que quieran tener además equipos de buceo.

—¿Y si nos ganamos la gardenia de 80 oro° del primer semestre? —dijo Joel.

award to best student

—No —dijo la madre, asustada—. Ya no más.

El padre le reprochó su intransigencia.

—Es que estos niños no se ganan ni 85 un clavo° por cumplir con su deber —dijo ella—, pero por un capricho° son capaces de ganarse hasta la silla del maestro.

nail
whim

Los padres no dijeron al fin ni que sí ni que no. Pero Totó y Joel, que habían sido 90 los últimos en los dos años anteriores, se ganaron en julio las dos gardenias de oro y el reconocimiento público del rector. Esa

misma tarde, sin que hubieran vuelto a pedirlos, encontraron en el dormitorio los equipos de buzos en su empaque original. 95 De modo que el miércoles siguiente, mientras los padres veían *El último tango en París,* llenaron el apartamento hasta la altura de dos brazas° bucearon como tiburones mansos° por debajo de 100 los muebles y las camas, y rescataron del fondo° de la luz las cosas que durante años se habían perdido en la oscuridad.

fathoms
tame
bottom

En la premiación° final los hermanos fueron aclamados como ejemplo para 105 la escuela, y les dieron diplomas de excelencia. Esta vez no tuvieron que pedir nada, porque los padres les preguntaron qué querían. Ellos fueron tan razonables, que sólo quisieron una fiesta en casa para 110 agasajar° a los compañeros de curso.

awards ceremony
to entertain

El papá, a solas con su mujer, estaba radiante.

—Es una prueba de madurez —dijo.

—Dios te oiga —dijo la madre. 115

El miércoles siguiente, mientras los padres veían *La Batalla de Argel,* la gente que pasó por la Castellana vio una cascada de luz que caía de un viejo edificio escondido entre los árboles. Salía por los 120 balcones, se derramaba° a raudales° por la fachada°, y se encauzó° por la gran avenida en un torrente dorado que iluminó la ciudad hasta el Guadarrama.

poured out /in abundance
facade/ channeled

Llamados de urgencia, los bomberos 125 forzaron la puerta del quinto piso, y

encontraron la casa rebosada° de luz hasta
el techo. El sofá y los sillones forrados°
en piel de leopardo flotaban en la sala
a distintos niveles, entre las botellas del
bar y el piano de cola y su mantón de
Manila que aleteaba° a media agua como
una mantarraya de oro. Los utensilios
domésticos, en la plenitud de su poesía,
volaban con sus propias alas° por el cielo
de la cocina. Los instrumentos de la banda
de guerra, que los niños usaban para
bailar, flotaban al garete° entre los peces
de colores liberados de la pecera de mamá,
que eran los únicos que flotaban vivos y
felices en la vasta ciénaga° iluminada. En
el cuarto de baño flotaban los cepillos
de dientes de todos, los preservativos de
papá, los pomos° de cremas y la dentadura
de repuesto de mamá, y el televisor de la
alcoba° principal flotaba de costado°,
todavía encendido en el último episodio
de la película de media noche prohibida
para niños.

Al final del corredor, flotando entre
dos aguas, Totó estaba sentado en la popa
del bote, aferrado° a los remos y con la
máscara puesta, buscando el faro del
puerto hasta donde le alcanzó el aire de los
tanques, y Joel flotaba en la proa buscando
todavía la altura de la estrella polar con
el sextante, y flotaban por toda la casa
sus treinta y siete compañeros de clase,
eternizados en el instante de hacer pipí° en
la maceta° de geranios, de cantar el himno
de la escuela con la letra cambiada por
versos de burla contra el rector, de beberse
a escondidas un vaso de brandy de la
botella de papá. Pues habían abierto tantas
luces al mismo tiempo que la casa se había
rebosado, y todo el cuarto año elemental
de la escuela de San Julián el Hospitalario
se había ahogado en el piso quinto del
número 47 del Paseo de la Castellana. En
Madrid de España, una ciudad remota de
veranos ardientes y vientos helados, sin
mar ni río, y cuyos aborígenes° de tierra
firme nunca fueron maestros en la ciencia
de navegar en la luz. ∎

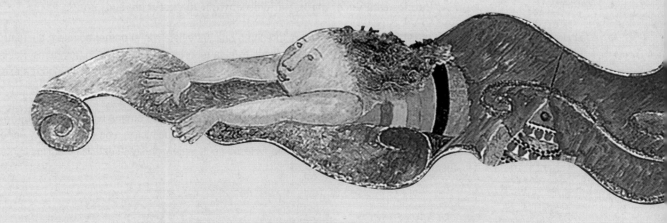

Después de leer

La luz es como el agua
Gabriel García Márquez

(1) Comprensión Indica si las oraciones son **ciertas** o **falsas**. Corrige las falsas.

1. La acción transcurre en Cartagena.
   Falso. La acción transcurre en Madrid.
2. Totó y Joel dicen que quieren el bote para pasear con sus compañeros en el río.
   Falso. Los niños dicen que lo único que quieren es tener el bote en el cuarto.
3. Los padres van todos los miércoles por la noche al cine.
   Cierto.
4. Los niños inundan la casa con agua del grifo.
   Falso. Inundan la casa con luz de la bombilla de una lámpara de la sala.
5. Los únicos que sobreviven a la inundación son los peces de colores.
   Cierto.
6. El que le sugiere a Totó la idea de que la luz es como el agua es su papá.
   Falso. El que le dice eso es el narrador.

② Before completing the activity, review and discuss the concept of magical realism.

(2) Análisis En parejas, relean la definición de realismo mágico y luego respondan las preguntas.

1. Los niños navegan "entre las islas de la casa". ¿Qué son las islas del apartamento?

2. ¿Qué significa la frase "rescataron del fondo de la luz las cosas que durante años se habían perdido en la oscuridad"? En la realidad, ¿les parece que la luz tiene fondo? En este relato, ¿cuál es el fondo de la luz?

3. Repasa el significado de **símil (p. 87)**. ¿Se usan comparaciones en este relato? Escríbanlas y expliquen cómo proporcionan mayor expresividad.

③ Ask additional questions, such as:
1. ¿Qué importancia tiene el hecho de que los padres van al cine cuando los niños se quedan solos en casa?
2. ¿Por qué creen que el autor nos da los títulos de las películas? ¿Conocen estas películas?

(3) Interpretación Responde las preguntas con oraciones completas.

1. ¿Por qué te parece que, teniendo una gran casa en Cartagena, viven en Madrid en un pequeño apartamento? ¿Cuáles crees que podrían ser las causas?

2. El narrador señala que toda la aventura de los niños es consecuencia de una "ligereza" suya, porque "no tuvo el valor de pensarlo dos veces". ¿Quién es el narrador? ¿Por qué te parece que dice eso?

3. ¿Crees que el narrador es culpable de lo que ocurre después?

4. Los niños aprovechan que sus padres no están para inundar el apartamento y guardan el secreto; sólo se lo cuentan a sus compañeros. ¿Por qué hacen eso? ¿Puedes establecer algún paralelo entre ir al cine y navegar con la luz?

④ As an expansion activity, have students write the official report issued by the fire department explaining what happened to the children.

(4) Entrevista En grupos de cuatro, preparen una entrevista con el primer bombero que entró en el apartamento inundado. Uno/a de ustedes es el/la reportero/a y el resto son bomberos. Hablen sobre las causas y consecuencias del accidente y usen lenguaje objetivo y preciso. Luego representen la entrevista frente a la clase.

(5) Bitácoras de viaje Utilizando el realismo mágico, describe en una bitácora de viaje (*travel log*) un día de un viaje especial. Describe adónde fuiste, qué hiciste, con quién fuiste y por qué fue especial. Describe elementos maravillosos de tu viaje y presenta detalles mágicos como si fueran normales.

Taller de escritura

Preparación: La conclusión

La introducción, donde se presenta la tesis, y la conclusión suelen ser las dos partes del ensayo que más cuesta escribir. Sin embargo, son las que deben escribirse con mayor cuidado porque constituyen el marco del ensayo.

Una buena conclusión debe:
- volver a la tesis inicial y reforzarla
- sintetizar los puntos principales
- dejar una impresión final clara
- estar escrita en el mismo tono que el resto del ensayo

Una conclusión nunca debe:
- limitarse a repetir la tesis inicial
- introducir temas nuevos
- incluir argumentos adicionales
- introducir la tesis por primera vez

Una conclusión puede:
- plantear preguntas adicionales
- incluir una cita que sintetice las ideas del escritor

Práctica En parejas, relean las conclusiones de uno o dos ensayos que escribieron en las lecciones anteriores. ¿Son buenas conclusiones? Teniendo en cuenta las características de una buena conclusión, ¿qué cambios podrían hacer?

Ensayo Elige uno de estos temas y escribe un ensayo personal.

Requisitos
- Tu ensayo debe hacer referencia a por lo menos dos obras de las cuatro estudiadas en esta lección (cultura, cortometraje, dos obras literarias) o, en el caso del tercer tema, una de las obras puede ser de una lección anterior.
- Tu ensayo debe ser de por lo menos dos páginas.
- El final del ensayo debe cumplir con las características de una buena conclusión.

- Las obras de esta lección muestran distintos tipos de viajes: viajes internos, viajes a través del tiempo, viajes imaginarios, viajes breves, viajes no intencionales. Basándote en las obras estudiadas, ¿cómo definirías el concepto de viajar? ¿Cuáles son los elementos comunes de todo viaje?

- Piensa en las dos obras literarias de esta lección. ¿Cuántos viajes hay en cada una de las historias? ¿Cuáles son estos viajes? ¿En qué se parecen o en qué se diferencian?

- El tema de los viajes está presente —directa o indirectamente— en varios cortometrajes del libro de texto. ¿Se puede afirmar que, además de las personas, los objetos pueden ser protagonistas de estos viajes?

Preparación Have students look for examples of essays on the Internet. One good source is the editorial section in online newspapers from Spanish-speaking countries. Have students bring to class an example of an essay with a good conclusion and write a paragraph analyzing it and explaining what makes it good.

Abriendo ventanas

Un viaje organizado

Preview
Warm up by asking students if they've been to one of the five destinations mentioned in question 1 or one of the places shown in the photos. If so, ask them to describe their experiences briefly.

Teaching option
• Have students discuss the pros and cons of traveling at different times of the year and for different amounts of time.
• Ask for a show of hands to indicate how many students have stayed in each of the lodging options mentioned in item 5. Briefly discuss pros and cons of each.

Presentación Trabajen en grupos de cuatro o cinco.

A. Encuesta Para comenzar, cada uno/a deberá anotar en una hoja sus respuestas a esta encuesta. Al finalizar, cada grupo entregará a otro grupo las hojas con los resultados.

Cataratas del Iguazú;
Argentina/Brasil

Islas Galápagos, Ecuador

San Juan, Puerto Rico

Barcelona, España

1. ¿Cuál de estos destinos de viaje prefieren?
   a. España   b. Cono Sur (Argentina/Uruguay/Chile)   c. Países andinos
   d. Caribe   e. México y Centroamérica

2. ¿En qué época del año prefieren viajar?
   a. verano   b. otoño   c. invierno   d. primavera
   e. cualquier época del año

3. ¿Cuánto tiempo quieren estar de viaje?
   a. un fin de semana largo   b. diez días   c. un mes   d. dos meses

4. ¿Qué tipo de turismo prefieren?
   a. cultural   b. de descanso   c. de compras   d. de aventura
   e. ecológico

5. ¿Qué tipo de alojamiento prefieren?
   a. hotel de lujo   b. casa de familia   c. albergue   d. campamento
   e. cualquier tipo

Comentarios adicionales _____

_____

_____

B. Resultados Estudien las respuestas del otro grupo. ¿Cuáles son las preferencias de la mayoría de los integrantes? ¿Podrán organizar un viaje que cumpla con las expectativas de todos los integrantes del grupo? ¿Pueden combinar más de un destino en el mismo viaje?

C. Cada grupo planificará un viaje a un país o región de habla hispana para los integrantes de otro grupo y presentará la propuesta de viaje ante toda la clase.

Elección del destino de viaje

De acuerdo con los resultados de la encuesta, elijan el destino de viaje para el otro grupo. Deben estar preparados para explicar al otro grupo por qué eligieron ese destino.

Preparación

1. Una vez elegido el tema, realicen una investigación en Internet, en enciclopedias o en la biblioteca. También pueden consultar folletos turísticos o utilizar información de viajes que hayan realizado. Investiguen:
   - las atracciones del lugar
   - la geografía y el clima del lugar
   - otros datos importantes (moneda, medios de transporte, alojamiento, recomendaciones para viajeros, etc.)

2. Busquen además materiales audiovisuales para mostrar.

3. Con los datos de la investigación y los resultados de la encuesta, planifiquen la propuesta de viaje para el otro equipo. La propuesta deberá incluir información sobre:
   - el destino y por qué lo eligieron
   - las excursiones y actividades
   - la duración del viaje
   - sugerencias y recomendaciones importantes
   - otros datos importantes que hayan investigado

Organización

Organicen la presentación del viaje en un esquema. La presentación deberá durar unos diez minutos. Decidan qué parte(s) presentará cada uno/a. Recuerden que todos los integrantes del grupo deben participar.

Estrategia de comunicación

Presentación de un viaje organizado:

Itinerario:
- El viaje durará...
- El primer día visitarán...

Sugerencias:
- Es importante llevar... en caso de que + *subjunctive*
- Recomendamos que + *subjunctive*

Presentación

Usen el esquema como guía para hacer la presentación, pero recuerden que deben hablar a la clase y no leer una presentación escrita. Después de la presentación, contesten las preguntas que puedan tener los integrantes del otro grupo y el resto de sus compañeros/as.

Estrategia de comunicación
Tell students to break their presentation into the five categories outlined in item 3 in **Preparación**. As a class, determine which verb tenses and moods students will be likely to use for each communicative task:
- **destino/por qué:** present, preterite and imperfect
- **excursiones y actividades:** future, **ir** + **a** + infinitive
- **duración:** future, **ir** + **a** + infinitive
- **sugerencias y recomendaciones:** present indicative + present subjunctive
- **otros datos:** present indicative, possibly present subjunctive (**Es importante que sepan...**)

 Tertulia

¡Necesito vacaciones!

Teaching option
Ask students to write a one- or two-sentence description in Spanish of their ideal vacation. Then review the four proposed descriptions as a class. Have students compare their ideal vacations with the ones described. Determine which description most closely matches their own. If possible, put students with similar opinions into the same groups and have them complete the activity.

1
5 min.
La clase se divide en cuatro grupos; cada grupo tiene que pensar y anotar sus ideas sobre una de estas opiniones sobre el descanso y los viajes. ¿Harían lo mismo que la persona cuya opinión eligieron? ¿Por qué?

¿Cuáles son tus vacaciones ideales después de un año de mucho trabajo?	
Martina **24 años** Trabajo todo el día frente a una computadora. Para mí, la mejor forma de desenchufarme (*disconnect*) es cargar la mochila al hombro y alejarme de la civilización por dos o tres semanas. Incluso viajaría sola y no con amigos.	*Marcos* **30 años** Soy policía. Para relajarme después de un año de mucho trabajo, haría un crucero de una semana con mi esposa. Me encanta la idea de no tener que planificar nada, que ya esté todo organizado y al alcance de mi mano.
Francisco **55 años** En mi trabajo, administro las inversiones de personas muy ricas. Creo que, para distanciarme un poco del ambiente en el que trabajo, me gustaría hacer uno de esos viajes en los que llevan a los turistas a visitar los barrios humildes de algún país pobre para conocer cómo viven las personas menos privilegiadas.	*Gisela* **30 años** Enseño historia en una escuela primaria. Me gustaría ir a Europa y visitar las principales capitales. En dos semanas podría visitar cinco o seis ciudades. Lo que más me interesa es ver la arquitectura y visitar los museos. Prefiero hacerlo por mi cuenta, quizá con una amiga, y no como parte de un viaje organizado.

2
10 min.
Cada grupo debe preparar una breve presentación explicando qué opinan sobre la respuesta de la persona elegida. ¿Les parece una buena idea? ¿Por qué? En caso de que no todos opinen lo mismo sobre el tema, mencionen las distintas opiniones.

3
25 min.
Los diferentes grupos presentan sus ideas a la clase, mientras todos toman nota.

4
10 min.
Cuando todos los grupos hayan terminado de presentar sus ideas, toda la clase participa haciendo preguntas, expresando sus opiniones o defendiendo sus puntos de vista.

La naturaleza

Communicative Goals

You will expand your ability to...

- talk about the environment
- talk about statistics and numbers
- write a simple speech
- write a five-paragraph essay

Autorretrato con mono, 1938.
Frida Kahlo, México.

"Algún día el árbol que has tronchado
te hará falta para respirar."

— Iris M. Landrón

 **Antes de leer**

INSTRUCTIONAL RESOURCES
Supersite

Vocabulario

ambiental *environmental*	**el monte** *mountain*
el bombardeo *bombing*	**la pureza** *purity*
el ecosistema *ecosystem*	**el refugio** *refuge*
la especie *species*	**el terreno** *land*
el/la manifestante *protester*	**el veneno** *poison*

El Yunque Completa las oraciones.

1. Puerto Rico es una isla de _____terreno_____ muy variado: hay montañas, playas y hasta un bosque tropical, el Bosque Nacional del Caribe, también llamado El Yunque.

2. El Yunque tiene una diversidad de vegetación impresionante, que incluye casi 250 _____especies_____ de árboles.

3. También es un _____refugio_____ natural para los animales, ya que en el bosque están protegidos de la caza (*hunting*).

4. El _____monte_____ más alto de El Yunque es El Toro, con una altura de 1.077 metros (3.533 pies).

5. Hay grupos dedicados a la protección _____ambiental_____ de El Yunque. Buscan preservar la _____pureza_____ de este paraíso tropical.

Conexión personal ¿Qué significa la naturaleza para ti? ¿Es una fuente de trabajo o de comida? ¿O es un lugar de diversión y belleza? ¿Qué haces para proteger la naturaleza?

Contexto cultural

Situada en el agua transparente del Mar Caribe, la pequeña **isla de Vieques** es un refugio de lagunas, bahías y playas que forman un hábitat ideal para varias clases de tortugas marinas (*sea turtles*), el manatí antillano (*manatee*) y arrecifes de coral. La gente de Vieques comparte los pequeños montes y las aguas cristalinas (*crystal clear*) de la isla con una rica variedad de flora y fauna, entre ellas cinco especies de plantas y diez especies de animales en peligro de extinción.

La isla de Vieques, de 33 kilómetros de largo por 7,2 de ancho (20,5 por 4,3 millas), es un municipio de Puerto Rico y tiene 9.000 habitantes. Puerto Rico es un Estado Libre Asociado de los Estados Unidos y tiene su propia constitución. Los habitantes de Puerto Rico, también llamados *boricuas*, son ciudadanos (*citizens*) estadounidenses pero no votan en las elecciones nacionales para la presidencia, el Congreso o el Senado. Puerto Rico tiene un solo representante en el Congreso de los EE.UU., el Comisionado Residente, quien tiene derecho a voz pero no a voto, excepto en algunos casos.

Conexión personal
Ask students about the first time they experienced a particular aspect of nature. Ex: **¿Recuerdan la primera vez que vieron el mar, la nieve o un eclipse? ¿Cómo se sintieron?**

Contexto cultural
Ask students to discuss the link between tourism and nature conservation. **¿Creen que se puede aumentar el turismo de una zona y a la vez proteger las riquezas naturales del lugar? ¿El turismo puede dañar la naturaleza? ¿Cómo?**

La conservación de Vieques

Vieques—Vista aérea de la zona de maniobras militares

1 **"¡Vieques renace!"°** anuncia el gobierno de este municipio   *Vieques is reborn!*
   puertorriqueño, que busca estimular la economía de una isla rica
   en naturaleza pero pobre en economía. Vieques dispone de°   *boasts*
   sitios arqueológicos importantes, playas espectaculares, un fuerte°   *fort*
5 histórico y una bahía bioluminiscente, la Bahía Mosquito, que es
   una maravilla de la naturaleza. Sus arrecifes de coral contienen
   un ecosistema de enorme productividad y diversidad biológica.
   Forman un pequeño paraíso que alberga y protege una inmensa
   variedad de especies de plantas y animales acuáticos.

suffered

Navy

evicted 15

live-fire range 25

angered
inhabitants of
Vieques
gave rise to 30

training

Sin embargo, en vez de tener una tradición de alto turismo, la isla ha padecido° graves problemas. Vieques fue utilizada por la Armada° de los Estados Unidos para prácticas de bombardeo desde 1941. En esa época muchas personas fueron desalojadas° cuando la Armada ocupó dos sectores en los extremos de la isla. Las prácticas continuaron durante varias décadas, pero en abril de 1999 un guardia de seguridad murió cuando una bomba cayó fuera de la zona de tiro°. La muerte de David Sanes encolerizó° a los viequenses° y dio origen a° una campaña de desobediencia civil. El presidente Clinton prometió cesar el entrenamiento° de bombardeo en Vieques, pero éste continuó con bombas inertes a pesar de que los viequenses habían exigido "¡Ni una bomba

> **La protesta se centró en gran parte en los problemas que las bombas habían causado al medioambiente, a la economía de Vieques y a la salud de los viequenses.**

más!". Los manifestantes entraban en la zona de tiro y establecían campamentos; otros se manifestaban° en Puerto Rico y en los Estados Unidos, y pronto captaron° la atención internacional. Robert Kennedy, Jr., 40 Jesse Jackson, Rigoberta Menchú y el Dalai Lama, entre otros, hicieron declaraciones a favor de Vieques y muchas personas fueron a la cárcel° después 45 de ser arrestadas en la zona de tiro.

demonstrated

captured

jail

La protesta se centró en gran parte en los problemas que las bombas habían 50 causado al medioambiente, a la economía de Vieques y a la salud de los viequenses. Las décadas de prácticas de bombardeo dejaron un nivel 55 muy alto de contaminación, que incluye la presencia de uranio reducido (un veneno muy peligroso). Algunos piensan que la incidencia de cáncer de Vieques —25% más alta que la de todo Puerto Rico— se debe a la exposición 60 de los habitantes a elementos tóxicos. Estas acusaciones han provocado controversia ya que la Armada negó los efectos sobre la salud de los viequenses. Finalmente, después de una dura campaña de protesta y lucha°, las 65 prácticas de bombardeo terminaron para siempre en 2003. Los terrenos de la Armada pasaron al Departamento de Caza y Pesca, y la Agencia de Protección Ambiental (EPA) declaró en 2005 que la limpieza ambiental 70 de Vieques se convertiría en una de las prioridades nacionales.

struggle

Los extremos este y oeste de la isla ahora constituyen una reserva ambiental, la más grande del Caribe. Los viequenses esperan 75 que la isla pueda, en su renacimiento, volver a un estado de mayor pureza natural y al mismo tiempo desarrollar su economía. Vieques sigue siendo un símbolo de resistencia y es un lugar cada día más popular para el 80 turismo local y extranjero. ∎

¿Qué es la bioluminiscencia?

Es un efecto de fosforescencia verdeazul, causado por unos microorganismos que, al agitarse, dan un brillo extraordinario a las aguas durante la noche. El pez o bañista que se mueve bajo el agua emite una luz radiante. Para que se produzca este fenómeno extraordinario, se requiere una serie de condiciones muy especiales de temperatura, ambiente y poca contaminación.

Después de leer

La conservación de Vieques

1 **Comprensión** Elige la respuesta correcta.

1. Vieques es un municipio de (la República Dominicana/<u>Puerto Rico</u>).

2. Entre los atractivos de la isla se encuentra (un pico altísimo/<u>una bahía bioluminiscente</u>).

3. Los arrecifes de coral son importantes para la biodioversidad porque (<u>albergan una inmensa variedad de especies</u>/protegen la capa de ozono).

4. La protesta en contra de la presencia de la Armada se produjo después (<u>de la muerte de un guardia de seguridad</u>/del uso de bombas inertes).

5. Las prácticas de bombardeo dejaron (problemas de erosión/<u>un nivel alto de contaminación</u>).

6. Muchas personas fueron arrestadas (por robar uranio reducido/<u>por ingresar en la zona de prácticas de bombardeo</u>).

7. Los extremos de la isla ahora contienen (una zona de tiro/<u>una reserva ambiental</u>).

8. La bioluminiscencia es un efecto causado por (<u>microorganismos</u>/la contaminación).

2 **Interpretación** Responde las preguntas.

1. ¿Qué potencial turístico tiene Vieques? Da ejemplos. Vieques tiene mucho potencial turístico. Tiene sitios arqueológicos importantes, playas espectaculares, un fuerte histórico y una bahía bioluminiscente.

2. ¿Qué hacía la Armada en Vieques? La Armada realizaba prácticas de bombardeo.

3. ¿Cuál era el deseo de los manifestantes de Vieques? El deseo de los manifestantes era terminar con las prácticas de bombardeo.

4. ¿Por qué creen que la Armada de los Estados Unidos estaba autorizada a hacer prácticas de bombardeo en Vieques? Suggested answer: La Armada de los EE.UU. estaba autorizada porque Puerto Rico es parte de los Estados Unidos.

5. ¿Qué ocurre cuando una persona o un pez nada en la bahía bioluminiscente? La persona o el pez emite una luz radiante.

3 **Ampliación** En parejas, contesten las preguntas.

1. ¿Por qué es importante conservar una isla como Vieques?

2. ¿Qué efectos puede tener la declaración de la EPA? ¿Cómo puede mejorar la vida de los viequenses si se limpia la contaminación?

4 **Reunión con el presidente** En grupos de cuatro, preparen una conversación sobre las prácticas de la Armada. Por una parte hablan dos manifestantes y por otra el presidente Clinton y un(a) representante de la Armada. Utilicen los tiempos verbales que conocen, incluyendo el futuro. Después representen la conversación delante de la clase.

5 **El futuro de Vieques** Imagina que eres un habitante de Vieques. Escribe una carta a un amigo contándole cómo crees que cambiarán las cosas en Vieques. Explica cómo se resolverán los problemas de contaminación y cómo se va a promover el turismo.

2 Ask expansion questions, such as: **¿Qué efectos tuvo la presencia de la Armada en la salud de los habitantes? ¿Conocen otros lugares donde los habitantes hayan sufrido problemas de salud a causa de la contaminación?**

4 In order to help students prepare the dialogue, have groups make a two-column chart listing the important supporting arguments for the protesters and the U.S. government.

5 As an optional writing expansion, have students include a paragraph in which they try to convince their friend to visit Vieques.

Opiniones

① **Conversación** En parejas, contesten estas preguntas.

México, D.F.

Coca, Ecuador

1. ¿Qué problemas ambientales te preocupan más? ¿Por qué?
2. ¿Qué efecto tiene el turismo en el medioambiente? ¿Positivo? ¿Negativo? ¿Por qué?
3. ¿Qué sugerencias tienes para reducir la contaminación en las ciudades?
4. ¿Dónde deben realizarse prácticas militares? ¿Por qué?
5. Imagina que, a fin de año, al gobierno de tu ciudad le sobran cien mil dólares y los quiere repartir entre causas ambientales, servicios sociales y nuevas medidas de seguridad. ¿Cómo deben repartirse los fondos? ¿Por qué?
6. ¿Deben los países industrializados ayudar a cuidar el medioambiente en los países en desarrollo? ¿Por qué?

② **Por escrito** Elige uno de estos temas y escribe un discurso (*speech*) de una página.

- Tu escuela o universidad organizó una jornada de propuestas ambientales e invitó a los estudiantes a preparar discursos con sus propuestas para solucionar algún problema ambiental local. Tú has decidido participar. Escribe un discurso.

- Tu escuela o universidad prohibió el uso de vehículos motorizados dentro del campus para reducir la contaminación. Tú estás en desacuerdo con esta decisión y crees que existen otras maneras de ayudar a cuidar el medioambiente sin dificultar la vida diaria de los estudiantes. Escribe un discurso para leer en una reunión estudiantil.

Estrategia de comunicación

Estructuras y expresiones útiles para discursos

- Presentación: Damas y caballeros/Señoras y señores/Compañeros y compañeras

- Mandatos: ¡Acompáñenme en este proyecto! ¡Háganse escuchar!

- Conjunciones: **A menos que** trabajemos juntos, ... /**Para que** esta propuesta tenga éxito, ... / **Hasta que** las autoridades nos escuchen, ...

- Verbos útiles: prometer, asegurar, garantizar

---

① Before beginning the activity, ask students to list the three social and environmental problems that concern them. Make a list and see what the top three concerns are for the entire class. Refer to the list when answering question number 5.

② For the first bullet, have students work in small groups to brainstorm a list of problems and solutions. Allow students to choose from the list when choosing their speech topics. For the second bullet, put students who select this topic in small groups to list other ways to protect the environment without limiting the use of cars.

② If some students favor prohibiting motorized vehicles on campus, allow them the third option of creating a rebuttal speech to explain why limiting cars is a good idea.

El día menos pensado

Una producción de FONDO NACIONAL PARA LA CULTURA Y LAS ARTES/INSTITUTO MEXICANO DE CINEMATOGRAFÍA/
GUERRILLA FILMS con apoyo de MEXATIL INDUSTRIAL, S.A. DE C.V./EQUIPMENT & FILM DESIGN (EFD)/CALABAZITAZ
TIERNAZ/KODAK DE MÉXICO/CINECOLOR MÉXICO Guión y Dirección RODRIGO ORDÓÑEZ Basada en un cuento de SERGIO
FERNÁNDEZ BRAVO Fotografía EVERARDO GONZÁLEZ Productor Ejecutivo GABRIEL SORIANO Dirección de Arte AMARANTA
SÁNCHEZ Música Original CARLOS RUIZ Diseño Sonoro LENA ESQUENAZI Edición JUAN MANUEL FIGUEROA
Actores FERNANDO BECERRIL/MARTA AURA/BRUNO BICHIR/CLAUDIA RÍOS

Antes de ver el corto

EL DÍA MENOS PENSADO

país México **director** Rodrigo Ordóñez

duración 13 minutos **protagonistas** Julián, Inés, Ricardo (vecino), Esther (esposa de Ricardo)

Vocabulario

acabarse *to run out; to come to an end*
la cisterna *cistern; underground tank*
descuidar(se) *to get distracted; to neglect*
disculparse *to apologize*
envenenado/a *poisoned*
quedarse sin *to run out of/to be out of*

resentido/a *resentful*
la salida *exit*
sobre todo *above all*
el tanque *tank*
la tubería *piping*
el/la vándalo/a *vandal*

INSTRUCTIONAL RESOURCES
Supersite/DVD: Film Collection
Supersite: Script & Translation

1 El carpincho Pedro Completa el párrafo.

 Noticia de último momento: un grupo de (1) ___vándalos___ causó graves daños (*harm*) en la Reserva Ecológica. Aparentemente, los guardias nocturnos (2) ___se descuidaron___ y no los vieron entrar por una de las (3) ___salidas___. Los delincuentes hicieron un agujero (*hole*) en la (4) ___tubería___ que lleva agua para llenar los (5) ___tanques___ en la zona de los baños. Eso no fue todo. Por la mañana, los guardaparques se encontraron con una triste escena. Además de encontrar el parque inundado (*flooded*) y de (6) ___quedarse sin___ agua en la (7) ___cisterna___, encontraron muy enfermo al carpincho (*capybara*) Pedro, el animalito más querido de la reserva. Le habían dado comida (8) ___envenenada___. Afortunadamente, los veterinarios aseguran que el carpincho se va a recuperar.

1 Ask students to create sentences to continue the story with the vocabulary words not used in the exercise.

2 Preguntas En parejas, contesten las preguntas.

1. ¿Qué tipos de contaminación hay en su comunidad? Mencionen dos o tres.
2. ¿Creen que algún día se puede acabar el agua? ¿Qué pasará si eso sucede?
3. Observen el afiche del cortometraje. ¿Qué está mirando el hombre?
4. Observen los fotogramas. ¿Qué está sucediendo en cada uno?
5. El corto se titula *El día menos pensado* (*When you least expect it*). ¿Qué catástrofes ecológicas pueden ocurrir el día menos pensado?

2 Continue discussion by asking students additional questions. ¿Se preocupan mucho por el futuro del planeta? ¿Creen que es fácil vivir sin pensar tanto en los problemas del medio ambiente? Ask heritage speakers which environmental issues are important in their families' native countries.

Teaching option In small groups, have students discuss films they have seen that involve an environmental crisis or natural disaster. ¿Fue realista la representación del problema? ¿Cómo afectó la situación a los personajes, al gobierno y a la sociedad?

SUPERSITE

Watch the short film at
ventanas.vhlcentral.com.

Escenas

ARGUMENTO Una ciudad se ha quedado sin agua potable. Mucha gente se ha ido. Algunos se quedan vigilando la poca agua que les queda.

Synopsis A town has run out of clean water. Inés and Julián decide they must leave with their neighbors, despite the threat of vandals. What happens when people become truly desperate?

Preview Ask students: **¿Algunos de ustedes han vivido en un lugar donde hay riesgo de escasez o de contaminación de agua? ¿Toman agua de la llave o grifo (tap)?**

JULIÁN Inés, nos tenemos que ir.
INÉS Dicen que todo se va a arreglar. Que si no, es cuestión de esperar hasta que lleguen las lluvias.
JULIÁN Sí, pero no podemos confiar en eso. No a estas alturas°.

INÉS ¿Cómo vamos a salir de la ciudad? Dicen que en todas las salidas hay vándalos. Y que están muy resentidos porque ellos fueron los primeros que se quedaron sin agua.
JULIÁN Si no digo que no sea peligroso. Pero cuando se nos acabe el agua nos tenemos que ir de todos modos.

INÉS ¿Pasa algo?
JULIÁN Ya no tenemos agua.
INÉS En la tele dijeron que...
JULIÁN ¡Qué importa lo que hayan dicho! ¡Se acabó!

JULIÁN Aunque lograran° traer agua a la ciudad, no pueden distribuirla. Las tuberías están contaminadas desde el accidente. Ninguna ayuda llegará a tiempo, y menos aquí.
INÉS Pero no quiero dejar mi casa.

JULIÁN Y a ustedes, ¿cuándo se les acabó el agua?
RICARDO Antier° en la noche nos dimos cuenta.
JULIÁN Ricardo, ¿quieren venir con nosotros?

JULIÁN No nos va a pasar nada, Inés. ¿Qué nos pueden hacer? Todos estamos igual.

a estas alturas at this stage **lograran** managed to **antier** the day before yesterday

Después de ver el corto

(1) Comprensión Contesta las preguntas con oraciones completas.

1. ¿Qué hace el hombre en el techo de su casa? ¿Por qué?
Está vigilando el tanque de agua porque no hay agua en la ciudad.
2. ¿Qué le dice el hombre a su esposa cuando está desayunando?
Le dice que se tienen que ir de la ciudad.
3. ¿Qué hay en las salidas de la ciudad?
En las salidas de la ciudad hay vándalos.
4. ¿Qué pasa con las tuberías?
Las tuberías están contaminadas.
5. ¿Por qué deciden irse de la ciudad? ¿Quiénes van con ellos en el carro?
Deciden irse de la ciudad porque se han quedado sin agua. Los vecinos, Ricardo, Esther y su bebé, van con ellos en el carro.

(2) Ampliación En parejas, contesten las preguntas.

1. ¿Qué creen que ocurre al final?
2. El agua está envenenada por un accidente. ¿Qué tipo de accidente creen que hubo?
3. ¿Creen que Ricardo es una mala persona porque intentó robar agua? ¿Por qué?
4. ¿Quiénes son las personas que aparecen al final del corto? ¿Qué quieren?
5. Imaginen que son los protagonistas de este corto. ¿Qué opciones tienen?

(3) ¿El agua en peligro? En grupos de tres, lean el texto y respondan las preguntas.

Construimos nuestras ciudades cerca del agua; nos bañamos en el agua; jugamos en el agua; trabajamos con el agua. Nuestras economías están en gran parte basadas sobre la fuerza de su corriente, el transporte a través de ella, y todos los productos que compramos y vendemos están vinculados, de una u otra manera, al agua. Nuestra vida diaria se desarrolla y se configura en torno al agua. Sin el agua que nos rodea nuestra existencia sería inconcebible. En las últimas décadas, nuestra estima por el agua ha decaído. Ya no es un elemento digno de veneración y protección, sino un producto de consumo que hemos descuidado enormemente. El 80% de nuestro cuerpo está compuesto de agua y dos tercios de la superficie del planeta están cubiertos por agua: el agua es nuestra cultura, nuestra vida.

Declaración de la UNESCO con motivo del Día Mundial del Agua 2006.

1. ¿Creen que realmente estamos descuidando el agua, o el aumento del consumo es una consecuencia normal del aumento de la población?
2. Algunos expertos opinan que en el futuro se puede desencadenar una guerra mundial por el agua. ¿Creen que esto es una exageración? ¿Por qué?
3. ¿Creen que es posible cuidar el agua y otros recursos naturales sin tener que hacer grandes cambios en nuestro estilo de vida?
4. ¿Creen que hay naciones que son más responsables que otras por el consumo excesivo de recursos naturales? Expliquen su respuesta.

(4) Guión Esther baja del carro con su bebé y se dirige hacia la multitud. Imaginen que el corto muestra la conversación entre Esther y una de las personas del grupo. Escriban las próximas diez líneas del guión y represéntenlas para la clase.

---

(1) For slower-paced classes, replay scenes from the film to help students answer the questions.

(2) For item 5, ask these additional questions: **¿Con cuál de los personajes te identificas más? ¿Cómo reaccionas tú ante una emergencia? ¿Puedes pensar en alguna situación peligrosa que hayas enfrentado?**

Teaching option After viewing the film, ask if any student had predicted the open ending. **¿Cuál es el efecto del final abierto? ¿Es la incertidumbre un aspecto importante del tema?**

INSTRUCTIONAL RESOURCES
Supersite: Literatura recording

Vegetación Tropical, 1948.
Wifredo Lam, Cuba.

"En la naturaleza nada hay superfluo."

— Averroes

Antes de leer

El eclipse

Sobre el autor

Augusto Monterroso nació en Honduras en 1921, pero pasó su infancia y juventud en Guatemala. En 1944 se radicó (*settled*) en México tras dejar Guatemala por motivos políticos. A pesar de su origen y de haber vivido su vida adulta en México, siempre se consideró guatemalteco. Monterroso tuvo acceso desde pequeño al mundo intelectual de los adultos. Fue prácticamente autodidacta: abandonó la escuela a los 11 años y con sólo 15 años fundó una asociación de artistas y escritores. Considerado padre y maestro del microcuento latinoamericano, Monterroso recurre (*resorts to*) en su prosa al humor inteligente con el que presenta su visión de la realidad. Entre sus obras se destacan *La oveja negra y demás fábulas* (1969) y la novela *Lo demás es silencio* (1978). Recibió numerosos premios, incluso el Premio Príncipe de Asturias en 2000.

Vocabulario

aislado/a *isolated*	**florecer** *to flower*	**sacrificar** *to sacrifice*
digno/a *worthy*	**oscurecer** *to darken*	
disponerse a *to be about to*	**prever** *to foresee*	**salvar** *to save*
la esperanza *hope*	**la prisa** *hurry; rush*	**valioso/a** *valuable*

Exploradores Completa esta introducción de un cuento.

Los exploradores salieron rumbo a la ciudad perdida sin (1) ___prever___ ninguno de los peligros de la selva. El viejo mapa indicaba que la ciudad escondía un (2) ___valioso___ tesoro. Cuando (3) ___se disponían___ a iniciar la marcha, se dieron cuenta de que iba a (4) ___oscurecer___ antes de que llegaran, por lo que decidieron avanzar con (5) ___prisa___. Tenían la (6) ___esperanza___ de llegar antes de la medianoche.

Conexión personal

¿Alguna vez viste un eclipse? ¿Cómo fue la experiencia? ¿Hay algún fenómeno natural al que le tengas miedo? ¿Cuál? ¿Por qué?

Análisis literario: El microcuento

El microcuento es un relato breve, pero no por eso se trata de un relato simple. En estos cuentos, el lector participa activamente porque debe compensar los recursos utilizados (economía lingüística, insinuación, elipsis) a través de la especulación o haciendo uso de sus conocimientos previos. A medida que lees *El eclipse*, haz una lista de los conocimientos previos y también las especulaciones que sean necesarios para comprender el relato.

Conexión personal Have a volunteer talk about a natural disaster he or she has experienced. **¿Dónde ocurrió? ¿Cómo te sentiste? ¿Fue una situación grave?**

Análisis literario Point out that **microcuentos** are sometimes called **microrrelatos** or **minicuentos**.

Análisis literario Survey the class to see if any students write creatively in their free time. Then ask: **¿Creen que el autor siempre tiene que pensar en las experiencias previas del lector? ¿El lector puede ser pasivo? Expliquen su respuesta.**

Teaching option Write on the board Monterroso's famous seven-word **microcuento**: "Cuando despertó, el dinosaurio todavía estaba allí." Ask students to speculate about what happened before the beginning of the story. What prior knowledge do they need to resort to in order to make sense of the story?

Preview Ask students to think about the title and predict what an eclipse might symbolize in the story.

EL ECLIPSE

Augusto Monterroso

Teaching option As
students read the story,
have them take notes on
how the author depicts the
passing of time. Then ask
students what effect the
author's treatment of time
has on the pace and flow
of the story.

friar 1   Cuando fray° Bartolomé Arrazola se sintió perdido,
          aceptó que ya nada podría salvarlo. La selva

powerful/captured   poderosa° de Guatemala lo había apresado°,
implacable y definitiva. Ante su ignorancia topográfica se

5 sentó con tranquilidad a esperar la muerte. Quiso morir allí,
sin ninguna esperanza, aislado, con el pensamiento fijo en
la España distante, particularmente en el convento de Los
Abrojos, donde Carlos Quinto condescendiera una vez a

zeal bajar de su eminencia para decirle que confiaba en el celo°

redemptive 10 religioso de su labor redentora°.

surrounded   Al despertar se encontró rodeado° por un grupo de indígenas

face de rostro° impasible que se disponían a sacrificarlo ante un

bed altar, un altar que a Bartolomé le pareció como el lecho° en que

fears descansaría, al fin, de sus temores°, de su destino, de sí mismo.

15   Tres años en el país le habían conferido un mediano

command (of a language) dominio° de las lenguas nativas. Intentó algo. Dijo algunas
palabras que fueron comprendidas.

blossomed   Entonces floreció° en él una idea que tuvo por digna de su
talento y de su cultura universal y de su arduo conocimiento

20 de Aristóteles. Recordó que para ese día se esperaba un eclipse

deepest recesses/to take total de sol. Y dispuso, en lo más íntimo°, valerse de° aquel
advantage of
to trick; to deceive conocimiento para engañar° a sus opresores y salvar la vida.

      —Si me matáis —les dijo— puedo hacer que el sol se
oscurezca en su altura.

25   Los indígenas lo miraron fijamente y Bartolomé sorprendió
la incredulidad en sus ojos. Vio que se produjo un pequeño

counsel/disdain consejo°, y esperó confiado, no sin cierto desdén°.

      Dos horas después el corazón de fray Bartolomé Arrazola

was gushing chorreaba° su sangre vehemente sobre la piedra de los

30 sacrificios (brillante bajo la opaca luz de un sol eclipsado),
mientras uno de los indígenas recitaba sin ninguna inflexión
de voz, sin prisa, una por una, las infinitas fechas en que se
producirían eclipses solares y lunares, que los astrónomos de
la comunidad maya habían previsto y anotado en sus códices

35 sin la valiosa ayuda de Aristóteles. ■

El eclipse
Augusto Monterroso

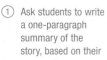

① Ask students to write a one-paragraph summary of the story, based on their answers.

② Ask questions for students to reflect on their reaction to the story: **¿Creían que fray Bartolomé iba a sobrevivir? ¿En qué momento de la historia se dieron cuenta de que iba a morir? ¿Se identifican con el protagonista?**

③ Suggest that students divide the research tasks among their group. Appoint one person to research the history of the phenomenon or disaster, another to find visual aids, and a third to find news stories or anecdotes.

③ For Part B, as students read their **microcuento** aloud, have the rest of the class jot down any questions they have.

④ Encourage students to use comparatives and superlatives in their letters.

④ As an expansion activity, have students write a response letter from the point of view of King Charles V.

1 Comprensión Contesta las preguntas con oraciones completas.

1. ¿Dónde se encontraba fray Bartolomé?
   Él se encontraba en la selva de Guatemala.
2. ¿Conocía el protagonista la lengua de los indígenas?
   Sí, conocía varias lenguas nativas.
3. ¿Qué querían hacer los indígenas con fray Bartolomé?
   Ellos querían sacrificarlo.
4. ¿Qué les advirtió fray Bartolomé a los indígenas?
   Él les advirtió que si lo mataban iba a hacer que el sol se oscureciera.
5. ¿Qué quería fray Bartolomé que los indígenas creyeran?
   Él quería que los indígenas creyeran que tenía poderes sobrenaturales.
6. ¿Qué recitaba un indígena mientras el corazón del fraile sangraba?
   Un indígena recitaba las fechas en que se producirían eclipses solares y lunares.

2 Interpretación Contesta las preguntas.

1. ¿Por qué crees que fray Bartolomé pensaba en el convento de Los Abrojos antes de morir?

2. ¿Cuál había sido la misión de fray Bartolomé en Guatemala?

3. ¿Quién le había encomendado esa misión?

4. A pesar de los conocimientos de Aristóteles, ¿por qué el protagonista no consiguió salvarse?

3 Fenómenos naturales En la historia de la humanidad, los fenómenos y los desastres naturales y otros acontecimientos han sido motivo de muchos temores (*fears*) y supersticiones. A veces, esos temores tenían fundamento, pero otras veces eran supersticiones sin fundamento alguno.

A. En grupos de tres, investiguen acerca de un fenómeno o un acontecimiento que haya despertado grandes temores antes de suceder. ¿Se cumplieron los temores o eran supersticiones sin fundamento? Pueden elegir situaciones de la lista o pensar en otros. Presenten la investigación al resto de la clase.

- el cometa Halley
- la llegada del año 2000
- la amenaza nuclear durante la guerra fría
- la erupción del volcán Vesubio en Pompeya

B. Escriban un microcuento sobre uno de los fenómenos o acontecimientos presentados. Lean el microcuento al resto de la clase. Sus compañeros/as deben adivinar de qué fenómeno o acontecimiento se trata.

4 Escribir En la selva guatemalteca, fray Bartolomé seguramente observó gran cantidad de plantas silvestres y animales salvajes que no conocía hasta entonces. Investiga acerca de la flora y la fauna de la selva guatemalteca. Luego, imagina que eres fray Bartolomé y tienes que escribirle una carta al Rey Carlos V contándole acerca de lo que observaste en la selva.

MODELO Estimado Rey Carlos V: Como Su Majestad sabe, le escribo desde la selva de Guatemala adonde llegué hace ya tres años. En esta carta, quiero contarle...

Teaching option Have students invent an alternate ending to the story and share it with the rest of the class. Then have students vote on the best ending.

Mateo Simbaña

Sobre la autora

La ecuatoriana **Teresa Crespo Toral** da vida en sus obras a los individuos, flora y fauna del Ecuador. Entre sus obras se destacan *Breves Poemas en Prosa, Pepe Golondrina, La Navidad de los Duendes, Rondas y Canciones*. El cuento *Ana de los Ríos* ha sido llevado al cine, para los países andinos, por el Convenio "Andrés Bello". La escritora afirma que para crear literatura infantil, es necesario permitir "que el niño que [existe] en nosotros, que [sueña] y [siente] como ellos, corretee (*frolic*) con ellos por los campos de la niñez asoleada (*sunshiny*)". Publicadas en antologías y revistas literarias ecuatorianas e internacionales, las obras de Teresa Crespo Toral abren una ventana al misterioso paisaje (*landscape*) del Ecuador.

Vocabulario

el amanecer *dawn*	**el borrego** *young lamb*	**el humo** *smoke*	**el pastor** *shepherd*
el ave *bird*	**el fuego** *fire; flame*	**el incendio** *fire*	**el rebaño** *flock*

Vocabulario Completa el párrafo.

Un mito del Ecuador cuenta que, en otra época, el cóndor, un (1) ___ave___ enorme, espiaba y comía a los niños y animales domésticos como los (2) ___borregos___ que pastaban con los (3) ___rebaños___. En la actualidad, sobreviven menos de cien cóndores en Ecuador. Al (4) ___amanecer___, se los puede ver volar entre el (5) ___humo___ que sale del cráter del volcán Pichincha.

Conexión personal

¿Saldrías solo/a pasear por el monte? ¿Te perdiste alguna vez en las montañas o en el bosque? ¿Conoces la historia de alguien que se haya perdido? ¿Qué sucedió?

Análisis literario: La literatura infantil

La definición de literatura infantil varía tanto como los cuentos mismos: ¿Son libros que una editorial designa especialmente para jóvenes? ¿Aparecen siempre los niños de protagonistas? ¿Es importante que haya una lección moral? Hay tantas excepciones como ejemplos. Quizás el único hilo conductor que conecte épocas y temas sea una sensación de maravilla y descubrimiento. Desde la tradición más antigua de literatura oral, pasando por los cuentos de hadas (*fairy tales*), hasta llegar a la literatura contemporánea, la literatura infantil invita a los lectores a abrir caminos de exploración y entrar en un mundo desconocido de imaginación, placer y aprendizaje. Mientras lees "Mateo Simbaña," presta atención al asombro (*wonder*) del protagonista. ¿Qué otros elementos te hacen pensar que la obra es un ejemplo de literatura infantil?

Vocabulario Explain to students that **fuego** is general term for *fire* and can refer to both a small flame or a large fire. **Incendio** refers to a large fire.

Conexión personal Encourage students to share experiences, both good and bad, that they have had in natural settings.

Análisis literario Ask students to list books they consider to be children's literature. Then ask: **¿A los adultos les gusta leer estos libros también? ¿Por qué?**

When students reach line 18, explain that **Cúndur Huachana** refers to one of the peaks of the Pichincha volcano. It is 4,273 meters high and its name means **nido de condores** (*condor's nest*).

Mateo Simbaña

Teresa Crespo Toral

Mateo Simbaña, aquel pastorcito que andaba encumbrado° allá entre los vientos° del pajonal° y las hilachas° de nubes pastoreando su rebaño, solía sentarse en cualquier filo° de la montaña, balanceando sus piernas morenas sobre el abismo, a contemplar la ciudad que parecía embrujada°, allá abajo, con sus parcelas° cuadradas: ¡los blancos sembraban° casas!

Nunca había bajado a Quito. Tenía sólo ocho años y siempre los grandes le dejaban arriba cuidando los sembríos° de maíz o los borregos. Sólo ellos bajaban de repente y, cuando subían, traían un olor mezquino° de trago y malos tratos°.

Él vivía remontado°. Huía° de los mayores. Le gustaba, en la alborada°, asomarse° a la quebrada° grande desde el "Cúndur Huachana" y ver […] subir la gran bola del sol e irse despertando las cosas.

A sus pies los bosques° se descobijaban de las brumas° para lucir° sus diferentes tonalidades y perfumes.

A sus espaldas el monte también se despertaba. Las perdices correteaban° sus primeras carrerillas° del día entre los pucuneros° de flores blancas. Los zumbadores° volaban del uno al otro lado de la Quebrada del Cóndor° haciendo vibrar sus colas° al viento. Y algunas veces sus ovejitas recién amanecidas° temblaban° al ventear el paso del terrible lobo° del páramo°, que había madrugado°, pero Mateo armado de su pallca° y sus piedras° voladoras no le tenía miedo.

Le gustaba cada mañana recontar los

cerros grandes […], como si temiera° que la noche se hubiera tragado° algunos: empezaba allá, al rincón° del lado de su mano izquierda, con ese cerro puntiagudo° que su taita° nombraba Cotacachi; seguían las cumbres° del Mojanda; después, el Cayambe, nido° de donde se levanta el sol en los amaneceres; el Allcuquiru, con las puntas de sus dientes negros y afilados°; el Antisana, como un pájaro grande que se hubiera echado a dormir° con las blancas alas° abiertas; el Sincholagua; el Cotopaxi, dormido bajo su poncho de nieve; el Pasuchoa, el Rumiñahui, los Illinizas, el Atacazo, el Corazón y la Viudita, tímida y solitaria, ya al extremo de su mano derecha. Y allí abajo, muy cerquita, como un gran suspiro° verde en medio de casas y avenidas, el antiguo Yavirac, con Nuestra Señora de Quito posada como una gaviota de plata° sobre el mar de cúpulas, torres y techos° de la mágica ciudad. ¡No, no faltaba ninguno! […]

Uno de aquellos días en que el guambra° se había quedado solo, andaba arriba en el pajonal, pues sus borreguitos buscaban la hierba cada vez más alto; el sol había secado todo y sólo entre las rocas altas se demoraba° una hierbecita verde y jugosa […].

El viento soplaba y hacía silbar° los pajonales que parecían un mar de agua dorada meciéndose° en el aire.

El niño sujetó° el poncho con los codos contra su cuerpo para que no volara y amarró° su sombrero de

---

Marginal glosses (left column):
1 high up
winds/grasslands/ threads
ledge 5
bewitched
lots
sowed
10
crops
dirty smell alcohol and ill behavior 15
up high/ stayed away
dawn/appear
ravine
20
forests
would shed the fog/exhibit
partridges would run 25
first sprints of the day
species of tree
humming birds
the Condor's Ravine/tails 30
awakened
trembled
hear the wolf in the wind
high altitude shrub land 35
had arisen early
slingshot
rocks
40

Marginal glosses (right column):
as though he feared
might have swallowed
45 corner
sharp-pointed/daddy
peaks
nest
50
sharpened
has lain down to sleep
wings
55
sigh
60 silver seagull
rooftops
65 niño
70 remained
whistle
75 rocking
fastened
80
tied

After students read lines 93 to 101, point out the shift in tone the story takes at this point. Ask them: **¿Qué despierta a Mateo?** Show students how the paragraphs become shorter as the action becomes more intense and fast-moving.

scarf 85 lana a su cabeza con la bufanda° roja tejida por su madre, para abrigarse mejor; luego tomó en sus brazos al corderito blanco, nacido el día anterior, y mutuamente se dieron calor; se sentó detrás de una piedra grande que le tapaba del

allowing the flock to enjoy 90 viento y dejando que el rebaño gozara° de la última hierba que el verano iba respetando, se

lullaby quedó dormido con el arrullo° del viento.

De repente ¡un ruido extraño le despertó! […] Se paró empavorecido° y se

He stood up terrified
he climbed up 95 trepó° a la piedra que le había protegido del

let loose a howl viento. Lo que vio le hizo lanzar un alarido° largo y aterrorizado.

El cerro entero se estaba quemando y el viento empujaba°, empujaba la llama°; ya

pushed/flame
embers 100 las chispas° volaban hasta él y sentía un calor horrible.

burned Para el niño, el Pichincha ardía° por todos lados, el fuego había quemado casi todo el pajonal y sólo le quedaba huir hacia arriba.

105 Pero no podía abandonar sus borregos, eran doce grandes y cinco chicos° que su taita le

small había confiado, ¡lo único que tenían! […]

drive them Empezó a arriarles° hacia arriba […] con la

sandy ground esperanza de llegar al arenal° y a las altas rocas

reach them 110 donde el fuego no podía alcanzarles°.

peeping Sobre su cabeza […], sintió piar° desesperadas a las perdices y las mariposas

were colliding enloquecidas se topaban° entre ellas y caían

destroyed aniquiladas° por el humo.

115 "¡Los guambras malos de la ciudad han quemado otra vez el cerro!", gritó Mateo

bitterness angustiado y sintió rencor° en su corazón que golpeaba enloquecido dentro de su pecho por

effort el miedo y el esfuerzo° de la subida. ¡Su mundo

120 se destruía en un instante, y el mundo de esas aves y animales que huían como él del fuego!

Alcanzó a ver el gran pumamaqui a donde se trepaba con frecuencia para contar huevos de tórtolas en sus nidos y pensó que

125 en él podría refugiarse como siempre. Pero el

pushed viento atizó° la llama para ese lado y el niño

straightened up angustiado enderezó° para el otro.

De pronto, todo se volvió oscuro por el humo. "En la mitad del día había

130 anochecido". Sólo se oía el bufido del fuego avanzando, […].

El contexto andino

El cuento "Mateo Simbaña" se nutre de (*thrives on*) los lugares, la flora y fauna y también los mitos de los Andes de Ecuador. Algunos ejemplos:

Pichincha es un volcán ubicado a menos de 10 millas de Quito. Sus picos más altos son Guagua ("niño" en el idioma indígena quechua) y Rucu ("viejo").

El **pumamaqui** es un árbol muy bello de la región andina del Ecuador. Sus flores y madera (*wood*) son blancas.

La **Mama Cocha** es la diosa del mar de la tradición de los Incas. Según los mitos, su lugar sagrado se encuentra en Machu Picchu, en los Andes del Perú.

Los borregos corrían más que el niño, su instinto les empujaba, pero el chico estaba cansado; había botado° el poncho y el *tossed* sombrero porque le estorbaban y acaloraban, 135 sólo conservó la bufanda hecha por su madre, para ayudarse con ella a sostener el borreguito tierno que aún dormía confiado contra su pecho.

¡De repente, por delante le salió al 140 encuentro el fuego! […] No tenía por donde huir. Las ovejas° se habían detenido y hacían *sheep* un blanco círculo de temblores y balidos cada vez más estrecho a su alrededor. El calor le asfixiaba, el humo no le dejaba respirar, 145 *he started sinking* sintió como un vértigo y se fue hundiendo°, *he started sinking* hundiendo en una masa negra y roja, caliente y espesa°. *thick*

Los pequeños animales del bosque original seguían su huída°; enloquecidos, los conejos 150 *flight* pasaban como motas veloces° y se volvían *swift specks* desesperados sin hallar° salida. Las aves habían *finding* volado hace mucho tiempo; ¡sólo un cóndor planeaba soberbio° sobre la desolación del *a proud condor glided* incendio! Era como si su corazón de gigante, 155 hecho a las emociones fuertes°, disfrutara° del *used to strong emotions/ were enjoying* magnífico espectáculo del fuego.

De pronto el cóndor vio, cercado por las llamas, ese grupo aterrorizado del niño y sus ovejas. Conocía a Mateo, pues le había seguido 160 muchas veces desde las alturas buscando la ocasión de pillarle descuidado° para quitarle un *catch him when he was distracted*

After students read lines 158 to 164, point out that this
signals a second shift in the story's action and tone. Ask:
¿Por qué agarra el cóndor a Mateo y su borrego?

borrego, un corderito, algo. Pero el guambra
siempre había logrado escabullirse lanzándole

scaring him off 165 piedras terribles con su pallca, o espantándole°
con sus silbidos. Ahora estaba allí caído, como
muerto, y algo blanqueaba entre sus brazos
apretados. Voló más bajo y vio que era un
corderito […]. Y el fuego ya mismo llegaba a

170 él… Y el niño estaba indefenso…

Como un rayo se lanzó el cóndor sin pensar
lo que hacía, agarró con su pico° curvo y fuerte

beak
flint como un pedernal° al chico por el cuello de la
camisa, lo afirmó con sus garras° en la bufanda

talons
175 roja y los levantó batiendo sus inmensas alas. Se
elevó planeando sobre la altura, gozando con
la sensación de una doble presa° joven y fresca,

prey
was bleating pues el corderito aún balaba° entre los brazos
crossed anudados° del chico […].

180 El sol ardía sobre los cristales translúcidos
de los nevados y su disco rojizo° se perdía tras

reddish
peaks los últimos picachos° del Rucu Pichincha,
cuando el "Cóndor Rumi" llegó volando a su
alto nido y depositó a Mateo Simbaña en el

cushioned/straw 185 fondo acolchonado° de plumas y paja°. El niño
seguía inconsciente, pero apretaba su cordero
dormido entre sus brazos; el balanceo del gran
cóndor en la altura había mecido al animalito
tierno que se había quedado dormido […].

190 Al día siguiente "Cóndor-Rumi" se

set sail lanzó° al aire con el primer rayo de sol que le
enviaba su hermano "Yúrac-Cóndor" desde
las nieves del Cayambe. Todas las mañanas
ellos se citaban en el cenit° del cielo de Quito

zenith
195 y planeaban sobre la ciudad dormida. Nunca
comía antes de su primer vuelo matinal; le

light gustaba sentirse liviano° para la competencia,
would challenge pues su hermano le desafiaba° a vuelos largos
de Sur a Norte, desde Tiopullo hasta Mojanda,

plain 200 o algo menores, desde el Ungüi hasta la pampa°
grande de Iñaquito donde los aviones semejan
inútiles pájaros posados sobre el suelo como si
estuvieran muertos, impotentes mientras los
hombres no se despertaran y les obligaran a

polluting/streams 205 volar, ensuciando° el aire con sus chorros° de
roars vapor y sus rugidos°.

Ellos, los cóndores, eran libres, volaban
porque querían y a donde querían. A veces
se posaban largamente sobre las crestas de

210 los cerros que miraban a los anchos valles de

Tumbaco o Chillo. O se internaban° por el *would penetrate*
cañón del Guayllabamba, dejándose llevar
por el viento potente que corría como un río
en el aire, se emborrachaban del aromo de
los chirimoyos°, que subía hasta ellos, al paso 215 *cherimoya fruit trees*
desayunaban juntos algún becerro tumbado
de un aletazo°, luego volvían a subir batiendo *knocked down by a stroke of the wing*
sus alas poderosas y bajaban a posarse, a más
de 4.500 metros de altura, en los riscos del
Guagua Pichincha. […] Después, meditando, 220
soñando a ratos sobre las rocas, esperaban
en las alturas que los hombres se durmieran
para salir ellos, libremente, a hacer su ronda
nocturna y bañarse a la luz de la luna.

A veces se reunían todos los hermanos 225
cóndores que anidaban° en las montañas del *resided*
inmenso horizonte.

A "Cóndor-Rumi" todos le respetaban
porque dominaba el espacio sobre la cabeza de
los hombres; los otros vivían sobre la soledad 230
de los campos; no tenían oponentes. "Cóndor-
Inti" anidaba al filo del cráter del volcán
Cotopaxi y reinaba en la zona con su pareja
"Quintay". "Cóndor-Macanacug" era un ave
vieja y aguerrida° que anidaba solitaria entre las 235 *experienced in battle*
paredes rocosas del Rumiñahui. Del Antisana
llegaban dos cóndores jóvenes, "Huayra" y
"Nina", que contaban historias de más allá de
los Andes, donde reina el puma. Del Norte, de
las rocas altas del Cotacachi, llegaba "Sinchi- 240
Cóndor", con su plumaje erizado° por los
vientos […], y otros y otros más. *standing on end*

Todos hacían un círculo, topando casi las
alas, que giraba° lentamente de Sur a Norte, de *turned*
Este a Oeste; les sostenía la rosa de los vientos, 245
velaban° su danza ritual en el aire: la Cruz del *watched*
Sur, la Osa Mayor y las Siete Cabrillas, y la
Vía Láctea° les cantaba desde lo alto con su *Milky Way*
corriente de estrellas.

Las constelaciones tiritaban° arriba, los 250 *shivered*
cóndores giraban en la oscura noche y abajo
brillaban las luces de Quito dormido. ¡Era
como volar entre dos cielos!

Mateo Simbaña se despertó después de
haber descansado cálidamente protegido en el 255
nido del cóndor. Cuando abrió los ojos sintió
alegría, pues su corderito dormía aún entre
sus brazos.

After students read lines 254 to 258, point out that this signals the third
shift in the story's action, ushering in the conclusion. Ask: **¿A Mateo le
gusta lo que ve cuando se despierta en el nido del Cóndor-Rumi?**

Al levantarse, sintió que se hundía: el colchón° de plumas y paja del fondo del nido comenzó a ceder° y a caer suavemente entre paredes° estrechas de piedra negra y brillante; al fin se afirmó sobre un lecho° duro y Mateo se encontró deslumbrado° en un mundo que no sospechó° que existiera: el nido de "Cóndor-Rumi" era una de las chimeneas del cráter del Guagua Pichincha. Mateo y su corderito se [...] hallaban sobre una ancha cornisa° del borde interior del cráter, protegida por un alero° de roca:

Todo estaba lleno de la vegetación del páramo que, allí, por estar resguardada° de los vientos, había crecido exuberante y magnífica. Había hierba abundante para su corderito y asomaban veloces, entre ella, los conejos° y perdices; [...] mil mariposas revoloteaban° y los quindes° de la altura habían hecho sus nidos en un bello pumamaqui que crecía soberbio. Parecía que todas las aves que huyeron del incendio hubieran encontrado refugio en ese lugar maravilloso. Hasta oyó rumor de agua, siguiendo su sonido llegó a una clarísima vertiente en donde bebieron él y su corderito.

Los tóbalos cantaban sus tres sílabas alegres y un uvillú revoloteaba cerca.

¡Todo era tan bello allí! No quiso acordarse de lo que había pasado. Mateo decidió quedarse para siempre en ese lugar, donde no le alcanzaría nunca el fuego de los niños de la ciudad ni le acecharían° los cóndores. ¡Allí podría ser feliz...!

Cuando Cóndor-Rumi llegó a su nido, hambriento y con deseos de darse un banquete, se encontró con el nido vacío: sólo notó una pequeña hendedura° en el fondo de la paja, que se decidió filosóficamente a repararla en cuanto tuviera tiempo. Luego desplegó° sus inmensas alas grises y se hundió otra vez en el aire azul en busca de alimento. Desde su columpio° de viento otearía° la presa en los valles cercanos. Y gozaría una

vez más en la contemplación de su montaña: el Pichincha. Al vuelo de cóndor mediría° sus dominios: él era dueño absoluto de todo aquel imperio de bosque, piedra y cumbres.

Al subir los grandes después del incendio en busca del niño y sus ovejas, encontraron hilachas quemadas de su poncho y retazos de su sombrerito de lana en medio del círculo chamuscado° de su rebaño. Le lloraron por muerto, pues juzgaron que el niño había sido tragado° por el fuego junto con su chaparro silvestre° y sus animalitos de páramo.

Nadie sabe que Mateo prefirió la entraña° del monte, que ella le guarda en su calor materno y que el padre Encantado monta guardia° para protegerlo. Allí seguirá° el niño explorando por dentro su montaña.

Conocerá su corazón de fuego bullente°, el lago subterráneo con techo de estalactitas multicolores que todos hemos soñado. O quizás°, llevado de su fantasía y olfateando° el trópico habrá encontrado° el túnel secreto que los abuelos de sus abuelos descubrieron y que comunicaba° a los hombres antiguos del Quito con los que vivían al borde de la Mama Cocha, y que hacía posible que los caciques erguidos° sobre los picachos andinos llamaran a su gente soplando° al viento en grandes caracolas° rosadas. ∎

Teaching option Give students some additional information about Pichincha.
• Pichincha is 4,787 meters high.
• It is an active stratovolcano with a U-shaped crater. The crater is very similar to the one formed in the Mount St. Helen's eruption in Washington in 1980.
• Pichincha's last big eruption was in 1999, but signs of activity have been seen as recently as 2005.
• Quito is protected from Pichincha's eruptions by a range of hills. The volcano's crater points away from the city, which also protects it from lava and ash.

Margin glossary (left column):
260 mattress — colchón
give way — ceder
walls — paredes
bed — lecho
bewildered — deslumbrado
265 did not suspect — sospechó
mass hanging over mountain ridge — cornisa
270 eaves — alero
shielded — resguardada
275 rabbits — conejos
fluttered about — revoloteaban
small birds found in the Andes — quindes
290 would threaten — acecharían
fissure — hendedura
spread — desplegó
swing — columpio
would spy — otearía

Margin glossary (right column):
would measure — mediría
310
scorched — chamuscado
315 swallowed — tragado
wild evergreen oak — silvestre
innermost recesses — entraña
320 mounts guard/ will continue — guardia/seguirá
boiling — bullente
325 perhaps/catching the scent of — quizás/olfateando
will have discovered — encontrado
joined — comunicaba
330 chiefs raised up straight — erguidos
blowing/shells — soplando/caracolas

Después de leer

Mateo Simbaña
Teresa Crespo Toral

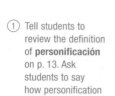

(1) Tell students to review the definition of **personificación** on p. 13. Ask students to say how personification is used in Mateo Simbaña.

1 **Comprensión** Indica si las oraciones son **ciertas** o **falsas**. Corrige las falsas.

1. El niño Mateo Simbaña bajaba frecuentemente a la ciudad de Quito.
   Falso. Nunca había bajado a Quito. Él vivía remontado en la montaña.
2. Un día cuando estaba solo, el arrullo (*lullaby*) del viento lo ayudó a dormir.
   Cierto.
3. Un cóndor despertó al pastor.
   Falso. Un ruido extraño, el bufido del fuego, lo despertó. Ardía el monte a su alrededor.
4. Al ver el fuego, el niño corrió hacia abajo para buscar ayuda y regresar a su casa.
   Falso. Se dirigió hacia arriba con el rebaño, con la esperanza de llegar a las altas rocas donde el fuego no podía alcanzarles.
5. Era la primera vez que el Cóndor Rumi veía al niño.
   Falso. El Cóndor Rumi había seguido a Mateo muchas veces.
6. El Cóndor-Rumi depositó a Mateo Simbaña y el borreguito en su nido.
   Cierto.
7. Tras caer a través de un agujero (*hole*) el nido (*nest*) del cóndor, el niño se escapó del volcán y volvió a su familia.
   Falso. Mateo decidió quedarse para siempre dentro del volcán Pichincha.
8. El Cóndor Rumi entró en el volcán para buscar al niño y el borrego.
   Falso. El Cóndor Rumi salió a buscar alimento.
9. Mateo Simbaña se sentía protegido dentro del volcán.
   Cierto.
10. Los parientes del pastor creyeron que había muerto.
    Cierto.

2 **Resumen** Las oraciones ciertas y las oraciones falsas corregidas de la actividad anterior son un resumen de la historia. ¿Qué otros detalles agregarían al resumen? En parejas, escriban cinco oraciones. Indiquen entre qué dos oraciones de la actividad anterior las incluirían.

MODELO Entre las oraciones 7 y 8: El Cóndor Rumi decidió no arreglar el agujero en el nido.

3 **Interpretación** Contesta las preguntas con oraciones completas.

1. Relee los tres primeros párrafos. ¿Cómo se siente el niño en la naturaleza? Cita ejemplos del texto.
2. ¿Qué impresión tiene el niño de la ciudad de Quito? ¿Positiva o negativa? ¿Por qué?
3. ¿Cuál es la intención del cóndor al llevar al pastor a su nido?
4. ¿Qué hace el cóndor después de dejar a Mateo y el borreguito en su nido?
5. ¿El final del cuento es triste o feliz? ¿Por qué?

4 **Análisis** En parejas, contesten las preguntas.

1. ¿Cuál es el papel del cóndor en la historia de Mateo Simbaña?
2. ¿Por qué decide el niño quedarse para siempre dentro del volcán Pichincha?
3. Hay muchas personificaciones de la naturaleza en el cuento, por ejemplo cuando la autora escribe que "las constelaciones tiritaban." Busca más ejemplos y explica el efecto.
4. Al final del cuento, hay un cambio en los tiempos verbales en comparación con los del resto de la narración. ¿Cuál es el significado de este cambio?

(5) Give students who like to draw the option of doing the writing task in comic book form, including word balloons in Spanish.

5 **El volcán** Elige uno de los personajes de la historia y escribe la continuación del cuento. ¿Qué les pasa a Mateo y su borreguito? ¿La familia del pastor detecta la presencia de Mateo Simbaña en la montaña? ¿Cómo continúa la vida del cóndor?

Taller de escritura

Preparación: Un ensayo de cinco párrafos

Repasa las estrategias aprendidas en las **Lecciones 1 a 5**. Ya cuentas con todas las herramientas básicas para escribir un ensayo académico. En esta tabla, se presenta la estructura típica de un ensayo de cinco párrafos.

Párrafo	Contenido
1	Introducción/Tesis (en ensayos largos, la introducción suele adelantar las oraciones tema que se van a desarrollar)
2	Primera oración tema Argumentos
3	Segunda oración tema Argumentos
4	Tercera oración tema Argumentos
5	Recapitulación/Conclusión

Práctica En parejas, elijan un ensayo que hayan escrito en una lección anterior y preparen un esquema del contenido del ensayo. ¿Se parece a la organización presentada en la tabla anterior?

Ensayo Elige uno de estos temas y escribe un ensayo.

> ## Requisitos
>
> - Antes de escribir el ensayo, debes preparar un esquema del contenido de acuerdo con la tabla anterior.
> - Tu ensayo debe hacer referencia a por lo menos tres obras de las cuatro estudiadas en esta lección (cultura, cortometraje, dos obras literarias) o, en el caso del tercer tema, una de las obras puede ser de una lección anterior.
> - Debes seguir la organización presentada en la tabla e incluir un párrafo sobre cada obra.
> - Tu ensayo debe ser de tres páginas como mínimo.

- Piensa en las cuatro obras de esta lección. ¿Estamos los seres humanos a la merced (*at the mercy*) de los fenómenos naturales? ¿Hasta qué punto creamos nuestros propios problemas y destinos?

- Piensa en las dos obras literarias y en el artículo de esta lección. De acuerdo con estas obras, ¿cómo es la relación de los habitantes locales con la naturaleza? ¿Cómo presentan estas obras a las personas "de afuera"?

- Piensa en estas obras:
  Cortometraje: *El día menos pensado* (p. 132)
  Artículo: *La conservación de Vieques* (p. 128)
  Artículo: *El toreo: ¿cultura o tortura?* (p. 28)

  En todas ellas, se muestra el uso que hacen las personas de otros seres vivientes u objetos naturales. ¿Tienen derecho las personas a usar la naturaleza? ¿Este uso viene acompañado de alguna responsabilidad?

Preparación Quickly review with students each of the key elements listed in the chart. Refer them to the corresponding lesson for review if necessary.
- **tesis** (Lección 1)
- **argumento** (Lección 3)
- **oración tema** (Lección 4)
- **conclusión** (Lección 5)

El medioambiente

Presentación Trabajen en grupos de cuatro o cinco. Cada grupo va a preparar una presentación sobre un problema o una iniciativa ambiental en un país hispanohablante.

A. Artículo Lean este texto breve y contesten las preguntas.

Alerta ambiental

Santiago de Chile, 5 de junio de 2007. La ciudad de Santiago se encuentra hoy en estado de Alerta Ambiental Preventiva debido al *smog* que cubre la ciudad y constituye un riesgo para la salud de la población.

La intendencia (*city government*) ha decidido restringir (*restrict*) parcialmente el acceso de vehículos a la capital. Además de los vehículos cuyas patentes (*license plates*) terminan en los dígitos 5 y 6 —que no pueden circular en la capital los días martes—, debido al alerta tampoco podrán circular de 7.30 a 21 los vehículos con patentes terminadas en 9 y 0. Quedan exceptuados

los vehículos que cuenten con el denominado "sello verde" (vehículos menos contaminantes con convertidor catalítico). Asimismo, queda prohibido encender estufas a leña (*wood stoves*) hasta las 23 horas.

También se recomienda a la población no realizar actividades deportivas. Se prevé una paulatina (*slow*) mejora de las condiciones para mañana.

1. ¿Qué otras ciudades conoces que tienen problemas de contaminación similares? ¿Cuáles son las causas? ¿Qué medidas se están tomando para reducir la contaminación?
2. ¿Qué opinan de las medidas tomadas por la intendencia de Santiago de Chile?
3. ¿Qué medidas alternativas o mejores pueden sugerir?
4. Las medidas tomadas apuntan a controlar la situación hasta que mejoren las condiciones. ¿Qué medidas se pueden tomar para que esta situación no se repita?

B. Problemas ambientales e iniciativas ambientales Lean esta lista de problemas e iniciativas ambientales. Cada integrante del grupo debe elegir un problema o iniciativa y hacer una búsqueda rápida en Internet para responder a estas preguntas. Pueden elegir también otros problemas o iniciativas que conozcan.

- ¿En qué consiste el problema? o ¿En qué consiste la iniciativa o tendencia?
- ¿Cuál es el origen del problema/de la iniciativa?

Problemas e iniciativas

- Contaminación del Río de la Plata en Argentina
- Deforestación en la cuenca (*basin*) del Amazonas
- 77 millones de personas sin agua potable en América Latina
- Contaminación atmosférica en México, D.F.

- Creación del Ministerio del Medio Ambiente en España (1996)
- Agrocombustibles (*biofuels*) en América Latina
- Programa "Cero Combustibles Fósiles" en las Islas Galápagos.
- "Proyecto Nacional de Bambú" (Costa Rica)

Teaching option
Before you begin Part A, have students volunteer specific environmental problems and initiatives they are familiar with. Discuss the problems and possible solutions. If necessary, stimulate the discussion by asking questions:
- ¿Qué hacen para reducir o eliminar la necesidad de viajar en carro?
- ¿Conocen algún proyecto de limpieza en esta ciudad o región?
- ¿Es buena idea prohibir el uso de estufas a leña y los fuegos artificiales?
- ¿Qué hacen para conservar el agua?

C. Van a preparar una presentación relacionada con uno de los problemas o iniciativas/
tendencias de la parte **B**.

Elección del tema

Repasen la información que encontraron sobre los temas elegidos en la parte B.
¿Prefieren hacer una presentación sobre un problema y sus posibles soluciones?
¿O prefieren hablar de un proyecto, tendencia o iniciativa ambiental? ¿Qué tema les
interesa más? ¿Cuál quieren investigar en más detalle?

Preparación

Una vez elegido el tema, realicen una investigación en Internet, en enciclopedias,
en diarios y revistas, o en la biblioteca. Seleccionen datos estadísticos importantes
para presentar. Preparen también materiales audiovisuales para usar durante la
presentación (gráficas, estadísticas, mapas, fotografías, etc.).

Si eligieron...	**Investiguen...**
• un problema	• las causas y la historia
	• la gravedad del problema y las consecuencias
	• las posibles soluciones
	• otros datos importantes
• una iniciativa/tendencia	• la historia o los antecedentes
	• la financiación/los costos
	• los proyectos específicos
	• los beneficios o resultados

Organización

Organicen la presentación en un esquema. La presentación deberá durar unos diez
minutos. Decidan qué parte(s) presentará cada uno/a. Recuerden que todos los
integrantes del grupo deben participar.

Estrategia de comunicación

Estadísticas y datos numéricos
- % se lee **por ciento**. Por ejemplo, "el 20% de la población" se lee "el 20 por
  ciento". En el caso del número 100, es correcto decir: **ciento por ciento** (Lat.),
  cien por ciento o **cien por cien** (Esp.).
- El número 1 seguido de nueve ceros es *one billion* en inglés, pero **mil
  millones** en español.
- **Expresiones útiles: la mayoría de** (*most*); **el promedio** o **la media** (*average*).

Presentación

Usen el esquema como guía para hacer la presentación, pero recuerden que deben
hablar a la clase y no leer una presentación escrita. Después de la presentación,
contesten las preguntas que puedan tener los integrantes del otro grupo y el resto de
sus compañeros/as.

 Tertulia

Los animales

Teaching option
Conduct a quick poll to see where students stand on various animal-related issues before breaking them into groups.
• **¿Cuántos de ustedes son vegetarianos?**
• **¿Cuántos de ustedes son vegetarianos estrictos (*vegans*)?**
• **¿Cuántos de ustedes usan ropa y artículos de cuero?**
• **¿Cuántos usan abrigos de piel?**
• **¿A quiénes les gusta visitar el zoológico?**
• **¿Cuántos de ustedes tienen un gato o un perro?**
Summarize the results, then place students in groups according to their preferences.

(1) La clase se divide en cinco grupos; cada uno tiene que pensar y anotar sus ideas sobre uno de
5 min. estos temas.

Es una vergüenza que algunas personas gasten tanto dinero en sus mascotas.

Usar zapatos de cuero de vaca es lo mismo que usar un abrigo de visón (*mink*).

Los métodos que siguen algunas organizaciones ambientales son inaceptables.

Se debe permitir el ingreso de mascotas en restaurantes.

Deben construirse más zoológicos para que los niños conozcan la fauna del mundo.

Es bueno que muchas oficinas dejen que sus empleados lleven los perros al trabajo.

(2) Cada grupo debe preparar una breve presentación explicando qué opinan sobre el tema elegido.
10 min. ¿Están de acuerdo o en desacuerdo? ¿Por qué? En caso de que no todos opinen lo mismo sobre el tema, mencionen las distintas opiniones.

(3) Los diferentes grupos presentan sus ideas a la clase, mientras todos toman nota.
25 min.

(4) Cuando todos los grupos hayan terminado de presentar sus ideas, toda la clase participa haciendo
10 min. preguntas, expresando sus opiniones o defendiendo sus puntos de vista.

La tecnología y la ciencia

7

Tres destinos, 1956.
Remedios Varo, España/México.

"Ciencia es todo aquello sobre
lo cual siempre cabe discusión."

—José Ortega y Gasset

Antes de leer

INSTRUCTIONAL RESOURCES
Supersite

Vocabulario

a la vanguardia *at the forefront*
actualizar *to update*
la bitácora *travel log; weblog*
la blogonovela *blognovel*
la blogosfera *blogosphere*

el enlace *link*
el/la novelista *novelist*
el sitio web *website*
el/la usuario/a *user*
la web *the web*

Mi amigo periodista Completa las oraciones. No puedes usar la misma palabra más de una vez.

1. Mi amigo periodista entiende mucho de tecnología y prefiere utilizar la ___web___ para informarse y para publicar sus ideas.

2. Él no compra periódicos, sino que consulta varios ___sitios web___ de noticias.

3. Después escribe sus comentarios sobre la política argentina en una ___bitácora___ con ___enlaces___ que conectan al lector a periódicos electrónicos.

4. Muchos ___novelistas___ contemporáneos están interesados en incursionar en el nuevo fenómeno literario conocido como la ___blogonovela___.

Conexión personal ¿Con qué frecuencia te conectas a Internet? ¿Es fundamental para ti o podrías vivir sin estar conectado? ¿Para qué navegas por Internet?

	siempre	con frecuencia	casi nunca	nunca
banca electrónica				
comunicación				
diversión				
estudios				
noticias				
trabajo				

Contexto cultural

¿Qué hacía la gente antes de la existencia de Internet? Muchos nos hacemos esta pregunta en situaciones cotidianas como resolver un debate entre amigos con una búsqueda rápida en una base de datos (*database*) de cine, pagar una factura por medio de la banca electrónica o hablar con alguien a mil kilómetros de distancia con el mensajero instantáneo. Internet ha transformado la vida moderna, abriendo paso (*paving the way*) a múltiples posibilidades de comunicación, comercio, investigación y diversión. ¿Hay algo que sigue igual después de la revolución informática? ¿Qué ha pasado, por ejemplo, con el arte? ¿Cómo ha sido afectado por las innovaciones tecnológicas?

Conexión personal Ask volunteers to give specific examples of their Internet use for each category. Ex: **Noticias: Todos los días me meto en la página web del periódico local para leer las noticias.**

Contexto cultural Brainstorm different categories of art on the board (music, fiction, fine arts, etc.). Then have students discuss how the Internet specifically affected that type of art. Ex: **Antes la gente compraba CD, pero ahora se puede descargar toda la música de Internet y guardarla en un reproductor de MP3.**

Preview Ask students about reading online. **¿Creen que la calidad de la escritura en línea es tan buena como lo que se publica en los libros, revistas o periódicos? ¿Es posible que algún día se termine la publicación de libros y leamos todo en Internet?**

Hernán Casciari:
arte en la blogosfera

En un Lugar de mi casa de cuyo nombre no quiero acordarme

1 Si el medio artístico° del siglo XX fue el cine, ¿cuál será el nuevo   *artistic medium*
medio del siglo XXI? El trabajo innovador del argentino Hernán
Casciari sugiere la posibilidad de la blogonovela. Casciari ha
desarrollado el nuevo género con creatividad, humor y una buena
5 dosis de ironía. Las blogonovelas imitan el formato del blog —un
diario electrónico, también llamado bitácora— pero los "autores"
son o personajes de ficción o versiones apócrifas° de individuos   *fictitious*
reales. El uso de Internet permite que Casciari incorpore imágenes

Teaching option As students read, have them take notes on the different characteristics of the **blogonovela**.

para que la lectura sea también una
10 experiencia visual. Explica el escritor:
"Vale más ilustrar un rostro con una
fotografía o un dibujo, en lugar de
hacer una descripción literaria".
Sus sitios web incluyen enlaces para
15 que la lectura sea activa. También
invitan a hacer comentarios para que
lectura y escritura sean interactivas.

    La blogonovela rompe con varios
esquemas° tradicionales y se hace
20 difícil de clasificar°. Si Casciari prefiere a
veces la fotografía a la descripción, ¿es la
blogonovela literatura o arte visual? ¿Aspira a
ser un arte serio o cultura popular? Si el autor
es argentino pero vive en España, ¿la obra se
25 debe considerar española o argentina? Por
otra parte, si aparece primero en Internet,
¿sería realmente un arte global?

alters various patterns (esquemas°)
categorize (clasificar°)

Otros blogs de Hernán Casciari

El diario de Letizia Ortiz

Juan Dámaso, vidente

Klikowsky. El día a día de un argentino en Euskadi

Espoiler

    Además, las blogonovelas juegan con
niveles de realidad y con las reglas° de la
30 ficción. El diario falso seduce al lector, que
cree leer confesiones íntimas. Sin embargo,
el autor de una blogonovela mantiene una
relación inusual con su lector. La persona que
abre una novela tradicional recibe información
35 según el orden° de las páginas de un libro.
Pero el usuario informado de un sitio web
crea su propio orden. ¿Cuál es el comienzo° y
cuál es el final de un blog? En *Weblog de una
mujer gorda*, Casciari incluye muchos enlaces,
40 que a veces introducen información antes de
la bitácora. ¿Pero qué pasa si un individuo
decide no abrir un enlace? El lector de una
blogonovela es autor de su propio camino en
zigzag, una lectura animada por ilustraciones
45 gráficas y fotos.

rules (reglas°)
according to the order (orden°)
beginning (comienzo°)

Weblog de una mujer gorda es la
blogonovela más célebre de Casciari.
La autora ficticia es Mirta Bertotti,
una mujer de poca educación pero
con aptitud tecnológica y facilidad 50
con las palabras. Esta madre sufrida°,
pero de actitud optimista, decide un
día crear un blog sobre su familia
desestructurada°. Mirta actualiza su
bitácora frecuentemente, narrando las 55
particularidades de los Bertotti, los
problemas de los hijos adolescentes y otros
relatos° sobre los retos° de su vida. Mirta
parece quejarse de su mala suerte, pero
sus palabras revelan humor, cariño y fuerza 60
interior°, una resistencia a los problemas muy
modernos que afectan su vida.

    Casciari desafía° nuestras expectativas,
pero más que reírse del lector, le provoca
risa y sorpresa. Sus experimentos de ficción 65
y realidad —como solicitar comentarios
auténticos en blogs de ficción— nos divierten;
pero además nos introducen a un nuevo y
amplio° mundo creativo posible ahora debido
al encuentro entre el arte e Internet. ■ 70

long-suffering (sufrida°)
dysfunctional (desestructurada°)
stories/ challenges (relatos° / retos°)
inner strength (interior°)
challenges (desafía°)
wide (amplio°)

Datos biográficos

Hernán Casciari nació
en Buenos Aires en 1971
y vive en Barcelona. Es
periodista y novelista, pero
saltó a la fama con sus
blogonovelas. *Weblog de una mujer gorda*
fue seleccionado mejor blog del mundo por
la cadena alemana *Deutsche Welle*. En 2005
se publicó en España en versión impresa
bajo el título *Más respeto, que soy tu madre*,
y luego se publicó en Argentina y en México.
En 2007, en el blog *Yo y mi garrote*, Casciari
"inventó" a un joven internado en un
hospital psiquiátrico. Durante seis meses,
los lectores de Elpaís.com creyeron que
el personaje era real.

Después de leer

Hernán Casciari: arte en la blogosfera

(1) Comprensión Responde a las preguntas con oraciones completas.

1. ¿De dónde es Hernán Casciari? Hernán Casciari nació en Argentina pero vive en Barcelona, España.

2. ¿Qué es una blogonovela? Una blogonovela es una obra de un autor de ficción que imita el formato de un diario electrónico.

3. ¿Además de ser blogonovelista, que profesión tiene Casciari? Casciari es también periodista.

4. ¿Por qué a veces prefiere usar una foto en vez de una descripción? Prefiere usar una foto porque cree que vale más ilustrar un rostro con una foto que hacer una descripción literaria.

5. ¿Qué incluyen los sitios web de Casciari para que la lectura sea activa e interactiva? Los sitios web incluyen enlaces e invitan a hacer comentarios.

6. ¿Cómo es la autora ficticia del *Weblog de una mujer gorda*? Mirta Bertotti es una mujer de poca educación pero con aptitud tecnológica y talento con las palabras. Es una madre sufrida, pero de actitud optimista.

(2) Interpretación Contesta las preguntas utilizando oraciones completas.

1. ¿Cuáles son las diferencias entre un blog y una blogonovela? ¿Cuáles son las semejanzas?

2. ¿Cuáles son algunas de las novedades artísticas de la blogonovela?

3. ¿Cómo cambia la experiencia de un lector que lee una obra en Internet en vez de abrir un libro? ¿Qué prefieres tú? Explica tus razones.

4. ¿Estás de acuerdo con Casciari en que a veces es mejor "ilustrar un rostro con una fotografía o un dibujo"? ¿Por qué?

(3) Comunicación En parejas, respondan a las preguntas y compartan sus respuestas con la clase.

1. Muchos de los problemas de la familia Bertotti son muy actuales, por ejemplo, las situaciones difíciles de los adolescentes de hoy día. ¿Prefieren un arte que represente la realidad contemporánea? ¿O les gusta un arte que introduzca otras épocas o temas lejanos?

2. Algunos lectores del blog *El diario de Letizia Ortiz* creían que el blog era el diario auténtico de la entonces futura princesa. ¿Qué piensan de esta situación? ¿Conoces otros ejemplos de este tipo de confusión entre el arte y la realidad?

3. ¿De qué manera ha cambiado el arte debido a las innovaciones tecnológicas de las últimas décadas? ¿Conocen ejemplos del mundo de la música?

4. ¿Qué actividades hacen ustedes en Internet que otras generaciones hacían de otra manera? ¿Cómo reaccionan las generaciones mayores (como sus padres y abuelos) frente a los avances tecnológicos?

5. *Klikowsky. El día a día de un argentino en Euskadi* es el blog que acompaña un programa de televisión español y permite que los seguidores lean los pensamientos de los personajes, envíen comentarios y organicen debates. ¿Qué programa de televisión puede mejorar con un blog? ¿Por qué?

(4) Escribir Elige un personaje público, que aparece frecuentemente en la prensa, como la princesa española Letizia Ortiz en los días anteriores a su boda. Imagina los pensamientos íntimos de esta persona —las cosas que no pueden saber los periódicos o las revistas— y narra un día de su vida en forma de blogonovela. Escribe como mínimo diez oraciones.

---

(2) For item 4, organize a debate in which one group defends the statement and the other group advocates literary description as the best way to depict an image.

(2) As an expansion activity, ask students: **Desde el punto de vista de un autor, ¿es lo mismo escribir una novela publicada por una editorial** (publisher) **que una blogonovela que se lee en Internet?**

(4) As a variant, have volunteers read their blogs aloud and have classmates guess which public figure is represented.

Opiniones

1 **Conversación** En parejas, contesten estas preguntas.

1. Observa la imagen. ¿Qué muestra? ¿Qué significado tiene para ti? ¿Te sientes identificado/a? ¿Por qué?
2. ¿Te sientes incómodo/a cuando no tienes acceso a Internet?
3. Si no sabes cómo llegar a un lugar, ¿qué haces? ¿Qué hacías en la misma situación hace diez años?
4. Tienes que depositar un cheque por diez mil dólares. ¿Prefieres usar un cajero automático o ir a la ventanilla del banco? ¿Por qué?
5. ¿Nos hemos hecho dependientes de la tecnología? ¿De qué manera? Da ejemplos.
6. ¿La tecnología afecta la capacidad de las personas para relacionarse e interactuar con los demás? Da ejemplos.

2 **Por escrito** Elige uno de estos temas y escribe una composición de una página.

- ¿Crees que la tecnología siempre implica un avance o hay cosas que la tecnología no puede reemplazar? Usa estos pares de objetos como ejemplos.

    cámara fotográfica tradicional / cámara digital

    carta / correo electrónico

    regalo envuelto y entregado en persona / tarjeta de regalo electrónica (*electronic gift card*)

- Imagina que tienes todos los objetos de esta lista pero debes renunciar (*give up*) para siempre a tres de ellos. ¿Cuáles eliges? ¿Qué cambios habrá en tu vida por no tener cada uno de estos objetos? ¿Cuál es para ti el objeto más importante de la lista?

bicicleta	computadora de escritorio	lavarropas
cámara de fotos	computadora portátil	teléfono celular
carro	lavaplatos	televisor

Teaching option
• After students answer question 1, have them close their books.
• Ask students items 2–6 in the form of *yes-no* questions and record the results on the board in table form.
• Once you have analyzed the results, go back and ask the more probing follow-up questions.
• Ask students to write a paragraph describing the role of technology in their lives.

2 For the first option, have students analyze the pros and cons of each item and use those comparisons in their composition.

2 For the second option, have students rank the items from 1–9, with 1 being the most important to them and 9 the least. After students write their compositions, have them compare their rankings with others who wrote on the same topic.

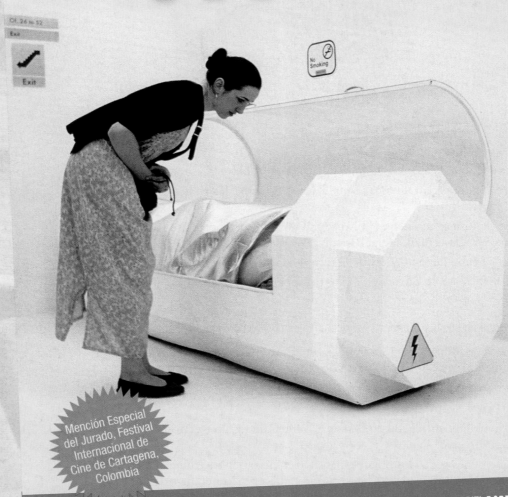

Happy Cool

Mención Especial del Jurado, Festival Internacional de Cine de Cartagena, Colombia

Una producción del INSTITUTO NACIONAL DE CINE Y ARTES AUDIOVISUALES Guión y Dirección GABRIEL DODERO
Producción Ejecutiva ANDRÉS "Gato" MARTÍNEZ CANTÓ Dirección de Fotografía LEANDRO MARTÍNEZ
Dirección de Arte PATRICIA IBARRA Montaje LEANDRO PATRONELLI Dirección de Sonido FERNANDO VEGA
Actores CARLOS BERRAYMUNDO/CECILIA ROCHE/JORGE OCHOA/NORBERTO ARCUSÍN/GONZALO SAN MARTÍN/
NORBERTO FERNÁNDEZ/GISELLE CHEWELLE

Antes de ver el corto

INSTRUCTIONAL RESOURCES
Supersite/DVD: Film Collection
Supersite: Script & Translation

Variación léxica
al final de cuentas ⟷ al fin
y al cabo

HAPPY COOL

país Argentina
duración 14 minutos
director Gabriel Dodero

protagonistas Julio, Mabel
(esposa), Pablito (hijo), suegro,
Daniel (amigo)

Vocabulario

al alcance de la mano *within reach*
al final de cuentas *after all*
congelar(se) *to freeze*
derretir(se) (e:i) *to melt*

descongelar(se) *to defrost*
duro/a *hard; difficult*
hacer clic *to click*
el interrogante *question; doubt*

la guita *cash; dough (Arg.)*
la plata *money (L. Am.)*
el/la vago/a *slacker*
vos *tú (Arg.)*

1 Oraciones incompletas Completa las oraciones con las palabras o las frases apropiadas.

 1. Hoy día, gracias a Internet, todo parece estar __al alcance de la mano__. Sólo hay que escribir un par de palabras en un buscador, __hacer clic__ y listo.

2. Mi hermana es una __vaga__. Quiere ganar __plata/guita__ sin trabajar.

3. Los científicos no pueden prever con exactitud cuánto tiempo tardarán en __derretirse__ los glaciares (*glaciers*).

4. Para preparar la cena esta noche, no quiero trabajar mucho. Simplemente voy a __descongelar__ la pasta que sobró (*was left over*) del otro día. __Al final de cuentas__, Juan Carlos llega a casa tan cansado del trabajo que no disfruta de la comida, así que no vale la pena que yo me pase horas cocinando.

2 Preguntas En parejas, contesten las preguntas y expliquen sus respuestas.

1. ¿Creen que la vida en el futuro va a ser mejor?
2. ¿Qué avances tecnológicos creen que existirán para el año 2050? Mencionen tres.
3. ¿De qué manera pueden la ciencia y la tecnología ayudar a resolver problemas sociales? Den tres ejemplos.
4. Observen el afiche del cortometraje. ¿Qué está mirando la mujer? ¿Dónde está?
5. Imaginen que se puede viajar en el tiempo. ¿Qué consecuencias puede tener esto?

Contexto cultural

"¿Qué decís? ¿Cómo podés pensar en una cosa así?", dice uno de los personajes del corto que vas a ver. Las conjugaciones **decís** y **podés** son ejemplos de **voseo**. La palabra **voseo** se refiere al uso de **vos** en lugar de **tú** y se utiliza en casi toda la Argentina y también en otras partes de América del Sur y América Central. En este uso, los verbos en presente en la segunda persona del singular se acentúan en la última sílaba. Los verbos irregulares se conjugan como si fueran regulares. Por ejemplo: **(tener) vos tenés = tú tienes / (querer) vos querés = tú quieres**. A medida que miras el corto, presta atención a los ejemplos de voseo.

① For additional practice, have students form sentences with the remaining words.

② For slower-paced classes, review the future tense before completing the activity and encourage them to use it in their answers.

SUPERSITE Watch the short film at
ventanas.vhlcentral.com.

Escenas

ARGUMENTO En Buenos Aires, el desempleo ha obligado a muchos a recurrir a la tecnología en busca de un futuro mejor.

Synopsis After endless months of searching for work, Julio agrees to try out "Happy Cool," a new service with an innovative solution to Argentina's economic crisis: **"Congélese."** When he finally wakes up from his deep-freeze, the economic situation remains unchanged, but the future is still full of surprises...

Preview Ask students: ¿Conocen alguna película o libro que trate sobre el futuro? ¿Cómo está representado? ¿Es una visión optimista o pesimista?

JULIO Yo vengo de buscar trabajo y no consigo nada, y encima tengo que ver esto. El chico me pierde el respeto a mí, yo ya no sé qué decirle a tu papá que nos está bancando° acá en su casa.

LOCUTOR No hay trabajo, pero hay una empresa que piensa en usted. *Happy Cool*, la tecnología que lo ayuda a esperar los buenos tiempos. [...] ¡Congélese!, y viva el resto de su vida en el momento oportuno.

JULIO Mirá°, Mabel, yo quizá me tenga que congelar. Un tiempito nomás. Yo creo que esto en uno o dos años se soluciona.
MABEL Pero, Julio, ¿qué decís°? ¿Cómo podés° pensar en una cosa así?

DANIEL ¿Vos te acordás° cuando éramos pibes° que pensábamos que en el 2000 la tecnología iba a ser tan poderosa que no iba a hacer falta laburar°?

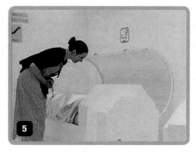

MABEL Ay, Julio, ¡qué tecnología!
JULIO Sí, sí... se ve que es gente seria... hay mucha plata invertida acá.
MABEL Ah... no sé qué voy a hacer. No sé si traerte flores como si estuvieras en un cementerio o qué.

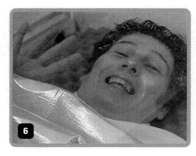

MABEL Volvé° pronto.
JULIO Ojalá que la situación económica mejore...
MABEL Ojalá...
JULIO Sí, así me descongelan cuanto antes.
MABEL Cuidáte°... te voy a extrañar.

nos... *he is putting us up* **Mirá** *Mira* **decís** *dices* **podés**
puedes **acordás** *acuerdas* **pibes** *kids* **laburar** *work*
Volvé *Vuelve* **Cuidáte** *Cuídate*

Después de ver el corto

(1) Comprensión Contesta las preguntas con oraciones completas.

1. ¿De quién es la casa donde viven Julio y su familia? La casa es del suegro de Julio.

2. ¿Cuánto tiempo lleva desempleado Julio? Julio lleva dos años y medio desempleado.

3. ¿Qué opina al principio Julio de la congelación? Al principio Julio no está de acuerdo con la congelación.

4. ¿Qué promete la empresa *Happy Cool*? La empresa promete congelar a las personas hasta que la situación económica mejore.

5. ¿Quién paga por la congelación de Julio? El suegro de Julio paga por su congelación.

6. ¿En qué año se descongela Julio? Julio se descongela en el año 2001.

7. ¿Qué pasó en su familia mientras él estaba congelado? Su esposa se casó con otro hombre.

8. ¿Cómo soluciona Mabel la situación al final? Mabel pone a Julio en el congelador de su casa.

(2) Interpretación En parejas, contesten las preguntas y expliquen sus respuestas.

1. ¿Para quiénes se destinan los servicios de *Happy Cool*? ¿Por qué?

2. ¿Por qué creen que Julio decide finalmente que sí quiere ser congelado?

3. ¿Es el regreso de Julio como él lo imaginaba? ¿Por qué?

4. ¿Por qué resulta irónico el comentario de Mabel: "Al final, lo casero es lo mejor"?

(3) Ampliación En parejas, contesten las preguntas.

1. ¿Por qué piensan que la gente cree en la publicidad de *Happy Cool*?

2. Imaginen que están desempleados desde hace tres años. ¿Qué harían?

3. ¿Confían en las publicidades de productos o servicios que parecen demasiado buenos o demasiado baratos? Den ejemplos.

4. ¿Creen que en el futuro la ciencia y la tecnología van a estar tan avanzadas que no va a ser necesario trabajar?

(4) Viajeros En el sueño de Julio hay una máquina para viajar en el tiempo. En grupos de tres, imaginen que ustedes la usaron tres veces. Escriban lo que hicieron en cada viaje y luego compartan sus viajes con la clase.

Fecha	Lugar	Actividades

(5) El regreso Imagina que la congelación ha sido un éxito y Julio despierta en un futuro mejor. Escribe un párrafo explicando qué es lo que ocurre.

- ¿Cómo ha sido la vida de su esposa?
- ¿Cómo es su hijo y qué hace?
- ¿Cómo está su suegro? ¿Qué piensa ahora de su yerno?
- ¿Cómo es la situación económica?
- ¿Qué tipo de trabajo consigue Julio?
- ¿Son ahora todos más felices?
- ¿Fue una buena idea congelarse?

(1) Have students work with a partner to write a brief summary of the film.

(3) Ask students to compare/contrast their own answers with their partners' opinions.

(4) As a variant, have students select three famous people from the past or three important moments in history to visit.

(5) Before completing the activity, ask students about their predictions for the film's ending. **Ex: ¿Habían creído que el experimento iba a ser un éxito? ¿Habían pensado algunos de ustedes que todo iba a ser peor para Julio?**

Teaching option As an optional outside project, have students work in pairs to research the economic situation in Argentina after the major political/economic crisis that took place in December 2001 and compare it with the film. Encourage students to bring newspaper articles or other information they have found to share with the class.

INSTRUCTIONAL RESOURCES
Supersite: Literatura recording

Composición Constructiva, 1938.
Joaquín Torres García, Uruguay.

"Ninguna ciencia, en cuanto a ciencia,
engaña; el engaño está en quien no sabe."

— Miguel de Cervantes

Antes de leer

Ese bobo del móvil

Sobre el autor

Arturo Pérez-Reverte nació en Cartagena (España) en 1951. Comenzó su carrera como corresponsal de guerra en prensa, radio y televisión, y durante veinte años vivió la mayor parte de los conflictos internacionales prácticamente en la línea de fuego. Comenzó a escribir ficción en 1986 y a partir de 1994 se dedicó de lleno (*fully*) a la literatura, especialmente a la novela de aventuras. Ha publicado gran cantidad de novelas que se tradujeron a varios idiomas, y algunas fueron llevadas al cine, como *La tabla de Flandes, El Club Dumas* (dirigida por Roman Polanski con el título de *La Novena Puerta*) y *Alatriste*, basada en su serie de novelas de *El Capitán Alatriste*. Desde 1991 escribe una página de opinión en *El Semanal* que se ha convertido en una de las más leídas de España.

Vocabulario

ahorrarse *to save oneself*
apagado/a *turned off*
el auricular *telephone receiver*

el/la bobo/a *silly, stupid person*
la motosierra *power saw*
el móvil *cell phone*

el/la navegante *navigator*
sonar (o:ue) *to ring*
el vagón *carriage; coach*

Oraciones incompletas Completa las oraciones utilizando las palabras del vocabulario.

1. En España al teléfono celular lo llaman ___móvil___.

2. Antes, los aventureros eran ___navegantes___ y viajaban de puerto en puerto.

3. Esperé durante horas una llamada, pero el teléfono nunca ___sonó___. Más tarde recordé que lo había dejado ___apagado___. ¡Qué ___bobo/boba___ que soy!

4. Al llegar a la estación, el tren ya partía y apenas pude subir al último ___vagón___.

Conexión personal

¿Te gusta estar siempre conectado con tus amigos? ¿Tienes teléfono celular? ¿Lo usas mucho? Cuando hablas con alguien, ¿buscas tener un poco de privacidad, o no te importa que la gente te escuche?

Análisis literario: La ironía

La ironía consiste en un uso figurativo del lenguaje en el que se expresa lo contrario de lo que se piensa. Para eso se utiliza una palabra o frase que tiene la intención de sugerir el significado opuesto al enunciado. Por ejemplo, se puede señalar la avaricia (*greed*) de alguien con el comentario: "¡Qué generosidad!" Inventa el comentario irónico que podrías hacer en estas circunstancias.

- Regresas a tu casa y te encuentras con mucho ruido y problemas.
- Te das cuenta de que la fila en la que estás avanza lentamente.
- Tenías planes de pasar el día al aire libre y de repente empieza a llover.

Vocabulario Have students make sentences with the remaining words and share them with a partner.

Conexión personal For follow up, ask these additional discussion questions. **¿Creen que los celulares hacen que nos comuniquemos mejor? ¿Cuándo compraron su primer celular? ¿Lo usan para hacer llamadas o más para mandar mensajes de texto?**

Análisis literario Have students think about irony in everyday language. **¿Se puede ser irónico a través del tono de voz o a través de gestos y ademanes? Den ejemplos.** Then have pairs use irony to write and perform a creative dialogue.

Teaching option Have small groups talk about situations in which they consider it rude to talk on a cellular phone. Encourage them to give examples from their personal lives.

Preview Have students read the Cervantes quote aloud and ask volunteers to give their interpretations. Ask: **En su opinión, ¿a qué tipo de "engaño" se refiere Cervantes?**

Ese bobo del móvil

Arturo Pérez-Reverte

ira, Manolo, Paco, María Luisa o como te llames. Me vas a perdonar que te lo diga aquí, por escrito, de modo más o menos público; pero así me 5 ahorro decírtelo a la cara el próximo día que nos encontremos en el aeropuerto, o en el AVE°, o en el café. Así evito coger yo el teléfono y decirle a quien sea, a grito pelado°, aquí estoy, y te llamo para contarte que tengo 10 al lado a un imbécil que cuenta su vida y no me deja vivir. De esta manera soslayo° incidentes.

Y la próxima vez, cuando en mitad de tu impúdica° cháchara° te vuelvas casualmente hacia mí y veas que te estoy mirando, sabrás lo que tengo en la cabeza. Lo que pienso de 15 ti y de tu teléfono parlanchín°. Que también puede ocurrir que, aparte de mí, haya más gente alrededor que piense lo mismo; lo que pasa es que la mayor parte de esa gente no puede despacharse a gusto° cada semana en 20 una página como ésta, y yo tengo la suerte de que sí. Y les brindo el toro°.

Spanish fast train

shouting at the top of one's voice

elude; evade

immodest/ chit-chat; idle talk

chattering

to speak one's mind

dedicate the bull (in a bullfight)

Teaching option As students read the story, have them make a list of the different people the author mentions and the adjectives he uses to describe them.

Teaching option Have students identify uses of the diminutive in the reading: **musiquilla, bajito,** etc. What effect does it have?

I've had it

dude

loony; nutty
so-and-so
gesticulating

plastic

solicitor

I couldn't care less

Maybe

up-to-date

match-seller/ shrugged search

to ponder embezzlement/ seat

Estoy hasta la glotis° de tropezarme contigo y con tu teléfono. Te lo juro, chaval°. O chavala. El otro día te vi por la calle, y al principio creí que estabas majareta°, imagínate, un fulano° que camina hablando solo en voz muy alta y gesticulando° furioso con una mano arriba y abajo. Ése está para los tigres, pensé. Hasta que vi el móvil que llevaba pegado a la oreja, y al pasar por tu lado me enteré, con pelos y señales, de que las piezas de PVC° no han llegado esta semana, como tú esperabas, y que el gestor° de Ciudad Real es un indeseable. A mí, francamente, el PVC y el gestor de Ciudad Real me importan un carajo°; pero conseguiste que, a mis propias preocupaciones, sumara las tuyas. Vaya a cuenta de la solidaridad, me dije. Ningún hombre es una isla. Y seguí camino.

A la media hora te encontré de nuevo en un café. Lo mismo° no eras tú, pero te juro que tenías la misma cara de bobo mientras le gritabas al móvil. Yo había comprado un libro maravilloso, un libro viejo que hablaba de costas lejanas y antiguos navegantes, e intentaba leer algunas páginas y sumergirme en su encanto. Pero ahí estabas tú, en la mesa contigua, para tenerme al corriente° de que te hallabas en Madrid y en un café, cosa que por otra parte yo sabía perfectamente porque te estaba viendo, y de que no volverías a Zaragoza hasta el martes por la noche. Por qué por la noche y no por la mañana, me dije, interrogando inútilmente a Alfonso el cerillero°, que se encogía de hombros° como diciendo: a mí que me registren°. Tal vez tiene motivos poderosos o inconfesables, deduje tras cavilar° un rato sobre el asunto: una amante, un desfalco°, un escaño° en el Parlamento. Al fin despejaste la incógnita diciéndole a quien fuera que Ordóñez llegaba de La Coruña a mediodía, y eso me tranquilizó

damaged

narration; account

details

fought; struggled

surrounded
Chechnyan

trying

softly

hidden; concealed

bastante. Estaba claro, tratándose de Ordóñez. Entonces decidí cambiar de mesa.

Al día siguiente estabas en el aeropuerto. Lo sé porque yo era el que se encontraba detrás en la cola de embarque, cuando le decías a tu hijo que la motosierra estaba estropeada°. No sé para qué diablos quería tu hijo, a su edad, usar la motosierra; pero durante un rato obtuve de ti una detallada relación° del uso de la motosierra y de su aceite lubricante. Me volví un experto en la maldita motosierra, en cipreses y arizónicas. El regreso lo hice en tren a los dos días, y allí estabas tú, claro, un par de asientos más lejos. Te reconocí por la musiquilla del móvil, que es la de Bonanza. Sonó quince veces y te juro que nunca he odiado tanto a la familia Cartwright. Para la ocasión te habías travestido de ejecutiva madura, eficiente y agresiva; pero te reconocí en el acto cuando informabas a todo el vagón sobre pormenores° diversos de tu vida profesional. Gritabas mucho, la verdad, tal vez para imponerte a las otras voces y musiquillas de tirurí tirurí que pugnaban° con la tuya a lo largo y ancho del vagón. Yo intentaba corregir las pruebas de una novela, y no podía concentrarme. Aquí hablabas del partido de fútbol del domingo, allá saludabas a la familia, acullá comentabas lo mal que le iba a Olivares en Nueva York. Me sentí rodeado°, como checheno° en Grozni. Horroroso. Tal vez por eso, cuando me levanté, fui a la plataforma del vagón, encendí el móvil que siempre llevo apagado e hice una llamada, procurando° hablar bajito° y con una mano cubriendo la voz sobre el auricular, la azafata del vagón me miró de un modo extraño, con sospecha. Si habla así pensaría, tan disimulado° y clandestino, algo tiene que ocultar (...). ∎

Publicado en *El Semanal,* 5 de marzo de 2000

Ese bobo del móvil

Arturo Pérez-Reverte

① As an expansion activity, have students share some of the conversations the author heard as he listened to other people talking on the phone.

① **Comprensión** Responde a las preguntas con oraciones completas.

1. ¿Qué sentimientos le provocan al narrador los que hablan por teléfono?
   El dice que está hasta la glotis (harto) con esas personas y sus teléfonos.
2. ¿En qué lugares se encuentra con estas personas?
   Se encuentra con estas personas en todas partes: el aeropuerto, el AVE, el café, la calle.
3. ¿La gente que habla por teléfono celular está loca?
   No, él cree que está loco un hombre porque habla solo por la calle, pero después se da cuenta de que está hablando por teléfono.
4. ¿Qué otras "musiquillas" escucha el narrador en el tren?
   Las otras musiquillas son de otros móviles.
5. Además del teléfono, ¿qué tienen en común estas personas según el narrador? Según el narrador, estas personas tienen la misma cara de bobo.

② **Análisis** Lee el relato nuevamente y responde.

1. El narrador utiliza la segunda persona (tú) en este relato. ¿Se dirige sólo a personas que se llaman Manolo, Paco y María Luisa?
2. El autor comienza el artículo con el pedido: "me vas a perdonar que te lo diga aquí". ¿Crees que el autor realmente se está disculpando?
3. Busca ejemplos de expresiones o palabras que indican o se relacionan con la forma de hablar por teléfono de estas personas. ¿Cómo contribuyen estas expresiones al tono del relato? ¿Qué dicen acerca de la opinión del autor?

③ Ask students these additional questions: **Cuando el narrador habla por su teléfono móvil, provoca sospechas porque lo hace "de un modo extraño". ¿Cómo habla el narrador? ¿Por qué da la impresión de estar haciendo algo clandestino? ¿Creen que el autor está intentando convencer al lector de algo o simplemente está protestando? Den ejemplos de la lectura.**

③ **Interpretación** Responde a las preguntas con oraciones completas.

1. ¿Por qué crees que al narrador le molestan tanto las personas que hablan por su móvil? ¿Te parece que su reacción es exagerada?
2. Las personas del relato, ¿hablan de cosas importantes en sus móviles? ¿Qué te parece que los motiva a utilizar el teléfono celular?
3. ¿Crees que es cierto que todos los que hablan por su móvil tienen "la misma cara de bobo"? ¿Qué otras características encuentra el narrador en ellos?
4. ¿Te parece que el narrador se resiste a los avances tecnológicos? ¿Por qué?
5. ¿Crees que podría hablarse de "contaminación de ruido en un espacio público"? ¿Crees que es legítimo protestar contra eso?

④ For fast-paced classes, give students these additional statements.
• **Como no hay verdaderas relaciones profundas, las personas hablan por teléfono y se envían correos electrónicos todo el tiempo, pero no se comunican.**
• **Los avances tecnológicos crean una sociedad mejor y con más posibilidades para todos.**
• **Hoy en día, las personas buscan ser vistas y oídas públicamente cada vez que pueden.**

④ **Opiniones** En parejas, lean estas afirmaciones y digan si están de acuerdo o no, y por qué. Después, compartan su opinión con la clase.

- El teléfono celular nos ayuda a mantenernos en contacto.
- En nuestra sociedad existe una dependencia obsesiva del teléfono celular que puede llegar a la adicción.

⑤ **Escribir** Elige uno de los temas y redacta una carta de opinión para un periódico. Elige un tono irónico marcadamente a favor o en contra.

- Responde al artículo de Pérez-Reverte.
- Escribe sobre el avance de algún otro objeto de la vida diaria.

Teaching option Tell pairs to choose a person mentioned in the article and create a dialogue between him or her and the author. Then have pairs perform their dialogues for the class.

Antes de leer

Hay tiempo para todo, mamá

Sobre el autor

Como se explica en la sección **Cultura** (p. 155), **Hernán Casciari** es famoso como blogonovelista cómico por su humor provocador. Sus blogs de ficción divierten al lector y transforman los usos habituales de Internet tanto como las tradiciones literarias. Sin embargo, según Casciari, son los blogs los que nos transforman a nosotros. En un artículo publicado en la revista *20 minutos* afirma: "En un blog se suele mostrar el alma recién salida de la ducha, limpia. El blog es el espejo empañado (*foggy*) del alma." Sin embargo, al mezclar la realidad y la ficción, las blogonovelas de Hernán Casciari juegan con las expectativas del lector —incluso el lector típico de los blogs— y nos muestran también el alma auténtica de sus personajes.

Vocabulario

el adelanto *advance*	**la época** *period*	**el sueldo** *salary*
la casualidad *coincidence*	**el llanto** *cry*	**el taller** *workshop*
devolver *to return something*	**la multa** *fine*	**el weblog** *blog*

Vocabulario Completa las oraciones.

1. Por la noche oímos el ___llanto___ del bebé.
2. Todos los días yo mantengo un ___weblog___ personal en Internet.
3. Mi familia vivió una ___época___ muy difícil cuando mi madre perdió su trabajo y en la empresa donde trabajaba mi padre redujeron (*reduced*) todos los ___sueldos___.
4. Mi amiga tiene dos trabajos para ___devolver___ el dinero que le prestó el banco.
5. Nicolás recibió un ___adelanto___ por la novela que quiere escribir en los próximos meses.

Conexión personal

¿Cómo expresas tus pensamientos íntimos? ¿Mantienes un diario o un blog? ¿Compartes tus dudas y deseos en un sitio web como Facebook o Friendster?

Análisis literario: La metaficción

La metaficción es una ficción sobre la ficción; es decir, es una narrativa que reflexiona sobre su propia construcción. Una obra puede mostrar conciencia de su estado ficticio de diversas maneras: por ejemplo, en *Don Quijote de la Mancha* el narrador interrumpe el relato para hablar de sus fuentes (*sources*) y, más tarde, los personajes mismos hablan de una famosa obra que cuenta sus aventuras. Creando el efecto de un espejo frente a otro espejo que los refleja hasta el infinito, otras ficciones retratan (*portray*) a personajes que son escritores de ficción o a personajes que aprenden que son productos de la imaginación de un autor. Mientras lees el capítulo de esta blogonovela, piensa en las características de la metaficción y en cómo el autor usa esta estrategia.

Vocabulario
• Tell students that in this context **adelanto** refers to a publisher's advance of money to an author prior to publication. It can also refer to more generalized advances, such as improvements in health care and education.
• Tell students that **taller** can refer to both a literary workshop and a more hands-on workshop, such as an auto repair shop.

Conexión personal Have students debate the pros and cons of public vs. private expression of emotions and intimate feelings.

Análisis literario Encourage students to come up with examples of metafiction as seen in television shows, movies, songs and novels. Ex: *Turn of the Screw, The Neverending Story, The Princess Bride, Hamlet, Rosencrantz & Guildenstern are dead*

Preview Tell students that the narrator is a woman named Mirta Bertotti. Her husband Zacarías recently lost his job and her son Caio just ran a red light, got a ticket, and had his **moto** confiscated. She has two other children, Nacho (Ignacio) and Sofía.

Hay tiempo
para todo, mamá

Hernán Casciari

Teaching option As students read, have them identify diminutivies (Ex: cuadernito, suavecita, viejita, pesito, Nachito). What effect does the use of diminutives have?

As if it weren't hard enough to pay — line 1

1 ***"Como si nos costara poco° traer el pan, el Caio pasó un rojo y nos cayó una multa".*** Ésas fueron las primeras palabras en este cuadernito, el 26 de 5 septiembre de 2003 (el archivo no me deja mentir). Fue una época horrible: dos *had been fired* — días antes lo habían echado° al Zacarías de Plastivida y nos habíamos quedado sin *All we had/ Lit. God; here: name given to the motorcycle* — nada. Nomás teníamos° la *tatadiós°* para 10 que el Nacho fuera al puesto y nos trajera su sueldo. Y el pelotudo° del Caio sale [...] *idiot* — y le secuestran° la moto. Nos habíamos *impound* — caído a un pozo°. Y yo no sabía qué hacer *pit* — con mi vida.

15 La mañana de ese 26 de septiembre, que cayó viernes, el Nacho me encontró llorando bocabajo° en la cama grande. El *facedown* — llanto más humillante que existe es cuando llorás porque no hay plata°. Cuando no se te *money* — 20 ocurre la manera de poner algo en la mesa. No es impotencia: es desesperación. Te das cuenta° de que sos capaz de lo que sea *you realize* — con tal de que tus hijos coman. Incluso si tenés un hijo como el Caio, que se merece *deserves to fast forever* — 25 el ayuno de por vida°. El Nacho llegó a la *to touch lightly* — cama y me empezó a acariciar° la cabeza.

—Llorás como si fuera la primera vez *tú* — que papá y vos° se quedan sin trabajo —me dice, con esa voz suavecita que tiene—. 30 Siempre estuvimos en el medio de épocas malas. ¿Te acordás con Alfonsín?

I whimper — —Lloro por eso —le puchereo°, con *pillow* — la almohada° en la boca—, porque no es la primera vez, ni va a ser la última. Lloro 35 porque es siempre lo mismo, y yo ya no puedo más. No me dan los brazos de tanto remar°, nene°... — *I am dead tired/ my boy*

—Ahora no es lo mismo —me dice—. Ahora yo soy grande. Ustedes me educaron cuando había más miseria que ahora. Me 40 mandaron al colegio en la época que el almacén no nos quería vender el aceite. Lo que pasa es que vos ya no te acordás...

—Sí que me acuerdo.

—Con más razón, viejita°... Me parece 45 — *old lady (term of endearment)* que es hora de que descanses. Ahí te dejé mi sueldo en la caja verde del té.

Me doy vuelta° y lo miro a los ojos: — *I turn*

—Esa plata es para el master°, Nacho — *master's degree* —le digo—. ¡Ni se te ocurra° cambiar los 50 — *Don't even think about* planes ahora! Vos tenés que ahorrar para irte a Estados Unidos.

Hacía mucho que el Nacho trabajaba en un puesto de informática, y juntaba pesito° — *saving his pennies* tras pesito para hacer un master en Boston. 55

Vos

El pronombre *vos* se usa en lugar de *tú* en muchos países de Latinoamérica, entre ellos Argentina, Uruguay y Costa Rica. En estos países, el uso de *vos* —o el *voseo*— para expresar la segunda persona informal es casi exclusivo. Por otro lado, en algunos países de Centroamérica se alterna entre *vos* y *tú* dependiendo de la situación, la persona o el contexto. En España el *voseo* era también común durante la Edad Media. Con poquísimas excepciones, para conjugar los verbos se toma el infinitivo, se reemplaza la **r** con **s** y se acentúa la última sílaba.

Ejemplos de *voseo* en "Hay tiempo para todo, mamá":

tener ⟶ vos tenés

pensar ⟶ vos pensás

ser ⟶ vos sos

Ask students to point out the examples of **voseo** they have encountered so far in the reading. Some examples are: **llorás, escribís, tenés, acordás,** etc.

Yo no podía permitir que le mandáramos otro sueño a la mierda.

piensas

—¿Y vos te pensás° que yo me puedo ir en medio de todo esto? —me dice— ¿Te pensás que no tengo sentimientos? Ahora lo que hay que hacer es salir adelante°. Boston no se va a morir si yo no voy a fin de año.

get out of this mess

Nos abrazamos. Me sentí, por primera vez en muchos años, protegida. Es raro sentirse protegida por alguien que pariste°. Es como ponerse un tapado° de bisón caro. Es el calorcito verdadero. No abrazamos, pero yo no quería que él hiciera eso por nosotros.

gave birth

overcoat

—Cuando yo tenía tu edad —le dije—, o un poco antes, quería ser escritora. Incluso llegué a ir un tiempo a un taller literario.

—Ya lo sé.

—Entonces lo conocí a tu padre, que viste cómo es… Y cuando ya empezamos a ir en serio él no quiso saber nada con que yo me juntara con los melenudos° del taller literario. Y de a poco me fui acomodando° a esta vida, y después se me pasó el berretín° de ser escritora… ¿Sabés lo que te quiero decir, no?

*hang out with those long-haired types

I started to get used to

got over my crazy idea*

—Sí.

—Nacho, corazón: yo no quiero que te pase eso, mi vida. Si vos tenés un sueño tenés que olvidarte de todo. Algo vamos a hacer nosotros, ya nos vamos a arreglar… Pero no dejés de irte a estudiar con los yanquis°. Porque cuando perdés el tren, perdés el tren. Te lo digo por experiencia.

Americans (slang)

—Hay tiempo para todo, mamá —me dice, y yo lo miro de nuevo porque es un hombre, no es un nene el que me habla: es un hombre—. Lo más probable es que si te

Point out to students the use of the title phrase in this paragraph. Tell students to keep it in mind as they read and to see how it applies to the story's ending.

hubieras dedicado a escribir cuando tenías veintipico° de años, yo no hubiera nacido. Ni el Caio, ni Sofía.

twenty something

—Eso es verdad.

—¿Por qué no escribís ahora? ¿Por qué no descansás y hacés lo que tenés ganas de hacer, ahora que no vas más a la *boutique*? Quién te dice que tu momento no sea éste. Y que mi momento de Boston sea después.

Lo miro riéndome un poquito. Pero no por lo que está diciendo, sinó porque tiene la esencia optimista. Esa misma que tengo yo. Me gusta que sea así, me gusta que converse conmigo.

—¿A vos te parece, Nachito? —le digo, casi al mediodía del 26 de septiembre de 2003.

Y entonces él me dice:

—¿Sabés lo que es un weblog?

Esa misma noche escribí esa frase en la computadora vieja: *"Como si nos costara poco traer el pan, el Caio pasó un rojo y nos cayó una multa".* Y desde entonces empezó a pasar algo en mí, muy despacio. No sé explicarlo, es como si adentro mío alguien hubiera empezado a cambiar todos los muebles de lugar. Me sentí la misma, pero redecorada.

Weblog de una mujer gorda recibe miles de visitas al día. A veces los aficionados —imaginativos o confundidos— escriben a la ama de casa inventada Mirta Bertotti con preguntas, regalos o para expresar su solidaridad. Casciari explica que para provocar la risa de sus lectores ha creado una autora de blog que, al principio, es analfabeta digital (*computer illiterate*).

Es muy lindo hacer lo que te gusta, aunque la suerte te llegue de grande°. A mí me llegó junto con la menopausia, 125 pero me llegó. Y no tenía [...] idea de que escribir fuera algo tan divertido. Cuando yo era joven quería ser escritora porque me pensaba que te ibas a codear° con gente inteligente... ¡pero nada que ver°! Escribir, 130 al final, solamente sirve para ser feliz. Lo demás son boludeces°.

when you are old

you would get to rub elbows with
it was nothing like that

Everything else is worthless

tough times

Pasamos muchas épocas chotas° desde que abrí el cuadernito, pero en el momento que las pasaba a papel se iban convirtiendo 135 en anécdotas. No. No fue casualidad que me sentara a escribir de vieja. Si lo hubiera hecho a los veinte años (me doy cuenta ahora) no habría tenido nada para decir. No existen las casualidades.

140 Por ejemplo: la presentación del libro que acaba de salir en España fue el lunes pasado. ¿Saben qué día era el lunes pasado? Hagan la cuenta. No; no existen las casualidades.

Con el Nacho nos levantamos tempranito, salimos del hotel, y nos 145 fuimos disparando° a El Corte Inglés. Nos quedamos como dos boludones° esperando a que abrieran. Y entonces subimos al piso de los libros, y ahí estaban. Apilados°, uno arriba del otro. Preciosos. A mí me 150 empezaron a temblar las patitas°. El Nacho me abrazaba.

"Más respeto, que soy tu madre", decían todos, con letras muy conchetas°, y con el empapelado idéntico que en el cuadernito. 155 ¡Ay, qué plato°, casi me da una cosa acá!

—¿Qué hacemos en España, nene? —le decía yo al Nacho, media llorando— ¿Qué hacen todos estos libros con mi nombre? ¿Qué corno° está pasando? 160

El Nacho sonreía. Y yo me acordaba de estos dos años hermosos que pasé sentada en la compu de la piecita, escribiendo a la noche cosas para ustedes. *"Hay tiempo para todo, mamá"* me había dicho mi hijo 165 exactamente dos años antes.

Al día siguiente, en medio del Atlántico, volviéndonos para casa, pasé por su asiento y me acerqué despacito:

—*Hay tiempo para todo, Ignacio* —le 170 susurré en la oreja, y le dejé todos los euros del adelanto del libro para que se vaya a hacer el master con los yanquis.

Nunca en la vida devolver algo me había hecho tan feliz. ■ 175

*Tell students that **El Corte Inglés** is a large Spanish department store.*

we sprinted

idiots

stacked

my legs started shaking

exquisite

how funny

160 *What the heck*

(Publicado en Weblog de una mujer gorda. *Los enlaces y otros elementos del formato fueron modificados para esta versión impresa.)*

Después de leer

Hay tiempo para todo, mamá

Hernán Casciari

1 Comprensión Responde a las preguntas con oraciones completas.

1. ¿Dónde escribió la madre (Mirta Bertotti) "Como si nos costara poco traer el pan, el Caio pasó un rojo y nos cayó una multa"?
   Lo escribió en su "cuadernito" o weblog.
2. ¿Qué día era cuando Nacho descubrió a su madre llorando?
   Era el 26 de septiembre de 2003.
3. ¿Por qué lloraba Mirta?
   Lloraba porque no tenía dinero para comprar comida.
4. ¿Qué dejaba Nacho en la caja verde del té?
   Nacho dejaba su sueldo.
5. Cuando era joven, ¿qué quería ser Mirta?
   Ella quería ser escritora.
6. ¿Qué le recomendó Nacho a su madre?
   Nacho le recomendó escribir un weblog.
7. ¿Por qué fueron a España Nacho y su mamá?
   Fueron a España para asistir a la presentación del libro *Más respeto, que soy tu madre*.
8. ¿Qué le dio Mirta a Nacho cuando estaban en el avión?
   Ella le dio dinero para que Nacho pudiera hacer un master.

2 Interpretación Contesta las preguntas con oraciones completas.

1. ¿Por qué escribe Mirta que "fue una época horrible"? Busca algunos ejemplos de la mala suerte de la familia.

2. ¿Por qué no quiere su madre que Nacho le deje el sueldo? ¿Qué significa para ella la metáfora de perder el tren?

3. ¿Cómo se siente ella cuando Nacho insiste en ayudar a la familia con su dinero?

4. ¿Por qué dejó de escribir Mirta cuando era joven?

5. Mirta dice que no es casualidad que el libro se haya publicado exactamente dos años después del primer día que escribió en el blog. ¿Qué otra cosa no es casualidad?

3 Análisis En parejas, contesten las preguntas.

1. ¿Por qué piensan que Nacho y su madre son muy unidos?

2. Expliquen el significado de la frase de Nacho: "Hay tiempo para todo, mamá."

3. ¿Cómo se construye una metaficción en esta obra? ¿Cuántos niveles de ficción encuentran en "Hay tiempo para todo, mamá"? ¿Quién escribió *"Más respeto, que soy tu madre"*?

4. ¿Creen que Casciari logra una representación verosímil (*credible*) de una ama de casa? Citen ejemplos del texto.

5. Observen las ilustraciones. ¿Creen que ayudan al lector o limitan su imaginación?

4 Mi blog Escribe la primera página de un weblog sobre una época difícil tu vida. Puedes describir eventos reales en tu propia voz o inventar un personaje con su familia y sus problemas. Mientras preparas tu weblog piensa en las palabras de Casciari y decide si vas a presentar tu alma "salida de la ducha" o como realmente es.

4 Before students begin the activity, lead them in a discussion of some of the features of a blog. For example, it is told in first person, using informal language, and often takes the form of a series of anecdotes about the blogger's daily life and experiences.

Taller de escritura

Preparación: La refutación

En la **Lección 4** (p. 71) se presentan distintas estrategias para escribir argumentos en defensa de una tesis. Una de ellas es la refutación, que consiste en defender nuestro punto de vista en forma indirecta examinando el punto de vista opuesto. En lugar de usar un argumento que prueba la tesis propia, el autor demuestra las falencias (*weaknesses*) de la tesis opuesta. En un buen ensayo, la refutación debe usarse sólo en combinación con otros tipos de argumentos. Nunca debe ser el único tipo de argumento utilizado.

Una buena refutación:

- nunca debe ser un ataque contra el punto de vista contrario.
- debe estar basada en evidencia o, en el caso de una opinión personal, basada en un razonamiento lógico que el autor puede expresar con lenguaje objetivo.

Ejemplo:

Tesis: Es apresurado (*too soon*) afirmar que la blogonovela es un nuevo género literario.

(**Tesis contraria:** La blogonovela es un nuevo género literario.)

Oración tema del segundo párrafo: Hay quienes argumentan que la blogonovela es un nuevo género literario; sin embargo, esta afirmación es demasiado apresurada.

Refutaciones que acompañan la oración tema: En primer lugar, no existe un número suficiente de blogonovelas escritas por autores conocidos. Además, tampoco hay mucha crítica literaria sobre este tema.

Práctica En parejas, relean las tesis de dos ensayos que escribieron en las lecciones anteriores. ¿Cuál es la tesis opuesta? ¿Qué argumentos se pueden usar para rechazar la tesis opuesta?

Ensayo Elige uno de estos temas y escribe un ensayo.

> ### Requisitos
> - Tu ensayo debe hacer referencia a por lo menos dos obras de las cuatro estudiadas en esta lección (cultura, cortometraje, dos obras literarias) o, en el caso del tercer tema, una de las obras puede ser de una lección anterior.
> - Tu ensayo debe ser de por lo menos dos páginas.
> - Tu ensayo debe incluir al menos dos ejemplos de refutación.

- En las obras de esta lección vemos el efecto de la tecnología sobre los protagonistas o narradores (y también sobre los lectores). ¿Tenemos control sobre el efecto que las nuevas tecnologías tienen sobre nosotros o simplemente podemos aspirar a adaptamos a la tecnología de la mejor manera posible?

- La cita de la página 162 dice: "Ninguna ciencia, en cuanto a ciencia, engaña; el engaño está en quien no sabe." ¿Se reafirma esta cita en las obras de esta lección?

- En muchas de las obras estudiadas, los personajes realizan acciones o toman decisiones poco habituales o tradicionales. ¿Tienen éxito al llevar adelante estas decisiones?

Preparación Encourage students to review the examples of **refutación** shown on p. 71 before beginning the **Taller de escritura**.

Práctica Tell students to take notes and keep them for use in **Lección 8**.

7 CONEXIONES

Abriendo ventanas

Ayuda tecnológica

Presentación Trabajen en grupos de cuatro o cinco. Cada grupo va a preparar una presentación sobre un proyecto de ayuda tecnológica.

A. Fundación Bip Bip Lean estos fragmentos extraídos del sitio web de la ONG (*NGO*) española Fundación Bip Bip y contesten las preguntas.

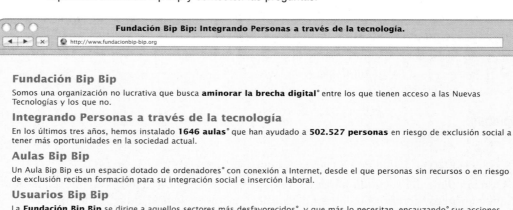

Fundación Bip Bip: Integrando Personas a través de la tecnología.

http://www.fundacionbip-bip.org

Fundación Bip Bip

Somos una organización no lucrativa que busca **aminorar la brecha digital°** entre los que tienen acceso a las Nuevas Tecnologías y los que no.

Integrando Personas a través de la tecnología

En los últimos tres años, hemos instalado **1646 aulas°** que han ayudado a **502.527 personas** en riesgo de exclusión social a tener más oportunidades en la sociedad actual.

Aulas Bip Bip

Un Aula Bip Bip es un espacio dotado de ordenadores° con conexión a Internet, desde el que personas sin recursos o en riesgo de exclusión reciben formación para su integración social e inserción laboral.

Usuarios Bip Bip

La **Fundación Bip Bip** se dirige a aquellos sectores más desfavorecidos°, y que más lo necesitan, encauzando° sus acciones como un amplio gesto a favor de la inserción social, para que aprendan a utilizar una herramienta básica de trabajo y de comunicación hoy en día.

Ayudamos a **inmigrantes, niños y jóvenes sin acceso a ordenadores, discapacitados, adultos con dificultades especiales, minorías étnicas, personas sin hogar.** Y todos aquellos que sencillamente se encuentran en una situación económica precaria y no tienen tiempo ni dinero para acceder y utilizar las nuevas tecnologías de la comunicación e información.

(Texto extraído de www.fundacionbip-bip.org)

aminorar... *breach the gap* **aulas** *classrooms* **dotado...** *that has computers* **desfavorecido** *disadvantaged* **encauzando** *guiding*

1. ¿Qué hace la fundación? ¿A quiénes ayuda?
2. ¿Qué opinan del objetivo de la fundación?
3. Piensen en los destinatarios de los servicios de la fundación. ¿Para qué creen que usan estas personas las computadoras?
4. ¿Están de acuerdo con que es necesario tener acceso a computadoras y a Internet actualmente para tener una situación económica digna (*decent*)?
5. ¿Conocen otras organizaciones que se dedican a la ayuda tecnológica?

B. Titulares Lean estos titulares de periódicos sobre necesidades y anoten sus ideas sobre cómo la tecnología puede ayudar o está ayudando en cada caso.

- Los niños ciegos tendrán acceso a los libros de Harry Potter
- Pueblito sin acceso a electricidad adquiere computadora portátil. ¿Cómo cargarán la batería?
- Pacientes internados en hospital ven a sus mascotas
- ¡Tan cerca del Amazonas y sin agua potable!

Parte A
- Remind students of the pronunciation of **Bip Bip** in Spanish. Tell them that it refers to the beep a computer makes when it is turned on or makes a sound to alert the user.
- Help students with the acronyms. **ONG** stands for **Organización no gubernamental** in Spanish. The English version is *NGO*, or *Non-Governmental Organization*.
- For item five, discuss the work of the Cambridge, MA-based organization One Laptop per Child.

C. Van a preparar una presentación relacionada con uno de los titulares de la parte **B**.

Elección del tema

Repasen los titulares de la parte **B** y relean las notas que tomaron. ¿Sobre cuál de los temas tienen ideas más creativas? ¿O prefieren presentar otra situación que pueda resolverse con ayuda tecnológica? ¿Qué solución tecnológica les parece más útil?

Preparación

Una vez elegido el tema, describan la solución tecnológica que se utilizó o se va a utilizar. Investiguen en Internet acerca de proyectos similares para reunir ideas. También pueden recurrir a los conocimientos adquiridos en clases de ciencia y tecnología. La presentación debe incluir como mínimo estos puntos:

- necesidad o problema
- solución
- pasos para implementar la solución
- recursos necesarios
- perspectivas a largo plazo

Organización

Organicen la presentación en un esquema. El esquema debe resumir los puntos principales de la presentación y las fuentes de la información investigada. La presentación deberá durar unos diez minutos. Decidan qué parte(s) presentará cada uno/a. Recuerden que todos los integrantes del grupo deben participar.

Teaching option
Have students use a sequence chart to analyze the steps involved in implementing their solution. Each part of the sequence chart represents one step in the process.

Estrategia de comunicación

Objetivos y procesos
- La meta/El objetivo/La finalidad del proyecto es...
- El proyecto tiene como meta/finalidad/objetivo/fin...
- En primer/segundo/tercer lugar...
- La primera etapa/La primera fase/El primer paso consiste/consistirá en...

Presentación

Usen el esquema como guía para hacer la presentación, pero recuerden que deben hablar a la clase y no leer una presentación escrita. Después de la presentación, contesten las preguntas que puedan tener sus compañeros/as.

 Tertulia

El futuro

 (1) La clase se divide en cuatro grupos. Cada uno tiene que pensar y anotar sus opiniones sobre uno
5 min. de estos temas.

> ### Clonación de animales
> Algunos países están considerando permitir la comercialización
> de productos de animales clonados. ¿Cuál es su opinión al respecto?
> ¿Les importaría que la carne que comen sea de un animal clonado?

> ### El futuro de los alimentos
> Algunos científicos sospechan que muchos problemas de salud actuales
> pueden estar relacionados con el consumo de alimentos altamente
> procesados, pero esto no ha sido demostrado. ¿Creen que está bien que se
> presenten estas opiniones sin que existan pruebas convincentes? ¿Por qué?

> ### ¿Vida en Marte?
> Algunos astrónomos creen que en algún momento hubo agua en Marte, lo
> cual sugiere la posibilidad de que en este planeta haya existido vida. ¿Qué
> piensan sobre la posibilidad de vida en otros planetas?

> ### Sin cura
> Existen muchas enfermedades que no tienen cura. Mientras tanto, los
> científicos se encuentran ante procesos de aprobación muy lentos
> requeridos por el gobierno y ante intereses, a veces conflictivos, de las
> compañías farmacéuticas. En su opinión, ¿qué se puede hacer para
> acelerar o facilitar las investigaciones médicas?

Teaching option
For the nutrition topic, ask students to describe their daily diet and to compare it with that of their parents and/or grandparents. Ask them to identify current eating patterns and say whether or not they think they are healthy.

(2) Cada grupo tiene que preparar una breve presentación sobre el tema asignado. En el caso de que
10 min. no todos los miembros del grupo estén de acuerdo, pueden mencionar que dentro del grupo hay
distintas opiniones.

(3) Los diferentes grupos presentan sus ideas a la clase, mientras todos toman nota.
25 min.

(4) Cuando todos los grupos terminen sus presentaciones, toda la clase debe participar haciendo
10 min. preguntas o expresando sus opiniones.

La economía y el trabajo

Manifestación, 1934.
Antonio Berni, Argentina.

"En la sociedad actual, si no
puedo comprar no existo."

— Cristina Peri Rossi

La economía y el trabajo

8

Manifestación, 1934.
Antonio Berni, Argentina.

"En la sociedad actual, si no
puedo comprar no existo."

— Cristina Peri Rossi

Antes de leer

INSTRUCTIONAL RESOURCES
Supersite

Vocabulario

adinerado/a *wealthy*

el anfitrión/la anfitriona *host(ess)*

diseñar *to design*

enérgico/a *energetic*

la huella *trace; mark*

el lujo *luxury*

el privilegio *privilege*

tomar en serio *to take seriously*

 Balenciaga Completa el párrafo usando una vez cada palabra y frase.

Cristóbal Balenciaga nació en España en 1895. Ya de joven, Balenciaga comenzó a
(1) ___diseñar___ ropa. Para él la moda era algo que había que (2) ___tomar en serio___. En 1937 abrió
una tienda en París donde atendía a una clientela exclusiva y (3) ___adinerada___. Tuvo el
(4) ___privilegio___ de vestir a muchos famosos. Jackie Kennedy lució (*wore*) sus diseños como
(5) ___anfitriona___ de elegantes cenas y eventos. El estilo de este (6) ___enérgico___ y creativo
diseñador se caracterizaba por la discreción y la elegancia. En 1968 el (7) ___lujo___ y la
elegancia del estilo Balenciaga casi desaparecen. El diseñador cerró su tienda porque
se sentía desilusionado con la nueva moda *prêt-à-porter* (*ready-to-wear*). Sin embargo,
el estilo Balenciaga dejó su (8) ___huella___ para siempre en el mundo de la moda, y
actualmente el Grupo Gucci sigue produciendo la línea Balenciaga.

 Conexión personal ¿Te gusta vestirte a la moda o no te importa mucho la ropa? Llena
esta encuesta personal y después compara tus respuestas con las de un(a) compañero/a.

	Siempre	A veces	Nunca
1. Voy a las tiendas de ropa.			
2. Todos los años cambio mi vestuario.			
3. Mis accesorios hacen juego con mi ropa.			
4. Salgo bien vestido/a de casa.			
5. Me compro ropa que veo en las revistas.			
6. Me gusta comprar ropa cara.			

Conexión personal
Organize a debate. Divide
the class into two groups
and have them sit in
opposite sides of the
room. Ask one group to
give reasons why style
and fashion are important,
and have the other give
counterarguments. Tell
students that they are free
to move across the room
and join the other group if
they change their minds.

Contexto cultural

Cuando pensamos en la moda, solemos pensar en Milán, París o Nueva York. Sin
embargo, gracias a diseñadores como la venezolana Carolina Herrera
o el dominicano Oscar de la Renta, los diseñadores latinoamericanos
comenzaron a dejar su huella en el mundo de la moda.
Por iniciativa de Herrera, se estableció en 1999 el Consejo de
Diseñadores de Moda Latinoamericanos. Esta organización sin fines
de lucro (*nonprofit*) promueve a los diseñadores latinoamericanos y
organiza la Semana de la Moda de las Américas, evento muy popular
entre celebridades, empresarios de la moda y periodistas.

Contexto cultural Discuss
style and fashion in a
social and cultural context.
**¿Existen culturas que
valoren la moda más que
otras? ¿Creen que la moda
depende de la clase social
de una persona? ¿De qué
manera el estilo o la moda
pueden influenciar la
identidad de una persona?**

La economía y el trabajo

Preview Carolina Herrera says that success is addictive. Ask students if they agree with this statement and
discuss their experience with success. **¿Creen que el éxito puede servir como incentivo? ¿El éxito puede tener
consecuencias negativas? ¿Qué queremos decir con la expresión "el éxito se le subió a la cabeza"?**

ciento setenta y nueve **179**

Carolina Herrera:
una señora en su punto

Isabel Piquer

Carolina Herrera, 1979.
Andy Warhol, EE.UU.

1 Cuando cumplió los 40, Carolina Herrera decidió hacer algo inaudito°: empezar a trabajar. No tenía por qué. Vivía en Caracas *unheard of* en un mundo de lujo y privilegio. Pertenecía a una de las familias más antiguas y adineradas de Venezuela. Estaba felizmente casada, 5 tenía cuatro hijos. Llevaba casi diez años en la lista de las mujeres más elegantes del mundo. Era la perfecta anfitriona, la reina de las fiestas de sociedad. Nadie se lo tomó muy en serio.

Teaching option As students read, have them create a list of the adjectives used to describe Carolina Herrera.

De eso hace 22 años. "Nunca hubiera podido anticipar este éxito. Cuando empiezas,
10 creo que nunca sabes muy bien adónde vas ni si vas a gustar, porque tampoco lo estás pensando. Y de repente llega. Luego, si tienes un poquito de éxito, es imposible parar porque es como una droga". Sentada
15 en uno de los sillones de su oficina de la Séptima Avenida, en el Garment District de Nueva York, Herrera habla con la voz
soft melosa° de su acento natal. Está perfecta. Ni
wrinkle una arruga°. Es la imagen de la distinción
20 que ha sabido crear y vender desde su primer desfile, en un apartamento prestado de Park Avenue.

Carolina Herrera tiene la pose y la elegancia de una mujer de mundo. En
25 Caracas vivió las legendarias fiestas de su suegra, Mimi Herrera, amiga de Greta Garbo y de la duquesa de Windsor. En Nueva York fue la diseñadora de Jackie Kennedy en los últimos 12 años de su vida. Warhol le hizo
30 tres retratos, todos iguales salvo por el color de la sombra de ojos. Y cuando *Vanity Fair*
fold-out sacó el pasado abril una portada plegable° sobre estrellas y leyendas de Hollywood, no encontró mejor decorado que una réplica
35 del salón victoriano de su casa del Upper East Side.

Tenía 13 años cuando su abuela la llevó a París, a un desfile de Cristóbal Balenciaga.
haute couture Fue su primera introducción a la alta costura°.
40 Le gustó, pero no lo bastante como para pensar en dedicarse a la moda. "Yo no era de las que jugaban a vestir a sus muñecas°".
dolls
Sin embargo, aquella experiencia dejó huella. Aún ahora asegura inspirarse en las líneas
45 claras y sencillas del español que triunfó en Francia.

Esta imagen elitista también ha jugado en su contra. A menudo se ha relegado a Carolina Herrera a la categoría de diseñadora para las
50 *ladies who lunch* (las damas que almuerzan). "Si yo sólo hubiera hecho colecciones para mis amigas habría cerrado hace veinte años,

porque una compañía no se puede basar en eso. Es imposible. En aquel momento decidieron ponerme esa etiqueta°, pero mi 55 *label* moda no sólo ha sido para ellas".

El tiempo le ha dado la razón. El Park Avenue chic, las faldas por debajo de la rodilla, lo clásico, lo caro llenan las páginas de las revistas. Todo el mundo quiere parecerse a 60 la adinerada minoría neoyorquina. "La moda es algo que cambia, pero ciertos elementos son constantes: la sofisticación, la elegancia y, por supuesto, el lujo", dice la diseñadora. "La moda es una fantasía, una locura, un misterio. 65

Carolina Herrera, hija, sigue la huella de su famosa madre. Además de trabajar junto a su madre en el negocio de la moda, es quien se encarga de los perfumes que llevan la marca Carolina Herrera. También es portavoz (*spokesperson*) de la marca CH Carolina Herrera, línea de tono más informal lanzada en 2005 que incluye ropa y accesorios para hombres y mujeres.

¿Qué es la moda? Es algo que necesitas todos los días porque te vistes todos los días. Cuando la gente está combinando lo que se va a poner por las mañanas, ya está haciendo moda. Moda es historia, es civilización, es 70 arte, es un negocio".

"Cuando empecé, tenía 40 años. Acababa de nacer mi primer nieto. A menudo me han preguntado por qué se me ocurrió meterme en esta aventura. Creo que hay un momento 75 en la vida de todo el mundo en el que debes hacer lo que realmente quieres". ■

Publicado en El País *(España) el 28 de septiembre de 2001.*

SUPERSITE Después de leer

Carolina Herrera: una señora en su punto

① For expansion, ask
students to write two
more true or false
statements about the
reading. Have them
ask classmates to
answer **cierto** or **falso**
and correct any false
statements.

1 **Comprensión** Indica si las oraciones son **ciertas** o **falsas**. Corrige las falsas.

Cierto **Falso**

☑ ☐ 1. Carolina Herrera comenzó a diseñar ropa a los cuarenta años.

☐ ☑ 2. Carolina Herrera vive ahora en París.
Ella vive en Nueva York.

☐ ☑ 3. De pequeña, Carolina Herrera vestía a sus muñecas.
Ella no jugaba a vestir a sus muñecas.

☑ ☐ 4. Carolina Herrera viene de una familia muy rica.

☑ ☐ 5. Según Carolina, la moda es arte y negocio.

☐ ☑ 6. Carolina siempre recibe muy buenas críticas.
Su moda recibió críticas negativas.

☐ ☑ 7. Jackie Kennedy sólo le encargó algunos vestidos.
Carolina Herrera diseñó para ella por 12 años.

☑ ☐ 8. Andy Warhol hizo tres retratos de Carolina Herrera.

② For item 4, have
students create their
own definition of fashion.

② For expansion, talk
about age in the
context of work. **¿Sería
difícil empezar su
propia empresa a los
40 años? ¿Cuáles
serían las ventajas y
desventajas de hacerlo
a esa edad? ¿De
qué manera la edad
afectaría los planes
para el futuro de
la empresa?**

2 **Interpretación** Contesta las preguntas con oraciones completas.

1. ¿Era común que las mujeres de la clase social de Carolina trabajaran? ¿Ha cambiado esto con el paso de los años?

2. ¿Pensaba Carolina que iba a tener un gran éxito cuando empezó a diseñar ropa? Explica tu respuesta.

3. ¿Crees que Carolina es una buena mujer de negocios? Explica tu respuesta y cita ejemplos del texto.

4. ¿Cómo describe la moda Carolina? ¿Con qué cosas la compara? ¿Qué opinas sobre esta definición de la moda?

③ Before students begin,
have them decide what
kind of product they
intend to design. Have
them create a slogan
for their product using
a **si** clause.

3 **Diseñadores** En grupos, imaginen que van a comenzar un negocio como diseñadores (de ropa, de interiores o de jardines). ¿Qué necesitarían para comenzarlo? Preparen una lista de cinco cosas que tendrían que tener para comenzar.

MODELO Necesitaríamos dos diseñadores/as de moda.

4 **La moda** Elige una de las afirmaciones y escribe un párrafo con tu opinión.

MODELO **Se puede rechazar a un(a) candidato/a para un puesto de trabajo si se presenta mal vestido/a para una entrevista.**

No estoy de acuerdo. Si no estuvieras capacitado para el puesto, te podrían rechazar; pero si no les gusta tu ropa, ése no es un buen motivo para rechazarte.

④ Add this sentence to the
exercise: **La moda es
lo que nos define, lo
que nos permite ser
únicos/as.**

④ Have students exchange
drafts for peer editing.

• La moda promueve la superficialidad y es responsable de muchos trastornos de la alimentación (*eating disorders*) entre las mujeres jóvenes.

• Para tener éxito en el mundo empresarial, hay que lucir (*appear*) siempre elegante.

• En otros países la gente se viste mejor para ir a trabajar.

• Se puede rechazar a un(a) candidato/a para un puesto de trabajo si se presenta mal vestido/a para una entrevista.

Opiniones

1 **Conversación** En parejas, lean estas citas sobre el dinero y el trabajo y contesten las preguntas.

¿Satisfacción personal o bolsillos llenos?

Le hicimos esta pregunta a cuatro personas: ¿Es más importante tener un trabajo que dé satisfacción personal o tener un trabajo que pague bien?

Carlos Marín (54)
Asunción, Paraguay

Para mí, lo importante siempre ha sido tener un trabajo en el que me paguen bien y que me permita llevar una vida cómoda con mi familia. La verdadera satisfacción personal no proviene del trabajo sino de los buenos momentos compartidos fuera del trabajo con la familia y los amigos.

Carmen Gómez Prado (25)
Sevilla, España

Creo que es esencial tener un trabajo en el que pueda realizar todo mi potencial. ¿De qué me serviría el dinero si me pasara 40 horas por semana haciendo algo que no es lo que dicta mi corazón? Si es necesario, tendré un trabajo de tiempo parcial un par de noches o los fines de semana para pagar las cuentas.

Malena Irigoyen (42)
Ponce, Puerto Rico

En este asunto, como en todo en la vida, lo importante es el equilibrio. El dinero no hace la felicidad, pero tampoco puedo trabajar en algo que me gusta si no me alcanza para pagar las cuentas todos los meses. No quiero ser ni esclava de mi carrera profesional ni esclava del dinero.

Rodrigo Vaccaro (73)
Tegucigalpa, Honduras

Para mí, siempre fue más importante tener un trabajo en el que me pagaran bien. Me jubilé hace ocho años y soy totalmente independiente. Si no me hubiera preocupado por el dinero de joven, hoy me tendrían que mantener mis hijos.

1. ¿Qué importancia tiene el dinero para los entrevistados?
2. ¿Qué es importante para cada entrevistado con respecto al trabajo?
3. ¿Creen que hay factores que influyen en las opiniones? ¿Cuáles?
4. ¿Con cuál de estas personas se sienten más identificados? ¿Por qué?

Estrategia de comunicación

Más allá del verbo *decir*

Al hablar o escribir acerca de lo que ha dicho otra persona, existen muchos otros verbos además de **decir**. Algunos son sinónimos, mientras que otros presentan matices diferentes. Algunos verbos útiles son:

afirmar/manifestar (*to state*), **asegurar** (*to assure*), **comentar**, **contar** (*to tell*), **explicar**, **expresar**, **opinar** (*to think*)

2 **Por escrito** Elige una de las opciones y escribe una composición de una página.

- Elige una de las citas de la actividad anterior con la que no estés de acuerdo y explica tu opinión.
- Vuelve a leer la pregunta que se les hizo a los entrevistados en la actividad anterior y respóndela con respecto a las decisiones/opciones de una persona mayor en tu familia.

Preview
• Have students close their books. Ask the question at the top of the page.
• Have students vote **satisfacción, dinero** or **no sé** with a show of hands.
• Have the class quickly skim the four responses in the textbook.
• Ask the question again and see how many students vote the same way.

2 You may modify the second option to allow students to answer the question with their own opinion, or project ahead and imagine themselves answering that question in 20 years.

con **ROGER CASAMAJOR** y **LUCÍA DEL RÍO**
THE LIFT presenta una película de **STEPHEN LYNCH**
montaje **GABRIEL JORGES** • fotografía **PABLO CRUZ**
dirección de arte **ANJA MAYER** • diseño de vestuario **ANA LAURA SOLIS**
música **MARVIN PONTIAC / LOS CHICHOS**
guión **STEPHEN LYNCH** • producida por **JUAN CARLOS POLANCO**
dirigida por **STEPHEN LYNCH**

Antes de ver el corto

INSTRUCTIONAL RESOURCES
Supersite/DVD: Film Collection
Supersite: Script & Translation

CLOWN

país España   **director** Stephen Lynch
duración 11 minutos   **protagonistas** el payaso, Luisa, el jefe

Vocabulario

la amenaza *threat*
el/la cobrador(a) *debt collector*
cumplir *to carry out*
deber *to owe*
dejar en paz *to leave alone*

humillar *to humiliate*
el/la moroso/a *debtor*
el/la payaso/a *clown*
el sueldo fijo *base salary*
tozudo/a *stubborn*

Variación léxica
tozudo/a ⟷ cabezón/ cabezona
el/la moroso(a) ⟷ el/la deudor(a)

1 Oraciones incompletas Completa las oraciones.

1. Alguien que no paga sus deudas es un __moroso__.
2. Además del __sueldo fijo__, la empresa me paga comisiones.
3. Una persona __tozuda__ nunca quiere cambiar de opinión.
4. Un __payaso__ trabaja en el circo.
5. Cuando alguien no paga, algunas empresas contratan a un __cobrador__.

① For additional practice, have students form sentences with the remaining words and read them aloud.

2 Preguntas En parejas, contesten las preguntas.

1. ¿Has tenido alguna vez un trabajo que no te gustaba? ¿Cuál?
2. Imagina que necesitas trabajar con urgencia. ¿Dónde buscarías trabajo? ¿Por qué?
3. ¿Eres capaz de hacer cosas que no te gustan para ganar dinero? Explica tu respuesta.
4. ¿Qué empleo crees que nunca harías? ¿Por qué?
5. Cuando eras niño/a, ¿qué trabajo soñabas con tener de grande?

② Continue the discussion by asking additional questions. Ex: **¿Qué se necesita para que un trabajo sea divertido? ¿Prefieren trabajar solos o en equipo? ¿Les gustaría tener un trabajo que les permitiera viajar mucho?**

3 ¿Qué sucederá? En parejas, miren el fotograma e imaginen lo que va a ocurrir en la historia. Preparen una lista de adjetivos que podrían usarse para describir la personalidad del payaso. Compartan sus ideas con la clase.

③ After watching the film, ask students if their initial impressions were correct.

SUPERSITE Watch the short film at **ventanas.vhlcentral.com.**

Escenas

ARGUMENTO Un hombre comienza su primer día como cobrador vestido de payaso.

Synopsis A young man starts a job as a debt collector, dressing up like a clown and humiliating people into paying their debts. Will he succeed on his first day on the job? Who will be humiliated?

Preview Have students look at the video stills. Ask: **¿Crees que la humillación es un buen método para que alguien haga lo que tú quieres? ¿Por qué?**

PAYASO ¿Luisa River? ¿Luisa River?
LUISA Sí.
PAYASO Debe usted 771 euros a Telefónica. Vengo a cobrar.
LUISA ¿Y tú quién eres?
PAYASO Soy de los cobradores del circo.

LUISA No tengo teléfono. Ni trabajo. Así que les dices a tus clientes que o me encuentran trabajo o que me dejen en paz.
PAYASO Mire Luisa, se lo voy a explicar para que lo entienda. Mi trabajo consiste en humillarla y seguirla hasta que nos pague.

LUISA Llega tarde tu amenaza. Debo tres meses de alquiler, y ya he vendido el coche, y la tele y todo, y tengo dos hijos y su padre no pasa un duro°. Así que tu factura me la suda° en este momento. Lo siento, payaso, me encantaría pagarte, pero esto es lo que hay°.

PAYASO ¿Estás orgullosa? ¿No te avergüenza? ¿No tienes vergüenza, Luisa? Yo llevo la nariz roja, ¿pero quién hace aquí el payaso?
LUISA ¿Quieres una respuesta? Pues sí, estoy orgullosa de no tener que ganarme la vida humillando a la gente.

PAYASO ¿Tú crees que yo me quería dedicar a esto? Pues no. Pero si tengo que hacerlo para mantener a mi mujer y a mi bebé, pues lo haré. Es patético, pero lo haré.
LUISA ¿Tienes un bebé?
PAYASO Una niña, de siete meses.

JEFE ¿Y cómo ha ido?
PAYASO Bueno, pues… bien.
JEFE ¿Pero cobraste o no?
PAYASO No, cobrar, cobrar no, pero…
JEFE ¿Fuiste tozudo?
PAYASO ¡Muy tozudo!

duro *five-peseta coin* **me la suda** *I don't give a damn*
esto es lo que hay *take it or leave it*

Después de ver el corto

(1) Comprensión Contesta las preguntas con oraciones completas.

1. ¿En qué consiste el trabajo del payaso?   Tiene que cobrar deudas.

2. ¿Por qué sigue a Luisa?   Luisa debe dinero a la compañía de teléfono.

3. ¿Qué razones le da Luisa al payaso para no pagar?   Luisa le dice al payaso que tiene dos hijos y que no tiene trabajo.

4. ¿Adónde van después de bajar del autobús?   Van a una cafetería.

5. ¿Tiene familia el payaso?   El payaso está casado y tiene una niña de siete meses.

6. ¿Qué razones le da el payaso a su jefe para explicar que Luisa no puede pagar?
Le dice que tiene dos hijos y que uno de ellos necesita un transplante.

7. ¿Qué le dice el jefe al payaso?   Le dice que todo era una prueba.

8. ¿Por qué se enoja el payaso con Luisa?   Ella le ha mentido y él pierde el trabajo.

(2) Ampliación Contesta las preguntas con oraciones completas.

1. ¿Por qué está nervioso el payaso al principio?

2. ¿Piensas que le gusta su trabajo? ¿Por qué?

3. Explica qué ocurre al final del corto.

4. ¿Crees que Luisa actuó bien? ¿Por qué? Explica tu respuesta.

5. Imagina que no tienes dinero y te ofrecen este puesto de trabajo. ¿Lo tomarías? Explica tu respuesta.

(3) Opiniones En parejas, lean la cita. ¿Están de acuerdo con lo que se expresa en ella? Compartan su opinión con la clase.

> **" Pues sí, estoy orgullosa de no tener que ganarme la vida humillando a la gente como haces tú. No tengo nada, muy bien, pero tengo mi dignidad. "**

(4) Entrevistas de trabajo En parejas, imaginen la entrevista de trabajo entre el hombre y el jefe de la empresa de cobradores.

A. Conversen acerca de estas preguntas.

- ¿Qué preguntas le hizo el jefe antes de ofrecerle el trabajo?

- ¿Qué contestó el hombre?

- ¿Cómo reaccionó cuando le dijeron que tenía que vestirse de payaso?

B. Ensayen la entrevista de trabajo entre el hombre y el jefe. Luego, actúen la entrevista frente a la clase.

(1) After students have finished, have them work in pairs to write a brief summary of the film.

(2) For item 1, have students write what Luisa and the clown are thinking when they first meet.

(2) Ask additional questions for discussion. Ex: **En un contexto diferente, ¿creen que Luisa y el payaso podrían ser amigos? ¿Por qué?**

(4) For Part A, have students respond to additional questions and discuss. Ex: **¿Qué experiencia laboral tenía el hombre antes de solicitar este puesto? ¿Qué opina su familia de su nuevo trabajo?**

INSTRUCTIONAL RESOURCES
Supersite: Literatura recording

Mercado de flores, 1949.
Diego Rivera, México.

"Cuando llegue la inspiración, que
me encuentre trabajando."

— Pablo Picasso

Entre la piedra y la flor (IV poema)

Sobre el autor

Octavio Paz (1914–1998) es uno de los pensadores y poetas mexicanos más destacados (*outstanding*) del siglo XX. Miembro de la Vanguardia, movimiento importante de renovación poética, empezó a escribir poesía en los años 30. Una de sus publicaciones centrales es "Piedra de sol" (1957), largo poema cíclico en el que expresa sus ideas sobre el hombre, la historia, el tiempo y el amor. En 1962, Paz fue nombrado embajador (*ambassador*) en la India, y su tiempo en ese país lo llevó a escribir obras como *El mono gramático* (especie de poema en prosa), y *Ladera Este* (poesía). En 1968, con motivo de la famosa masacre de estudiantes por parte de tropas militares mexicanas en la Plaza de Tlatelolco, Paz renunció a (*resigned from*) su cargo diplomático. En un ensayo titulado *Postdata,* dio una interpretación histórica a aquel acto de violencia del gobierno. En 1990, recibió el premio Nobel de literatura.

Vocabulario

el analfabetismo *illiteracy*	**la mosca** *fly*	**la piedra** *stone*	**el sueño** *dream*
la araña *spider*	**el oro** *gold*	**la plata** *silver*	**volar** *to fly*
la escalera *ladder*	**la pena** *sorrow*	**la sabiduría** *wisdom*	**volverse** *to become*

Vocabulario Completa las oraciones.

1. Las ___arañas___ atrapan ___moscas___ para alimentarse.
2. Ana siente mucha ___pena___ desde que su mejor amiga se mudó a Guatemala.
3. Mi bisabuelo nunca pudo ir a la escuela. Sin embargo, a pesar de su ___analfabetismo___, sus consejos siempre mostraban gran ___sabiduría___.
4. El ___sueño___ de Jaime es ser piloto para ___volar___ sobre las montañas de su país.

Conexión personal

¿Crees que la percepción y el valor del dinero son diferentes en distintas culturas? En tu entorno, ¿crees que la gente le da demasiada importancia al dinero? ¿Por qué?

Análisis literario: El paralelismo

El paralelismo es una figura retórica que da estructura y ritmo a los versos poéticos. En versos cercanos se repite una expresión, cláusula o estructura. Un paralelo complejo asocia no sólo términos o gramática, sino también conceptos de una composición. El paralelismo puede anunciar la intensificación de acciones, como en las palabras tan citadas de Julio César, "Veni. Vidi. Vici." (*I came. I saw. I conquered.*). El paralelismo también puede poner de relieve la relación o asociación entre varios elementos o puede usarse para expresar un contraste o marcar diferencias. Cuando leas "Entre la piedra y la flor", presta atención a las múltiples repeticiones, sobre todo en la estructura de los versos. ¿Crees que el paralelismo del poema se usa para mostrar asociaciones o destacar (*emphasize*) diferencias?

Preview
• Have students look at the Diego Rivera painting on the previous page and ask: **¿Qué actitud parece tener el pintor hacia el trabajo en este cuadro? ¿De qué forma lo representa? ¿A quién representa?**

• Call on a volunteer to read and interpret the Picasso quote on the previous page. For advanced classes, ask: **¿Qué efecto piensas que tiene el uso del subjuntivo en esta cita?**

Vocabulario
• Tell students that **alfabetismo** means *literacy*.
• Point out the shared root between **saber** and **sabiduría**.

Conexión personal Ask students: **¿Cuáles son otros aspectos importantes de la vida, además del dinero?** Generate a list that students can refer to when they write their **Taller de escritura** essay and discuss the **Tertulia** topics.

Análisis literario Have students go back and reread "Poema 20" by Pablo Neruda in **Lección 1** and look for examples of parallelism in that poem. Point out to students that this device also translates into other genres, such as prose and film.

Entre la piedra y la flor

Octavio Paz

Contexto histórico

El poema extenso **"Entre la piedra y la flor"** trata de la situación del campesino mexicano que sufre en una sociedad capitalista, dominada por ricos terratenientes (*landowners*). El poema fue inspirado por un viaje que hizo Paz a Yucatán en 1937.

Preview Explain to students that they will read part IV of a five-part poem. The poem was originally written by Paz in 1937. However, Paz did a very significant rewrite in 1976. In a 1977 interview he said: **"Como nunca me he sentido totalmente satisfecho con este texto, el año pasado escribí una nueva versión."**

Teaching option Choose a student to read the poem aloud or read it aloud yourself, emphasizing the parallelism and repetition of different words and structures.

IV

1 El dinero y su rueda°,
el dinero y sus números huecos°,
el dinero y su rebaño de espectros°.

El dinero es una fastuosa° geografía:
5 montañas de oro y cobre°,
ríos de plata y níquel°,
árboles de jade
y la hojarasca° del papel moneda°.

Sus jardines son asépticos°,
10 su primavera perpetua está congelada°,
son flores son piedras preciosas sin olor°,
sus pájaros vuelan en ascensor°,
sus estaciones giran° al compás del reloj.

El planeta se vuelve dinero,
15 el dinero se vuelve número,
el número se come al tiempo,
el tiempo se come al hombre,
el dinero se come al tiempo.

La muerte es un sueño que no sueña el dinero.

20 El dinero no dice *tú eres:*
el dinero dice *cuánto.*

Más malo que no tener dinero
es tener mucho dinero.

Saber contar no es saber cantar.

25 Alegría y pena
ni se compran ni se venden.

La pirámide niega al dinero,
el ídolo niega al dinero,
el brujo° niega al dinero,

30 la Virgen, el Niño y el Santito
niegan al dinero.

El analfabetismo es una sabiduría
ignorada por el dinero.

El dinero abre las puertas de la casa del rey,
35 cierra las puertas del perdón.

El dinero es el gran prestidigitador°.
Evapora todo lo que toca:
tu sangre y tu sudor°,
tu lágrima° y tu idea.
40 El dinero te vuelve ninguno.

Entre todos construimos
el palacio del dinero:
el gran cero.

No el trabajo: el dinero es el castigo.
45 El trabajo nos da de comer y dormir:
el dinero es la araña y el hombre la mosca.
El trabajo hace las cosas:
el dinero chupa la sangre° de las cosas.
El trabajo es el techo°, la mesa, la cama:
50 el dinero no tiene cuerpo ni cara ni alma.

El dinero seca° la sangre del mundo,
sorbe el seso° del hombre.

Escalera de horas y meses y años:
allá arriba encontramos a nadie.

55 Monumento que tu muerte levanta a la muerte.

Mérida, 1937/México, 1976. ∎

---

rueda *circle* **huecos** *hollow* **espectros** *ghosts* **fastuosa** *splendid* **cobre** *copper* **níquel** *nickel* **hojarasca** *fallen leaves*
papel moneda *paper money* **asépticos** *sterile* **congelada** *frozen* **olor** *smell* **ascensor** *elevator* **giran** *revolve* **brujo** *sorcerer*
prestidigitador *magician* **sudor** *sweat* **lágrima** *tear* **chupa la sangre** *sucks the blood* **techo** *ceiling* **seca** *dries* **seso** *brain*

Entre la piedra y la flor
Octavio Paz

① **Comprensión** Indica si las oraciones son **ciertas** o **falsas**. Corrige las falsas.

1. Al comienzo de la obra, el dinero se asocia con la vitalidad y la vida.
   Falso. Se asocia con los huecos y los espectros.
2. La segunda estrofa compara elementos naturales con piedras y metales preciosos.
   Cierto.
3. En una de las imágenes, el poeta describe pájaros que vuelan libremente.
   Falso. Los pájaros vuelan en ascensor.
4. El hombre se come al dinero.
   Falso. El tiempo se come al hombre y el dinero se come al tiempo.
5. El poema presenta una visión equilibrada de los aspectos positivos y negativos del dinero.
   Falso. El poema presenta principalmente los aspectos negativos.
6. La voz poética opina que es peor tener mucho dinero que no tener nada.
   Cierto.
7. Según "Entre la piedra y la flor", el dinero puede abrir puertas, pero también causar muchos problemas.
   Cierto.
8. En el poema la araña se identifica con el hombre.
   Falso. La araña se asocia con el dinero y el hombre con la mosca.

② **Interpretación** Contesta las preguntas con oraciones completas.

1. ¿Qué versos del poema respaldan estas afirmaciones?
   - El dinero es despreciable (*despicable*).
   - El dinero es poderoso.
   - Lo sagrado no cae en la trampa del dinero.
2. ¿Dónde se expresa desprecio (*contempt*) hacia el dinero? Busca tres ejemplos.
3. Explica el juego de palabras: "Saber contar no es saber cantar".
4. Según el poema, ¿cuál es la diferencia entre el dinero y el trabajo?
5. ¿Qué representan la araña y la mosca en el poema? ¿Qué relación tienen?

③ **Análisis** En parejas, contesten las preguntas.

1. ¿Con qué se compara al dinero en la segunda y tercera estrofas (*stanzas*)? ¿Qué quiere decir la voz poética con estas imágenes?
2. Describe el paralelismo de la cuarta estrofa. Compara el final de cada verso con el comienzo del verso siguiente. ¿Dónde se rompe el paralelo? De acuerdo con esta estrofa, ¿cuál es la situación del hombre?
3. ¿A qué o quién critica el poema? Deben basar su argumento en ejemplos del texto.
4. Describe el paralelismo de estos dos versos: "El trabajo hace las cosas: / el dinero chupa la sangre de las cosas." ¿Qué imagen se destaca con la estructura paralela?

④ Before students answer this question, quickly discuss as a class what role students think money plays in our society. What role does it play in students' lives?

⑤ Students may need some help narrowing this topic. Give them some suggestions: poverty vs. wealth, parenthood vs. career, working for self vs. working to better society, collaboration vs. hierarchy in the workplace, etc.

④ **Discusión** Este poema retrata la situación desigual del campesino mexicano. ¿Hay situaciones similares en tu país? ¿Hay grandes diferencias entre distintos grupos sociales? ¿Tienen todos los habitantes el mismo acceso al trabajo, a la educación y al avance social?

⑤ **Mi opinión** Elige un tema relacionado con la economía o el trabajo que sea importante para ti. Escribe un párrafo sobre este tema dando tu opinión. Repasa los ejemplos de paralelismo de "Entre la piedra y la flor" e incluye al menos tres ejemplos de paralelismo en tu composición.

Teaching option Have students read part IV of the 1937 version of this poem. Ask: **¿En qué se diferencian? ¿Ha cambiado el punto de vista del poeta? ¿De qué manera? ¿Se lo puede considerar el mismo poema a pesar de las diferencias?**

Antes de leer

National connections cultures standards

La abeja haragana

Sobre el autor

Horacio Quiroga nació en Salto, Uruguay, el 31 de diciembre de 1878. En su juventud practicó ciclismo, fotografía, mecánica y carpintería. Fue un trabajador compulsivo y pionero de la escritura profesional. En 1898 viajó a Argentina y allí se quedó. Vivió en San Ignacio, Misiones, donde cultivaba orquídeas y vivía en estrecho (*close*) contacto con la naturaleza en la selva, de clima favorable para sus problemas de salud. Su interés por la literatura comenzó por la poesía y su primer libro fue *Los arrecifes de coral* (1901), al que siguieron, entre otros, *Cuentos de amor, de locura y de muerte* (1917) y la colección de relatos para niños titulada *Cuentos de la selva* (1918).

Vocabulario

la advertencia *warning*	**el descanso** *rest*	**la miel** *honey*
el aprendizaje *learning*	**la experiencia** *experience*	**el polen** *pollen*
la colmena *beehive*	**la fatiga** *fatigue; weariness*	**trabajador(a)** *industrious; hard-working*
el deber *duty*	**haragán/haragana** *lazy; idle*	**volar (o:ue)** *to fly*

Variación léxica
haragán/haragana ⟷ perezoso/a

 El valor del trabajo Completa este párrafo sobre los consejos que un abuelo da a su nieto sobre el valor del trabajo.

La persona (1) ___haragana___ no llega a ningún lado en este mundo: se necesita mucho esfuerzo para lograr algo en la vida, sin hacerle caso a la (2) ___fatiga___ que uno pueda sentir. El (3) ___descanso___ llegará después. Esta (4) ___advertencia___ proviene de mi propia (5) ___experiencia___. Es un largo (6) ___aprendizaje___ que se hace durante toda la vida pero, al final, la persona (7) ___trabajadora___ puede estar satisfecha de haber cumplido con su (8) ___deber___.

Conexión personal

¿Crees que las cosas con esfuerzo valen más? ¿O es mejor cuando se obtienen por buena suerte o ingenio (*ingenuity*)? ¿Qué te parece más justo?

Análisis literario: La fábula

La fábula es un breve relato dialogado que suele incluir una moraleja (*moral*) extraída de los eventos relatados. La conducta de las personas se compara con el comportamiento típico de ciertos animales que son los protagonistas de las fábulas y encarnan (*embody*) vicios y virtudes humanas. Por ejemplo: la hormiga (*ant*) representa la laboriosidad (*hard work*) y la previsión (*foresight*). ¿Qué virtudes representan estos animales?

Conexión personal Have volunteers talk about two experiences: a time they worked hard to achieve something, and a time they achieved something by luck. Ask: **¿Qué aprendiste de cada experiencia?**

Análisis literario Ask about who reads fables: **¿Las fábulas están destinadas a niños, a adultos, o a ambos? Expliquen sus respuestas.**

la serpiente   el perro

el gato

el caballo

La economía y el trabajo

ciento noventa y tres **193**

Teaching option To aid comprehension, have students create three headings about the bee's life: **la abeja en la colmena, la abeja y la culebra,** and **la abeja de vuelta en la colmena.** As they read, encourage students to take notes on the plot under the corresponding headings.

Horacio Quiroga

La abeja haragana

1 Había una vez en una colmena una abeja que no quería trabajar, es decir, recorría los árboles uno por uno para tomar el jugo de las flores; pero en vez 5 de conservarlo para convertirlo en miel, se lo tomaba del todo.

Era, pues, una abeja haragana. Todas las mañanas, apenas el sol calentaba el aire, la abejita se asomaba° a la puerta de la colmena, 10 veía que hacía buen tiempo, se peinaba con las patas, como hacen las moscas, y echaba entonces a volar, muy contenta del lindo día. Zumbaba° muerta de gusto de flor en flor, entraba en la colmena, volvía a salir, y así se 15 lo pasaba todo el día mientras las otras abejas se mataban trabajando para llenar la colmena de miel, porque la miel es el alimento de las abejas recién nacidas°.

stuck her head out (10)

She buzzed (13)

newborn (18)

Como las abejas son muy serias, comenzaron a disgustarse con el proceder° 20 de la hermana haragana. En la puerta de las colmenas hay siempre unas cuantas abejas que están de guardia° para cuidar que no entren bichos° en la colmena. Estas abejas suelen ser muy viejas, con gran experiencia de la vida y 25 tienen el lomo° pelado° porque han perdido todos los pelos de rozar° contra la puerta de la colmena.

Un día, pues, detuvieron a la abeja haragana cuando iba a entrar, diciéndole: 30

—Compañera: es necesario que trabajes, porque todas las abejas debemos trabajar.

La abejita contestó:

—Yo ando todo el día volando, y me canso mucho. 35

—No es cuestión de que te canses mucho

behavior (20)

on duty (22)

bugs (23)

back / hairless (26)

pass lightly over (27)

—respondieron—, sino de que trabajes un poco. Es la primera advertencia que te hacemos.

Y diciendo así la dejaron pasar.

40 Pero la abeja haragana no se corregía. De modo que a la tarde siguiente las abejas que estaban de guardia le dijeron:

—Hay que trabajar, hermana.

Y ella respondió en seguida:

45 —¡Uno de estos días lo voy a hacer!

—No es cuestión de que lo hagas uno de estos días —le respondieron— sino mañana mismo.

Y la dejaron pasar.

50 Al anochecer siguiente se repitió la misma cosa. Antes de que le dijeran nada, la abejita exclamó:

—¡Sí, sí hermanas! ¡Ya me acuerdo de lo que he prometido!

55 —No es cuestión de que te acuerdes de lo prometido —le respondieron—, sino de que trabajes. Hoy es 19 de abril. Pues bien: trata de que mañana, 20, hayas traído una gota° *drop* siquiera de miel. Y ahora, pasa.

60 Y diciendo esto, se apartaron para dejarla entrar.

Pero el 20 de abril pasó en vano como todos los demás. Con la diferencia de que al caer el sol el tiempo se descompuso y comenzó *to blow* 65 a soplar° un viento frío.

in a hurry La abejita haragana voló apresurada° hacia su colmena, pensando en lo calentito que estaría allá dentro. Pero cuando quiso entrar, las abejas que estaban de guardia se 70 lo impidieron.

—¡No se entra! —le dijeron fríamente.

cried out —¡Yo quiero entrar! —clamó° la abejita—. Ésta es mi colmena.

—Ésta es la colmena de unas pobres abejas 75 trabajadoras —le contestaron las otras—. No hay entrada para las haraganas.

—¡Mañana sin falta voy a trabajar! —insistió la abejita.

—No hay mañana para las que no trabajan 80 —respondieron las abejas. Y esto diciendo la *pushed* empujaron° afuera.

La abejita, sin saber qué hacer, voló un rato aún; pero ya la noche caía y se veía *to hold on to/* apenas. Quiso cogerse° de una hoja°, y cayó al *leaf* suelo. Tenía el cuerpo entumecido° por el aire 85 *numb* frío, y no podía volar más.

Arrastrándose° entonces por el suelo, *Crawling* trepando° y bajando de los palitos° y *climbing/* piedritas°, que le parecían montañas, llegó *little sticks/* a la puerta de la colmena, a tiempo que 90 *little stones* comenzaban a caer frías gotas de lluvia.

—¡Perdón!—gimió° la abeja—. ¡Déjenme *groaned* entrar!

—Ya es tarde —le respondieron.

—¡Por favor, hermanas! ¡Tengo sueño! 95

—Es más tarde aún.

—¡Compañeras, por piedad! ¡Tengo frío!

—Imposible.

—¡Por última vez! ¡Me voy a morir! Entonces le dijeron: 100

—No, no morirás. Aprenderás en una sola noche lo que es el descanso ganado con el trabajo. Vete.

Y la echaron.

Entonces, temblando de frío, con las alas 105 mojadas° y tropezando°, la abeja se arrastró, *wet/stumbling* se arrastró hasta que de pronto rodó° por un *rolled* agujero°; cayó rodando, mejor dicho, al fondo *hole* de una caverna°. *cave*

Creyó que no iba a concluir nunca 110 de bajar. Al fin llegó al fondo, y se halló° *found herself* bruscamente ante una víbora°, una culebra° *viper/snake* verde de lomo color ladrillo°, que la miraba *brick* enroscada° y presta a lanzarse° sobre ella. *curled up/*
throw itself
En verdad, aquella caverna era el hueco° 115 *hollow* de un árbol que habían trasplantado hacía tiempo, y que la culebra había elegido de guarida°. *lair*

Las culebras comen abejas, que les gustan mucho. Por esto la abejita, al encontrarse ante 120 su enemiga°, murmuró cerrando los ojos: *enemy*

—¡Adiós mi vida! Ésta es la última hora que yo veo la luz.

Pero con gran sorpresa suya, la culebra no solamente no la devoró sino que le dijo: 125

—¿Qué tal, abejita? No has de ser° muy *You must*
not be

trabajadora para estar aquí a estas horas.

—Es cierto —murmuró la abejita—. No trabajo, y yo tengo la culpa°.

—Siendo así —agregó° la culebra, burlona°—, voy a quitar del mundo a un mal bicho como tú. Te voy a comer, abeja.

—¡No es justo eso, no es justo! No es justo que usted me coma porque es más fuerte que yo. Los hombres saben lo que es justicia.

—¡Ah, ah! —exclamó la culebra, enroscándose° ligero°—. ¿Tú conoces bien a los hombres? ¿Tú crees que los hombres, que les quitan la miel a ustedes, son más justos, grandísima tonta?

—No, no es por eso que nos quitan la miel —respondió la abeja.

—¿Y por qué, entonces?

—Porque son más inteligentes.

Así dijo la abejita. Pero la culebra se echó a reír, exclamando:

—¡Bueno! Con justicia o sin ella, te voy a comer; apróntate°.

Y se echó atrás, para lanzarse sobre la abeja. Pero ésta exclamó:

—Usted hace eso porque es menos inteligente que yo.

—Pues bien —dijo la culebra—, vamos a verlo. Vamos a hacer dos pruebas. La que haga la prueba más rara, ésa gana. Si gano yo, te como.

—¿Y si gano yo? —preguntó la abejita.

—Si ganas tú —repuso su enemiga—, tienes el derecho de pasar la noche aquí, hasta que sea de día. ¿Te conviene°?

—Aceptado —contestó la abeja.

La culebra se echó a reír de nuevo, porque se le había ocurrido una cosa que jamás podría hacer una abeja. Y he aquí lo que hizo:

Salió un instante afuera, tan velozmente que la abeja no tuvo tiempo de nada. Y volvió trayendo una cápsula° de semillas° de eucalipto, de un eucalipto que estaba al lado de la colmena y que le daba sombra.

Los muchachos hacen bailar como trompos° esas cápsulas, y les llaman trompitos de eucalipto.

—Esto es lo que voy a hacer —dijo la culebra—. ¡Fíjate bien, atención!

Y arrollando° vivamente la cola alrededor del trompito como un piolín° la desenvolvió a toda velocidad, con tanta rapidez que el trompito quedó bailando y zumbando como un loco.

La culebra reía, y con mucha razón, porque jamás una abeja ha hecho ni podrá hacer bailar a un trompito. Pero cuando el trompito, que se había quedado dormido zumbando, como les pasa a los trompos de naranjo, cayó por fin al suelo, la abeja dijo:

—Esa prueba es muy linda, y yo nunca podré hacer eso.

—Entonces, te como —exclamó la culebra.

—¡Un momento! Yo no puedo hacer eso; pero hago una cosa que nadie hace.

—¿Qué es eso?

—Desaparecer.

—¿Cómo? —exclamó la culebra, dando un salto de sorpresa—. ¿Desaparecer sin salir de aquí?

—Sin salir de aquí.

—Pues bien, ¡hazlo! Y si no lo haces, te como en seguida —dijo la culebra.

El caso es que mientras el trompito bailaba, la abeja había tenido tiempo de examinar la caverna y había visto una plantita que crecía allí. Era un arbustillo°, casi un yuyito°, con grandes hojas del tamaño de una moneda de dos centavos.

La abeja se arrimó° a la plantita, teniendo cuidado de no tocarla, y dijo así:

—Ahora me toca a mí, señora Culebra. Me va a hacer el favor de darse vuelta, y contar hasta tres. Cuando diga "tres" búsqueme por todas partes, ¡ya no estaré más!

Y así pasó, en efecto. La culebra dijo rápidamente: "uno..., dos..., tres", y se volvió y abrió la boca cuan grande era, de sorpresa: allí no había nadie. Miró arriba, abajo, a todos lados, recorrió los rincones°, la plantita, tanteó° todo con la lengua. Inútil: la abeja había desaparecido.

La culebra comprendió entonces que si su

I'm to blame 130

added

mockingly

coiling up/ *fast*

get ready

Does that 160 *work for you?*

capsule/ *seeds*

spinning tops 170

175 *coiling up* *string*

180

185

190

195

200 *shrub* *weed*

205 *came closer to*

210

215 *corners; nooks* *she felt out*

prueba del trompito era muy buena, la prueba
de la abeja era simplemente extraordinaria.
¿Qué se había hecho? ¿Dónde estaba?

Una voz que apenas se oía —la voz de la
abejita— salió del medio de la cueva.

—¿No me vas a hacer nada? —dijo la
voz—. ¿Puedo contar con tu juramento?

—Sí —respondió la culebra—. Te lo juro.
¿Dónde estás?

—Aquí —respondió la abejita, apareciendo
súbitamente° de entre una hoja cerrada de
la plantita.

¿Qué había pasado?
Una cosa muy sencilla:
la plantita en cuestión
era una sensitiva°, muy
común también en Buenos
Aires, y que tiene la
particularidad de que sus
hojas se cierran al menor
contacto. Solamente
que esta aventura pasaba
en Misiones°, donde la
vegetación es muy rica, y por lo tanto muy
grandes las hojas de las sensitivas. De
aquí que al contacto de la abeja, las
hojas se cerraron, ocultando° completamente
al insecto.

La inteligencia de la culebra no había
alcanzado nunca a darse cuenta de este
fenómeno; pero la abeja lo había observado, y
se aprovechaba de él para salvar su vida.

La culebra no dijo nada, pero quedó muy
irritada con su derrota°, tanto que la abeja
pasó toda la noche recordando a su enemiga
la promesa que había hecho de respetarla.

Fue una noche larga, interminable, que las
dos pasaron arrimadas contra° la pared más
alta de la caverna, porque la tormenta se había
desencadenado°, y el agua entraba como un
río adentro.

Hacía mucho frío, además, y adentro
reinaba la oscuridad más completa. De
cuando en cuando la culebra sentía impulsos
de lanzarse sobre la abeja, y ésta creía entonces
llegado el término de su vida.

suddenly

*mimosa
pudica or
sensitive
plant*

*province in
Argentina*

hiding

defeat

against

*had broken
out*

220

225

230

235

240

245

250

255

260

Nunca jamás creyó la abejita que
una noche podría ser tan fría, tan larga,
tan horrible. Recordaba su vida anterior,
durmiendo noche tras noche en la colmena,
bien calentita, y lloraba entonces en silencio.

Cuando llegó el día, y salió el sol, porque
el tiempo se había compuesto, la abejita voló
y lloró otra vez en silencio ante la puerta de la
colmena hecha por el esfuerzo° de la familia.
Las abejas de guardia la dejaron pasar sin
decirle nada, porque comprendieron que
la que volvía no era la paseandera°

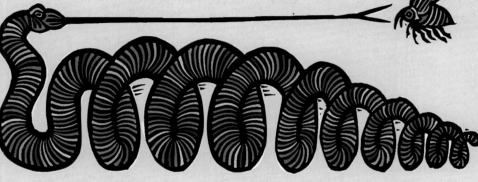

effort

wanderer

haragana, sino una abeja que había hecho
en sólo una noche un duro aprendizaje de
la vida.

Así fue, en efecto. En adelante, ninguna
como ella recogió tanto polen ni fabricó tanta
miel. Y cuando el otoño llegó, y llegó también
el término de sus días, tuvo aún tiempo de dar
una última lección antes de morir a las jóvenes
abejas que la rodeaban°:

—No es nuestra inteligencia, sino nuestro
trabajo quien nos hace tan fuertes. Yo usé una
sola vez mi inteligencia, y fue para salvar mi
vida. No habría necesitado de ese esfuerzo,
si hubiera trabajado como todas. Me he
cansado tanto volando de aquí para allá, como
trabajando. Lo que me faltaba era la noción
del deber, que adquirí aquella noche.

Trabajen, compañeras, pensando que
el fin a que tienden° nuestros esfuerzos —la
felicidad de todos— es muy superior a la
fatiga de cada uno. A esto los hombres llaman
ideal, y tienen razón. No hay otra filosofía en
la vida de un hombre y de una abeja. ∎

*surrounded
her*

work towards

265

270

275

280

285

290

295

Después de leer

La abeja haragana
Horacio Quiroga

NATIONAL communication STANDARDS

1. For expansion, have students write a paragraph describing the events of the fable using the sentences in the exercise.

1 Comprensión Enumera los acontecimientos en el orden en que aparecen en el cuento.

___8___ a. La abeja haragana gana la prueba.

___1___ b. Las guardianas dejan que la abeja haragana entre en la colmena pero le advierten que será la última vez.

___5___ c. Una culebra le anuncia que la va a devorar.

___10___ d. Las guardianas dejan pasar a la abeja que ya no es haragana.

___2___ e. La abeja promete cambiar pero no cumple.

___7___ f. La culebra hace su prueba con éxito.

___9___ g. La abeja regresa a la colmena después de pasar la noche afuera.

___3___ h. Las guardianas le prohíben entrar en la colmena.

___6___ i. La culebra le propone hacer dos pruebas.

___4___ j. La abeja cae por un hueco en un árbol.

2. Ask additional questions, such as: **¿Cómo creen que se sintió la abeja cuando no le permitieron entrar en la colmena? ¿Y cuando volvió a la colmena?**

2 Análisis Lee el relato nuevamente y responde las preguntas.

1. ¿Qué características podrías señalar de la abeja haragana? ¿En qué se diferenciaba de las otras abejas?

2. ¿Qué te parece que puede representar la víbora?

3. En el relato, ¿qué es lo que salva a la abeja de la víbora?

4. ¿Cuál es la moraleja de la fábula?

3. Point out that the snake addresses the bee in the **tú** form, while the bee answers back in the **Ud.** form. **¿Por qué creen que sucede esto?**

3. For expansion, ask: **Si escribieran otra fábula con la misma moraleja pero con otros protagonistas, ¿qué animales eligirían? ¿Cómo cambiaría la historia? Expliquen su respuesta.**

3 Interpretación En parejas, respondan las preguntas.

1. En el relato se contraponen claramente dos lugares: la colmena y el exterior. ¿Puedes encontrar una palabra que caracterice a cada uno?

2. Las guardianas advierten a la abeja varias veces antes de impedirle la entrada. ¿Te parece bien lo que hacen? ¿Crees que tienen razón?

3. ¿Por qué es tan importante que todas colaboren con la tarea de recoger el polen? ¿Para qué sirve la miel que hacen las abejas? ¿Qué sentido tiene eso para la comunidad?

4. ¿Qué crees que hizo recapacitar a la abeja haragana?

5. ¿Estás de acuerdo con la moraleja de la fábula?

6. ¿Te parece que la abeja fue feliz al aceptar las reglas de la colmena?

4. Before students begin writing, encourage them to map out their fables. Have students include the characters, the setting, the basic plot, and the moral in their outlines.

4 Tu propia fábula Elige una de las comparaciones de la lista y escribe una fábula breve sobre el animal y la cualidad o vicio. Si lo prefieres, puedes elegir otro animal y otra cualidad o vicio. No olvides concluir el relato con una moraleja.

- inocente como un cordero (*lamb*)
- fuerte como un león
- astuto (*sly*) como un zorro (*fox*)
- terco (*stubborn*) como una mula

Teaching option If time and resources permit, bring in other fables in Spanish. Have students compare the fables with *La abeja haragana* and share their ideas with the class.

Teaching option Have students write a story from the viewpoint of one of the guards, including her perspective on what the protagonist was like before and after the snake incident.

Taller de escritura

Preparación: Hacer concesiones

En la **Lección 7** nos referimos a la refutación como estrategia argumentativa. Sin embargo, también es posible que el desacuerdo con el punto de vista opuesto sea sólo parcial. Una estrategia muy común en los ensayos argumentativos consiste en refutar la idea opuesta pero al mismo tiempo hacer algunas concesiones, es decir, otorgar validez a ciertos aspectos del punto de vista contrario. A veces, existen marcas textuales que indican el uso de esta estrategia; entre ellas, las conjunciones **si bien, aunque, no obstante, sin embargo, a pesar de,** etc.

Ejemplos:

- Si bien estoy de acuerdo con el punto de vista del narrador con respecto a la importancia del trabajo, creo que su crítica de la vagancia (*laziness*) es excesiva. En primer lugar, ...

- La voz poética realiza una crítica muy eficaz de la avaricia. Sin embargo, la crítica es poco objetiva porque...

Práctica En parejas, relean la actividad de práctica de la **Lección 7** (p. 173). Escriban refutaciones parciales de las tesis contrarias usando algunas de las conjunciones sugeridas.

Ensayo Elige uno de estos temas y escribe un ensayo.

Requisitos

- Tu ensayo debe hacer referencia a por lo menos dos obras de las cuatro estudiadas en esta lección (cultura, cortometraje, dos obras literarias) o, en el caso del último tema, una de las obras puede ser de una lección anterior.
- Tu ensayo debe ser de por lo menos dos páginas.
- Tu ensayo debe incluir al menos dos refutaciones parciales de ideas contrarias.

- ¿Qué puntos de encuentro hay entre las obras de esta lección con respecto al rol y el valor del trabajo?

- ¿Cuál de las obras estudiadas presenta lo que tú consideras que es la actitud correcta hacia al trabajo? ¿Por qué?

- *La abeja haragana,* como toda fábula, tiene una moraleja. ¿Se puede afirmar que otras obras de esta lección también tienen una moraleja?

- Piensa en las figuras retóricas (*figures of speech*) estudiadas hasta ahora y compara el uso de estos recursos en el poema de Paz y en un poema estudiado anteriormente. Puedes concentrarte en una de estas figuras o en varias. ¿Qué efecto tiene el uso de esta(s) figura(s) en los poemas?

personificación	metáfora
comparación	paralelismo

Preparación Encourage students to review the examples of **refutación** shown on page 71 and page 173 before beginning the **Taller de escritura**.

Práctica As a warm-up activity, have students complete the following statements with a partial refutation.
- **Es obvio que el dinero es muy importante; sin embargo...**
- **Aunque es muy importante buscar un trabajo que te interese...**

Abriendo ventanas

La publicidad y el mercado hispano

Presentación Trabajen en grupos de cuatro o cinco. Cada grupo va a preparar una presentación sobre un proyecto publicitario para el mercado hispano.

A. Contesten las preguntas.

1. ¿Qué canales de televisión en español conocen? ¿Qué tipos de programación y publicidad tienen?
2. ¿Han observado carteles y publicidades para hispanohablantes en la vía pública y en las tiendas? ¿De qué tipos?
3. ¿Es posible hablar de un solo mercado latino o hispano homogéneo o creen que existen varios mercados latinos? ¿Por qué?
4. ¿Han observado más presencia hispana en publicidad que está destinada al público en general y no sólo al público hispanohablante?

Conductores del programa Despierta América, Univisión

Parte A Ask additional questions:

5. Univisión es la quinta cadena televisiva más importante de los Estados Unidos después de ABC, NBC, CBS y Fox. ¿Creen que los anunciantes pueden usar en Univisión los mismos anuncios que usan en las otras cadenas? ¿Por qué?

6. ¿Miran programas en cadenas en inglés que tengan personajes hispanos, como *Ugly Betty* y *George Lopez*. ¿Han observado si los productos publicitados en los comerciales durante esos programas están dirigidos a una audiencia en particular?

Parte B Encourage students to go online to find additional statistics about newspapers and magazines aimed at the Hispanic population.

B. Lean las estadísticas del recuadro. Luego miren la lista de productos y escojan un medio para promocionar cada uno: televisión, radio o correo.

- El 49% de los hispanos que miran televisión en horario central, miran programación en español.
- El 40% de los hispanos que hablan español mejor que inglés miran televisión en inglés en forma habitual.
- Las familias hispanas escuchan radio un promedio de 26 a 30 horas por semana. Esto constituye un 13% más que el público en general.
- Es 3,5 veces más probable que los hogares hispanos respondan a campañas publicitarias por correo que los hogares no hispanos.
- Para el año 2015, un tercio de la población estadounidense menor de 19 años será de origen latino.*

(Fuente: Revista *Advertising & Marketing Review.* Abril de 2004 / *US Census Bureau)

carro	refresco
jeans	reproductor de MP3
ollas y sartenes	teléfono celular
(*pots and pans*)	

C. Van a preparar una campaña publicitaria para el mercado hispano para uno de los productos de la parte **B** u otro producto que les parezca interesante.

Elección del tema

Repasen las estadísticas y los productos de la parte **B** (u otros productos). ¿Para qué producto les gustaría preparar una campaña publicitaria?

Preparación

Una vez elegido el producto, decidan qué medio(s) van a utilizar. Además de las estadísticas de la parte **B**, pueden realizar su propia investigación prestando atención a la publicidad en diarios, revistas, diarios y televisión tanto en español como en inglés.

La propuesta publicitaria debe incluir:
- el/los medio(s) que van a utilizar
- el eslogan de la campaña
- una descripción general de la campaña
- información sobre el público a quien está dirigida

También pueden incluir materiales audiovisuales como logotipos, pósteres, tablas con estadísticas, etc.

Organización

Organicen la presentación de la campaña publicitaria en un esquema. El esquema debe resumir los puntos principales de la presentación. La presentación deberá durar unos diez minutos. Decidan qué parte(s) presentará cada uno/a. Recuerden que todos los integrantes del grupo deben participar.

Estrategia de comunicación

Publicidad — Palabras útiles
- Vía pública: cartel/afiche/póster (*poster*)
- Publicidad gráfica: aviso/anuncio (*ad*), página entera (*whole page*), contratapa (*back cover*)
- Publicidad en radio o televisión: anuncio/aviso/comercial/propaganda (*ad, commercial*)
- Publicidad por correo: mercadeo directo (*direct marketing*), correo directo (*direct mail*), folleto (*flyer*), cupón (*coupon*)

Presentación

Usen el esquema como guía para hacer la presentación, pero recuerden que deben hablar a la clase y no leer una presentación escrita. Después de la presentación, contesten las preguntas que puedan tener los integrantes del otro grupo y el resto de sus compañeros/as.

 Tertulia

El poder del dinero

 (1) La clase se divide en cinco grupos; cada uno tiene que pensar y anotar sus ideas sobre uno
5 min. de estos temas.

El dinero es la fuerza que mantiene al planeta en movimiento.

El dinero no hace la felicidad, ¡pero ayuda!

La avaricia (*greed*) es el peor de los males que afecta a la humanidad.

Hoy en día, la ambición monetaria es parte de nuestro instinto de supervivencia.

Si a mí me sobra dinero, esto significa que a alguien, en algún lugar del mundo, le falta.

Los profesionales de la salud y los educadores deberían cobrar los sueldos más altos.

(2) Cada grupo debe preparar una breve presentación explicando qué opinan sobre el tema elegido.
10 min. ¿Están de acuerdo o en desacuerdo? ¿Por qué? En caso de que no todos opinen lo mismo sobre
el tema, mencionen las distintas opiniones.

(3) Los diferentes grupos presentan sus ideas a la clase, mientras todos toman nota.
25 min.

(4) Cuando todos los grupos hayan terminado de presentar sus ideas, toda la clase participa haciendo
10 min. preguntas, expresando sus opiniones o defendiendo sus puntos de vista.

La cultura popular y los medios de comunicación ⑨

Naturaleza muerta con carta de Torres García, 1919.
Rafael Barradas, Uruguay.

"El concepto de lo 'popular' es manipulado todos los días por los medios de comunicación."

—Liliana Herrero

Antes de leer

INSTRUCTIONAL RESOURCES
Supersite

Vocabulario

aislar *to isolate*	**el idioma** *language*
bilingüe *bilingual*	**la lengua** *language; tongue*
el guaraní *Guarani*	**monolingüe** *monolingual*
el/la hablante *speaker*	**vencer** *to conquer*

Idiomas de Bolivia Completa las oraciones.

1. Gran parte de los ciudadanos de Bolivia son __hablantes__ de español.

2. Aunque los conquistadores españoles trataron de imponer el __idioma__ de su tierra, no se puede decir que los habitantes de Bolivia son __monolingües__.

3. La __lengua__ materna de muchos bolivianos no viene de los españoles, sino de los indígenas que son nativos del lugar.

4. Hay muchos bolivianos __bilingües__ que se comunican en español y quechua o en español y aymara.

Conexión personal ¿De dónde vienen tus antepasados? ¿Han preservado algo de otra cultura? ¿Qué cosas? ¿Te identificas con esa(s) cultura(s)?

Contexto cultural

Los ríos, las montañas y la historia se han juntado (*come together*) para aislar a algunos pueblos de Latinoamérica y, en el proceso, permitir la supervivencia (*survival*) de cientos de idiomas indígenas. Suramérica manifiesta una diversidad lingüística casi incomparable. De hecho, en la época anterior a la conquista europea, existían más de 1.500 idiomas. En la actualidad, suramericanos bilingües y monolingües conversan en más de 350 lenguas de raíces (*roots*) no relacionadas. Entre las más de 500 lenguas que se calcula que existen en Latinoamérica, se encuentran 56 familias lingüísticas y 73 idiomas aislados, es decir, idiomas sin relación aparente. En comparación, los idiomas de Europa provienen de (*come from*) tres familias lingüísticas y hay sólo un idioma aislado, el vasco.

Algunas lenguas indígenas disponen de pocos hablantes y están en peligro de extinción, pero muchas otras prosperan y mantienen un papel central. Por ejemplo, el quechua, idioma de los incas, tiene diez millones de hablantes, sobre todo en el Perú y Bolivia y también en zonas de Colombia, el Ecuador, la Argentina y Chile. En Bolivia, el Paraguay y el Perú, por lo menos una lengua indígena comparte con el español el puesto (*position*) de lengua oficial del país.

Conexión personal
Have students write
brief statements about
their origin, traditions,
and habits. Ex: **Hablo
otro idioma con mis
padres y mis parientes.
Nací en otro país. Soy
estadounidense. Viví
mucho tiempo en otro
país. Mis abuelos vinieron
después de la guerra.**
Then have students go
around the room and try
to find one person that
matches each statement.

Contexto cultural
Encourage students to think
about the characteristics
of a bilingual society. Ask:
**¿Creen que la sociedad
estadounidense es
bilingüe? ¿El español
debe ser un idioma oficial
en los EE.UU.?**

Guaraní:
la lengua vencedora

1 Es más probable que un habitante de Asunción, capital del Paraguay, salude a un amigo con las palabras **Mba'éichapa reiko?** que con la pregunta *¿Qué tal?* Lo más lógico es que el compañero responda **Iporânte ha nde?** en vez de *Bien, ¿y tú?* También es más 5 probable que un niño paraguayo comience la escuela (o **mbo'ehao**) sin hablar español que sin saber comunicarse en guaraní.

Hay cientos de idiomas en Latinoamérica pero el caso del guaraní en el Paraguay es único. Más que una lengua oficial, el guaraní
10 es la lengua del pueblo paraguayo. Cuando los españoles invadieron lo que ahora se conoce como Latinoamérica, trajeron e *imposed* impusieron° su lengua como parte de la conquista cultural. Aunque muchas personas
15 se resistieron a aprenderlo, el español se *became* convirtió° en lengua del gobierno y de las instituciones oficiales en casi todas partes. En la actualidad, el hecho de conversar en español o en uno de los múltiples idiomas
20 indígenas depende frecuentemente del origen de un individuo, de su contexto social, de sus raíces familiares y de muchos factores más. *native* El uso de una lengua autóctona° típicamente se limita a las poblaciones indígenas, sobre
25 todo a las que viven aisladas. En el Paraguay, *of Spanish and native American descent* aunque la mayoría de la población es mestiza°, actualmente las comunidades indígenas de origen guaraní son una minoría sumamente° *extremely* pequeña. Sin embargo, el guaraní se ha
30 adoptado universalmente como lengua oral de todas las personas y en todos los lugares.

El conocido escritor uruguayo Eduardo Galeano afirma que no hay otro país más que el Paraguay en el que "la lengua de los
35 vencidos se haya convertido en lengua de los vencedores". Las estadísticas cuentan una historia impresionante: casi el 40% de la población paraguaya es monolingüe en guaraní, más del 50% es bilingüe y sólo el
40 5% es monolingüe en español. Es decir, la lengua de la minoría nativa ha conquistado el país. Casi todos los hablantes del guaraní se expresan en *jopara*, una versión híbrida *borrows* del idioma que toma prestadas° palabras
45 del español.

prevalence Aunque la predominancia° del guaraní *undeniable* es innegable°, los defensores de la lengua han observado que el español ha mantenido hasta hace poco una posición privilegiada
50 en el gobierno y en la educación. La falta de equilibrio se debe a una variedad de razones complejas, incluyendo algunos factores sociales, oportunidades económicas

y el uso del español para comunicarse con la comunidad global. No obstante, en las 55 últimas décadas se reconoce cada vez más la importancia del guaraní y su prestigio aumenta°. En 1992 se cambió la constitución *is growing* paraguaya para incluir la declaración: "El Paraguay es un país pluricultural y bilingüe. 60 Son idiomas oficiales el castellano y el guaraní". El guaraní prospera también en las artes y en los medios de comunicación. Existe una larga tradición popular de narrativa oral que en las últimas décadas se ha incorporado 65 a la escritura e inspirado a jóvenes poetas. El célebre novelista paraguayo Augusto Roa Bastos (1917–2005) ha introducido expresiones y sonidos del guaraní en sus cuentos. Aunque la presencia en los medios 70 escritos aún es escasa, los nuevos medios de comunicación de los siglos XX y XXI ayudan a promover el idioma, y permiten, por ejemplo, que se estudie guaraní y que se publiquen narrativas en Internet. 75

¿Cómo logró una lengua indígena superar al español y convertirse en el idioma más hablado del Paraguay? ¿Se debe a alguna particularidad del lenguaje? ¿O es la consecuencia de factores históricos, como 80 la decisión de los jesuitas de predicar° el *preach* catolicismo en guaraní? ¿Qué papel tiene el aislamiento del Paraguay, ubicado en el corazón del continente y sin salida al mar? Nunca se podrá identificar una sola razón, 85 pero es evidente que con su capacidad de supervivencia y adaptación a los nuevos tiempos, el guaraní comienza a conquistar el futuro. ∎

El guaraní

- En el Paraguay más del 90% de la población se comunica en guaraní. Junto con el español, es lengua oficial del país.
- También se habla guaraní en partes de Brasil, Bolivia y la Argentina.
- La moneda del Paraguay se llama guaraní.

Teaching option As students read, have them create a list of facts about the Guarani language that catch their attention. After reading the text, have them share their lists with the class.

Después de leer

Guaraní: la lengua vencedora

1 Comprensión Indica si las oraciones son **ciertas** o **falsas**. Corrige las falsas.

Cierto	Falso	
☐	☑	1. Suramérica manifiesta poca variedad lingüística. *Suramérica manifiesta una diversidad lingüística casi incomparable.*
☑	☐	2. Por lo general, en Suramérica sólo las poblaciones indígenas hablan una lengua indígena.
☐	☑	3. La mayoría de la población paraguaya es de origen guaraní. *La mayoría de la población paraguaya es mestiza.*
☐	☑	4. El 50% de la población del Paraguay es monolingüe en español. *El 40% de la población es monolingüe en guaraní, más del 50% es bilingüe y sólo el 5% es monolingüe en español.*
☑	☐	5. La Constitución de 1992 declaró que el Paraguay es un país pluricultural y bilingüe.
☑	☐	6. Existe una larga tradición popular de narrativa oral en guaraní.

2 Análisis Contesta las preguntas con oraciones completas. Some answers will vary.

1. ¿Cuáles son algunas de las señales de que una lengua prospera?

2. ¿De qué manera es especial el caso del guaraní?
El idioma de una minoría étnica se convirtió en el idioma de la mayoría.

3. ¿Por qué se dice que el guaraní es el lenguaje del pueblo paraguayo?
La mayoría de los paraguayos se comunican en guaraní.

4. ¿A quiénes se refiere Eduardo Galeano cuando habla de los "vencedores" y los "vencidos"?
Los vencedores son los españoles que colonizaron el Paraguay y los vencidos son las minorías indígenas.

5. ¿Qué es el *jopara* y quiénes lo utilizan?
Es una versión híbrida del guaraní que usa palabras del español. Lo utilizan casi todos los hablantes del guaraní.

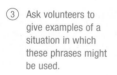

3 Reflexión Un ejemplo de la tradición de narrativa oral en guaraní son los dichos populares. En grupos de tres, expliquen el significado y el posible contexto de los tres dichos del recuadro. ¿Hay algún dicho en español o en inglés que tenga un mensaje similar? ¿Qué elementos característicos de la cultura local se hacen evidentes en los dichos?

Dichos populares en guaraní

Hetárõ machu kuéra, mbaipy jepe nahatãi.
Si hay muchas cocineras, ni la polenta se puede hacer.

Ñande rógape mante japytu'upa.
Sólo descansamos bien en nuestra casa.

Ani rerovase nde ajaka ava ambue akã ári.
No pongas tu canasto en la cabeza de otra persona.

---

4 Ensayo ¿Por qué crees que el gobierno del Paraguay cambió su constitución en 1992? ¿El cambio protege a una minoría o refleja la realidad de la mayoría? ¿Cuáles son las ventajas de vivir en un país pluricultural y bilingüe? ¿Hay alguna complicación? Escribe una composición de por lo menos tres párrafos dando tu opinión sobre estas preguntas.

2 Have students give other examples of bilingual communities. Be sure to point out important examples they will already be familiar with: Canada, Hawaii, etc.

3 Ask volunteers to give examples of a situation in which these phrases might be used.

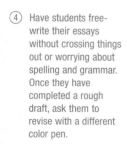

4 Have students free-write their essays without crossing things out or worrying about spelling and grammar. Once they have completed a rough draft, ask them to revise with a different color pen.

Teaching option For advanced classes, have students write a brief comparative essay about bilingualism in Paraguay and the United States or Canada. Ask them to consider language use at work, at school, and in popular culture. Encourage students to use comparative forms.

Opiniones

1 **Conversación** En parejas, contesten estas preguntas.

 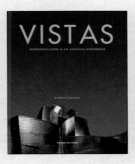 

1. ¿Qué idiomas extranjeros han estudiado? ¿En qué grado de la escuela comenzaron a estudiarlos? ¿Creen que se debería comenzar antes? ¿Por qué?

2. Si tuvieran que estudiar otro idioma además de español, ¿cuál estudiarían? ¿Por qué?

3. ¿Cuáles son las ventajas de ser bilingüe?

4. El hecho de que una sociedad sea bilingüe, ¿ofrece más ventajas o desventajas? ¿Por qué?

5. ¿Se debe exigir que los inmigrantes sepan inglés? ¿Se debe permitir que ingresen al país sin hablar inglés pero exigir que lo aprendan como condición para adquirir la residencia o la ciudadanía? ¿Por qué?

6. ¿Están de acuerdo en que el gobierno destine fondos (*allocate funds*) a las comunicaciones en otros idiomas (carteles en lugares públicos, folletos, servicios de traducción, etc.)?

Palabras y expresiones útiles

el idioma ⟷ la lengua
la lengua materna (*mother tongue*)
bilingüe ⟶ bilingüismo
el/la hablante nativo/a (*native speaker*)

---

2 **Por escrito** Elige una de estas citas y escribe una composición de una página dando tu opinión. ¿Estás de acuerdo o en desacuerdo? ¿Por qué?

- "A la larga, el auge (*boom*) del idioma inglés a nivel mundial pone en desventaja a aquéllos que hablan sólo inglés."

- "La educación bilingüe, aunque pone énfasis en enseñar dos idiomas distintos, une a las personas en lugar de dividirlas."

- "Para tener éxito en el siglo XXI, hay que hablar por lo menos dos idiomas."

② Por escrito
• For the first topic, tell students that English is the second-most widely spoken language in the world, after Mandarin Chinese. Spanish is either third or fourth (after Hindustani), depending on whose statistics you use.

• For the second, have students use a table to outline the pros and cons of bilingual education.

• For the third, have students brainstorm careers that would benefit from knowing more than one language.

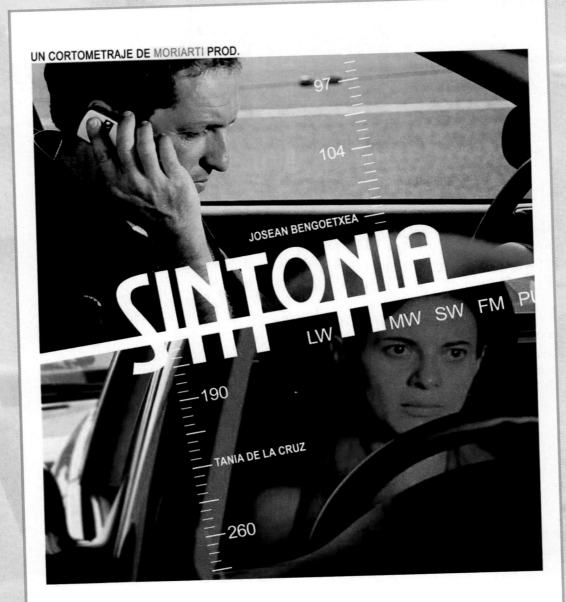

Explain to students that the actor's last name is pronounced **Bengoechea**. This name (as well as other information in the poster and in the film opening titles and credits) is in Basque. Both Spanish and Basque are spoken in the Basque Country (Northeast of Spain).

Antes de ver el corto

INSTRUCTIONAL RESOURCES
Supersite/DVD: Film Collection
Supersite: Script & Translation

SINTONÍA

país España   **director** Jose Mari Goenaga
duración 9 minutos   **protagonistas** el hombre, la mujer, el locutor

Vocabulario

aclarar *to clarify*
dar la gana *to feel like*
darse cuenta (de) *to realize*
darse por aludido/a *to realize or assume that one is being referred to*
embalarse *to go too fast*

fijarse *to notice*
el maletero *trunk*
la nuca *nape*
parar el carro *to hold your horses*
pillar *to get (catch)*
la sintonía *synchronization; tuning; connection*

1 Definiciones Escribe la palabra adecuada para cada definición.

1. la parte del carro en la que guardas las compras _____maletero_____
2. la parte de atrás de la cabeza _____nuca_____
3. el hecho de explicar algo para evitar confusiones _____aclarar_____
4. comprender o entender algo _____darse cuenta_____
5. ir demasiado deprisa _____embalarse_____

① Have volunteers create definitions for the remaining words.

2 Preguntas Contesta las preguntas.

1. Cuando vas en autobús o en carro, ¿prefieres escuchar sólo música o programas de radio en los que habla un(a) locutor(a)?
2. Si tuvieras un problema que no supieras solucionar, ¿llamarías a un programa de radio o de televisión? ¿Por qué?
3. Imagina que te sientes atraído/a por alguien que ves en la calle. ¿Le pedirías una cita?
4. Si escuchas a dos personas que parecen hablar de ti sin decir tu nombre, ¿te das por aludido/a enseguida o tardas en darte cuenta?

② Continue the discussion by asking additional questions. Ex: **¿Qué riesgos corres al contar tus problemas por la radio o la tele? ¿Crees que los locutores de radio y los presentadores de televisión pueden dar buenos consejos?**

3 ¿Qué sucederá? En parejas, miren los fotogramas e imaginen lo que va a ocurrir en la historia. ¿Cuál es la relación entre el locutor y las personas que esperan para pagar el peaje (*toll*)? Compartan sus ideas con la clase. Incluyan tres o cuatro datos o especulaciones sobre cada fotograma.

Teaching option Have students use **darse cuenta** to write a brief anecdote about a time they suddenly realized something. Remind students to follow the phrase with **de**. Ex: **Un día estaba cenando con un amigo cuando me di cuenta de que alguien había robado mi bolso...**

Watch the short film at
ventanas.vhlcentral.com.

Escenas

ARGUMENTO Un joven, atrapado en un atasco en la carretera, se siente atraído por la chica que maneja el carro de al lado.

Synopsis A man stopped in traffic is intrigued by a woman singing along with the radio in the car next to him. He calls the radio show —knowing full well she is listening— and describes the woman, pointing out that she has part of her dress caught in the door. She must make a decision about whether to meet him...

Preview Ask students to talk about their driving habits. **Cuando manejan, ¿prestan atención a la gente que va en otros carros o que pasa caminando? ¿Hablan por teléfono mientras manejan?**

LOCUTOR Última oportunidad para llamar... No os cortéis° y decidle a quien queráis lo que os dé la gana y no lo dejéis para otro momento. El número, el número es el 943365482... Tenemos una nueva llamada. Hola, ¿con quién hablamos?

HOMBRE Manuel Ezeiza. Manolo, Manolo de Donosti.
LOCUTOR Muy bien, Manolo de Donosti. ¿Y a quién quieres enviar tu mensaje?
HOMBRE La verdad es que no lo sé, pero sé que nos está oyendo.

LOCUTOR Bueno, igual el mensaje puede darnos alguna pista°.
HOMBRE Sí, bueno, llamaba porque me he fijado que te has dejado parte del vestido fuera del coche. Y, bueno, yo no te conozco pero... te he visto cantando y querría, quedar contigo... o tomar algo...

LOCUTOR Bueno, para el carro... Esto es un poco surrealista. Le estás pidiendo una cita a una cantante que va en un coche con el abrigo fuera. ¿Y cómo sabe que te diriges a ella?
HOMBRE Todavía no lo sabe. Está sonriendo, como si esto no fuera con ella.

LOCUTOR Pues dale una pista para que se aclare. ¿Cómo es ella? ¿Qué hace?
HOMBRE Pues lleva algo rojo... ahora se toca la nuca con su mano y ahora el pelo... que es muy oscuro. Y ahora parece que empieza a darse cuenta. Sí, sí, definitivamente se ha dado cuenta.

LOCUTOR A ver, ¿quién le dice a ella que tú no eres, no sé, un psicópata?
HOMBRE ¿Y quién me dice a mí que no es ella la psicópata? Se trata de asumir riesgos. Yo tampoco te conozco. Pensaba que estaría bien quedar contigo.

cortéis *get shy* **pista** *clue*

Después de ver el corto

1 Comprensión Contesta las preguntas con oraciones completas.

1. ¿Dónde está el hombre?
El hombre está en su carro.
2. ¿A quién llama por teléfono?
El hombre llama por teléfono a un programa de radio.
3. ¿Qué tipo de programa de radio es?
Es un programa que recibe llamadas de personas que quieren enviarle un mensaje a alguien.
4. ¿Por qué llama el hombre al programa de radio?
Quiere decirle a la mujer que se ha dejado parte del vestido fuera del carro.
5. ¿Cómo sabe que la mujer está escuchando esa radioemisora?
Sabe que está escuchando ese programa de radio porque la ha visto cantando la canción de la radio.
6. ¿Por qué le dice el locutor al hombre que la mujer a lo mejor no quiere salir con él?
Le dice que tiene que convencer a la mujer porque ella puede pensar que es un psicópata.
7. ¿Dónde se conocen el hombre y la mujer en persona?
Se conocen en una gasolinera.
8. ¿Qué le dice la mujer al hombre?
Le dice que se quedó sin gasolina.

2 Ampliación Contesta las preguntas con oraciones completas.

1. ¿El hombre le habla siempre al locutor o le habla también a la mujer directamente? Explica tu respuesta.

2. ¿Qué harías tú si vieras que alguien en el carro de al lado se ha pillado la ropa en la puerta?

3. En un momento la mujer apaga la radio pero después la vuelve a encender. ¿Qué crees que está pensando en ese momento?

4. ¿Por qué crees que la mujer para en la gasolinera?

3 Imagina

A. En parejas, preparen la conversación entre el hombre y la mujer en la gasolinera. Cada uno debe tener por lo menos tres intervenciones en la conversación. Luego, representen la conversación frente a la clase.

B. Imaginen qué ocurre después. ¿Siguen en contacto? ¿Tienen una cita? ¿Qué ocurre en sus vidas? Compartan su final con la clase.

4 Relaciones mediáticas En parejas, inventen una historia de amor sobre dos personas que se conocen a través de uno de los medios de la lista. Incluyan detalles sobre cómo se conoció la pareja, por qué fue a través de ese medio específico y cuál fue el desenlace (*outcome*) de la historia. Después, cuenten su historia a la clase.

una revista	un programa de radio
un programa de televisión	Internet

1 To further test students' comprehension, write a series of sentences about the plot on strips of paper. Then have volunteers draw sentences and arrange them in chronological order.

2 Ask additional questions. Ex: ¿Qué harías si estuvieras en el lugar de esta mujer? ¿Irías a la gasolinera?

3 To help students write their dialogues, replay the last scene of the film without sound and have them pay extra attention to the body language of the characters.

3 As a variant, divide the class into two groups, **Ella** and **Él**. Have the first group write a dialogue in which the woman tells her best friend what happened. The second group should write a similar dialogue from the man's viewpoint.

4 For expansion, have students work in pairs to create an ad for a new dating service offered through a magazine, television show, radio show, or online. Encourage students to be creative with the service's title and slogan.

Teaching option Discuss dating practices. Ask: ¿Les parece raro conocer a alguien por Internet o por un anuncio en el periódico? ¿Tendrían vergüenza de contarle a un amigo que conocieron a su novio/a así?

INSTRUCTIONAL RESOURCES
Supersite: Literatura recording

Autómovil vestido, 1941.
Salvador Dalí, España.

"Modestamente, la televisión no es culpable de nada. Es un espejo en el que nos miramos todos, y al mirarnos nos reflejamos."

— Manuel Campo Vidal

Antes de leer

Romance sonámbulo

Sobre el autor

Federico García Lorca, el poeta y dramaturgo español más famoso del siglo XX, nació cerca de Granada en 1898. García Lorca fue miembro de la llamada "Generación del 27", un brillante grupo de poetas españoles. La obra poética de Lorca se caracteriza por su profundo sentido trágico, por la belleza de las imágenes y la riqueza (*richness*) de los símbolos y por el misterioso ambiente gitano. Además de escritor, García Lorca fue dibujante y pianista, y compuso muchos arreglos (*arrangements*) de canciones populares españolas. La participación de García Lorca en la política de su tiempo lo llevó a afiliarse a la causa de la República durante la Guerra Civil española. En agosto de 1936 fue arrestado y fusilado (*executed by firing squad*).

Vocabulario

la baranda *railing*	**mecer(se)** *to rock*	**el/la sonámbulo/a** *sleepwalker*
gitano/a *gypsy*	**la rama** *branch*	**la sombra** *shade*
herir (e: ie) *to hurt*	**la sangre** *blood*	**el trato** *deal*

Vocabulario Completa las oraciones.

1. El ___sonámbulo___ camina por su casa sin despertarse.
2. Desde la ___baranda___ de su casa la mujer observaba como el huracán agitaba las ___ramas___ de los árboles.
3. Hagamos un ___trato___: yo te enseño español y tú me enseñas francés.
4. La madre ___mece___ al bebé que duerme en una cuna (*cradle*) a la ___sombra___ de un árbol.

Conexión personal

¿Alguna vez tuviste que separarte de una persona que es muy importante para ti? ¿Podías comunicarte con la persona cuando estaba lejos de ti? Describe la experiencia.

Análisis literario: El romance y su rima

El romance es un poema de versos de ocho sílabas que proviene de la tradición oral y musical y se ha usado en la poesía española desde el siglo XV. El romance presenta una variedad de personajes en un escenario (*setting*) particular y narra una historia con un conflicto y una resolución. El número de versos es indefinido y los versos pares (*even*) tienen rima asonante. En la rima asonante se repiten las vocales a partir de (*starting from*) la última sílaba acentuada, mientras que en la rima consonante se repiten todos los sonidos, vocales y consonantes. Por ejemplo, observa la rima asonante de "ramas" y "montaña" o "barandas" y "plata" en la primera estrofa de *Romance sonámbulo*. Cuando leas el poema de Lorca, toma nota de la rima en los versos pares del poema. ¿Qué vocales se repiten? ¿Cuál es el efecto de la rima asonante?

Sobre el autor Provide students with additional information about Lorca's connections with artists from his generation. Ex: **Fue educado en Granada y en Madrid, donde conoció al gran pintor surrealista, Salvador Dalí, y al eminente director de cine, Luis Buñuel.** Point out that the **Generación del 27** will be studied in more detail in connection with Hernández's *Llamo a los poetas* in **Lección 10**.

Conexión personal Ask students how they communicate with friends who are far away: **¿Prefieren hablar por teléfono, escribir cartas o usar correo electrónico?** Lead them in a discussion of the pros and cons of verbal vs. written communication.

Análisis literario Help students understand the format of a **romance** by first explaining **rima consonante** (rhyming words such as **gato/pato**, **pino/fino**, etc.) and **rima asonante** (words with the same vowel sounds, such as **gato/malo**, **pino/tipo**, etc.) Then write the rhyme scheme of the first six lines of a **romance** on the board:

A
B (rima asonante)
C
B (rima asonante)
D
B (rima asonante)

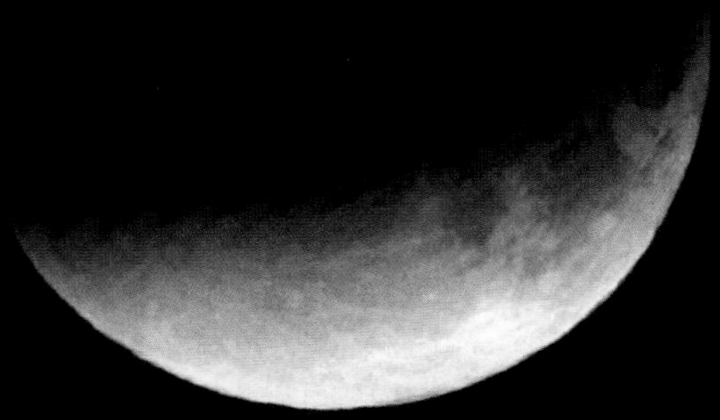

Romance sonámbulo

Federico García Lorca

Verde que te quiero verde.

Verde viento. Verdes ramas.

El barco sobre la mar

y el caballo en la montaña.

Teaching option Break students into six groups. Give each a stanza (lines 1–12, 13–24, 25–52, 53–60, 61–72 or 73–86) and have them work to summarize in detail what occurs in those lines. As a class, reconstruct the poem: a member of each group reports what happens in their stanza as other group members read the lines aloud.

After students have read lines 25 to 50, point their attention to the difference in register in the conversation between the two men (**usted/vosotros** vs. **tú**) and ask how it informs their understanding of the situation.

5 Con la sombra en la cintura°   *waist*
ella sueña en su baranda,
verde carne°, pelo verde,   *skin*
con ojos de fría plata°.   *silver*
Verde que te quiero verde.
10 Bajo la luna gitana,
las cosas la están mirando
y ella no puede mirarlas.

Verde que te quiero verde.
Grandes estrellas de escarcha°,   *frost stars*
15 vienen con el pez de sombra
que abre el camino del alba°.   *dawn*
La higuera° frota° su viento   *fig tree/rubs*
con la lija° de sus ramas,   *sandpaper*
y el monte, gato garduño°,   *sly*
20 eriza sus pitas agrias°.   *bristles its hair*
¿Pero quién vendrá? ¿Y por dónde?
Ella sigue en su baranda,
verde carne, pelo verde,
soñando en la mar amarga°.   *bitter*

25 —Compadre°, quiero cambiar   *friend*
mi caballo por su casa,
mi montura° por su espejo°,   *saddle/mirror*
mi cuchillo por su manta°.   *blanket*
Compadre, vengo sangrando°,   *bleeding*
30 desde los puertos° de Cabra.   *mountain passes*
—Si yo pudiera, mocito°,   *my boy*
este trato se cerraba.
Pero yo ya no soy yo,
ni mi casa es ya mi casa.
35 —Compadre, quiero morir,
decentemente en mi cama.
De acero°, si puede ser,   *steel*
con las sábanas° de holanda.   *sheets*
¿No ves la herida° que tengo   *wound*
40 desde el pecho a la garganta?
—Trescientas rosas morenas
lleva tu pechera° blanca.   *shirt*
Tu sangre rezuma° y huele°   *oozes/smells*
alrededor de tu faja°.   *sash*
45 Pero yo ya no soy yo,
ni mi casa es ya mi casa.

—Dejadme subir al menos
hasta las altas barandas,
¡dejadme subir!, dejadme
50 hasta las verdes barandas.
Barandales° de la luna   *railings*
por donde retumba° el agua.   *thunders*

Ya suben los dos compadres
hacia las altas barandas.
55 Dejando un rastro° de sangre.   *trace*
Dejando un rastro de lágrimas°.   *tears*
Temblaban° en los tejados°   *trembled/rooftops*
farolillos de hojalata°.   *tin lanterns*
Mil panderos° de cristal   *tambourines*
60 herían la madrugada°.   *injured the dawn*

Verde que te quiero verde,
verde viento, verdes ramas.
Los dos compadres subieron.
El largo viento dejaba
65 en la boca un raro gusto°   *taste*
de hiel°, de menta° y de albahaca°.   *bile/mint/basil*
—¡Compadre! ¿Dónde está, dime?
¿Dónde está tu niña amarga?
¡Cuántas veces te esperó!
70 ¡Cuántas veces te esperara°,   *she would wait*
cara fresca, negro pelo,
en esta verde baranda!

Sobre el rostro del aljibe°   *cistern*
se mecía la gitana.
75 Verde carne, pelo verde,
con ojos de fría plata.
Un carámbano° de luna   *icicle*
la sostiene sobre el agua.
La noche se puso íntima
80 como una pequeña plaza.
Guardias civiles borrachos°   *drunken civil guards*
en la puerta golpeaban°.   *were pounding*
Verde que te quiero verde,
verde viento, verdes ramas.
85 El barco sobre la mar.
Y el caballo en la montaña. ∎

Después de leer

Romance sonámbulo
Federico García Lorca

(1) **Comprensión** Responde a las preguntas con oraciones completas.

1. ¿Qué elementos de la primera estrofa son de color verde?
   El viento, las ramas, la carne y el pelo son verdes.
2. ¿Dónde está "ella", la mujer del poema?
   Ella está en su baranda.
3. ¿Qué quiere cambiar el joven que habla con su compadre?
   Quiere cambiar su caballo por una casa, su montura por un espejo y su cuchillo por una manta.
4. ¿El compadre acepta el trato del joven?
   No, no puede aceptar el trato.
5. ¿Adónde van los dos hombres después de su conversación?
   Suben a la casa con las altas barandas.
6. ¿Qué rastros dejan los compadres?
   Mientras suben, dejan rastros de sangre y de lágrimas.
7. ¿A quién busca el joven?
   Busca a la mujer que esperaba en la baranda.
8. ¿Quién llama a la puerta al final del poema?
   Unos guardias civiles borrachos golpean en la puerta.

(2) **Interpretación** Contesta las preguntas con oraciones completas.

1. ¿A quién espera la mujer gitana en su baranda?
2. ¿Cómo indica el poeta que es de noche?
3. ¿Quién está herido en el poema?
4. ¿Qué relación hay entre los tres protagonistas?
5. ¿Qué le pasa a la mujer gitana en la última estrofa?
6. ¿Qué palabras contribuyen al tono melancólico del poema?

(3) **Análisis** En parejas, contesten las preguntas.

1. ¿Qué versos indican que el joven quiere cambiar su estilo de vida? ¿Qué tipo de vida desea en el futuro?
2. ¿Qué cambio de color ocurre en la penúltima estrofa? ¿Qué puede indicar el cambio?
3. ¿Cuál es el efecto de las repeticiones y la rima asonante en el poema?
4. *Romance sonámbulo* está lleno de imágenes bellas pero a veces difíciles de comprender. Busquen tres imágenes complejas y exploren sus connotaciones. ¿Qué sugiere el poema con estas imágenes? ¿Qué ambiente crea el poeta con las imágenes?

(4) **Imaginar** En parejas, imaginen en detalle la historia de la mujer gitana y el hombre herido del poema. ¿Cómo es su relación? ¿Por qué viven separados? ¿Cómo tolera cada uno la separación? ¿Por qué decide volver el hombre? ¿Qué pasa al final? Deben basar su historia en los versos del poema.

(5) **La cultura popular** Con su ritmo hipnótico y rima asonante, los romances de Lorca han quedado grabados (*recorded*) en la memoria de los españoles y son un elemento central de su cultura popular. Piensa en un poema, mito o cuento que sea parte de tu cultura popular o sea conocido universalmente y nárralo o descríbelo en tus propias palabras.

---

(5) If students have trouble, start them off remembering nursery rhymes and other childhood songs and poems (*Humpty Dumpty, Jabberwocky*). Then encourage them to branch out into songs and stories for adults (*The Raven*), as well as older legends and myths (*The Iliad, Beowulf*). Why have these poems, songs, and narratives endured?

(5) Ask heritage speakers to tell stories and legends from their families' countries of origin. Have students look for similarities and differences between those stories and the ones they are familiar with.

Teaching option Bring in or have students research pop culture representations of this poem: flamenco songs, paintings, etc.

Antes de leer

Sueños digitales (fragmento)

Edmundo Paz Soldán

Sobre el autor

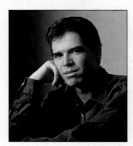

Edmundo Paz Soldán nació en 1967 en Cochabamba, Bolivia; estudió Ciencias Políticas y más tarde se doctoró en Lengua y Literatura Hispanas en Berkeley. Actualmente vive en los EE.UU., donde enseña literatura latinoamericana en la Universidad de Cornell. Su novela *El delirio de Turing* recibió el Premio Nacional de Novela 2002 de Bolivia. Paz Soldán forma parte de una nueva corriente narrativa latinoamericana que hace hincapié (*lays emphasis*) en la cultura urbana, con constantes referencias a los medios de comunicación y a las nuevas tecnologías, lejos ya de los rasgos mágicos característicos de la generación anterior de narradores. Según explicó el autor en una entrevista: "Aquí no se trata tanto de reemplazar el realismo mágico como de mostrar otro lado en el que no se concentró, que es la cultura urbana."

Vocabulario

el/la columnista *columnist*
denunciar *to denounce*
el informativo *news bulletin*
manipular *to manipulate*

la oferta *offer; proposal*
el organismo público *government agency*
el/la periodista *journalist*
la propaganda *advertisement*

Sinónimos Busca en el vocabulario sinónimos para estas palabras.

1. acusar _____denunciar_____
2. programa de noticias _____informativo_____
3. reportero _____periodista/columnista_____

4. aviso publicitario _____propaganda_____
5. propuesta _____oferta_____
6. institución del gobierno _____organismo público_____

Conexión personal

¿Alguna vez te encontraste en una situación en la que no estabas de acuerdo con algo pero tuviste que hacerlo igual porque era tu trabajo? ¿Cómo te sentiste?

Análisis literario: La cultura urbana

Una nueva generación de narradores latinoamericanos, que incluye nombres como Rodrigo Fresán, Edmundo Paz Soldán y Naief Yehya, entre otros, quiere romper con el realismo mágico. Prefieren ocuparse de criaturas urbanas de clase media alta que se mueven en un mundo globalizado y comparten los mismos códigos de todas las grandes ciudades del mundo. Al leer este relato, presta atención para ver si logras encontrar alguno de los aspectos que crees que son típicos de Latinoamérica. Al terminar, responde: ¿resulta obvio que la historia transcurre en Latinoamérica o podría desarrollarse (*take place*) en algún otro lugar del mundo? ¿Por qué?

Conexión personal
Ask additional questions to spark discussion. **Aunque lo hiciste, ¿dijiste que no estabas de acuerdo? Si fueras el/la jefe/a de una empresa, ¿pretenderías que tus empleados hicieran todo lo que tú les digas? ¿Querrías que ellos te dieran sus opiniones?**

Análisis literario
• Discuss globalization. **¿Cuáles son los efectos de la globalización en la vida moderna?**
• Read the quote on the previous page aloud and discuss. Ex: **Dicen que el arte es un reflejo de la sociedad. ¿Creen que es verdad? ¿La televisión e Internet son medios artísticos? Expliquen sus respuestas.**

Sebastián es un talentoso diseñador gráfico que trabaja para un periódico en la capital boliviana. Es conocido en el ambiente del diseño por su especial talento para la manipulación de imágenes digitales. Está a punto de recibir una visita inesperada en su oficina cuyas consecuencias pueden cambiar el curso de la historia de su país.

Sueños digitales

(fragmento)

Edmundo Paz Soldán

Teaching option To help students understand urban culture in this story, have them underline any references to art and pop culture. Ex: **CorelDraw, De Chirico, Hola, Pac-Man.**

Un jueves por la mañana, sonó el teléfono en el Cuarto Iluminado y una mujer pidió hablar con Sebastián. Braudel, que dibujaba con CorelDraw en la computadora (una plaza desierta y llena de restos de columnas, un obvio homenaje a Chirico para ser utilizado en una propaganda de una compañía de seguros°), le dijo que esperara. Le preguntó a Píxel si había visto a Sebastián. —¿De parte de quién?

—De una revista de La Paz. Queremos entrevistarlo.

—Está por ahí. Lo vi hace un rato.

Sebastián apareció con una Hola en la mano. Píxel lo miró moviendo la cabeza de arriba a abajo, impresionado. Había creado un monstruo: no pasaba mucho tiempo desde aquel día en que Sebastián había aparecido en la oficina con la petulancia° de sus años, quejándose de alguna tontería. Tampoco pasaba mucho tiempo desde que la cabeza del Che y el cuerpo de la Welch se habían impreso en el imaginario citadino como partes inseparables de un todo. Ahora a Sebastián lo buscaba la fama, mientras él, sin cuya imaginación visionaria los Seres Digitales no hubieran abandonado una computadora y comenzado a adquirir vida propia, era ignorado sin misericordia. Había creado un monstruo que creaba monstruos.

—¿Algo interesante? —preguntó con tono casual, apenas Sebastián colgó.

—Nada —respondió Sebastián—. Le dije que no quería publicidad.

Lo cierto era que la llamada lo había intrigado. La mujer le dijo que no se trataba de una entrevista, sino de una «oferta muy interesante». Había quedado° en encontrarse con ella esa misma tarde, en un café alejado del centro°. No perdería nada escuchándola.

Píxel se dijo que hasta los monstruos podían terminar siendo devorados. Eso lo había aprendido jugando Pac-Man.

Al salir, Sebastián se cruzó con Alissa y Valeria Rosales. Discutían. La Rosales era una columnista que tenía la costumbre de meterse en líos° por pasársela denunciando la corrupción de las juntas vecinales, el comité cívico, los sindicatos, la alcaldía y la prefectura, todos los organismos públicos susceptibles° de corrupción (que eran todos los organismos públicos).

A Sebastián se le había ocurrido pedirle a Alissa un aumento de sueldo. Ella podría convencer a Junior. La vio tan metida en su discusión°, que siguió su camino sin decir nada.

El Mediterráneo tenía las paredes llenas de fotos de artistas de la época dorada de Hollywood. Era pequeño, y se respiraba un olor a granos frescos de café y a cigarrillo. Había poca gente, y Sebastián supo quién era la mujer apenas entró. Se acercó a su mesa en el fondo.

—Isabel Andrade —dijo ella extendiendo la mano. Tenía una minifalda° negra y botines° de gamuza°, un agitado escote en ve en la camisa azul marino. Sebastián percibió que tenía las mismas cejas finas y oblicuas de Nikki°. Ella se levantó y le extendió la mano.

—Bond. James Bond —dijo él con una mueca° burlona, no había podido evitar la broma. El pelo rubio recogido en un moño, el pañuelo en el cuello: azafata o ejecutiva de cuentas. Otros la hubieran encontrado linda; él no, o sí, pero de manera inofensiva.

Sebastián resopló —a veces le faltaba aire, era raro, no fumaba mucho y de vez en cuando iba al gimnasio, debía hacerse chequear—, y tomó asiento. Pidió una limonada al mozo°. Isabel pidió un café con leche.

—Usted dirá —dijo Sebastián.

Isabel miró alrededor suyo, como cerciorándose° de que no la espiaban°. Sacó

insurance

petulance

had agreed to

downtown

to get into trouble

liable

argument

miniskirt

ankle boots/ suede

Sebastián's wife

expression

waiter

making sure/ were spying

unas fotos de su cartera° y las puso sobre
la mesa. Eran las fotos de una parrillada°.
Sebastián vio rostros satisfechos de políticos
conocidos, las cervezas en la mano y las mesas
llenas de platos de asados con papas y soltero°
y llajwa°. Se le abrió el apetito, pediría un
sandwich de jamón y queso. ¿Lo estaría
esperando en su computadora un email de
Nikki? Jugueteó° con la rosa de plástico en
el florero al centro de la mesa. ¿Soñaban los
androides con rosas artificiales?

—¿Y?

Isabel tenía una foto en la mano. Se la
mostró con cuidado, sin soltarla°. Había
sido tomada en la misma ocasión. En ella,
el presidente Montenegro brindaba con
Ignacio Santos, alias el Tratante° de Blanca.°
Los ojos saltones°, la nariz como rota por un
puñetazo°, la mandíbula° de Pepe Cortisona,
la barriga° del ejecutivo sin tiempo para
hacer ejercicios y con el poder suficiente
para no importarle. Era él, era el Tratante. Y
ésa era la famosa foto de la que hablaban los
periódicos y los informativos en la tele: la foto
del Narcogate (los periodistas eran la gente
menos creativa del planeta; desde Watergate
que habían entrado en una parálisis mental
a la hora de bautizar crisis políticas). La foto
que probaba los vínculos° entre Montenegro
y el narcotráfico°, la que confirmaba que
él había financiado su campaña con el
dinero de las arcas del Tratante, y que le
servía a Willy Sánchez, dirigente máximo
de los Cocaleros, para montar una campaña
acusando al presidente de hipócrita, con una
mano erradicando cocales° para complacer
a los yanquis° y con la otra abrazándose con
los narcos°.

Sebastián la tocó como si se tratara de una
reliquia°: ésa era la foto original. Pero no, en
realidad lo que debía tocar era el negativo, sólo
los negativos eran únicos, era suficiente uno
para permitir la multiplicación de los panes.

Isabel jugaba con una hebra° suelta de su
cabello. —¿Podría... —dijo—, podría hacer
que el General desapareciera?

—De poder, puedo. Claro que sí, es lo más
fácil del mundo. Es más, es tan fácil que no
veo por qué se toma la molestia de buscarme.

—No crea que no lo hemos intentado.
Hemos conseguido una que otra muy buena,

Margin glossary:
- handbag (85)
- barbecue
- salad
- hot sauce from Bolivia (90)
- played with
- letting go of it
- slave trader/cocaine (100)
- bulging
- blow with the fist/jaw belly
- ties
- drug trafficking (115)
- coca plantations (120) Yankees (Americans) short for **narcotraficantes**
- relic (125)
- strand
- 130
- 135

match exactly
pero en general hay colores que no cuajan°, o se nota la sombra que deja la figura desaparecida. Entonces se nos ocurrió, hay que darle al César lo que es del César. Si podemos contratar a Picasso, ¿para qué conformarnos

a house painter
con un pintor de brocha gorda°?

Isabel sonrió. Sebastián debía reconocer
praised
que cualquier persona que elogiara° su arte le caía bien y podía llegar lejos con él (así lo había conquistado Nikki). Y era muy cierto que cualquiera podía manipular una imagen en la computadora, pero eran los mínimos detalles los que separaban al verdadero artista–técnico de la multitud. Las expresiones y las capas de colores que uno manipulaba en la pantalla debían definirse con números para cuya precisión a veces se necesitaban hasta seis decimales. Y el juego de luces y sombras, la forma en que éstas caían en la imagen... Parecía fácil, pero no lo era.

—¿Quiénes me quieren contratar?

—Todo esto es confidencial, por supuesto.

—No se preocupe.

—El Ministerio de Informaciones. Trabajo en la Ciudadela.

Así que era cierto que la Ciudadela se había vuelto a poner en marcha, y que ahora estaba en manos del gobierno.

Se le ocurrió que esa mujer le estaba pidiendo de manera inocente algo nada inocente. La desfachatez° de los tiempos, la
nerve
corrupción no explicada a los niños. Acaso la culpa la tenía Elizalde: todos sabían que era
salaried employee
un asalariado° del Ministro de la Presidencia —el Salmón Barrios—, que éste le pagaba una mensualidad para defender su política
eradication
agresiva de erradicación° de cocales en sus mediocres editoriales en Fahrenheit 451. Junior lo sabía, pero decía que no podía hacer nada porque los periodistas eran muy mal pagados y a veces no les quedaba otro recurso que la corrupción.

Prometía que apenas pudiera pagarle mejor a Elizalde, lo despediría. Y esta mujer que trabajaba para el gobierno seguro sabía de Elizalde y compañía y pensaba que cualquiera que trabajaba en el periódico estaba al alcance de las arcas del gobierno, siempre abiertas cuando se trataba de ese tipo de cosas.

Isabel dijo una cifra° y Sebastián, molesto,
number
debió reconocer que le atraía la idea. ¿O debía pensarlo un poco más? Era un trabajo muy fácil para el Picasso de la fotografía digital. Nadie se enteraría, y tendría unos pesos extra para pagar algo de sus deudas, para sorprender a Nikki con una ida a un restaurante de lujo y ropa interior y perfumes. ¿O debía pensarlo un poco más?

—Esto, por supuesto —dijo ella—, queda entre usted y yo.

—¿Y qué va a hacer con la foto?

—Usted ocúpese de su trabajo, yo del mío.

—¿Y el negativo? Por más que yo haga mil cosas con la foto, mientras exista el negativo...

—Ocúpese de su trabajo, yo del mío.

—Veré qué hago.

—Ya comenzamos a entendernos. Volveré mañana a esta misma hora.

—No le prometí nada. Sólo le dije que lo vería.

La mujer dejó unos pesos en la mesa y se levantó.

Sebastián se quedó con la foto entre las manos, pensando sin querer pensarlo que había corrupciones y corrupciones, que lo suyo no se comparaba a lo de Elizalde, sería una sola vez, pensando sin querer hacerlo que de ese encuentro ya desvanecido en el tiempo —pero no en ese rectángulo— no quedaría rastro alguno una vez que él lo manipulara con talento y cariño y perfidia°. ∎
treachery

Sueños digitales (fragmento)
Edmundo Paz Soldán

① Comprensión Indica si las oraciones son **ciertas** o **falsas**. Corrige las falsas.

1. El apellido de Sebastián es Píxel. Falso. Píxel es un compañero de trabajo.

2. La historia transcurre en Bolivia. Cierto.

3. Sebastián cree que la mujer quiere hacerle una entrevista para una revista.
Falso. La mujer le dice que no se trata de una entrevista sino de una oferta muy interesante.

4. Las fotos prueban la corrupción del presidente Montenegro.
Cierto.

5. Isabel le propone algo inocente.
Falso. Isabel le pide de manera inocente algo nada inocente.

6. Sebastián dice que no acepta la propuesta.
Falso. Aunque le dice a Isabel que no le promete nada, parece que ya ha decidido manipular la foto.

② Interpretación En parejas, respondan a las preguntas.

1. ¿En qué época piensas que se desarrolla el relato?

2. La mujer cita a Sebastián en un café alejado del centro. ¿Les parece que lo hace por alguna razón?

3. ¿Cuáles crees que pueden ser las tareas específicas del Ministerio de Informaciones?

4. ¿Qué prueban las fotos que Isabel le muestra a Sebastián?

5. ¿Qué factores piensas que lo impulsan a tomar la decisión de hacer o no el trabajo? ¿Crees que hará el trabajo?

③ Análisis Lee el relato nuevamente y responde a las preguntas.

1. ¿Qué características podrías señalar de Sebastián?¿Podría ser un joven profesional de otro lugar? ¿O es, para ti, un típico latinoamericano?

2. En el relato se mencionan el programa CorelDraw, el pintor De Chirico, la revista Hola, Raquel Welch, el Che Guevara, el juego de Pac-Man y James Bond. ¿Qué tienen en común? ¿Qué te dicen acerca del punto de vista del autor?

3. Relee la descripción del café. ¿Piensas que podrías encontrarlo en cualquier lugar del mundo o sólo en una ciudad de América del Sur?

4. ¿Te parece que la historia podría estar basada en eventos reales? ¿Por qué?

④ Situaciones éticas En grupos de tres, lean estas situaciones y decidan si lo que hizo el personaje es ético o no y expliquen por qué.

• Juan va por la calle y encuentra tirado un reloj. Decide quedárselo.

• Una persona sale en carro del estacionamiento de un supermercado y María observa que la persona olvidó una caja de latas de refresco. María espera unos diez minutos y, como la persona no regresa, se lleva la caja de latas.

⑤ La verdad Imagina que eres un(a) periodista que logra apoderarse de las fotos y decide escribir un artículo exponiendo el complot del Ministerio de Informaciones para ocultar la verdad. Escribe un titular y un artículo de tres párrafos.

---

① Have students write two more true or false statements about the reading. Then ask classmates to answer **cierto** or **falso** and correct any false statements.

② Ask additional questions, such as: **¿Creen que Sebastián guardará el secreto? Al principio, ¿qué pensaban que iba a ser la "oferta interesante"?**

③ For item 1, ask: **¿Cómo cambiaría el tono de la historia si el autor no hiciera referencias a la cultura popular?** Point out that many of these references are relevant to a specific time period. **¿Qué efecto tendrían estas referencias en un lector que lea esta historia dentro de cien años?**

④ Give students an additional dilemma: **Marcelo va a la oficina del profesor de francés. El profesor no está, pero Marcelo ve el examen de mañana sobre el escritorio y le echa una mirada para ver el tipo de ejercicios.**

④ Ask volunteers to share a personal anecdote in which they were faced with an ethical dilemma. Encourage classmates to ask questions.

⑤ Before students begin writing, brainstorm a list of questions the readers of this article will want answered. Ex: **¿Cuándo sucedió? ¿Quién tomó la decisión de ocultar la verdad?**

Taller de escritura

Preparación: Revisión y corrección

Para escribir un buen ensayo, debes aprender a revisar y corregir tu propio trabajo. Al terminar la primera versión, usa estas preguntas como guía para revisar tu ensayo y haz los cambios necesarios.

- **Contenido:** ¿Respondiste al tema asignado? ¿Faltan ejemplos o argumentos? ¿Hay partes que se repiten o que no son pertinentes?

- **Organización:** ¿Es clara la organización? ¿Hay una buena introducción y conclusión? ¿Existe una conexión lógica entre los párrafos?

- **Ortografía, gramática y estilo:** ¿Están bien conjugados los verbos? ¿Concuerdan los adjetivos con los sustantivos? ¿Hay errores de ortografía? Lee cada oración dos veces y revísala en detalle. Asegúrate de que tu lenguaje sea preciso y específico.

Piensa en tu ensayo como si lo hubiera escrito otra persona. ¿Te convence? ¿Qué problemas tiene? Al evaluar tus propias ideas objetivamente, podrás anticipar las objeciones de tus lectores.

Práctica Revisen los comentarios que han recibido de su instructor(a) hasta el momento. ¿A cuál de las tres categorías anteriores deben prestar más atención?

Ensayo Elige uno de estos temas y escribe un ensayo.

> ### Requisitos
>
> - Tu ensayo debe hacer referencia a por lo menos dos de las cuatro obras estudiadas en esta lección (cultura, cortometraje, dos obras literarias). En el caso de la última opción, también puede hacer referencia a obras de lecciones anteriores.
> - Tu ensayo debe ser de por lo menos dos páginas.
> - Cuando termines, revisa y corrige el ensayo usando la lista de las páginas 312–313. Explica brevemente los cambios que tuviste que hacer.

- ¿Piensas que los medios de comunicación permiten un mayor contacto entre la gente, o que en realidad son medios de incomunicación? ¿Los medios de comunicación reflejan la realidad o la manipulan?

- ¿Qué relación hay entre los medios de comunicación y la política? ¿Nos abren los ojos a lo que ocurre en el mundo, o nos ciegan? ¿Nos permiten cambiar la realidad? Piensa en *Sueños digitales* y en la difusión del guaraní.

- Varias obras de esta lección tienen un final abierto. ¿Hay suficientes detalles en el texto para reconstruir la historia completa, incluso el desenlace (*outcome*)?

- Piensa en las obras que has visto y leído hasta ahora. ¿Crees que hay cosas que pueden comunicarse mejor con un medio artístico que con otro? ¿Pueden distintos géneros transmitir el mismo mensaje con el mismo efecto?

Preparación Draw an inverted pyramid on the board. Divide it into three horizontal parts. In the top and largest part, write **Contenido**. In the middle, write **Organización**. In the final section write **Lenguaje**. Emphasize that the revision process starts with first analyzing content to make sure it is complete, then looking at how that content is organized. Once content and organization are corrected, they should correct the language and style.

Práctica Have students create a grid organized into three categories: **Contenido**, **Estructura** and **Lenguaje**. Have them go back through their corrected compositions and put each of your commentaries into one of the sections of the grid.

Abriendo ventanas

Un nuevo canal hispano

Presentación Trabajen en grupos de cuatro o cinco.

A. Televisión para hispanos Contesten las preguntas.

1. ¿Qué tipo de programación ofrecen las cadenas de televisión hispanas?
2. ¿Por qué es importante ofrecer a las comunidades de inmigrantes programación de radio y televisión en su propio idioma?
3. ¿Qué tipo de programación les gustaría ver en un canal hispano? ¿Por qué?
4. Lean esta lista de objetivos de un canal de televisión hispano y ordénenlos del 1 al 6 empezando por el más importante. ¿Por qué los ordenaron de esa manera? ¿Les parece que falta algún objetivo importante?

_____ a. Ofrecer a los hispanos programación para mantener su idioma.

_____ b. Brindar acceso a programación popular de España y América Latina.

_____ c. Ofrecer versiones dobladas de programas populares en inglés.

_____ d. Ofrecer a los anunciantes un medio para llegar al público latino.

_____ e. Ofrecer programación educativa en inglés para ayudar a los hispanos a aprender el idioma.

_____ f. Mantener informada a la comunidad latina sobre las noticias y los deportes de sus países de origen.

B. Programación importada Cada uno debe hacer una breve investigación en Internet sobre un par de programas de la lista o de las fotos y compartir la información con el grupo. ¿Qué programas importarían a los EE.UU.?

Aló Presidente (*talk show*; Venezuela)

Montecristo (telenovela; Argentina)

- Laura en América (*talk show*; Perú)
- Amarte así (telenovela; México)
- Los peques (animación; Argentina)
- Operación triunfo (*reality show*; España)
- Nada más que la verdad (*reality show*; Colombia)
- Hasta que la plata nos separe (telenovela/comedia; Colombia)

- Caiga quien caiga (humor/política; Argentina/España/Chile)
- Científicos Industria Argentina (*divulgación científica*; Argentina)
- Los Serrano (comedia; Argentina)
- El observador (noticias; Venezuela)
- Latin American Idol (*reality show*; EE.UU. para el mercado latinoamericano)

Part A

• Discuss questions 1–3 first as a class.

• Print out and bring in a listing of television programming for Univisión/Telemundo to help students discuss the answer to question 1.

• Have students do question 4 independently; then place them in groups according to their agreement over priorities.

Part B

• As an alternative to the programs listed, have students investigate what Spanish-language programs are currently being produced in the U.S. and whether or not they would like to include them in their line-up.

• Open the activity to other shows students may have heard of or other shows that are currently popular in Latin America and Spain.

C. Van a preparar una propuesta para la creación de un nuevo canal de televisión hispano.

Elección del tema

Repasen las respuestas de la parte **A** y la investigación de la parte **B,** y piensen en estas preguntas: ¿Qué objetivos tendrá el canal? ¿A qué audiencia estará dirigido? ¿Qué tipo de programación quieren ofrecer? ¿Qué programas pueden importar? ¿Qué nombre tendrá el canal?

Preparación

Una vez definida la identidad del canal, preparen la propuesta para presentar a la clase. Debe incluir como mínimo esta información sobre el canal:
- nombre
- eslogan
- los tres objetivos principales
- información general (audiencia, mercado, porcentaje de programación nueva y programación comprada, etc.)
- dos programas importados de países hispanohablantes
- dos propuestas de programas nuevos

También pueden incluir materiales audiovisuales como logotipos, afiches con detalles de la programación, etc.

Estrategia de comunicación

Televisión—Palabras útiles
- Televisión: abierta (Arg. *network TV*); pública; satelital; por cable
- Tipos de programas: comedia; drama; programa de juegos; miniserie; serie; telenovela; programa deportivo/infantil/musical; *talk show; reality show*

Organización

Organicen la presentación de la propuesta en un esquema. La presentación deberá durar unos diez minutos. Decidan qué parte(s) presentará cada uno/a. Recuerden que todos los integrantes del grupo deben participar.

Presentación

Usen el esquema como guía para presentar su propuesta, pero recuerden que deben hablar a la clase y no leer una presentación escrita. Después de la presentación, contesten las preguntas de sus compañeros/as.

Preparación Offer students the option of investigating some of the popular programming that is coming out of Brazil and then dubbed from Portuguese into Spanish.

Estrategia de comunicación
Additional vocabulary:
la publicidad *advertising*
trasmitir, emitir to *broadcast*
el canal *channel*
el anuncio *commercial*
doblado/a *dubbed*
el doblaje *dubbing*
doblar *to dub*
en vivo, en directo *live*
la red, la cadena *network*
la programación *programming*
la transmisión de interés público *public service broadcasting*
el patrocinador *sponsor*
patrocinar *to sponsor*

① Before you begin, ask students to write down the three programs they watch most. Tabulate the results to find the top programs. Do these programs fall into the category of *information* or *entertainment*?

① Explain to students the use of the term **amarillismo** in question number 2. It refers sensationalistic programming.

① For students discussing question number 2, ask them if they use TiVo or pre-record their programs in order to avoid watching the advertisements. Ask: **¿Les gusta mirar los anuncios? ¿Por qué?**

Teaching option Allow students to select other questions for their discussion, as long as they are valid and related to the theme. Encourage them to take sides and approach this project as a debate.

 Tertulia

El poder de los medios

① La clase se divide en cinco grupos. Cada uno tiene que pensar y anotar sus ideas sobre uno
5 min. de estos temas.

1. Los medios de comunicación surgieron hace muchos años con el objetivo de informar. ¿Creen que hoy en día los medios de comunicación siguen teniendo el mismo objetivo?

2. Al final de cuentas, los medios de comunicación son empresas que necesitan vender sus productos. ¿Es el público culpable de la pobreza del contenido de los medios de comunicación? ¿Es cierto que buscamos el amarillismo?

3. ¿Creen que el papel de los medios de comunicación en los procesos electorales políticos es importante? ¿Consideran que los medios de comunicación influyen en los resultados de las elecciones? ¿Creen que es justo?

4. Con la llegada de Internet, ¿consideran que está en peligro la vida de los medios de comunicación tradicionales como la televisión o el periódico?

5. ¿Creen que hay que censurar el contenido de los programas y noticias para proteger a los niños y jóvenes?

② Cada grupo tiene que preparar una breve presentación sobre uno de los temas. En el caso de que
10 min. no todos opinen lo mismo, pueden mencionar que dentro del grupo hay distintas opiniones.

③ Los diferentes grupos presentan sus ideas a la clase, mientras todos toman nota.
25 min.

④ Cuando todos los grupos han terminado de presentar sus ideas, toda la clase debe participar
10 min. haciendo preguntas o expresando sus opiniones.

La literatura y el arte ⑩

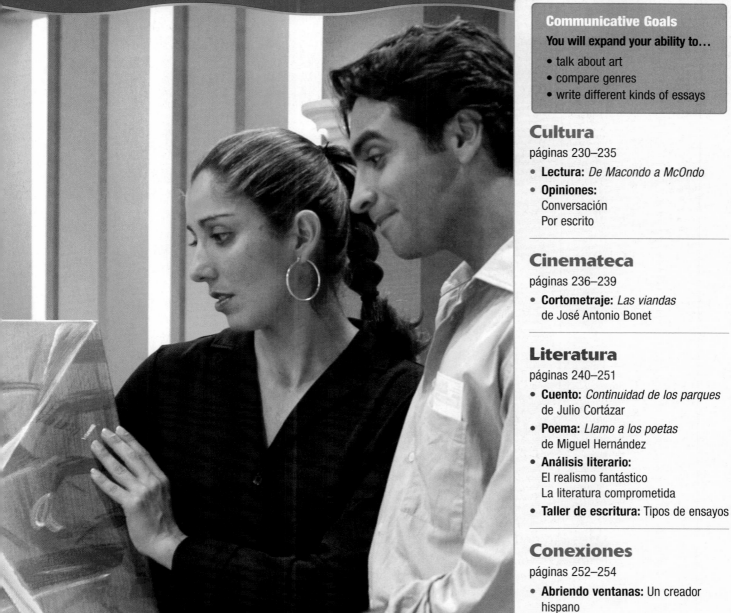

El libro, 1913.
Juan Gris, España.

"Si un libro les aburre, déjenlo. No lo lean porque es famoso, porque es moderno, porque es antiguo. La lectura debe ser una de las formas de la felicidad."

—Jorge Luis Borges

Antes de leer

INSTRUCTIONAL RESOURCES
Supersite

Vocabulario

la alusión *allusion*

el canon *literary canon*

editar *to publish*

el estereotipo *stereotype*

estético/a *aesthetic*

la narrativa *narrative work*

el relato *story; account*

transcurrir *to take place*

tratar (sobre/acerca de) *to be about; to deal with*

La muerte y la doncella Completa las oraciones.

1. El argentino-chileno Ariel Dorfman se considera miembro del _____canon_____ literario de Latinoamérica, en parte por el éxito de su obra de teatro *La muerte y la doncella*.

2. La _____narrativa_____ de Dorfman incluye géneros como la novela y el ensayo.

3. *La muerte y la doncella* _____trata acerca de/sobre_____ los efectos de la tortura en una mujer, que cree encontrarse con su torturador.

4. La obra es interesante porque ninguno de los personajes es un _____estereotipo_____, sino un individuo complejo.

5. La acción _____transcurre_____ en un lugar que no se identifica, pero podría ser el Chile de Pinochet.

6. En 1994, este _____relato_____ fue llevado al cine por el famoso director Roman Polanski.

Conexión personal ¿Puede haber estereotipos positivos? ¿O son todos, por definición, negativos? ¿Cómo puede un estereotipo aparentemente positivo limitar a un individuo?

Contexto cultural

En 1967, **Gabriel García Márquez** escribió una obra que ha dejado una huella (*mark*) profunda en la literatura de América Latina. *Cien años de soledad* es uno de los ejemplos mayores del *realismo mágico* y nos transporta al pueblo mítico de Macondo, donde objetos comunes como el hielo (*ice*) se presentan como maravillosos mientras las cosas más sorprendentes —como una lluvia de flores que caen del cielo— se narran como si fueran normales. Incluso en el siglo XXI las obras de García Márquez dominan el mercado literario y se siguen estudiando como ejemplos de un género creativo y comprometido (*politically engaged*). Más notable aún, han conseguido definir un estilo que se reconoce mundialmente como latinoamericano y que todavía inspira a nuevos escritores. Isabel Allende y Laura Esquivel son dos escritoras destacadas que en los años ochenta iniciaron una vuelta, que continúa hasta el día de hoy, al mundo del realismo mágico con las muy exitosas novelas *La casa de los espíritus* (1982) y *Como agua para chocolate* (1989).

Conexión personal Call on volunteers to give their own definition of a stereotype. Then have students tell anecdotes about their personal experiences with stereotypes. Ask: **¿Cuál es la mejor manera de romper con los estereotipos?**

Contexto cultural Discuss the effects of globalization. Encourage students who have traveled or lived in other countries to talk about their experiences abroad. Ex: **¿Qué elementos son "globales" hoy en día? ¿La comida? ¿Las telecomunicaciones? ¿Creen que la globalización hace que las personas vayan perdiendo su cultura? Justifiquen sus respuestas.**

Preview Ask students to read the title of the article and look at the background art on the next page. Ask: **En su opinión, ¿de qué se trata este artículo?**

De Macondo a McOndo

¹ En Santiago de Chile, ¿es típico observar una tormenta de flores? ¿Es sorprendente encontrar un cubito de hielo° en una Coca-Cola en Buenos Aires? Un grupo de jóvenes escritores, encabezado° por el chileno Alberto Fuguet, responde rotundamente° que no. Estos
⁵ escritores afirman que tienen más en común con la generación estadounidense que creció con los videojuegos y MTV que con el mundo mágico y mítico de Macondo. Por eso, transformando el nombre del pueblo ficticio de las novelas de García Márquez, el grupo tomó el nombre "McOndo" en un guiño de ojo° al

ice cube
led
emphatically

wink

Teaching option Read the first paragraph of the article together as a class. If time and resources permit, read the corresponding passages from *Cien años de soledad* and discuss the meaning of these allusions within the context of the article.

10 omnipresente McDonald's, a las pioneras computadoras Macintosh y a los *condos*.

El grupo McOndo escribe una literatura intensamente personal, urbana y llena de alusiones a la cultura 15 popular. Fuguet describe a su grupo como apolítico, adicto a la televisión por cable y aficionado a Internet. La televisión, la radio, el cine e Internet infiltran sus obras e introducen temas *current* 20 globales y muy corrientes°. Las obras de Fuguet revelan más huellas de Hollywood que de García Márquez o Borges, y mayor influencia de videos musicales estadounidenses que de *Cien* 25 *años de soledad*.

¿Qué hay de latinoamericano en las obras de McOndo?, se preguntan algunos lectores que identifican América Latina con el realismo mágico. 30 ¿No podrían transcurrir en cualquier sitio?, es otra pregunta habitual. Justamente, el editor de una revista literaria estadounidense muy prestigiosa le hizo esta pregunta a Fuguet. La *rejected* 35 revista rechazó° uno de sus cuentos. Las novelas de Isabel Allende y Laura Esquivel, por ejemplo, llevan al lector a un lugar exótico cuyos olores y colores son a la vez extraños y familiares. 40 ¿Pueden tener éxito en el mercado literario relatos en los que nada es exótico para los lectores acostumbrados a la vida urbana de la gran ciudad?

Los escritores de McOndo tampoco 45 se identifican con los productos de sus contemporáneos más realistas como, por ejemplo, Sandra Cisneros, Julia Álvarez y Esmeralda Santiago, que cuentan la difícil experiencia de los 50 latinos en los Estados Unidos. Los personajes de McOndo son latinos en un mundo globalizado. Esto se ve

como un hecho normal y no como una experiencia especial o traumática. Según los jóvenes de McOndo, su 55 literatura es tan latinoamericana como las otras porque sus obras tratan acerca de la realidad de muchas personas: una existencia moderna, comercial, confusa y sin fronteras. En su 60 opinión, la noción de que la realidad latinoamericana está constituida por hombres de fuerza descomunal°, *massive*

Los escritores de McOndo

Algunos escritores que se identifican con **Alberto Fuguet** y el mundo de McOndo son: Rodrigo Fresán y Martín Rejtman de Argentina, Jaime Bayly del Perú, Sergio Gómez de Chile, Edmundo Paz Soldán de Bolivia y Naief Yehya de México. En 1997 Sergio Gómez y Alberto Fuguet editaron una antología de cuentos titulada *McOndo*, que incluía relatos de escritores latinoamericanos menores de treinta y cinco años.

Teaching option As students read, have them jot down a list of pop culture elements that are mentioned in the reading. Have them put a star next to those elements with which they strongly identify.

tormentas de flores y muchachas que suben al cielo no sólo es estereotípica 65 sino empobrecedora°. Fuguet escribe *impoverishing* en un ensayo muy conocido de salon.com que se ha convertido en el manifiesto de los escritores de McOndo: "Es una injusticia reducir la 70 esencia de América Latina a hombres con ponchos y sombreros, zares de la droga° que portan armas° y señoritas *drug lords /* *gun-toting* sensuales que se menean° al ritmo de *swing* la salsa". Fuguet prefiere representar el 75 mundo reconocible de los videoclubes, la comida rápida y la música popular. Sólo con el tiempo sabremos si su propuesta° estética tendrá la presencia *proposal* duradera°, la influencia y la importancia 80 *long-lasting* indiscutida del realismo mágico. ∎

Después de leer

De Macondo a McOndo

1 **Comprensión** Responde las preguntas con oraciones completas. Some answers will vary.

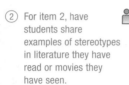

1. En el siglo XXI, ¿tienen éxito las obras de realismo mágico?
Sí, las obras de García Márquez dominan el mercado literario y también son populares las novelas de Isabel Allende y Laura Esquivel.
2. ¿De dónde viene el nombre McOndo? Es una transformación de Macondo, el nombre del pueblo de García Márquez, y una referencia a McDonald's, a las computadoras Macintosh y a los condos.
3. ¿Cuáles son algunas de las influencias importantes en la literatura de Fuguet?
La televisión, la radio, el cine e Internet son algunas influencias importantes.
4. ¿Cuáles son algunas de las críticas que reciben los escritores de McOndo?
Sus obras podrían transcurrir en cualquier lugar; los personajes no son típicamente latinoamericanos.
5. ¿Por qué se identifican más los escritores de McOndo con algunos jóvenes estadounidenses que con García Márquez u otros escritores?
El estilo de vida de estos escritores se parece al de los jóvenes estadounidenses.

2 For item 2, have students share examples of stereotypes in literature they have read or movies they have seen.

2 **Reflexión** En parejas, respondan las preguntas.

1. ¿Qué opinan los jóvenes de McOndo de las representaciones de hombres con ponchos y de las señoritas sensuales que bailan salsa?
2. ¿Qué opinas del uso de estereotipos en la literatura y en el cine?
3. ¿Crees que el estilo de los escritores de McOndo es incompatible con el realismo mágico? ¿Se podrían combinar en una obra? ¿Cuál sería el resultado?

3 To help students organize their thoughts, have them make two columns and take notes about the quotes under each.

3 **Comparación** En grupos de tres, comparen las dos citas. La primera es de la lectura de García Márquez de la **Lección 5** y la segunda de Paz Soldán de la **Lección 9**. Las dos narran un cambio clave dentro de cada historia.

> Un chorro (*spurt*) de luz dorada y fresca como el agua empezó a salir de la bombilla (*light bulb*) rota, y lo dejaron correr hasta que el nivel llegó a cuatro palmos. Entonces cortaron la corriente (*current*), sacaron el bote, y navegaron a placer (*at their pleasure*) por entre las islas de la casa.

> Y era muy cierto que cualquiera podía manipular una imagen en la computadora, pero eran los mínimos detalles los que separaban al verdadero artista-técnico de la multitud. Las expresiones y las capas de colores que uno manipulaba en la pantalla debían definirse con números para cuya precisión a veces se necesitaban hasta seis decimales.

1. ¿Qué es lo que puede suceder después de cada uno de estos fragmentos? ¿Cuál de los sucesos que pueden ocurrir es más "maravilloso"?
2. ¿Qué diferencias pueden observar en el estilo de los dos escritores? ¿Cuál es más directo? ¿Cuál usa más recursos literarios, por ejemplo metáforas?
3. ¿Qué estilo prefieren y por qué?

4 Brainstorm additional situations. Ex: **tu reproductor de MP3 guarda toda la música del mundo; tu cámara digital puede pintar retratos.**

4 **Realismo mágico tecnológico** Elige una de las situaciones y escribe el primer párrafo de un cuento en el que el autor decide recurrir al realismo mágico para describir objetos y situaciones que se relacionan con la tecnología, la vida urbana y la cultura pop.

- un virus infectó la computadora
- tu celular hace llamadas por sí solo
- no recuerdas dónde estacionaste el carro nuevo

Teaching option In groups, ask students to discuss how the digital era and increased mobility have increased cultural exchange. Ask them to group their examples in two columns: a) examples of U.S. influence on Latin American popular culture, and b) examples of Latin American influence on U.S. popular culture.

Opiniones

NATIONAL
communication
comparisons connections
STANDARDS

1 Conversación En parejas, lean la información del recuadro y contesten las preguntas.

> **Selección de arte efímero de Marta Minujín (artista plástica argentina)**
>
>
> El Partenón de Libros
>
> **Década del 60:** *Minu-phone*, cabina de teléfono electrónica que produce distintos efectos sensoriales según el número discado.
>
> **Década del 70:** *El Obelisco de Pan Dulce*, réplica del obelisco de Buenos Aires de 36 metros (118 pies) de altura recubierta de pan dulce (*panettone*). El pan dulce fue repartido luego entre el público.
>
> **Década del 80:** *El Partenón de Libros*, réplica del Partenón recubierta con libros prohibidos durante la última dictadura militar en la Argentina.

1. ¿Cuál de las obras del recuadro les parece más original? ¿Por qué?
2. ¿Por qué este tipo de arte se llama "arte efímero"? ¿Son la danza, el teatro y el cine artes efímeros? ¿Por qué?
3. ¿Creen que la permanencia es una de las características principales del arte? ¿Tiene el arte efímero el mismo valor artístico que el arte permanente?
4. ¿Qué prefieren de cada uno de estos pares? ¿Por qué?
   - cine comercial / cine independiente
   - esculturas tradicionales / esculturas modernas
   - literatura tradicional / literatura experimental
   - pintura realista / pintura abstracta
5. ¿Estas disciplinas o formas de expresión son o pueden ser formas de arte? Den ejemplos.
   - Arquitectura
   - Cocina
   - Diseño interactivo
   - Diseño gráfico
   - Grafitis
   - Moda

2 Por escrito Elige una de estas opciones y escribe una composición de una página.

- Piensa en las obras literarias que has estudiado en la escuela o universidad. ¿Qué estilos y géneros agregarías? ¿Qué obras reemplazarías?
- Te gustan las obras de Marta Minujín y quieres hacerle una sugerencia para una obra efímera. Escríbele una carta para contarle tu idea.
- El museo de arte de tu ciudad está solicitando sugerencias de estudiantes para una nueva exposición titulada "El arte de nuestra generación". Escribe una propuesta para enviar al museo.

① Have students look at the photo and read the text. Then ask: **¿Les gusta este tipo de arte? ¿Por qué?**

② For the first topic, have students first generate a list of canonical works considered required reading (*The Iliad, Macbeth, Wuthering Heights, The Catcher in the Rye*). As they propose changes, have them defend what should stay as well as justify what should go.

② For the third topic, students can focus on one particular type of art or they can pick a topic and illustrate it with different types of art.

master cluster

presenta

ROBERTO ÁLVAREZ   JOSÉ MARÍA POU

Las Viandas

(Viands)

un film de/a film by

JOSE ANTONIO BONET

PEDRO CASABLANC   MIGUEL DEL ARCO   JOSÉ RAMÓN PARDO   SARA ILLÁN

LOLA LEMOS MARGARITA LASCOITI JORGE SUQUET ANNE CAILLON JEAN-MARIE MONDINI JOSE TORIJA ISABEL GALVEZ ANDREA RAMIREZ CLAUDIA ALVAREZ

Productor Ejecutivo/Executive Producer PEDRO PALACIOS   Productor Asociado/Associate Producer CHRISTOPHE BOUFFIL-CANTONI   Fotografia/Director of Photography ALFONSO POSTIGO
Casting JOSÉ CARLOS RUIZ   Director de Arte/Art Director HÉCTOR G. BERTRAND   Música/Music NACHO CABELLO   Montaje/Editing ADORACIÓN G. ELIPE
Vestuario/Costumes JOSÉ MARIA DE COSSÍO   Sonido Directo/Sound Recording SOUNDERS CREACIÓN SONORA   Postproducción de Sonido/Sound Postproduction DAVID RODRÍGUEZ
basado en un argumento de/based on a story by SANTIAGO G. AGULLÓ & JOSÉ ANTONIO BONET con la participación de/with the collaboration of JAVIER F. VALLADO
Escrita y Dirigida por/Written and Directed by JOSÉ ANTONIO BONET

Copyright © MASTER CLUSTER S.L. 2004

Antes de ver el corto

INSTRUCTIONAL RESOURCES
Supersite/DVD: Film Collection
Supersite: Script & Translation

LAS VIANDAS

país España

duración 19 minutos

director José Antonio Bonet

protagonistas Papandreu (chef), el comensal, empleados del restaurante, otros comensales

Vocabulario

acompañar *to come with*
la barbaridad *outrageous thing*
el cochinillo *suckling pig*
el/la comensal *dinner guest*

el compromiso *awkward situation*
contundente *filling; heavy*
el jabalí *wild boar*
la ofensa *insult*

① **Definiciones** Completa las oraciones.

1. Cuando un plato es muy caro, podemos decir que cuesta una ___barbaridad___.
2. Si un plato te llena inmediatamente, significa que es un plato ___contundente___.
3. Alguien que está invitado a comer es un ___comensal___.
4. Un ___jabalí___ es una especie de cerdo salvaje.
5. En algunas culturas, rechazar la comida es una ___ofensa___.
6. Meter a alguien en un ___compromiso___ significa ponerlo en una situación incómoda.

② **Preguntas** En parejas, contesten las preguntas.

1. ¿Te gusta cocinar? ¿Crees que cocinar es un arte?
2. ¿Qué profesiones consideras que son arte? ¿Por qué?
3. ¿Conoces a alguien que sea o que se considere un(a) artista? ¿Cómo es?
4. Según tu opinión, ¿tienen los artistas una personalidad diferente a las personas que no son artistas? Explica tu respuesta.

③ **¿Qué sucederá?** En parejas, miren el fotograma e imaginen lo que va a ocurrir en la historia. Compartan sus ideas con la clase.

① For additional practice, have students form sentences with the remaining words and read their sentences aloud.

② Continue the discussion by asking additional questions. Ex: **¿Creen que el arte puede ser terapéutico? Den ejemplos de alguna situación en la cual el arte les ayudó a superar un momento difícil.**

③ Have students write down their predictions. After watching the film, call on students to read their predictions and see if they were correct.

Cinemateca

Watch the short film at
ventanas.vhlcentral.com.

Escenas

ARGUMENTO Un hombre va a un restaurante perdido en las montañas donde probará los platos de un chef extranjero muy especial.

Synopsis A man goes to a restaurant in the mountains and orders the daily special. The world-renowned chef presents him with a veritable feast of *haute cuisine*, but when the customer is unable to clear his plate, the waiter insists that the chef must not be offended and the dishes keep coming. Will the customer ever be able to leave the table?

Preview

• Ask students their views on proper etiquette when eating a meal at a restaurant. **¿Alguna vez se han sentido obligados a comer algo que no les haya gustado? ¿Les parece mala educación no terminar la comida en un restaurante?**

• Explain that the chef in the film is foreign. He speaks Spanish with an accent and tends to omit words (denoted by brackets in the film stills).

COMENSAL Buenas tardes. ¿Todavía se puede comer?
MAÎTRE Por supuesto. Leonora, el abrigo del señor… ¿Me acompaña, por favor?

MAÎTRE El primer plato del menú: sopa de judiones°, con tocino° y salchicha vienesa°. El señor Papandreu, nuestro chef, ganó un premio con este plato.
COMENSAL ¿No le parece un poco contundente?

(Murmullos)
CHEF ¿El nuevo devuelve [la] comida?
CAMARERO Sí, sí, sí.
CHEF ¡Esto es una ofensa! ¡Nadie devuelve nunca [la] comida a Papandreu! ¡Papandreu es un artista! ¡Papandreu es [el] número uno! *(gritos)* Un artista.

(Después de varios platos más, no puede seguir comiendo.)
MAÎTRE Señor, nos está poniendo a todos en un serio compromiso. Debe comerse el cochinillo de inmediato.
COMENSAL ¿Pero es que no lo entiende? ¡No puedo más!

COMENSAL Perdóneme, señor, pero ¡tengo que pedirle ayuda! Bueno, usted mismo lo está viendo. ¡Quieren que me coma un cochinillo! ¿Pero están locos?
HOMBRE No se preocupe. Lo he visto todo y tiene razón. Le comprendo. Confíe en mí. Hablaré con Papandreu.

COMENSAL *(gritando)* ¡No quiero comer más! ¡No quiero comer este jabalí!
CHEF ¡Quieto! ¡Vas a comer jabalí como [un] niño bueno! ¡Come!
(Después de que el cliente come el jabalí.)
CHEF ¡El postre! ¡Papandreu artista genial!

judiones *butter beans* **tocino** *bacon* **salchicha vienesa** *frankfurter*

Después de ver el corto

(1) Comprensión Contesta las preguntas con oraciones completas.

1. ¿Dónde está el restaurante?
   El restaurante está en las montañas.
2. ¿Por qué pregunta el comensal si el primer plato es contundente?
   Pregunta si el primer plato es contundente porque no tiene mucha hambre.
3. ¿Qué ocurre cuando el cliente dice que no puede comer más sopa?
   La camarera le sirve más.
4. ¿Por qué se enoja el chef cuando regresa el camarero a la cocina?
   El chef se enoja porque dice que nadie devuelve sus platos.
5. ¿Para qué va el comensal al servicio (*restroom*)?
   El cliente va al servicio para escaparse por la ventana.
6. En el servicio, ¿qué le promete el otro comensal al protagonista?
   Le promete que va a ayudarlo y que va a hablar con el chef.
7. ¿Qué hace el protagonista al ver que el otro comensal no lo ha ayudado?
   El protagonista intenta ir a su carro.
8. ¿Qué hacen los camareros y el chef cuando lo detienen?
   Los camareros y el chef lo obligan a comer.

(2) Ampliación Contesta las preguntas con oraciones completas.

1. ¿Por qué dice el chef que todo el mundo debe probar su comida?
2. ¿Por qué crees que los otros clientes no ayudan al protagonista?
3. ¿Qué temas se tratan en *Las viandas* además de la cocina?
4. ¿Crees que Papandreu es un artista? ¿Por qué? ¿Es común que los artistas se comporten así?
5. ¿Qué sucede al final de la historia? ¿Podrá el protagonista irse del restaurante? ¿Y los demás comensales?

(3) Los comensales En parejas, elijan un fotograma y describan la vida del personaje o los personajes. Escriban por lo menos cinco oraciones. Usen las preguntas como guía.

- ¿Cómo son?
- ¿Por qué están en el restaurante?
- ¿Cómo son sus vidas?
- ¿Qué opinan estas personas de Papandreu?

(4) ¡Soy un artista! En parejas, imaginen que se encuentran con un artista un poco especial, como el chef de *Las viandas*. La escena, sin embargo, se desarrolla en otro ambiente. Elijan uno de los lugares y personajes sugeridos, u otro que prefieran, y escriban un párrafo contando la historia. Después, compartan la historia con la clase.

- un quirófano (*operating room*) y un cirujano de gran renombre
- una pasarela (*runway*) y una supermodelo
- un estudio de diseño y un diseñador premiado
- una peluquería y un estilista famoso

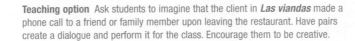

Teaching option Ask students to imagine that the client in *Las viandas* made a phone call to a friend or family member upon leaving the restaurant. Have pairs create a dialogue and perform it for the class. Encourage them to be creative.

INSTRUCTIONAL RESOURCES
Supersite: Literatura recording

Cantata, 1985.
Armando Barrios, Venezuela.

"La literatura nace del paso entre lo que el hombre es y lo que quisiera ser."

— Mario Vargas Llosa

Después de ver el corto

(1) Comprensión Contesta las preguntas con oraciones completas.

1. ¿Dónde está el restaurante?
   El restaurante está en las montañas.
2. ¿Por qué pregunta el comensal si el primer plato es contundente?
   Pregunta si el primer plato es contundente porque no tiene mucha hambre.
3. ¿Qué ocurre cuando el cliente dice que no puede comer más sopa?
   La camarera le sirve más.
4. ¿Por qué se enoja el chef cuando regresa el camarero a la cocina?
   El chef se enoja porque dice que nadie devuelve sus platos.
5. ¿Para qué va el comensal al servicio (*restroom*)?
   El cliente va al servicio para escaparse por la ventana.
6. En el servicio, ¿qué le promete el otro comensal al protagonista?
   Le promete que va a ayudarlo y que va a hablar con el chef.
7. ¿Qué hace el protagonista al ver que el otro comensal no lo ha ayudado?
   El protagonista intenta ir a su carro.
8. ¿Qué hacen los camareros y el chef cuando lo detienen?
   Los camareros y el chef lo obligan a comer.

(2) Ampliación Contesta las preguntas con oraciones completas.

1. ¿Por qué dice el chef que todo el mundo debe probar su comida?
2. ¿Por qué crees que los otros clientes no ayudan al protagonista?
3. ¿Qué temas se tratan en *Las viandas* además de la cocina?
4. ¿Crees que Papandreu es un artista? ¿Por qué? ¿Es común que los artistas se comporten así?
5. ¿Qué sucede al final de la historia? ¿Podrá el protagonista irse del restaurante? ¿Y los demás comensales?

(3) Los comensales En parejas, elijan un fotograma y describan la vida del personaje o los personajes. Escriban por lo menos cinco oraciones. Usen las preguntas como guía.

- ¿Cómo son?
- ¿Por qué están en el restaurante?
- ¿Cómo son sus vidas?
- ¿Qué opinan estas personas de Papandreu?

(4) ¡Soy un artista! En parejas, imaginen que se encuentran con un artista un poco especial, como el chef de *Las viandas*. La escena, sin embargo, se desarrolla en otro ambiente. Elijan uno de los lugares y personajes sugeridos, u otro que prefieran, y escriban un párrafo contando la historia. Después, compartan la historia con la clase.

- un quirófano (*operating room*) y un cirujano de gran renombre
- una pasarela (*runway*) y una supermodelo
- un estudio de diseño y un diseñador premiado
- una peluquería y un estilista famoso

---

(1) To further test comprehension, call on students to create a timeline of the film's events on the board.

(2) Ask additional questions about the end of the film. **¿Creen que este cortometraje tiene un final abierto? ¿Por qué? ¿Cómo habría terminado esta historia si el cliente hubiera podido escapar?**

(3) As an expansion activity, have students describe these characters' first experiences at Chef Papandreu's restaurant.

(4) To help students get started, ask them to map out the main events in their stories before they begin writing.

Teaching option Ask students to imagine that the client in *Las viandas* made a phone call to a friend or family member upon leaving the restaurant. Have pairs create a dialogue and perform it for the class. Encourage them to be creative.

10 LITERATURA

INSTRUCTIONAL RESOURCES
Supersite: Literatura recording

Cantata, 1985.
Armando Barrios, Venezuela.

"La literatura nace del paso entre lo que el hombre es y lo que quisiera ser."

— Mario Vargas Llosa

Antes de leer

Continuidad de los parques

Sobre el autor

A pesar de vivir muchos años fuera de la Argentina, **Julio Cortázar** siempre se mostró interesado en la realidad sociopolítica de América Latina. En sus textos, representa al mundo como un gran laberinto del que el ser humano debería escapar. Cortázar nació en Bruselas, Bélgica, en 1914. Llegó a la Argentina cuando tenía cuatro años. En 1932 se graduó como maestro de escuela y comenzó sus estudios en la Universidad de Buenos Aires, los cuales no pudo terminar por motivos económicos. Desde 1951 hasta su muerte en 1984 vivió en París. Su obra, en la que se destacan (*stand out*) la novela *Rayuela* (1963) y libros de cuentos como *Historias de cronopios y de famas* (1962), se caracteriza por el uso magistral (*masterful*) del lenguaje y el juego constante entre la realidad y la fantasía. Por esta última característica se lo considera uno de los creadores del "realismo fantástico".

Vocabulario

acariciar *to caress*	**la coartada** *alibi*	**el repaso** *revision; review*
al alcance *within reach*	**la mejilla** *cheek*	**el/la testigo** *witness*
el arroyo *stream*	**el pecho** *chest*	**la trama** *plot*

Oraciones incompletas Completa las oraciones con la palabra apropiada.

1. Antes del examen hicimos un ___repaso___ .
2. La niña ___acarició___ la ___mejilla___ de su hermanito.
3. Decidimos acampar junto al ___arroyo___ .
4. El otro día fui ___testigo___ de un hecho extraordinario.

Conexión personal

¿Leíste alguna vez un libro tan interesante y fascinante que simplemente no lo podías dejar de leer? ¿Cuál? ¿Tuviste una experiencia similar con una película o serie de televisión?

Análisis literario: El realismo fantástico

Entretejer la ficción y la realidad se ha convertido en un recurso recurrente en la literatura latinoamericana. Este recurso es particularmente común en la obra de escritores argentinos como Jorge Luis Borges y Julio Cortázar. A diferencia del realismo mágico, que se caracteriza por mostrar lo maravilloso como normal, en el realismo fantástico se confunden realidad y fantasía, se presenta un hecho real y se le agrega un elemento ilusorio o fantástico sin nunca marcar claramente los límites entre uno y otro. Esto lleva a historias dentro de historias y el lector debe darse cuenta, o a veces elegir conscientemente, en qué historia está o qué está sucediendo. A medida que leas *Continuidad de los parques,* busca elementos del realismo fantástico.

Conexión personal
Ask additional questions to spark discussion. **¿Por qué es importante identificarse con los personajes de una novela o película? ¿Creen que las experiencias personales influyen en la manera en que una persona interpreta una historia? Expliquen sus respuestas.**

Análisis literario
• Discuss fantastic realism. **¿Cuáles son las dificultades al leer una historia de realismo fantástico?**
• Read aloud the quote on p. 240 and discuss. **¿Es verdad que la literatura siempre representa lo que querríamos ser? ¿Prefieren que la literatura sea idealista o pesimista? Expliquen sus respuestas.**

Preview Have students discuss the relationship between fantasy and reality and give examples from other literature or art.

Teaching option Point out that this story is an example of metafiction (p. 167), where the author makes references to the reading of fiction within the story itself. Ask students to consider this technique as they read.

Continuidad

Julio Cortázar

de los parques

^{country house}

^{agent}
^{butler}
^{sharecropping}

^{oak trees /
Settled}

^{velvet}

^{tearing off}

^{back (of chair
or sofa)}

^{dilemma}

^{the cabin in
the woods}

^{suspicious(ly)}

^{lash / branch}
^{staunched}

1 Había empezado a leer la novela unos días antes. La abandonó por negocios urgentes, volvió a abrirla cuando regresaba en tren a la finca°; se dejaba 5 interesar lentamente por la trama, por el dibujo de los personajes. Esa tarde, después de escribir una carta a su apoderado° y discutir con el mayordomo° una cuestión de aparcerías°, volvió al libro en la tranquilidad 10 del estudio que miraba hacia el parque de los robles°. Arrellanado° en su sillón favorito, de espaldas a la puerta que lo hubiera molestado como una irritante posibilidad de intrusiones, dejó que su mano izquierda acariciara una y 15 otra vez el terciopelo° verde y se puso a leer los últimos capítulos. Su memoria retenía sin esfuerzo los nombres y las imágenes de los protagonistas; la ilusión novelesca lo ganó casi enseguida. Gozaba del placer casi perverso 20 de irse desgajando° línea a línea de lo que lo rodeaba, y sentir a la vez que su cabeza descansaba cómodamente en el terciopelo del alto respaldo°, que los cigarrillos seguían al alcance de la mano, que más allá de los 25 ventanales danzaba el aire del atardecer bajo los robles. Palabra a palabra, absorbido por la sórdida disyuntiva° de los héroes, dejándose ir hacia las imágenes que se concertaban y adquirían color y movimiento, fue testigo del 30 último encuentro en la cabaña del monte°.

Primero entraba la mujer, recelosa°; ahora llegaba el amante, lastimada la cara por el chicotazo° de una rama°. Admirablemente restañaba° ella la sangre con sus besos, pero 35 él rechazaba sus caricias, no había venido para repetir las ceremonias de una pasión secreta, protegida por un mundo de hojas secas y senderos furtivos. El puñal° se entibiaba° contra su pecho y debajo latía° la libertad agazapada°. Un diálogo anhelante° corría 40 por las páginas como un arroyo de serpientes, y se sentía que todo estaba decidido desde siempre. Hasta esas caricias que enredaban° el cuerpo del amante como queriendo retenerlo y disuadirlo, dibujaban abominablemente 45 la figura de otro cuerpo que era necesario destruir. Nada había sido olvidado: coartadas, azares, posibles errores. A partir de esa hora cada instante tenía su empleo minuciosamente atribuido. El doble repaso despiadado° 50 se interrumpía apenas para que una mano acariciara una mejilla. Empezaba a anochecer.

Sin mirarse ya, atados rígidamente a la tarea que los esperaba, se separaron en la puerta de la cabaña. Ella debía seguir 55 por la senda° que iba al norte. Desde la senda opuesta él se volvió un instante para verla correr con el pelo suelto. Corrió a su vez, parapetándose° en los árboles y los setos°, hasta distinguir en la bruma malva 60 del crepúsculo° la alameda° que llevaba a la casa. Los perros no debían ladrar°, y no ladraron. El mayordomo no estaría a esa hora, y no estaba. Subió los tres peldaños° del porche y entró. Desde la sangre galopando° 65 en sus oídos le llegaban las palabras de la mujer: primero una sala azul, después una galería, una escalera alfombrada°. En lo alto, dos puertas. Nadie en la primera habitación, nadie en la segunda. La puerta del salón, 70 y entonces el puñal en la mano, la luz de los ventanales, el alto respaldo de un sillón de terciopelo verde, la cabeza del hombre en el sillón leyendo una novela. ∎

^{dagger /
was becoming
warm}

^{was beating}
^{crouched (in
wait) / yearning}

^{were entangling}

^{pitiless}

^{trail}

^{taking cover}
^{hedges}
^{twilight / cotton-
wood-lined path}
^{bark}

^{steps}
^{pounding}

^{carpeted}

Después de leer

Continuidad de los parques
Julio Cortázar

1 **Comprensión** Ordena de forma cronológica lo que sucede en el cuento.

    _2_ a. Sentado en su sillón de terciopelo verde, volvió al libro en la tranquilidad del estudio.

    _5_ b. Finalmente, ella se fue hacia el norte y él llegó hasta la casa del bosque.

    _1_ c. Un hombre regresó a su finca después de terminar unos negocios urgentes.

    _8_ d. Llegó hasta el salón y se dirigió hacia el hombre que, sentado en el sillón de terciopelo verde, estaba leyendo una novela.

    _6_ e. Ese día los perros no ladraron y el mayordomo no estaba.

    _3_ f. En la novela, una mujer y su amante se encontraban en una cabaña.

    _7_ g. Él subió los tres peldaños del porche y entró en la casa.

    _4_ h. Se habían reunido allí para terminar de planear un asesinato.

2 Ask students to look at their answers to item 4. Then, have them work in pairs to invent a backstory, describing a series of events that leads one or more of the characters to this particular night.

2 **Interpretación** Contesta las preguntas.

1. Según se deduce de sus costumbres, ¿cómo crees que es la personalidad del hombre que estaba sentado en el sillón? Explica con ejemplos del cuento.

2. ¿Quiénes se reúnen en la cabaña del monte y para qué?

3. ¿Por qué crees que el mayordomo no trabajaba ese día?

4. ¿Qué relación hay entre la pareja que se encuentra en la cabaña y el hombre que está leyendo la novela?

5. ¿Quién crees que es la víctima? Haz una lista de las claves que se presentan en el cuento.

6. ¿Cómo logra el escritor mantener la atención de sus lectores?

3 Before beginning the activity, ask: **¿Cuál es el punto de vista? ¿Quién narra la historia?**

3 **Análisis** En "Continuidad de los parques", Julio Cortázar mezcla la realidad con la ficción. En parejas, conversen sobre estas preguntas.

1. ¿Qué habría pasado si el hombre del sillón hubiera cerrado el libro antes?

2. Imaginen que la novela que está leyendo el hombre es de otro género: humor, romance, ciencia ficción, etc. ¿Cuál hubiera sido el final en ese caso? Escríbanlo y luego compártanlo con la clase.

3. Expliquen por qué creen que este cuento se titula "Continuidad de los parques".

4 Before students begin writing, have them reread the text and take notes on the adjectives used to describe the characters. Encourage them to recycle these words when writing their new ending.

4 **Un nuevo final** Escribe un párrafo que describa lo que sucede después del final del cuento. ¿Sobre cuál de las dos historias vas a escribir? ¿La historia del hombre que lee la novela o la segunda historia dentro de la primera?

SUPERSITE

Antes de leer

 connections cultures

Llamo a los poetas

Sobre el autor

El poeta español **Miguel Hernández** nació en Orihuela en 1910, en una familia humilde. Fue a la escuela hasta los quince años, ayudando al mismo tiempo a su padre con las labores del campo. Mientras cuidaba el ganado (*livestock*), leía todo cuanto podía, y así comenzó su interés por la poesía. En 1933 publicó *Perito en lunas*, su primer libro de poemas, y en 1936 se trasladó a Madrid donde conoció a Pablo Neruda y a los grandes poetas de la célebre Generación del 27, quienes lo introdujeron al surrealismo y a la poesía de contenido social. Ese año comenzó la Guerra Civil española. Hernández tomó partido (*took sides*) por la República de forma activa, combatió en el frente (*battle front*) y escribió poemas militantes como *Viento del pueblo*. Al terminar la guerra con la derrota (*defeat*) del lado republicano, y ya enfermo, Miguel Hernández fue encarcelado (*jailed*). Murió en prisión en 1942.

Vocabulario		
acallarse *to keep quiet*	**el brillo** *shine*	**postizo/a** *false*
agredir *to assault*	**cercano/a** *close*	**rozar** *to touch*
arraigar *to take root*	**la cosecha** *harvest*	**la semilla** *seed*

Vocabulario Completa las oraciones.

1. La protesta a favor de los derechos humanos debe continuar; no debe __acallarse__.
2. Cuando hay una tormenta, el árbol más __cercano__ a mi casa __roza__ la ventana de mi habitación.
3. El agricultor piensa plantar muchas __semillas__ para conseguir una buena __cosecha__.
4. Perdió tres dientes en un accidente. Por eso, ahora tiene dientes __postizos__.

Conexión personal

¿Con qué personas te identificas más? ¿En qué se basa la relación entre ustedes? Para ti, ¿es importante que las personas con quienes te relacionas compartan tus opiniones y creencias?

Análisis literario: La literatura comprometida

La literatura comprometida (*politically engaged*) nace más de una postura (*attitude*) ideológica que de un estilo propio. Latinoamérica y España comparten una larga tradición de escritores que se involucran (*become involved*) en los problemas sociales y políticos del momento, en vez de evadir (*evading*) la realidad con obras con un fin puramente artístico. Al combinar lo ético y lo estético, la literatura comprometida quiere abrir los ojos del lector, quiere provocarlo e incitarlo a la participación política. Cada artista lo hace de manera individual, pero muchos han optado por componer obras que premian (*favor*) la claridad de su mensaje por encima de la ambigüedad y complejidad literarias. Mientras lees el poema, piensa en por qué Miguel Hernández decide "llamar a los poetas". ¿Qué tipo de poesía les propone? ¿En qué sentido "Llamo a los poetas" es a la vez un homenaje (*tribute*) y una crítica de los poetas mencionados?

Sobre el autor Provide students with some basic background about the Spanish Civil War: **La Guerra Civil Española comenzó después de un intento fallido de golpe de estado por parte de un sector del ejército contra el gobierno republicano español. La guerra comenzó el 17 de julio de 1936 y finalizó el 1° de abril de 1939 con la victoria de los militares rebeldes, quienes instauraron un gobierno dictatorial bajo el mando del general Francisco Franco.**

Vocabulario
Word families:
**acallarse: callado/a
arraigar: la raíz
brillo: brillar, brillante
rozar: el roce**

Conexión personal Ask students: **¿Es importante para ti la política?** Discuss with students how their political views shape their relationships.

Análisis literario Ask students to think of English-language writers who might be considered authors of **literatura comprometida** or who have written socially-conscious literature. Ex: Henry David Thoreau, Kurt Vonnegut, Upton Sinclair, John Steinbeck, Toni Morrison.

Llamo *a los* poetas

Miguel Hernández

Jóvenes republicanos se manifiestan en las calles de Madrid, 1939.

CONTEXTO HISTÓRICO

Los poetas

En *"Llamo a los poetas"* (1939), **Miguel Hernández** menciona una lista de varios de los grandes poetas del siglo XX y de la Generación del 27. Algunos de ellos utilizan un lenguaje claro y simple para expresar sus ideas; otros se distancian del lenguaje hablado con una poesía más experimental.

The poets mentioned in this poem are all Spanish, except for Pablo Neruda, who is Chilean. The complete list is: Rafael Alberti, Vicente Aleixandre, Manuel Altolaguirre, Antonio Aparicio, Luis Cernuda, León Felipe, Federico García Lorca, Pedro Garfias, Antonio Machado, Pablo Neruda, Antonio Oliver Belmás, Emilio Prados, Juan Ramón Jiménez, Arturo Serrano Plaja.

1 Entre todos vosotros, con Vicente Aleixandre
  y con Pablo Neruda tomo silla en la tierra:
  tal vez porque he sentido su corazón cercano
  cerca de mí, casi rozando el mío.

profound 5 Con ellos me he sentido más arraigado y hondo°,
  y además menos solo. Ya vosotros sabéis
  lo solo que yo voy, por qué voy yo tan solo.
Walking   Andando° voy, tan solos yo y mi sombra.

  Alberti, Altolaguirre, Cernuda, Prados, Garfias,
10 Machado, Juan Ramón, León Felipe, Aparicio,
  Oliver, Plaja, hablemos de aquello a que aspiramos:
drive us crazy   por lo que enloquecemos° lentamente.

  Hablemos del trabajo, del amor sobre todo,
spider web/scorpion   donde la telaraña° y el alacrán° no habitan.
dealing with 15 Hoy quiero abandonarme tratando° con vosotros
  de la buena semilla de la tierra.

classroom   Dejemos el museo, la biblioteca, el aula°
  sin emoción, sin tierra, glacial, para otro tiempo.
will shiver   Ya sé que en esos sitios tiritará° mañana
frozen 20 mi corazón helado° en varios tomos.

Because Hernández is calling to his fellow poets to abandon the ivory tower and join him in the trenches, many of the poem's images contrast the refined and classical references of traditional poetry with political allusions to the working class and the earth. Have students find examples of each as they read the poem.

• Classical: **el museo, la biblioteca, el aula, el pavo real, la toga, la barba postiza, el pedestal**

• Political: **el trabajo, la semilla, la tierra, la bodega, la sangre, el trigo, la sal, la cigarra, el vino, la cosecha**

Lines 9 to 11: Most of these poets belong to the **Generación del 27**.

	Quitémonos el pavo real° y suficiente,
peacock	
crouching panther	la palabra con toga, la pantera de acechos°.
	Vamos a hablar del día, de la emoción del día.
	Abandonemos la solemnidad.

beard	25 Así: sin esa barba° postiza, ni esa cita
	que la insolencia pone bajo nuestra nariz,
	hablaremos unidos, comprendidos, sentados,
	de las cosas del mundo frente al hombre.
	Así descenderemos de nuestro pedestal,
	30 de nuestra pobre estatua. Y a cantar entraremos
wine cellar	a una bodega°, a un pecho, o al fondo de la tierra,
dusty	sin el brillo del lente polvoriento°.

	Ahí está Federico: sentémonos al pie
wound/spurt	de su herida°, debajo del chorro° asesinado,
	35 que quiero contener como si fuera mío,
jumps/fountains	y salta°, y no se acalla entre las fuentes°.

sowers of blood	Siempre fuimos nosotros sembradores de sangre°.
close to/wheat	Por eso nos sentimos semejantes° del trigo°.
we do not rest	No reposamos° nunca, y eso es lo que hace el sol,
	40 y la familia del enamorado.

	Siendo de esa familia, somos la sal del aire.
	Tan sensibles al clima como la misma sal,
spell	una racha° de otoño nos deja moribundos
footprint/buried	sobre la huella° de los sepultados°.

45 Eso sí: somos algo. Nuestros cinco sentidos

take root en todo arraigan°, piden posesión y locura.

We assault/cicada Agredimos° al tiempo con la feliz cigarra°,

we encourage con el terrestre sueño que alentamos°.

Hablemos, Federico, Vicente, Pablo, Antonio,

50 Luis, Juan Ramón, Emilio, Manolo, Rafael,

Arturo, Pedro, Juan, Antonio, León Felipe.

Hablemos sobre el vino y la cosecha.

reservoir Si queréis, nadaremos antes en esa alberca°,

longs to en ese mar que anhela° transparentar los cuerpos.

55 Veré si hablamos luego con la verdad del agua,

clears things up/lip que aclara° el labio° de los que han mentido. ∎

The photo includes the writers that participated in a ceremony organized by the Ateneo de Sevilla in 1927 to commemorate the 300th anniversary of Luis de Góngora's death.

Generación del 27 - De izquierda a derecha:
Alberti, García Lorca, Chabás, Bacarisse,
J. M. Platero, B. Garzón, J. Guillén,
J. Gergamín, D. Alonso y G. Diego.

Después de leer

Llamo a los poetas
Miguel Hernández

(1) Comprensión Indica si las oraciones son **ciertas** o **falsas**. Corrige las falsas.

1. Hernández se identifica especialmente con Neruda y Aleixandre.
   Cierto.
2. No le interesa discutir las ideas con otros poetas.
   Falso. El poema es un llamamiento a la unión en la lucha por sus ideales.
3. Hernández sugiere que los poetas hablen de su trabajo.
   Cierto.
4. El poema critica una poesía adornada y distanciada de la realidad.
   Cierto.
5. Para el autor, los poetas siempre han sido sensibles a lo que observan.
   Cierto.
6. Según "Llamo a los poetas", es inapropiado usar los cinco sentidos en la poesía.
   Falso. Explica que los cinco sentidos "en todo arraigan".

② Ask additional **Interpretación** questions connecting the poem with the historical context:

• ¿**Creen que influye la Guerra Civil española sobre los pensamientos que expresa el autor en este poema? ¿De qué manera?**

• ¿**Dónde se menciona el fusilamiento** (execution) **de Lorca, un evento que conmovió a toda España? ¿Hay más imágenes violentas?**

• ¿**Existen momentos históricos en los que el contexto social puede —¿o debe?—tener un efecto en la literatura? Den ejemplos.**

(2) Interpretación Contesta las preguntas con oraciones completas.

1. En "Llamo a los poetas", Hernández expresa sus ideas sobre la poesía. ¿Cómo indica su preferencia por una temática cotidiana? ¿Qué sugiere al decir "tomo silla en la tierra"?

2. ¿Cómo expresa el estilo de poesía que no le gusta? ¿Qué actividades hacen los escritores en bibliotecas y museos? ¿Por qué insiste Miguel Hernández que los poetas abandonen estos lugares?

3. ¿Cómo es un pavo real? ¿Por qué es un ejemplo negativo de estilo para Hernández? ¿Qué más sugiere Hernández que se quiten los poetas?

4. Según "Llamo a los poetas", ¿de qué temas debe hablar la poesía? ¿En qué versos se refiere el poema explícitamente a esta cuestión?

(3) Análisis En parejas, contesten las preguntas.

1. Según lo que han leído en "Llamo a los poetas", ¿en qué se diferencian las obras de Alberti y Neruda de las de los otros poetas?

2. ¿Hasta qué punto aprecia Miguel Hérnandez a los poetas que menciona en la larga lista? ¿Tiene una opinión más positiva o negativa de ellos?

3. ¿Qué indica el poeta con los versos: "Así descenderemos de nuestro pedestal/ de nuestra pobre estatua"? ¿A quién se debe, según él, dirigir la poesía?

4. El poema sugiere que en cuanto los poetas se bajen del pedestal, entrarán a cantar en varios lugares. ¿Qué lugares son? ¿Cuál es el significado de esta afirmación?

5. En su opinión, ¿usa el autor un lenguaje con imágenes poéticas difíciles de comprender? ¿Se entiende de forma clara el mensaje que ofrece? ¿Cómo se relacionan el tema y el estilo del poema?

Teaching option Have groups of students read other poems by **Generación del 27** poets that were written during the war or deal with the war. How do they compare with Hernández's poem?

(4) La guerra de los poetas Elige uno de los poetas que menciona Miguel Hernández en "Llamo a los poetas" e investiga cuál fue su participación en la Guerra Civil española. Escribe una breve reseña biográfica.

• ¿Combatió en el frente?   • ¿Se quedó en España o se refugió en el exilio?

• ¿Escribió poesía comprometida?   • ¿Pagó algún precio por su posición política?

Taller de escritura

Preparación: Tipos de ensayo

Al escribir un ensayo debes tomar en cuenta tu público y tu intención, ya que de eso dependen la estructura y el tipo de lenguaje que puedes utilizar. En las lecciones anteriores, te has enfocado en el ensayo argumentativo, que tiene como propósito defender una tesis original con argumentos. Existen también otros tipos de ensayos, por ejemplo:

- **Informativo** La intención es explicar un tema. Lo esencial es ser objetivo y no presentar una opinión personal. Debes proveer la información y el contexto necesario para que el lector comprenda con plena claridad.

- **Persuasivo** A diferencia de un ensayo argumentativo, el fin no es defender una tesis original sino convencer al lector para que tome una posición sobre una controversia o tema conocido. Debes presentar argumentos a favor y en contra y demostrar que tu posición es la correcta.

- **Narrativo** La intención es contar una historia o evento. Debes usar una secuencia lógica que describa el suceso de comienzo a fin.

Nunca olvides las dos preguntas clave: ¿A quién le escribes? ¿Con qué intención?

Práctica En parejas, escriban tres o cuatro oraciones informativas, persuasivas y narrativas a partir de esta oración tema: "Aprender español es difícil, pero importante". Indiquen en cada caso qué tipo de oración es.

Ensayo Elige uno de estos temas y escribe un ensayo.

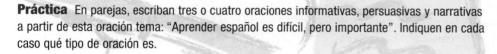

> ### Requisitos
>
> - Tu ensayo debe hacer referencia a por lo menos dos de las cuatro obras estudiadas en esta lección (cultura, cortometraje, dos obras literarias) o, en el caso del último tema, una de las obras puede ser de una lección anterior.
> - Tu ensayo debe ser de por lo menos dos páginas.

- El arte puede representar la realidad que nos rodea o hechos fantásticos. ¿Cómo emplean o rechazan la fantasía las obras de esta lección? ¿Es la fantasía un escape o un espejo de la realidad? ¿Es importante que el arte sea "realista"?

- En general pensamos en el arte como algo bueno. Sin embargo, en algunas de estas obras, el arte tiene un lado oscuro. ¿Por qué crees que un artista criticaría el arte? ¿Es necesario, como sugiere Hernández, dejar de ser "artista" para ser una persona común?

- *Las viandas* y *Continuidad de los parques* son historias cautivantes. ¿Cuáles son las técnicas y características de una historia atrapante? Puedes hablar de la estructura, el lenguaje, los personajes o cualquier otro elemento que te haya gustado.

- La metaficción está presente como recurso en varias de las obras literarias estudiadas hasta ahora. ¿Qué obras presentan recursos metaficcionales? ¿Qué efecto tienen estos recursos sobre el lector?

Preparación Brainstorm with students the different kinds of informative, narrative and persuasive essays they might encounter. Ex:

- how-to essays vs. descriptive essays about a topic

- dramatic narratives vs. humorous anecdotes

- advertising space on newspapers that looks like an article vs. an editorial on a political issue.

Ensayo If time permits, preview some of these topics by initiating a brief class discussion.

- For the first topic, have students give an example of a famous work of art that is reality-based, such as the "Las Meninas" by Velázquez, and another that is fantastical, such as "The Persistence of Memory" by Dalí, and compare their relative societal value.

- For the second topic, ask: **¿Creen que el arte tiene un valor intrínseco o creen que es necesario que las obras de arte se relacionen con la realidad de una manera concreta?**

- For the third topic, have students summarize briefly the two narratives and identify their similarities and weaknesses.

- For the fourth topic, remind students of the definition of metafiction (p. 167) and have them supply examples of works that employ this technique.

Abriendo ventanas

Un creador hispano

Part A: After group members answer these questions, tally the results as a class to see who the most popular artists, writers, and musicians are.

Presentación Trabajen en grupos de cuatro o cinco.

A. Intereses artísticos Contesten las preguntas.

1. ¿Les gusta visitar museos de arte? ¿Qué museos han visitado?
2. ¿Qué tipo de literatura prefieren leer?
3. ¿Qué tipo de música prefieren escuchar? ¿Por qué?
4. ¿Quiénes son sus artistas y escritores favoritos?
5. ¿Es importante conocer la biografía y el contexto de un artista para entender su obra?
6. ¿Leen críticas o reseñas antes de elegir un libro o una película?

B. Preferencias En forma individual, ordenen estos diez géneros del 1 al 10. Un 1 significa "mi preferido" y un 10 significa "el que menos me interesa". Luego comparen sus respuestas con el resto del grupo. ¿Hay coincidencias? ¿Qué factores determinan los géneros artísticos preferidos de una persona?

____ ballet	____ cine independiente	____ escultura	____ música popular	____ pintura
____ cine comercial	____ diseño	____ literatura	____ ópera	____ teatro

Part C: To facilitate this task, divide students into three groups. Have them go through the text and write down the names of the different writers, artists, and filmmakers included in it. Then have groups share their lists with the rest of the class.

C. En **VENTANAS** se presentan muchas obras artísticas y literarias. Elijan sus cinco o seis obras preferidas del libro (obras literarias, cortometrajes y pintura). ¿Por qué las han elegido? ¿Sobre cuáles de los artistas o autores les gustaría aprender más? ¿O prefieren aprender más sobre algún artista mencionado en una obra estudiada?

D. Van a preparar una presentación sobre un(a) artista famoso/a que aparece en el libro de texto o se menciona en alguna obra del libro.

Elección del tema

Repasen las respuestas de las partes A, B y C. ¿Qué artista les interesa más o les despierta más curiosidad?

Preparación

Relean la información que aparece en el libro de texto sobre el artista elegido y úsenla como guía para hacer una investigación por Internet: ¿qué palabras clave pueden usar en un buscador? También pueden buscar materiales sobre el artista en la biblioteca. La presentación debe incluir como mínimo:
- datos biográficos
- razones para elegirlo
- contexto histórico
- influencias
- obras principales
- opiniones de críticos
- detalles sobre una obra en particular

Estrategia de comunicación

Cómo hablar de arte

- No habríamos elegido a este/a artista si su obra no fuera...
- Se hizo famoso/a gracias a...
- Uno de los rasgos que caracteriza a este/a artista es....
- A veces, los temas que trata son...
- En esta obra podemos ver ciertos rasgos del movimiento cubista/surrealista/indigenista...
- Actualmente, sus obras...

Organización

Organicen la presentación en un esquema que resuma los puntos principales. La presentación deberá durar unos diez minutos. Decidan qué parte(s) presentará cada uno/a. Recuerden que todos los integrantes del grupo deben participar.

Presentación

Usen el esquema como guía para la presentación. Recuerden que deben hablar a la clase y no leer una presentación escrita. Después de la presentación, contesten las preguntas de sus compañeros/as.

Estrategia de comunicación Some additional vocabulary for talking about art, movies and literature:
- Verbs: **demostrar, ilustrar, representar, servir para, simbolizar, tratar**
- Nouns: **la escena, el fondo, la trama, el clímax, el desenlace, la representación, el símbolo**
- Adjectives: **artístico, dramático, entretenido, modernista, posmodernista, realista, simbólico**

Point out additional vocabulary to talk about literature on p. 315.

Teaching option Have students write an essay about one or a few of the aspects of art discussed in this lesson.

 Tertulia

La importancia del arte

1. La clase se divide en cinco grupos. Cada uno tiene que pensar y anotar sus ideas sobre uno de estos temas.

Todos los estudiantes deben tomar clases de arte.

El arte es para los ricos.

Muchos artistas no son más que bohemios perezosos.

La literatura enseña más sobre una cultura que un libro de historia o una enciclopedia.

Los libros buenos no venden mucho.

2. (10 min.) Cada grupo tiene que preparar una breve presentación con sus opiniones sobre el tema elegido. En el caso de que no todos opinen lo mismo, mencionen todas las opiniones de los integrantes del grupo.

3. (25 min.) Los diferentes grupos presentan sus opiniones a la clase, mientras todos toman nota.

4. (10 min.) Cuando todos los grupos han terminado de presentar sus ideas, toda la clase debe participar haciendo preguntas o expresando sus opiniones.

La política y la religión (11)

Tercer Mundo, 1966.
Wifredo Lam, Cuba.

"Las fronteras políticas son para los
nómadas una forma de locura."

— Rafael Argullol

Antes de leer

INSTRUCTIONAL RESOURCES
Supersite

Vocabulario

el altiplano *high plateau*	**marítimo/a** *maritime*
árido/a *arid*	**la pérdida** *loss*
ceder *to give up*	**reclamar** *to claim; to demand*
el límite *border*	**el territorio** *territory*

El Salar de Uyuni Completa el párrafo.

El Salar de Uyuni, uno de los lugares más impresionantes de Bolivia, se encuentra a una altura de 3.650 metros (11.975 pies) en un (1) __altiplano__ en el suroeste de Bolivia, no muy lejos del (2) __límite__ con Chile. Es un lugar (3) __árido__, de poca lluvia, donde se secó un lago prehistórico. Este (4) __territorio__ tan blanco impresiona a los turistas porque parece nieve. El Salar de Uyuni es un desierto de sal, en vez de arena.

Conexión personal ¿Has perdido alguna vez una cosa que significaba muchísimo para ti? Explica lo que ocurrió y cómo reaccionaste.

Contexto cultural

El **Desierto de Atacama** está ubicado en un altiplano al borde del océano Pacífico. Es uno de los desiertos más áridos del mundo: sólo recibe tres milímetros de lluvia al año. El paisaje de Atacama es tan impresionante y peculiar que la revista estadounidense *Science* lo ha comparado con el planeta Marte. Parece vacío (*empty*), pero Atacama es muy rico en algunos minerales que dependen de la sequía. En el siglo XIX se descubrió que en el territorio había abundante salitre y guano. El salitre (o nitrato de sodio) es un tipo de sal y el guano (del quechua *wanu*) consiste en excrementos de pájaros marinos y murciélagos (*bats*). El valor principal de los dos es como ingredientes para fertilizantes y explosivos. Estos recursos naturales, tan atractivos por su precio en el mercado internacional de la época, hicieron del desierto un oasis económico.

Conexión personal Ask students to explain how the object was significant to them. Ask: **¿Fue algo que te costó mucho dinero? ¿Era posible reemplazarlo? ¿Cuáles fueron las consecuencias de esta pérdida?**

Contexto cultural Discuss students' travels. Ex: **¿Alguna vez han visitado un desierto o una tundra? ¿Dónde está ubicado/a? ¿Cómo es?**

Preview Point out Bolivia on a map. Ask students to read the title aloud and predict the content of the article.

Cómo Bolivia perdió su mar

Mapa antiguo de Bolivia.

Lago Titicaca, Bolivia.

1   Hay países que se asocian indiscutiblemente° con un paisaje natural.   *indisputably*
Algunos son Nepal con las montañas blancas del Himalaya, Arabia
Saudita con el desierto, y Bolivia con... ¿el mar? Así debería ser,
piensan muchos bolivianos con nostalgia y mucho anhelo° desde   *longing*
5   que Bolivia —durante la Guerra del Pacífico (1879)— cedió a
Chile el Desierto de Atacama con su costa, el único acceso al
océano que tenían los bolivianos.

didn't arise

La guerra no surgió° por el acceso al mar, sino por cuestiones económicas y por
10 el control de los depósitos de minerales en el Desierto de Atacama. Sin embargo, es la desaparición de la salida al mar lo que ha dejado

scar

una cicatriz° profunda. Cuenta el escritor peruano Mario Vargas Llosa, quien vivió de
15 niño en la ciudad boliviana de Cochabamba, que todas las semanas los estudiantes de su escuela cantaban un himno reclamando el mar. Muchos bolivianos siguen sin aceptar la pérdida de hace más de cien años. Se
20 sienten mutilados porque se creen legítimamente un país marítimo. Así lo había decidido su fundador, Simón Bolívar, al fijar los límites del
25 país en 1825.

Al establecer las fronteras de Bolivia, Bolívar incluyó parte del Desierto de Atacama que llegaba hasta
30 al mar. Chile tenía ya el control económico de la región y, a pesar de los deseos de Bolívar, lo siguió manteniendo. Cuando se descubrieron los ricos recursos naturales del Desierto de Atacama, Chile comenzó

work; drill 35 a explotar° las minas de salitre y guano. La tensión sobre las exportaciones chilenas y los impuestos que Bolivia quería cobrar por la extracción de estos productos provocó un conflicto inevitable en 1878.
40 Las fuerzas armadas de Bolivia —a pesar de

> **Se sienten mutilados porque se creen legítimamente un país marítimo. Así lo había decidido su fundador, Simón Bolívar...**

La batalla de Arica

La batalla de Arica de 1880 fue una de las más duras para los dos bandos. Las tropas chilenas subieron a una colina escarpada (*steep hill*), el Morro de Arica, para atacar al enemigo que esperaba. Los dos lados perdieron muchas vidas, incluyendo un coronel peruano que se tiró al mar desde un acantilado (*cliff*) con su caballo en un intento fallido (*failed*) de engañar a las tropas chilenas, invitándolas a caer al Pacífico.

---

la ayuda de su aliado, el Perú— no pudieron contender ni en tierra ni en mar con la moderna armada° chilena. La guerra terminó   navy
en 1883 con la concesión°   granting
de varios territorios a Chile. 45 En 1904, Bolivia abandonó permanentemente el control del Desierto de Atacama, con sus depósitos de minerales y su única salida al Pacífico. A 50 cambio, Chile construyó un ferrocarril° para que Bolivia   railroad
tuviera acceso al mar.

No obstante, Bolivia no dio por finalizada la cuestión°. En el centenario de 2004, el 55   did not think that the matter was over
presidente Carlos Mesa pidió de nuevo el acceso marítimo durante una reunión en la Cumbre de las Américas. Aunque le fue negado en aquella ocasión, en julio de 2006 los dos países decidieron reanudar las 60 negociaciones°. Sea cual sea el resultado   to resume talks
de las negociaciones, algo está claro: los bolivianos quieren su mar y su costa, no un viaje en tren. ∎

¿Una armada en Bolivia?

A pesar de su distancia al Pacífico, Bolivia mantiene una armada desde 1963 a la espera del día en que vuelvan a tener salida al mar. La Fuerza Naval Boliviana cuenta con doscientas embarcaciones (*boats*) y un buque de guerra (*warship*). Se entrena en el agua dulce del inmenso lago Titicaca.

Teaching option As students read, call attention to uses of **se** and the passive voice. Ex: **Cuando se descubrieron...** (line 33); **Aunque le fue negado...** (line 58).

Después de leer

Cómo Bolivia perdió su mar

Give students these additional true/false items: **7. Cuando Simón Bolívar estableció sus planes para las fronteras de Bolivia, había incluido acceso al mar. (Cierto.) 8. En 2006 Bolivia recuperó la costa y el acceso directo al Pacífico. (Falso.) 9. Nadie murió en la batalla de Arica. (Falso.) 10. La armada boliviana hoy en día entrena en el lago Titicaca. (Cierto.)**

1 **Comprensión** Indica si las oraciones son **ciertas** o **falsas**. Corrige las falsas.

1. No hay ningún recurso natural de valor en el Desierto de Atacama. Falso. Hay abundante salitre y guano, ingredientes de fertilizantes y explosivos.

2. Bolivia no ha tenido nunca acceso al mar. Falso. Perdió la salida al mar durante la Guerra del Pacífico.

3. La causa de la guerra fue el conflicto económico relacionado con el control de los depósitos de minerales. Cierto.

4. La armada chilena era más potente que las fuerzas de Bolivia y su aliado (*ally*), el Perú. Cierto.

5. Después de la guerra, Bolivia construyó un ferrocarril para tener acceso al mar. Falso. Chile construyó el ferrocarril para que Bolivia tuviera acceso al mar.

6. Bolivia ya no tiene armada. Falso. Mantiene una armada desde 1963.

2 **Interpretación** Contesta las preguntas con oraciones completas.

1. ¿Qué valor tenía el Desierto de Atacama para Chile? ¿Y para Bolivia?

2. ¿Por qué sienten muchos ciudadanos que Bolivia es legítimamente un país marítimo? ¿Crees que tienen razón?

3. ¿De qué maneras muestran algunos bolivianos su deseo de volver a tener salida al mar?

4. ¿Crees que es importante tener salida directa al mar? ¿Por qué?

5. ¿Ha traído el ferrocarril tranquilidad a los bolivianos?

3 Before pairs begin their debate, assign roles and give individual students ten minutes to organize their ideas.

3 **Debate** En parejas, imaginen que representan los intereses de Bolivia y de Chile en la Cumbre (*summit*) de las Américas. Los dos países son conscientes de la disputa histórica entre ellos, pero están abiertos a la negociación. Chile necesita gas y Bolivia tiene gas en abundancia. Organicen un debate entre el/la representante de Bolivia y el/la representante de Chile.

4 For expansion, have students choose a keynote speaker for the event and write a short speech from that person's point of view. Call on volunteers to read their speeches aloud to the class.

4 **Festejos** En parejas, imaginen que las negociaciones con Chile tienen éxito y Bolivia recupera su terreno perdido y su acceso al mar. Ustedes son responsables de organizar una celebración. ¿Cómo y dónde sería la fiesta? ¿A quiénes invitarían? ¿Qué eventos organizarían?

5 **Opiniones** Imagina que recientemente los periódicos han publicado artículos sobre las negociaciones entre Chile y Bolivia sobre una salida al Pacífico para Bolivia. Elige una de las dos situaciones y escribe una carta a un periódico dando tu opinión.

1. Eres boliviano/a pero crees que, como Bolivia perdió la guerra, ya no tiene derecho a la salida al mar. En tu opinión, el resultado de la guerra quitó validez a la vieja distribución de tierras de Simón Bolívar, y Chile es el dueño legítimo del Desierto de Atacama.

2. Eres chileno/a pero crees que Chile está usurpando tierras que no le corresponden. Crees que la decisión de Simón Bolívar debe respetarse y que parte del Desierto de Atacama, con salida al mar, debe pertenecer a Bolivia.

Opiniones

① Give students some background information about border conflicts in the Spanish-speaking world. For example, some recent and ongoing disputes include: Honduras/El Salvador, Guatemala/Belize, Argentina/Britain.

① Conversación En parejas, contesten las preguntas.

1. Además de lo que leyeron sobre Bolivia y Chile, ¿qué otros conflictos limítrofes entre países conocen? ¿Conocen casos de países que hayan tenido cambios en sus fronteras en los últimos cien o doscientos años?

2. ¿Cómo deben resolverse los conflictos limítrofes entre países?

3. Costa Rica no tiene fuerzas armadas, por lo que no podría resolver conflictos por la vía militar. ¿Qué opinan de esto?

4. Varios países de América Latina tienen banderas similares, por ejemplo El Salvador y Nicaragua. ¿A qué creen que se debe esto?

5. Lean algunas reglas comunes relacionadas con las elecciones en algunos países hispanoamericanos. ¿Están de acuerdo con ellas? ¿Por qué? ¿Existen reglas similares en su país?

Frontera México - EE.UU.

Hasta 1824

Desde 1864

Territorio disputado

Mapa del conflicto limítrofe entre Estados Unidos y México

Voto obligatorio—En algunos países, por ejemplo Costa Rica, es obligatorio votar.

Veda electoral—En algunos países, como Ecuador, rige una veda (*a restriction is in force*) electoral: desde unos días antes de las elecciones, los políticos y los medios de comunicación deben abstenerse de hablar de política.

Requisitos para ser presidente—Todos los países tienen requisitos específicos para ser presidente. Ejemplos: en México, el presidente debe ser hijo de madre o padre mexicano; en Chile y Guatemala, el presidente debe ser mayor de cuarenta años.

② Por escrito Elige una de estas opciones y escribe una composición de una página.

• ¿Crees que comprar tierras a otro país es una buena opción para evitar conflictos limítrofes y guerras? ¿Por qué?

• ¿Crees que en tu país el voto debe ser obligatorio? Escribe un breve editorial para el periódico estudiantil explicando tu posición.

② For the first topic, have students research some places around the world where this was done. The two U.S. purchases were the purchase of the Louisiana Territory in 1803 from the French and the purchase of Alaska in 1867 from Russia.

② For the second topic, tell students who take the pro position that they should take into account what kinds of fines or other punishments would be levied on those who do not vote. Suggest to those who take the con position they include information about voter participation over the last 50 years.

Teaching option Use the **En detalle** and **Perfil** articles in **Ventanas Lengua Lección 8** (pp. 220–221) and newspaper clippings as a springboard for discussing the current political and economic climate in Venezuela. Discuss the ramifications of the nationalization of the oil industry (PVSA), the national strike of 2002–2003, and the close political ties between Hugo Chávez and Fidel Castro.

El rincón de **Venezuela**

THE VENEZUELAN CORNER

CINEMATOGRAPHY ANTOINE VIVAS DENISOV EDITING ELIZABETH ANWAR / REYTHER ORTEGA
SOUND AND MIXING STEFANO GRAMITTO ORIGINAL MUSIC MAURICIO ARCAS PRODUCER KATE GILROY
PRODUCTION DESIGN FREDERICA NASCIMENTO WARDROBES KRISANA PALMA
STARRING AMINTA DE LARA, JABBO DE MOZOS, KRIS PAREDES, ROLANDO J. VARGAS

WRITTEN AND DIRECTED BY REYTHER ORTEGA

CNAC
Centro Nacional Autónomo de Cinematografía

reytherortega@aol.com

*Venezuela / USA 2005
Fiction. 19 min. Color. 35mm.
Spanish with English Subtitles*

Antes de ver el corto

EL RINCÓN DE VENEZUELA

país Venezuela/EE.UU.

duración 19 minutos

directora Reyther Ortega

protagonistas Gloria (madre), Alberto (padre), Rosario (hija), Mingo (empleado)

INSTRUCTIONAL RESOURCES
Supersite/DVD: Film Collection
Supersite: Script & Translation

Vocabulario

la arepa *cornmeal cake*
asaltar *to rob*
el consulado *consulate*
la embajada *embassy*
la firma *signature*

el panfleto *pamphlet*
el rincón *corner; nook*
el secuestro *kidnapping*
subsistir *to survive*
útil *useful*

Variación léxica
el panfleto ⟷ el folleto
Explain that **el panfleto** usually refers to political flyers while **el folleto** refers to commercial and informational brochures.

(1) **Definiciones** Escribe la palabra apropiada para cada definición.

1. un delito (*crime*) en el que se retiene a alguien contra su voluntad ____secuestro____
2. oficina que representa a un país en un país extranjero __embajada/consulado__
3. papel publicitario con contenido político ____panfleto____
4. comida típica venezolana ____arepa____
5. nombre de una persona que se pone en los documentos para que éstos tengan valor oficial ____firma____

(1) For additional practice, have students create definitions for the remaining words.

(2) **Preguntas** En parejas, contesten las preguntas.

1. ¿Hablas de política con tus amigos/as o con tu familia? ¿De qué asuntos hablan? ¿Por qué?
2. ¿Piensas que es posible ser amigo/a de alguien que tiene diferente ideología política? ¿Tienes algún amigo/a que tenga otra ideología?
3. ¿Crees que es importante participar en movimientos políticos? ¿Por qué?
4. ¿Te irías de tu país si la situación política fuera muy difícil o conflictiva? Explica tu respuesta.

(2) Continue the discussion by asking additional questions. Ex: **¿Crees que otros países tienen una percepción objetiva de la política de tu país? ¿Crees que la prensa nacional e internacional influye en esto? ¿De qué manera?**

(3) **¿Qué sucederá?** En parejas, miren el fotograma del cortometraje e imaginen lo que va a ocurrir en la historia. Compartan sus ideas con la clase.

(3) Ask students: **¿Qué tono tendrá el cortometraje (humorístico, dramático)? ¿Tendrá un final feliz?**

SUPERSITE Watch the short film at ventanas.vhlcentral.com.

Escenas

ARGUMENTO La difícil situación política venezolana lleva a una familia a empezar una nueva vida en Nueva York. Allí tienen que luchar para sacar adelante su restaurante y adaptarse a las nuevas circunstancias.

Synopsis A Venezuelan family emigrates to New York and opens a restaurant. Worried that their business is failing, they decide to use U.S. business strategies to attract new customers. Meanwhile, their daughter feels caught between two cultures and strives to express her own ideology. Will they succeed as a family and as a business? Will they ever really leave Venezuela behind?

Preview

• Ask students to share what they know about the current political situation in Venezuela. Explain that the Venezuelan leader referenced in this film, Hugo Chávez, is a controversial figure who draws incredibly strong reactions from both his supporters and detractors. Many recent Venezuelan immigrants have come to the U.S. in protest of his policies.

• Ask students to imagine they own a restaurant in New York. Ask: **¿Qué harían para promocionar su restaurante al público? ¿Han ido a restaurantes de comida típica de otros países? Describan la experiencia (la comida, la decoración, el ambiente, los demás comensales).**

GLORIA Mi amor, ¿y si nosotros vendemos esto y nos vamos para Venezuela?
ALBERTO ¿A qué vamos a regresar? ¿Para que nos vuelvan a asaltar? Toda la gente está tratando de irse.
ROSARIO Hay otro grupo de gente que está tratando de hacer algo útil por el país.

GLORIA Yo creo que ella tiene razón, ¿sabes? Nosotros somos como las arepas de tofu esas que yo estoy haciendo: queriendo ser lo que no somos. Ay, caramba, chico, francamente ¿habrá sido buena idea venirnos para acá? Aquí nadie nos conoce. Lo dejamos todo... ¡la familia!

GLORIA El dinero que teníamos en Caracas no existe más. Se lo presté a mi prima Chela cuando la botaron° de PVSA. Como no tenía prestaciones ni seguro, no tenía como para el colegio de los muchachos ni el alquiler tampoco. Como es obvio, pues no tiene cómo pagarnos.

GLORIA Aquí lo que hay que hacer es pensar cómo es que vamos a sacar este restaurante adelante, ¡y todos!
ALBERTO Pero que quede bien claro que yo no regreso al país hasta que esos imbéciles se vayan de allí, se vayan del gobierno.

MANIFESTANTES ¡Referéndum!
GLORIA Tenemos un restaurante venezolano. Tenemos arepas, cachapas°...
MANIFESTANTE Señora, ¿usted ya firmó para el nuevo referéndum? Mire que están diciendo que las firmas anteriores son ilegales.

CLIENTE ¿Qué hacen los chavistas° por aquí?
ALBERTO Gloria, ¿tú no habrás invitado a esta gente?
GLORIA Bueno, mi amor, nosotros mandamos invitación, *email*.

cachapas *cornmeal pancakes* botaron *laid (her) off* chavistas *Chávez supporters*

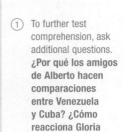

Después de ver el corto

(1) Comprensión Contesta las preguntas con oraciones completas.

1. ¿Qué tipo de comida se sirve en el restaurante? Se sirve comida venezolana.

2. ¿Cuándo dice Alberto que regresará a Venezuela? Alberto dice que regresará a Venezuela cuando los que están ahora abandonen el gobierno.

3. ¿Qué contesta Rosario cuando su padre dice que toda la gente se quiere ir de Venezuela? Rosario dice que hay gente en Venezuela que quiere hacer algo útil y no huir.

4. ¿Con quién quiere salir Rosario por la noche? Rosario quiere salir con Mingo, el empleado del restaurante.

5. ¿Para qué va Gloria a la manifestación? Gloria va a la manifestación para hacer publicidad para el restaurante.

6. ¿Qué pide la gente que está en la manifestación? La gente que está en la manifestación pide un nuevo referéndum para Venezuela.

7. Después de unos días, ¿qué le dice Gloria a su hija sobre su amistad con Mingo? Le dice que está bien que salga con él, que Mingo no es menos que ellos.

8. ¿Por qué se enojan algunos clientes del restaurante al final del corto? Algunos clientes se enojan cuando entran unos seguidores de Chávez.

(2) Ampliación Contesta las preguntas con oraciones completas.

1. ¿Qué temas se tratan en *El Rincón de Venezuela*?

2. ¿Por qué se fue la familia de Venezuela?

3. ¿Por qué habla Gloria del *American Way of Management*? ¿En qué consiste?

4. ¿Crees que tendrían éxito las arepas de tofu? ¿Por qué?

5. ¿Por qué se opone Gloria al principio a que su hija salga con Mingo? ¿Por qué cambia luego de opinión?

(3) Escenas

A. En parejas, describan lo que ocurre en estas dos escenas del corto. ¿Sobre qué están hablando los personajes? Luego, improvisen la conversación entre ellos.

B. Elijan una de las escenas e imaginen qué sucederá con los dos personajes después del final del corto. Compartan su historia con la clase.

(4) ¡Ni un paso atrás! En parejas, imaginen que son enemigos políticos. Uno/a de ustedes tiene que plantear uno de los temas políticos de la lista desde el punto de vista de la oposición y la otra persona tiene que defender la postura del gobierno. Preparen tres o cuatro argumentos desde su punto de vista y después presenten su debate delante de la clase.

- impuestos
- llamamiento a filas (*draft*)
- política internacional
- servicios sociales

(1) To further test comprehension, ask additional questions. **¿Por qué los amigos de Alberto hacen comparaciones entre Venezuela y Cuba? ¿Cómo reacciona Gloria cuando Rosario dice que sale con Mingo?**

(2) For item 1, call on volunteers to list the different themes from the film on the board. Refer to these themes as you guide class discussion.

(2) Ask heritage speakers or other bicultural students if they identified with any elements of the film.

(3) For slower-paced classes, replay the corresponding scenes from the film.

(4) Before beginning the activity, brainstorm additional political issues to debate.

Teaching option Have students work in small groups to write an alternate ending for the film. Encourage them to consider all of the main characters and how they interact with the restaurant clientele. Ask group representatives to share their new endings with the class.

INSTRUCTIONAL RESOURCES
Supersite: Literatura recording

San Antonio de Oriente, 1957.
José Antonio Velásquez, Honduras.

"Yo no sé si Dios existe, pero si existe, sé que no le va a molestar mi duda."

— Mario Benedetti

Antes de leer

Los emigrantes

Sobre la autora

Marjorie Agosín (1955) nació en Maryland y se crió en Chile. Tras el golpe de estado ocurrido en Chile en 1972, la familia decidió radicarse (*settle*) en los Estados Unidos. En la actualidad es profesora de español y de literatura latinoamericana en Wellesley College. Su obra, escrita en español y en inglés, es muy amplia y comprende libros de poesía y de ficción, ensayos literarios, ediciones de antologías literarias y artículos de prensa. La familia, el judaísmo, los textos autobiográficos, el papel de la mujer, los derechos humanos, el compromiso social y la literatura latinoamericana son temas centrales de su trabajo. Agosín ha ganado varios premios literarios, como el Letras de Oro de poesía en 1995, en reconocimiento por su importante labor en el desarrollo (*growth*) del idioma español en los Estados Unidos. En 2007, recibió el Latino Book Award por su libro *El ángel de la memoria*.

Vocabulario

ajeno/a *belonging to others*	**errar** *to wander*	**la lejanía** *distance*
cruzar *to cross*	**el hospedaje** *lodging*	**las pertenencias** *belongings*
el desencanto *disenchantment*	**la huida** *flight*	**la sospecha** *suspicion*

Vocabulario Completa las oraciones.

1. Marcos dejó atrás todas sus ___pertenencias___ para ___cruzar___ la frontera de México.
2. Se debe enseñar a los niños a respetar las cosas ___ajenas___.
3. Las montañas se veían cada vez más pequeñas en la ___lejanía___.
4. Pedro me miró con ___sospecha___ cuando dije que no sabía donde estaba su dinero.

Conexión personal

¿Cuándo llegaron tus parientes a este país? ¿Desde dónde vinieron? ¿Sabes por qué emigraron y si la transición fue difícil para ellos?

Análisis literario: La literatura en su contexto

La literatura no surge (*arise out of*) ni existe en un vacío (*vacuum*). Por eso, es tan importante el ejercicio intelectual de contextualizarla. Se puede estudiar la biografía del artista, la literatura del momento o los acontecimientos de la historia contemporánea para ayudar a entender una obra y profundizar el significado de cada palabra. El estudio de la literatura en su contexto a veces funciona también a la inversa. El texto literario puede ayudar a entender aspectos del entorno cultural, que un libro de historia omite, ilustrando detalles desconocidos o reflexionando sobre detalles particulares. ¿Qué detalles de la biografía de Marjorie Agosín ayudan a comprender el poema? ¿Cómo profundiza "Los emigrantes" algunos de los temas mencionados en la biografía?

Vocabulario
Word families:
cruzar ←→ la cruz, el cruce
desencanto ←→ encanto, encantar, desencantado/a
errar ←→ errado/a
hospedaje ←→ hospedarse
huida ←→ huir
lejanía ←→ lejano/a, lejos
pertenencias ←→ pertenecer
sospecha ←→ sospechar, sospechoso/a

Conexión personal
• Ask additional questions: ¿Se sienten identificados con el país de origen de sus parientes? ¿Mantienen en su familia las tradiciones de ese país?

• If time permits, have students break into small groups by nationality or by era of immigration to compare and contrast their information.

Los emigrantes

Marjorie Agosín

Preview Tell students that, as in English, there is a difference in meaning between the prefixes **emi-** and *immi-/***inmi-**. The words *emigrant* and **emigrante** describe people who are leaving their native country. *Immigrant* and **inmigrante** refer to people who are coming to a new country.

After students have read the poem, have them read it again focusing on the division of the poem into four numbered groups. Ask them: **¿A qué etapa de la experiencia del emigrante corresponde cada parte del poema?**

I.

smart 1 Fuimos hábiles°
en preparar la huida,
frágiles en nuestras
pertenencias
pieces/fresh 5 Mamá trajo pedazos° de tierra fresca°
piedras para recordar a los
muertos que dejábamos
una que otra fotografía
suspendida en la dispersión
10 de nuestras genealogías
candles un candelabro de siete velas°
to light para alumbrar° la oscuridad
de los emigrantes.

II.

Nos fuimos
winged steps 15 con pasos alados°
repitiendo la historia de ellos
ahora, nosotros
nos recibieron
como se recibe a los
20 extranjeros
minimal con parca° cortesía
con sutiles sospechas

III.

Aprendimos a vivir entre lo ajeno
bouganville (flowering plant) a soñar con las buganvillas°
25 el balcón de la casa junto al mar
ningún cuaderno de la memoria
lessened/wells amenguó° esas tristezas, como pozos° oscuros
vivimos
con nuestras manos
30 extendidas a la posibilidad del
horizonte
al agua, al cielo que no era nuestro,
sin preguntas ni respuestas
tal vez éramos
35 esa fotografía en sepia

suspendida en un calendario
sin horas ni estaciones
errando por ciudades inhóspitas
buscando hospedajes
40 en los jardines del invierno.

IV.

Los emigrantes
cruzando intrépidas fronteras
imaginando gestos de ausencia° en   *absence*
la lejanía
45 hoy después del día extendido
en las tierras de hielo° oscuro   *ice*
aprenden otro modo de ser
en otra lengua
repiten las correctas preposiciones
50 la dimensión del odio y la mesura°   *moderation*
aprenden de la prisa
y del desencanto
solos, ajenos
en mesas vacías°   *empty*
55 la memoria es una sílaba nueva
una voz por hacerse
solos repiten en voz baja
el inglés los hace más fuertes
y diminutas en sus nostalgias
60 perdidos, sueñan con la raíz del otoño
las hojas° vacilantes   *leaves*
la fragilidad de las huidas. ■

Después de leer

Los emigrantes
Marjorie Agosín

① Comprensión Responde a las preguntas con oraciones completas.

1. Cuando la familia prepara el viaje, ¿lleva muchas posesiones?
   No, llevan muy pocas cosas. Van "frágiles" en sus pertenencias.
2. ¿Por qué trae la madre piedras?
   Son recuerdos de los muertos que dejan atrás.
3. ¿Estos emigrantes son los primeros que conoce la poeta?
   No. Van "repitiendo la historia".
4. ¿Cómo es la recepción cuando llegan a su destino?
   Son recibidos como extranjeros, con sospecha y poca cortesía.
5. ¿Qué aprenden los emigrantes en su nuevo país?
   Aprenden a vivir entre lo ajeno y con sus sueños. También aprenden otro modo de ser y otro idioma.
6. ¿Se adapta la protagonista fácilmente a su nueva vida?
   No. Siente que todavía están errando.
7. ¿Considera la protagonista que el inglés es beneficioso para los emigrantes?
   Sí. El inglés los hace más fuertes.
8. ¿Se integran los emigrantes en la sociedad una vez que aprenden el idioma?
   No. Todavía se sienten solos y ajenos.

② Interpretación Contesta las preguntas con oraciones completas.

② For item 2, if students need help, tell them the poet is referencing her Jewish heritage and describing the menorah, a well-known symbol.

1. ¿Por qué lleva la madre un candelabro y siete velas?
2. ¿Qué indica la poeta cuando dice que escaparon con "pasos alados"?
3. ¿Qué emociones sienten los emigrantes en su nuevo destino? En tu respuesta, cita versos específicos.
4. Según el poema, ¿con qué sueñan los emigrantes?
5. En tu opinión, ¿es un poema triste? Explica tu respuesta con frases utilizadas por la autora.

③ Análisis En parejas, contesten las preguntas.

③ For item 1, tell students to refer back to the author's biography on page 267, which refers to two immigrations—the first from the U.S. to Chile and the second back to the U.S.

1. La protagonista no explica el motivo del viaje. ¿Cuál puede ser ese motivo?
2. Agosín utiliza numerosas imágenes poéticas. Busquen tres ejemplos y explíquenlos.
3. Según el poema, ¿qué problemas descubre el emigrante en sus nuevas tierras?
4. ¿En qué partes del poema se indica un deseo de preservar la memoria? ¿Por qué piensan ustedes que esto es tan importante para los emigrantes?

④ Imaginar Si tuvieran que abandonar su casa y su tierra, con muy pocas cosas y sin saber si será posible volver, ¿qué llevarían en el viaje? En parejas, elijan cinco objetos y expliquen por qué preservarían cada uno. ¿Qué cosas imposibles de llevar serían las más difíciles de abandonar?

⑤ Composición Elige una de estas opciones y escribe una composición de una página.

- Escribe la historia de alguien que tuvo que empezar una vida nueva en un lugar desconocido. Puede ser la historia de emigración de un pariente o antepasado, por ejemplo, o puede ser tu relato (*tale*) personal del primer día en una escuela nueva. Describe las emociones de la transición, de la recepción, las dificultades y las alegrías de la experiencia.

- ¿Qué opinas de los inmigrantes que llegan a tu país? ¿Es un acto de valentía? ¿O están quitándoles puestos de trabajo a los ciudadanos de tu país y abandonando a su familia y sus raíces?

Antes de leer

El alba del Viernes Santo

Sobre la autora

Emilia Pardo Bazán fue una de las escritoras españolas más famosas del siglo XIX. Nació en una familia aristocrática en La Coruña (Galicia) en 1851 y murió en Madrid en 1921. Escribió más de 500 obras cultivando gran variedad de géneros, pero fue más conocida como novelista con títulos como *Los pazos de Ulloa*. Propagó el naturalismo en España, movimiento caracterizado por la descripción detallada y muy precisa de una parte de la vida representativa de la existencia social. Como feminista pionera, escribió artículos que denunciaban el sexismo dominante en España y sugirió cambios a favor de la mujer, como el derecho de obtener una educación semejante a la del hombre.

Vocabulario

el alba *dawn; daybreak*	**culpable** *guilty*	**el milagro** *miracle*
la capilla *chapel*	**devoto/a** *pious; devout*	**el remordimiento** *remorse*
el claustro *cloister*	**el fraile** *friar*	**venerar** *to worship*

Definiciones Escribe la palabra adecuada para cada definición.

1. iglesia pequeña ___capilla___
2. responsable de un delito ___culpable___
3. sentimiento de culpa ___remordimiento___
4. muy religioso ___devoto___
5. hecho inexplicable ___milagro___
6. adorar ___venerar___

Conexión personal

¿Te pasó alguna vez que, tratando de hacer el bien, todo haya salido mal? ¿Cuál fue la consecuencia?

Análisis literario: La voz narrativa

Toda historia tiene por lo menos un narrador. El narrador puede ser uno de los personajes o puede ser una voz que cuenta la historia pero no participa de ella. A veces, la voz narrativa es omnisciente, es decir que sabe absolutamente todo sobre los personajes y los acontecimientos (*events*). En otros casos, el narrador nos relata sólo la parte de la historia que conoce o la parte que elige contar. Aunque el autor puede reflejar su pensamiento en las palabras del narrador, no se debe identificar al autor con el narrador. Una escritora puede contar una historia desde el punto de vista narrativo de un hombre, y un adulto puede hacerlo a través de la voz narrativa de un niño. A veces existen muchas voces narrativas que añaden complejidad y textura al relato. Cuando leas el cuento de Pardo Bazán, presta atención a los distintos niveles de voces narrativas. ¿Cuántos narradores hay? ¿Qué efecto tiene?

Preview
• Ask students if they have ever talked to strangers while traveling. **¿De qué hablaron? ¿Tenían ganas de hablar con esa persona o fueron las circunstancias que los obligaron a tener una conversación?**
• Ask: **¿Creen en los milagros? ¿Alguna vez oyeron hablar de acontecimientos extraordinarios que sucedieron como consecuencia de pedidos de oración?**

Conexión personal
For expansion, ask: **¿Trataste de explicar a los demás que tus intenciones eran buenas? ¿Qué podrías haber hecho para que la situación no te hubiera salido tan mal?**

Análisis literario
Ask students about other works of fiction they have read. **¿Han leído una historia escrita por un hombre en la cual la narradora era una mujer o viceversa? ¿O una obra con muchos narradores? ¿Siempre confían en el punto de vista del narrador?**

El alba del Viernes Santo

Emilia Pardo Bazán

bleeds

restlessness

to attribute to myself

sharp; acute

unusual

skin

narrow; tight

Cuando creyendo hacer bien hacemos mal —dijo Celio—, el corazón sangra°, y nos acordamos de la frase de una heroína de Tolstoi: «No son nuestros defectos, sino nuestras cualidades, las que nos pierden.» Cada Semana Santa experimento mayor inquietud° en la conciencia, porque una vez quise atribuirme° el papel de Dios. Si algún día sabéis que me he metido a fraile, será que la memoria de aquella Semana Santa ha resucitado en forma aguda°, de remordimiento. Así que me hayáis oído, diréis si soy o no soy tan culpable como creo ser.

Es el caso que —por huir de días en que Madrid está insoportable, sin distracciones ni comodidades, sin coches ni teatros y hasta sin grandes solemnidades religiosas— se me ocurrió ir a pasar la Semana Santa a un pueblo donde hubiese catedral, y donde lo inusitado° y pintoresco de la impresión me refrescase el espíritu. Metí ropa en una maleta y el Miércoles Santo me dirigí a la estación; el pueblo elegido fue S***, una de las ciudades más arcaicas de España, en la cual se venera un devotísimo Cristo, famoso por sus milagros y su antigüedad y por la leyenda corriente de que está vestido de humana piel°.

En el mismo departamento que yo viajaba una señora, con quien establecí, si no amistad, esa comunicación casi íntima que suele crearse a las pocas horas de ir dos seres sociables juntos, encerrados en un espacio estrecho°. La corriente de simpatía se hizo más viva al confesarme la señora que se dirigía

threatens to be

nets

forty-something

very deep/ distressing

sorrows

withered

loss/purple bags under the eyes

bitterness

mourning

she resembled

resemblance

yearning

nailed; driven (into)

to drive in

moaning

suitable/ to make vain

outrageous; unprecedented

submit us to

también a S*** para detenerse allí los días de Semana Santa.

No empiecen ustedes a suponer que amaga° algún episodio amoroso, de esos que en viaje caminan tan rápidos como el tren mismo. No me echó sus redes° el amor, sino algo tan dañoso como él: la piedad. Era mi compañera de departamento una señora como de unos cuarenta y pico° de años, con señales de grande y extraordinaria belleza, destruida por hondísimas° y lacerantes° penas°, más que por la edad. Sus perfectas facciones estaban marchitas° y adelgazadas; sus ojos, negros y grandes, revelaban cierto extravío° y los cercaban cárdenas ojeras°; su boca mostraba la contracción de la amargura° y del miedo. Vestía de luto°. Para expresar con una frase la impresión que producía, diré que se asemejaba° a las imágenes de la Virgen de los Dolores; y apenas me refirió su corta y terrible historia, la semejanza° se precisó, y hasta creí ver sobre su pecho anhelante° brillar los cuchillos; seis hincados° en el corazón, el séptimo ya a punto de clavarse° del todo.

—Yo soy de S*** —declaró con voz gemidora°—. He tenido siete hijos, ¡siete!, a cuál más guapo, a cuál más bueno, a cuál más propio° para envanecer° a una reina. Tres eran niñas, y cuatro, niños. Nos consagramos a ellos por completo mi marido y yo, y logramos criarlos sanos de cuerpo y alma. Llegado el momento de darles educación, nos trasladamos a Madrid, y ahí empiezan las pruebas inauditas° a que Dios quiso someternos°. Poco a poco, de

Santiago de Compostela, Galicia, España

El catolicismo en España

El catolicismo ocupa un papel central en la vida religiosa, social y cultural de los españoles. La Semana Santa (*Holy Week*) es una de las principales celebraciones, caracterizada tanto por la solemnidad religiosa como por los festejos populares.

El lugar de peregrinación más famoso de España es Santiago de Compostela, en Galicia. Se dice que allí yacen los restos del apóstol Santiago (*St. James, the apostle*). Miles de peregrinos de España y de otros países recorren todos los años el Camino de Santiago, que termina frente a la imponente catedral de Santiago.

---

70 enfermedades diversas, fueron muriéndose seis de mis hijos..., ¡seis!, ¡seis!, y al cabo, mi marido, que más feliz que yo sucumbió al dolor, porque su mal fue un padecimiento° del *suffering* hígado°, de esos que la melancolía engendra° *liver/generates* y agrava°. ¿Comprende usted mi situación *makes worse* 75 moral? ¿Se da usted cuenta de lo que seré yo, después de asistir, velar°, medicinar a siete; de *to keep watch* presenciar siete agonías, de secar siete veces el sudor de la muerte en las heladas sienes°, *icy temples* de recoger siete últimos suspiros° que eran el *sighs* 80 aliento° de mi vida propia, y de amortajar° siete *breath/to shroud*

rígidos cuerpos que habían palpitado de cariño bajo mis besos y mis ternezas°? Pues bien: lo *expressions of tenderness* acepté todo, ¡todo!, porque me lo enviaba Dios; no me rebelé, y sólo pedí que me dejasen al hijo que me quedaba, al más pequeño, una 85 criatura como un ángel, que, estoy segura de ello, no ha perdido la inocencia bautismal. Así se lo manifesté a Dios en mis continuos rezos: ¡que no me quite a mi Jacinto y conservaré fuerzas para conformarme y aceptar todo lo 90 demás, en descargo de mis culpas!... Y ahora... Al llegar aquí, la madre dolorosa se cubrió los

ojos con el pañuelo y su cuerpo se estremeció° *trembled*
convulsivamente al batir° de los sollozos° que *shaking/sobs*
95 ya no salían afuera.

—Y ahora, caballero..., figúrese usted que
también mi Jacinto se me muere.

Salté en el asiento; la lástima° me exaltaba° *pity;*
como exaltan las pasiones. *compassion/*
excited

100 —Señora, ¡no es posible! —exclamé sin
saber lo que decía.

—¡Sí lo es! —repitió ella, fijándome los
ojos secos ya, por falta de lágrimas—. Jacinto,
creen los médicos, tiene un principio de
105 tisis°; me voy a quedar sola..., es decir, ¡no, *tuberculosis*
quedarme no!, porque Dios no tiene derecho
a exigir que viva, si me arrebata° lo único que *snatches*
me dejó. ¡Ah! ¡Si Dios se me lleva a Jacinto...,
he sufrido bastante, soy libre! ¡No faltaba otra
110 cosa! —añadió sombríamente—. ¡A la Virgen
sólo se le murió uno!

—Dios no se lo llevará —afirmé por calmar
a la infeliz°. *the poor woman*

—Así lo creo —contestó ella con serenidad
115 que encontré asombrosa°—. Así le creo, así lo *amazing*
espero y a eso voy a mi pueblo, donde está el
Santo Cristo, del que nunca debí apartarme°. *separate myself*
El Santo Cristo fue siempre mi abogado° y *advocate*
protector y a Él vengo, porque Él puede
120 hacerlo, a pedir el milagro: la salud de mi hijo,
que allá queda en una cama, sin fuerzas para
levantarse. Cuando yo me eche a los pies del
Cristo, ¡veremos si me lo niega!

Transfigurada por la esperanza, irradiando
125 luz sus ojos, encendido su rostro°, la señora *face*
había recobrado°, momentáneamente, una *recovered*
belleza sublime. —¿Usted no ha oído del Santo
Cristo de mi pueblo? Dicen que es antiquísimo,

y que lo modelaron sobre el propio cuerpo
sagrado del Señor, cubriéndolo con la piel 130
de un santo mártir, a quien se la arrancaron° *pulled out*
los verdugos°. Su pelo y su barba crecen; su *executioners*
frente suda°; sus ojos lloran, y cuando quiere *sweats*
conceder la gracia que se le pide, su cabeza,
moviéndose, se inclina en señal de asentimiento° 135 *consent*
al otro lado...

No me atreví° a preguntar a la desolada *I didn't dare*
señora si lo que afirmaba tenía fundamento
y prueba. Al contrario: la fuerza sugestiva de
la fe es tal, que me puse a desear creer, y, por 140
consecuencia, a creer ya casi, toda aquella
leyenda dorada de los primitivos siglos. Ella
prosiguió, entusiasta, exaltadísima:

—Y dicen que cuando se le implora al
amanecer del día de Viernes Santo, no se 145
niega nunca... Iré, pues, ese día, de rodillas°, *on one's knees*
arrastrándome, hasta el camarín del Cristo°. *chapel*

Así terminó aquella conversación fatal.
Prodigué° a la viajera, lo mejor que supe, *I provided in*
atenciones y cuidados, y al bajarnos en 150 *abundance*
S*** nos dirigimos a la misma fonda° —tal *inn*
vez la única del pueblo—. Dejando ya a la
desdichada° madre, fui a visitar la catedral, que *unfortunate*
es de las más características del siglo XII: entre
fortaleza e iglesia, y con su ábside° rodeado 155 *apse*
de capillas obscuras, misteriosas, húmedas,
donde el aire es una mezcla de incienso y frío
sepulcral, parecido al ritmo, ya solemnemente
tranquilo, de las generaciones muertas. Una de
estas capillas era la del Cristo, y naturalmente 160
despertó mi curiosidad. Di generosa propina° *tip*
al sacristán°, que era un jorobado° bilioso y *sexton/*
servil°, y obtuve quedarme solo con la efigie°, *hunchback*
a horas en que los devotos no se aparecían *servile/image*

¹⁶⁵ por allí y podía, sin irreverencia ni escándalo, contemplarla y hasta tocarla, mirándola de cerca. Era una escultura mediocre, defectuosa°, que no debía de haber sido modelada sobre ningún cuerpo humano. Poseía, no obstante, ¹⁷⁰ como otros muchos Cristos legendarios, cierta peculiar belleza, una sugestión romántica indudable. Sus melenas lacias° caían sobre el demacrado° pecho; sus pupilas de vidrio parecían llorar efectivamente. Lo envolvía ¹⁷⁵ una piel gruesa, amarillenta, flexible, de poros anchos°, que sin ser humana podía parecerlo. Bajo los pies contraídos y enclavados°, tres

defective

straight hair
emaciated

wide
nailed

huevos de avestruz° atestiguaban° la devoción de algún navegante. Su enagüilla° era de blanca seda°, con fleco de oro. Registrando ¹⁸⁰ bien, armado de palmatoria°, vi que el altar donde campea° el Cristo, destacándose sobre un fondo de rojo damasco, está desviado° de la pared, y que, por detrás, queda un hueco° en que puede caber una persona. Carcomida° ¹⁸⁵ escalerilla sube hasta la altura de las piernas de la efigie, y encaramándose° por ella, noté que el paño de damasco tenía una abertura°, un descosido° entre dos lienzos°, y que por él asomaba la punta de un cordel° recio°, del cual ¹⁹⁰

ostrich/bore witness to
garment
silk
candlestick
stands out
offset
hollow
Decayed

climbing up
opening; gap
open seam/ linen cloth
thin rope/sturdy

unconsciously

tiré maquinalmente°. Al bajar de nuevo a la capilla y mirar al Cristo, observé con asombro, al pronto, con terror, que su cabeza, antes inclinada a la derecha, lo estaba a la izquierda
195 ahora. Sin embargo, casi inmediatamente comprendí: subí la escalera de nuevo, tiré otra

I made sure

vez, bajé, y me cercioré° de que la cabeza había

turned

girado° al lado contrario. ¡Vamos, entendido! Había un mecanismo, el cordel lo ponía en
200 actividad, y el efecto, para quien, ignorándolo, estuviese de rodillas al pie de la efigie, debía de

crushing; devastating

ser completo y fulminante°.

germinated

Creo que ya entonces germinó° en mí la

ill-fated; fatal

funesta° idea que luego puse por obra. No lo
205 puedo asegurar, porque no es fácil saber cómo se precisa y actúa sobre nosotros un propósito, latente en la voluntad. Acaso no me di cuenta de mi inspiración (llamémosle así) hasta que mi compañera de viaje me advirtió, la noche
210 del Jueves Santo, que pensaba salir a las tres, antes de amanecer, a la capilla del Cristo, y

to bribe

me encargó de sobornar° al sacristán para que abriese la catedral a una hora tan insólita.

—Yo deseaba más aún —advirtió ella—.
215 Deseaba quedarme en la capilla toda la noche velando y rezando. Pero tengo miedo a desmayarme. ¡Estoy tan débil! ¡Se me confunden tanto las ideas!

Cumplí el encargo, y cuando todavía
220 las estrellas brillaban, nos dirigimos hacia la catedral. Nos abrieron la puerta excusada del claustro, luego otra lateral que comunica

chapels located in the apse

con las dos primeras capillas absidales°, y

under the pretext

pretextando° que me retiraba para dejar en
225 libertad a la señora —cuyo brazo sentí temblar

sobre el mío todo el camino—, aproveché la obscuridad y un momento favorable para deslizarme detrás de la efigie, en lo alto de la escalera, donde aguardé palpitándome el corazón. Dos minutos después entró la señora y 230
se arrodilló, abismándose° en rezos silenciosos.

immersing herself

El alba no lucía aún.

Transcurrió media hora. Poco a poco una claridad blanquecina empezó a descubrir la forma de los objetos, y vi la hendidura°, y vi el 235

crack

cordoncito, saliente, al alcance de mi mano. Al mismo tiempo escuché elevarse una voz, ¡qué voz!... Ardiente, de intensidad sobrehumana, clamando, como si se dirigiese no a una imagen, sino a una persona real y efectiva: 240

—¡No me lo lleves! Promételo... ¡Es lo único que me queda, es mi solo amor, Jesús! ¡Dios mío! ¡Promete! ¡No me lo lleves!

Trastornado°, sin reflexionar, tiré

Troubled

pausadamente del cordoncito... Hubo un 245 gran silencio, pavoroso°; después oí un grito

frightful

ronco°, terrible, y la caída de un cuerpo contra

hoarse

el suelo... Me precipité...

—¿Se había desmayado? —preguntamos a Celio todos. 250

—Eso sería lo de menos... Volvió en sí..., ¡pero con la razón enteramente perdida! Nos burlamos° de las locuras° repentinas

We make fun/ insanities

en novelas y comedias... ¡Y existen! Cierto que aquélla venía preparada de tiempo atrás, 255 y sólo esperaba para mostrarse un choque, un chispazo°.

spark

—¿Y el hijo? ¿Se murió al fin?

—El hijo salvó, para mayor confusión y vergüenza mía —murmuró Celio. ∎ 260

El alba del Viernes Santo
Emilia Pardo Bazán

1 **Comprensión** Contesta las preguntas con oraciones completas.

1. ¿Quiénes son los personajes del relato?
   Los personajes son Celio, la mujer del tren y el Cristo.
2. ¿Por qué decide Celio pasar la Semana Santa en un pueblo?
   Piensa que Madrid está insoportable durante Semana Santa./Quiere ir a lugar que le refresque el espíritu.
3. ¿Cuál es la historia de la mujer?
   La mujer perdió a su marido y seis hijos, y ahora su último hijo está enfermo.
4. ¿Celio cree en la leyenda del Cristo?
   Celio desea creer por el bien de la mujer.
5. ¿Qué significa lo que él descubre al visitar a solas la catedral?
   Su descubrimiento es la prueba de que la estatua no es milagrosa.
6. ¿Por qué la historia se llama *El alba del Viernes Santo*?
   Se llama así porque en el momento del alba es cuando se produce el milagro, según la leyenda.

2 **Análisis** Lee el relato nuevamente y responde las preguntas.

1. ¿Cómo es la mujer que Celio encuentra en el tren? ¿A quién le recuerda?

2. Relee la descripción de la catedral. ¿Qué sensación te produce?

3. Tras conocer a la mujer, Celio señala: "Así terminó aquella conversación fatal"; y, más tarde, después de descubrir el mecanismo del cordel: "Creo que ya entonces germinó en mí la funesta idea que luego puse por obra". ¿Por qué te parece que utiliza las palabras "fatal" y "funesta"?

4. Relee la sección **Análisis literario** (p. 271). ¿Cuántos narradores tiene este cuento? ¿Quiénes son? Da ejemplos de los distintos puntos de vista narrativos.

3 **Interpretación** En parejas, contesten las preguntas.

1. El narrador viaja a la ciudad buscando distracciones; ¿las encuentra?

2. ¿Qué es lo que atrae al narrador hacia la mujer del tren?

3. ¿Por qué piensas que decide involucrarse accionando el mecanismo del Cristo? ¿Lo hace conscientemente? ¿Cuál era su propósito?

4. ¿Te parece que Celio realmente es culpable del final trágico de la mujer? ¿O crees que la mujer ya tenía problemas mentales? Explica tu respuesta.

5. ¿Por qué dice Celio al comienzo del relato que algún día podría "meterse a fraile"? ¿Cómo se siente Celio por lo sucedido?

6. ¿Crees que esta historia tiene una moraleja? Si tu respuesta es sí, ¿cuál es la moraleja? Si tu respuesta es no, explica por qué.

4 **El juicio** Imagina que Celio es arrestado por causar la locura de la mujer. En grupos de cinco o seis, organicen el juicio oral a Celio. Repartan los papeles: juez(a), Celio, abogado/a defensor(a), fiscal (*prosecutor*) y uno/a o dos testigos. Ensayen una parte del juicio. Después, representen la escena delante de la clase.

5 **Remordimiento** Imagina que eres Celio, quien, lleno de remordimiento, y antes de entrar a un monasterio, ha decidido enviarle una carta a Jacinto, el hijo de la mujer, explicándole las circunstancias reales que desencadenaron (*triggered*) la locura de su madre.

NATIONAL communication STANDARDS

① To aid students' comprehension, have them write a one-page summary of the story. Encourage them to refer back to the text as necessary.

② For expansion, ask additional questions: **¿Cómo sería el cuento si Celio sólo contara la historia de la mujer desde su propio punto de vista? ¿Creen que la voz de la mujer es necesaria en este cuento?**

② For item 4, encourage visual learners to map out the story's narrators and the relationships between them.

③ To spark further discussion, ask: **¿A quiénes creen que Celio cuenta esta historia? ¿Celio es una persona religiosa? Expliquen sus respuestas.**

C. Van a preparar una presentación sobre un personaje o acontecimiento político hispanoamericano.

Parte C Give students ideas for people and events that are currently in the news at the time you assign this presentation.

Elección del tema

Repasen las partes **A** y **B**. ¿Les gustaría hacer una presentación sobre uno de estos personajes o acontecimientos o prefieren elegir otro que les interese más o sobre el que han escuchado en las noticias?

Preparación

Hagan una investigación sobre el personaje o acontecimiento en Internet o en la biblioteca. En el caso de personas y hechos contemporáneos también pueden consultar diarios y revistas. La presentación debe incluir como mínimo:

- datos biográficos, fechas importantes y contexto histórico
- razones para elegirlo
- detalles importantes
- repercusión o legado (*legacy*)
- controversias
- citas de protagonistas u opiniones de expertos
- opinión del grupo sobre el personaje o acontecimiento

Estrategia de comunicación

Política—Palabras útiles
- Partidos: conservador / socialista / comunista / de derecha / de izquierda / de centro
- Elecciones: internas (*party primaries*) / reelección / balotaje (*second round*)
- Otras palabras útiles: oposición / partido / líder opositor / golpe de estado (*coup d'état*)

Estrategia de comunicación Some useful verbs: **derrocar, elegir, hacer propaganda, hacer reformas, luchar, protestar contra, ratificar, votar.**

Organización

Organicen la presentación en un esquema que resuma los puntos principales. La presentación deberá durar unos diez minutos. Decidan qué parte(s) presentará cada uno/a. Recuerden que todos los integrantes del grupo deben participar.

Presentación

Usen el esquema como guía para la presentación. Recuerden que deben hablar a la clase y no leer una presentación escrita. Después de la presentación, contesten las preguntas de sus compañeros/as.

 **Tertulia**

La política y los políticos

NATIONAL communication STANDARDS

① Here are some additional comments you can use for discussion:

—Las personas que más quieren el poder son las que más lo abusan.

—El poder corrompe. El poder absoluto corrompe absolutamente.

① La clase se divide en cinco grupos; cada uno tiene que pensar y anotar sus ideas sobre uno
5 min. de estos temas.

Acto de campaña de Felipe Calderón previo a
las elecciones presidenciales mexicanas de 2006.

Todos los políticos son iguales.

La democracia es la dictadura de la mayoría.

La religión y la política deben estar separadas.

Es mejor una mala democracia que una buena dictadura.

Los políticos trabajan para defender a los ciudadanos.

② Cada grupo tiene que preparar una breve presentación con sus opiniones sobre la frase elegida.
10 min. En el caso de que no todos opinen lo mismo sobre el tema, pueden mencionar que dentro del grupo no todos piensan lo mismo.

③ Los diferentes grupos presentan sus ideas a la clase, mientras todos toman nota.
25 min.

④ Cuando todos los grupos hayan terminado de presentar sus ideas, toda la clase debe participar
10 min. haciendo preguntas o expresando sus opiniones.

Teaching option After the debate, have students imagine the context and the people that might produce each of the statements.

La historia y la civilización

Communicative Goals

You will expand your ability to...

- talk about history
- express relations between ideas
- write successful essays

El indio alcalde de Chincheros: Varayoc, 1925.
José Sabogal, Perú.

"Los que no creen en la inmortalidad
creen en la historia."

— José Martí

Antes de leer

INSTRUCTIONAL RESOURCES
Supersite

Vocabulario

aristocrático/a *aristocratic*	**el/la mestizo/a** *person of mixed*
el/la descendiente *descendent*	*ethnicity (part indigenous)*
el dominio *rule*	**el puente** *bridge*
erudito/a *learned*	**la traición** *betrayal*
heroico/a *heroic*	**el/la traidor(a)** *traitor*
la lealtad *loyalty*	**el vínculo** *family tie; connection*

Naufragios Completa el párrafo.

El increíble viaje del conquistador Álvar Núñez Cabeza de Vaca al territorio que ahora forma parte de los Estados Unidos tuvo más momentos trágicos que (1) __heroicos__. (2) __Descendiente__ de una familia (3) __aristocrática__ de la nobleza española, Cabeza de Vaca salió para Florida en 1527. Algunos de sus compañeros murieron muy pronto en huracanes, mientras que otros cayeron como esclavos bajo el (4) __dominio__ de un pueblo indígena. Durante ocho años Cabeza de Vaca vivió entre los indígenas de Florida y del territorio que es ahora Texas, a veces como esclavo, sufriendo hambre, sed y más huracanes. La vida de los sobrevivientes mejoró cuando Cabeza de Vaca, el más (5) __erudito__ del grupo porque tenía conocimientos médicos, se hizo curandero. Cabeza de Vaca, uno de los sólo cinco sobrevivientes de este viaje, mostró su (6) __lealtad__ al rey regresando en 1537 a España, donde escribió el libro *Naufragios* sobre las poblaciones indígenas del continente americano.

Conexión personal ¿Cuáles son las mayores influencias en tu vida? ¿Tus padres, tus amigos/as, tu comunidad? ¿Un(a) político/a o alguien de la cultura popular? ¿De qué manera han afectado otras personas tus decisiones y tu estilo?

Contexto cultural

En 1532, el conquistador español Francisco Pizarro llegó a Cajamarca en el norte de Perú con unos veinticinco caballos y menos de 200 soldados para reunirse con **Atahualpa**, el emperador inca. Hijo del anterior emperador Huayna Cápac, Atahualpa había tomado la soberanía de los incas de su hermano, Huáscar, en una guerra civil. Pizarro y los españoles trataron de convertirlo al cristianismo pero cuando Atahualpa se negó, tirando una Biblia al suelo, Pizarro le declaró la guerra. Pizarro ejecutó al emperador inca a pesar de su consiguiente conversión al cristianismo y del legendario soborno (*bribe*) del cuarto de rescate (*ransom room*), donde Atahualpa quiso comprar su libertad llenando una habitación de oro y plata. A pesar de atreverse (*daring*) a una lucha tan desigual numéricamente, los engaños y traiciones de Pizarro frente a la valentía de Atahualpa le han traído al conquistador un nombre sombrío (*dark*) en la historia de la conquista.

Vocabulario Explain to students that *Naufragios* translates as *Shipwrecks*. While this text contains many impossible and fantastical elements (not uncommon in documents of this sort), it is regarded as the first historical text on what is today the United States.

Conexión personal Encourage students to talk about which influences have changed throughout the years. Ask: **¿Quiénes fueron las personas que más influencia tuvieron en tu vida cuando eras niño/a? ¿Crees que tú has sido una gran influencia para alguien?**

Contexto cultural Call on volunteers to summarize the history of Pizarro. If time permits, have students work in pairs to research additional information about this historical figure.

Preview Ask bicultural students: **¿De qué manera el conocimiento de dos culturas afecta la percepción del mundo?**

El Inca Garcilaso: un puente entre dos imperios

1 Durante esta época de conquista y choque de culturas, existía una persona con un pie en cada mundo, un miembro de dos familias aristocráticas pero muy distintas, una figura dividida. Brillante escritor, el Inca Garcilaso de la Vega nació en 1539 con
5 el nombre de Gómez Suárez de Figueroa. Era hijo ilegítimo del capitán Sebastián Garcilaso de la Vega, conquistador español de sangre noble de la facción de Pizarro, y de la princesa inca Isabel Chimpu Ocllo.

El Inca Garcilaso de la Vega, como quiso
10 llamarse más tarde, combinando en su nombre
sus dos vínculos, fue miembro de la primera
generación de mestizos del Perú. Aprendió a
hablar primero en quechua
y después en español.
15 Sintió un gran amor por
la cultura y la herencia de
los incas, ya que se crió
entre descendientes de los
emperadores, escuchando
tales and 20 sus relatos y fábulas°. Su
legends madre era sobrina del
emperador Huayna Cápac.
Su libro más famoso,
los *Comentarios reales*, tiene
25 la intención de corregir a los historiadores
españoles en muchos puntos. Desde su posición
made the privilegiada, el Inca Garcilaso aprovechó° su
most of conocimiento íntimo para aclarar° cuestiones
clarify sobre la lengua y cultura incaicas. El orgullo°
pride

> **" El Inca Garcilaso
> sirvió de puente entre
> las dos culturas, la
> materna y la paterna,
> y de modelo para gran
> parte de la generación
> que le siguió. "**

Figura literaria

La obra del Inca es
diversa y enormemente
erudita. Consiste en
tres libros mayores:
una traducción de los
Diálogos de amor de
León Hebreo, que el
Inca tradujo del italiano al español (1590); *La Florida*
(1605), que relata las exploraciones españolas en
el sureste de América del Norte, principalmente la
expedición de Hernando de Soto; y los *Comentarios
reales*, una descripción minuciosa del imperio y de la
cultura de los incas, y también de la conquista española
del Perú (1609, 1617).

30 y la inteligencia del Inca, y su identificación
cultural, se revelan abiertamente en esta obra,
donde hace referencia a sí mismo diciendo
"como indio que soy".
marked No obstante, el Inca fue marcado° por no
35 una, sino dos familias. La cultura de su madre

forma sólo una parte, muy significativa por
cierto, de la identidad compleja del hombre,
que también sentía una enorme lealtad hacia
su padre. A pesar de describir y explicar
las creencias de los incas 40
cuidadosamente, el Inca
Garcilaso fue un ferviente
católico que llamaba "vana
religión" a aquellas creencias.
También consideraba a los 45
conquistadores españoles
valientes y heroicos. A los
veintiún años, salió para
España para continuar sus
estudios y se hizo° militar. 50 *he became*
Participó en la guerra de
Granada contra los musulmanes y llegó a ser
capitán como su padre. En España escribió
obras literarias de gran mérito. También se
presentó en la Corte del rey para defender 55
el nombre y el honor de su padre ante las
acusaciones de que era un traidor.
Sus puntos de vista y acciones hacen del
Inca un sujeto contradictorio e inusual en su
época. Comprendía muy bien que los incas 60
habían perdido su dominio y que padecían° *suffered*
profunda nostalgia. Cuenta que algunos de
sus parientes decían con lágrimas° en los *tears*
ojos: "trocósenos el reinar en vasallaje"°. Sin *our dominance
has turned into*
embargo, el Inca Garcilaso también aceptaba 65 *servitude*
como suya la cultura española. La segunda
parte de los *Comentarios reales*, conocida
como *Historia general del Perú*, está dedicada
a la Virgen María.
No ha quedado evidencia de las 70
dificultades personales que su doble lealtad le
pudo costar o de una preferencia íntima por
una de ellas. El Inca Garcilaso sirvió de puente
entre las dos culturas, la materna y la paterna,
y de modelo para gran parte de la generación 75
que lo siguió. Vivió, como él mismo declaró,
"obligado a ambas° naciones". ∎ *both*

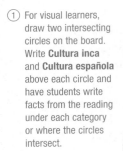

Después de leer

El Inca Garcilaso: un puente entre dos imperios

① **Comprensión** Responde a las preguntas con oraciones completas.

1. ¿Quiénes eran los padres del Inca Garcilaso de la Vega?
   Su padre era un conquistador español de sangre noble y su madre era una princesa inca.
2. ¿Cómo aprendió tanto el Inca Garcilaso sobre la cultura de su madre?
   Se crió entre descendientes de los emperadores incas, escuchando sus relatos y fábulas.
3. ¿Qué opinaba el Inca sobre los conquistadores españoles?
   Consideraba a los conquistadores españoles valientes y heroicos.
4. ¿Cuál es la intención del libro *Comentarios reales*?
   La intención del libro es corregir a los historiadores españoles.
5. ¿Qué temas trata el libro *Comentarios reales*?
   El libro presenta una descripción del imperio y la cultura de los incas y de la conquista española del Perú.

② **Interpretación** En parejas, respondan a las preguntas.

1. ¿Por qué tiene Pizarro un nombre sombrío en la historia de la conquista?
2. ¿Por qué prefirió Gómez Suárez de Figueroa llamarse el Inca Garcilaso de la Vega?
3. ¿Qué evidencia sugiere que el Inca se sentía miembro de dos culturas?
4. ¿Por qué es la obra literaria del Inca inusual y muy importante?
5. ¿Qué significa la frase "trocósenos el reinar en vasallaje"?

③ **Entre dos culturas** En parejas, elijan una de las dos situaciones. Imaginen que uno/a de ustedes es el Inca Garcilaso cuando tenía veintiún años y partió rumbo a (*headed for*) España para estudiar y la otra persona es la madre o la tía paterna. Preparen la conversación entre los dos personajes y represéntenla delante de la clase.

- El Inca habla con su madre para explicarle su decisión de ir a España y su lealtad a la Corte, religión y cultura españolas. Al principio, la madre no está muy segura de la decisión de su hijo y le hace muchas preguntas.

- El Inca habla con una tía paterna en España y le explica su deseo de llamarse "Inca" y su orgullo por la cultura de su madre. La tía no sabe nada sobre los incas y tiene muchas preguntas.

④ **Multiculturalismo** El Inca Garcilaso de la Vega vivió inmerso en dos culturas. Hoy, más que nunca, ésa es la realidad de muchas personas.

A. Prepara una lista con tus opiniones sobre las ventajas y desventajas del multiculturalismo.

B. En parejas, debatan sus opiniones. Después del debate, resuman los puntos que tienen en común y compártanlos con la clase.

> **MODELO**
> **ESTUDIANTE 1** El multiculturalismo es bueno pero también puede tener efectos negativos. Si se mezclan demasiado las culturas, terminan desapareciendo.
> **ESTUDIANTE 2** No estoy totalmente de acuerdo. Cuando las culturas se mezclan, la cultura en general se enriquece.

C. Utiliza las ideas surgidas en el debate para escribir un breve ensayo describiendo tu experiencia personal con el multiculturalismo, ya sea que se trate de una experiencia que te afecta personalmente o una experiencia de la que eres testigo en tu comunidad.

① For visual learners, draw two intersecting circles on the board. Write **Cultura inca** and **Cultura española** above each circle and have students write facts from the reading under each category or where the circles intersect.

③ To help students get started, have them brainstorm a list of ten questions the mother or aunt might ask about the other culture. Then have them incorporate four of those questions into a dialogue.

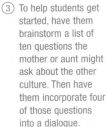

④ Encourage heritage speakers and other bicultural students to give examples from their own lives.

④ Use the writing topic to review relevant readings and films from previous lessons. Ex: *El rincón de Venezuela* (Lección 11).

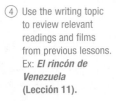

Opiniones

① **Conversación** En parejas, contesten las preguntas.

1. ¿Qué período histórico les interesa más? ¿Por qué?

2. ¿Crees que los libros de historia son objetivos? ¿Es importante leer materiales de varias fuentes al estudiar hechos históricos? ¿Por qué?

3. En 1992 se cumplieron 500 años de la llegada de los españoles al continente americano. ¿Crees que el "quinto centenario" es motivo de celebración o de duelo (*mourning*)? ¿Por qué?

4. ¿Cómo sería hoy el continente americano si no lo hubieran colonizado los europeos?

5. ¿Cuáles son los cinco principales hechos históricos del siglo XX? ¿Por qué? ¿Hay más de una interpretación de alguno de estos hechos?

① For question 1, have students name some historical periods that they think are interesting and write them on the board. Some ideas to get the discussion started: **la prehistoria, la época medieval, el Renacimiento, la Primera y Segunda Guerra Mundial, la era revolucionaria de los Estados Unidos, la Guerra Civil de los Estados Unidos, los años 60,** etc.

Plaza Colón, Barcelona

Manifestantes derriban estatua de Colón en Caracas

② **Por escrito** Elige una de estas opciones y escribe una composición de una página.

- "A la república solo ha de salvarla pensar en grande, sacudirse de lo pequeño y proyectar hacia lo porvenir." (José Ortega y Gasset).

  ¿Crees que la reflexión histórica es válida en sí misma o sólo cuando se usa para proyectar hacia el futuro? ¿A qué refiere Ortega y Gasset con "sacudirse de lo pequeño"?

- "Es la historia madre de la verdad, émula (*imitator*) del tiempo, depósito de las acciones, testigo de lo pasado, ejemplo y aviso de lo presente, advertencia de lo porvenir." (Cervantes)

  ¿Crees que la historia que se enseña en los libros cumple siempre con esta lista de características?

- "La historia es una forma más de ficción." (Jorge Luis Borges)

  ¿Estás de acuerdo en que la historia es ficción?

② Provide students with background information:
• For the first topic, tell students that José Ortega y Gasset (1883–1955) was an influential Spanish philosopher and political essayist.
• For the second topic, tell students that the Spanish writer Miguel de Cervantes (1547–1616) is known for his humour, picaresque, and narrative voice in works such as **El ingenioso hidalgo don Quijote de la Mancha.**
• For the third topic, refer students to Borges biography on p. 61. Explain that Borges was also an historian and explored themes related to the history and folklore of Buenos Aires and Argentina.

UN PEDAZO DE TIERRA

PRIMER PREMIO: *Academy of Television Arts & Sciences College Television Awards*
MEJOR CORTO: *Festival Internacional de Cortometrajes de Bilbao*
PREMIO AL MEJOR CORTOMETRAJE: *San Francisco Latino Film Fest*

Una producción de KOO KOO PRODUCTIONS Guión y Dirección JORGE GAGGERO Fotografía HILDA MERCADO
Montaje JOSE PULIDO Música XAVIER ASALI/MARCELO BERESTOVOY
Actores RUBÉN MORENO/ROBERTO ENTIQUE/ERICK CARRILLO/ART BONILLA

Antes de ver el corto

UN PEDAZO DE TIERRA

país México/Argentina
duración 24 min.
director Jorge Gaggero

protagonistas don Aurelio (tatarabuelo), Irene (madre), Ramiro y Agustín (hijos), Pedro

Vocabulario

el cura *priest*
engañar *to betray*
enterrar (e:ie) *to bury*
jurar *to promise*

el rancho *ranch*
reconocer *to recognize*
sepultar *to bury*
el/la tatarabuelo/a *great-great-grandfather/ great-great-grandmother*

1 **Mis antepasados** Completa el párrafo.

Mi (1) ___tatarabuelo___ está enterrado cerca del (2) ___rancho___ donde nació. Antes de morir, le hizo (3) ___jurar___ a mi (4) ___tatarabuela___ que lo iban a (5) ___sepultar/enterrar___ allí. Tuvieron dos hijos en esa vieja casa de campo. El mayor fue mi bisabuelo. El menor decidió ser (6) ___cura___.

2 **Preguntas** En parejas, contesten las preguntas.

1. ¿Dónde pasaron la infancia y la juventud tus abuelos y tus padres? ¿Cómo fue su infancia y juventud?

2. ¿Recuerdas algún lugar de tu infancia (por ejemplo, una casa o un parque) que haya cambiado o ya no exista? ¿Cómo te sentiste al darte cuenta de que este lugar había cambiado?

3. ¿Escribirías un testamento (*will*)? ¿Qué instrucciones dejarías en tu testamento?

4. ¿Alguna vez ayudaste a alguien a cumplir un deseo? ¿Qué hiciste?

3 **Otros países** En parejas, imaginen que tienen que ir a vivir a otro país. Hagan una lista de tres países en los que creen que les gustaría vivir. Expliquen por qué han elegido esos países y digan qué aspectos positivos y negativos tiene vivir allí. Compartan su lista con la clase.

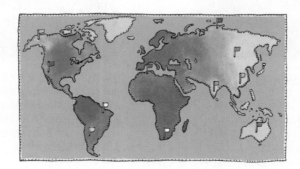

INSTRUCTIONAL RESOURCES
Supersite/DVD: Film Collection
Supersite: Script & Translation

To aid comprehension, introduce this additional vocabulary from the film.
tomar el pelo *to pull someone's leg*
el mantenimiento *maintenance*
la facha *look*
aquí mismo *right here*
Point out that **reconocer** is conjugated like **conocer**.

2 Continue the discussion by asking additional questions. Ex: **¿De qué manera supiste cómo fue la vida de tus abuelos en su juventud? ¿Te han enseñado fotos? ¿Te han contado historias? ¿Crees que nuestra percepción de un lugar cambia con la edad?**

3 As a variant, have pairs complete the activity with the three Spanish-speaking countries that appeal to them most.

SUPERSITE

Watch the short film at
ventanas.vhlcentral.com.

Synopsis Don Aurelio's last dying wish is to be buried in Palos Verdes, next to his wife's grave. After a long journey with his great-great-grandchildren, he discovers that the rural town of his youth is now a modern U.S. city. While Don Aurelio searches for familiar signs, his grandsons make their own decisions about place and identity.

Preview
• Explain that Texas and many parts of California, Colorado, New Mexico, Nevada, Arizona, Utah, and Wyoming once belonged to Mexico. Refer students to map on p. 261.
• Ask students: **¿Es importante cumplir con el último deseo de un pariente? ¿Por qué?**
• Have students read the comprehension questions on p. 293 before viewing the film. Then have them answer the questions in pairs.

Escenas

ARGUMENTO Don Aurelio, muy enfermo, le pide a su familia que lo entierren en el mismo lugar donde está enterrada su esposa.

1

DON AURELIO Palos Verdes...
IRENE Sí.
DON AURELIO ...quiero que me entierren en Palos Verdes.
IRENE Se lo juramos. Tranquilo, tranquilo, abuelo. Ya viene el cura.

2

RAMIRO Oye, ¿tú crees que llegue? Son como 400 kilómetros.
AGUSTÍN Sí, le cambié las bujías°, los cables, tapa del distribuidor. Sí, quedó como nuevo.
RAMIRO ¿Y el abuelo?
AGUSTÍN Sólo Dios sabe.

3

DON AURELIO Esto no es Palos Verdes, no. Ustedes me quieren engañar.
RAMIRO Sí, es Palos Verdes, abuelo.
DON AURELIO No hay ranchos. Aquí no hay ranchos.

4

DON AURELIO Aquí mismo me casé con tu tatarabuela. Fue una linda ceremonia. Merceditas bajó del carro con su largo vestido blanco. Dos meses tardaron con las puntillas° y esas bobadas°.

5

PEDRO No reconozco ningún lugar.
AGUSTÍN ¿No?
PEDRO No, nada. A ver, a ver, a ver, espérenme tantito... ¡este lugar yo lo conozco! Digo, conozco el árbol. Sí, es de los más viejos de acá.
RAMIRO Ahí nació el abuelo y está sepultada la abuela Mercedes.

6

(Ramiro se acerca por el pasillo° al cuarto que está con la puerta abierta. Puede ver a su hermano de espaldas°. Al entrar, encuentra al abuelo recostado° con los ojos entreabiertos° y una sonrisa.)
AGUSTÍN Está muerto.

bujías *spark plugs* **puntillas** *lace trim* **bobadas** *silly things* **pasillo** *hallway* **de espaldas** *from behind* **recostado** *lying down* **entreabiertos** *half-open*

Después de ver el corto

1 **Comprensión** Contesta las preguntas con oraciones completas.

 1. ¿Por qué está en la cama don Aurelio? Don Aurelio está en la cama porque se está muriendo.

2. ¿Adónde van en el carro? ¿Por qué? Van a Palos Verdes, California. Don Aurelio quiere que lo entierren allí.

3. ¿Dónde está enterrada Merceditas, la esposa de don Aurelio? Está enterrada en Palos Verdes.

4. ¿En qué trabaja Pedro? Trabaja en el mantenimiento de jardines.

5. ¿Qué le ocurre al abuelo mientras duerme? El abuelo muere mientras duerme.

6. ¿Dónde lo entierran? Lo entierran debajo de un árbol, junto a su esposa.

2 **Interpretar** Contesta las preguntas y explica tus respuestas.

1. ¿Cuál es la actitud de Irene hacia don Aurelio al comienzo del corto? ¿Crees que la actitud inicial de los jóvenes está influenciada por Irene?

2. ¿Cambia la actitud de los jóvenes hacia su tatarabuelo?

3. ¿Por qué crees que Ramiro se quiere quedar en Palos Verdes?

4. En tu opinión, ¿por qué se titula el corto *Un pedazo de tierra*?

3 **El pasado y el futuro** En parejas, hablen de las citas. Expliquen la importancia que tienen dentro de la historia. ¿Cuál es la actitud de cada uno de los personajes hacia el pasado? ¿Y hacia el futuro?

> "Ándele, don Aurelio, déjese ir... déjese ir..." *Irene*

> "Si se nos va antes, pues lo dejamos acá y con la platita que nos dieron pues disfrutamos de las playas de California." *Ramiro*

> "Mire, don Aurelio, Palos Verdes cambió. Ya no es territorio mexicano y su rancho ya no existe. Mírese usted en las fotos, no es igual. Ya nada es igual." *Agustín*

> "¡Quién hubiera dicho que le arreglaría la tumba en cada cambio de estación!" *Agustín*

4 **Postal** Imagina que eres Ramiro. Tu hermano regresó a México y tú te quedaste en Palos Verdes. Escribe un mensaje de correo electrónico a un amigo contándole cómo es tu experiencia en Palos Verdes. Cuéntale qué cosas te gustan de vivir en los Estados Unidos, qué cosas extrañas de la vida en México, cómo va tu trabajo y qué vínculos (*connections*) estás formando con nuevas personas. Explica cómo te sientes con respecto a tu decisión de no volver a México con tu hermano.

2 Ask these additional questions for class discussion: **¿Sería más preciso decir que Ramiro se ha ido o que ha regresado? ¿Por qué?**

3 Before completing the activity, replay the portions of the film that contain the quotes shown.

4 As a variant, divide the class into small groups. Have some groups write an e-mail from Ramiro's perspective, and the others from Agustín's point of view.

Teaching option Relate *Un pedazo de tierra* to students' personal lives. Ask: **¿Quieren quedarse en el lugar donde crecieron o prefieren conocer otros lugares y culturas? ¿Les interesa volver a la tierra de sus antepasados? ¿Por qué?**

INSTRUCTIONAL RESOURCES
Supersite: Literatura recording

Desembarco de los españoles en Veracruz, 1951.
Diego Rivera, México.

"Historia es, desde luego, exactamente
lo que se escribió, pero ignoramos si es
exactamente lo que sucedió."

— Enrique Jardiel Poncela

Antes de leer

Hernán Cortés

Sobre el autor

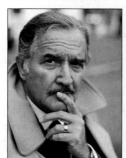

Carlos Fuentes, una de las voces más influyentes de la literatura latinoamericana, nació en México en 1928. Parte de la llamada generación del "boom", junto con otros magníficos novelistas como Gabriel García Márquez, Julio Cortázar y Mario Vargas Llosa, Fuentes ha escrito cuentos, novelas, ensayos y obras de teatro. La novela *La muerte de Artemio Cruz* (1963) explora la complejidad de la sociedad mexicana y las traiciones del poder. Su cuento largo *Aura* (1962) ha tenido una gran difusión y representa una contribución al realismo mágico. Además de escritor, Fuentes ha sido diplomático y profesor universitario y ha recibido numerosos premios literarios.

Vocabulario

el azar *fate*	**el criollo** *Latin American born of European parents*	**el dominio** *control*	**la huella** *sign*
la corona *crown*	**derrotar** *to defeat*	**la gesta** *saga of heroic feats*	**traicionar** *to betray*
		el homenaje *tribute*	**el virrey** *viceroy*

Vocabulario Completa las oraciones.

1. Durante la conquista española, las colonias eran gobernadas por los ____virreyes____.
2. El monumento se construyó en ____homenaje____ a los soldados que murieron en la guerra.
3. En las guerras de independencia los ____criollos____ se liberaron de la ____corona____ española.
4. ¿Crees que la muerte de Romeo y Julieta es un producto del ____azar____ o el resultado de sus acciones?

Conexión personal

En una familia puede haber diferencias étnicas, religiosas, de nivel económico o educación. Describe la composición de tu familia. ¿Son las diferencias una fuente (*source*) de conflicto? ¿De riqueza cultural? ¿De diversión?

Análisis literario: El ensayo

El ensayo puede ser un género literario engañoso (*deceptive*). Al tener una finalidad práctica —la de presentar al lector el punto de vista subjetivo del autor— el ensayo suele ocultar sus estrategias literarias. Muchas veces se escribe en un lenguaje claro y transparente para presentar ideas de forma lógica y convincente. Sin embargo, son precisamente las decisiones narrativas, sean conceptuales o estilísticas, las que consiguen convencer al lector. El lenguaje, la repetición de palabras particulares, los paralelismos estructurales, la organización, las comparaciones y contrastes son sólo algunos ejemplos. Cuando leas el ensayo sobre Hernán Cortés, piensa en las decisiones estilísticas del autor: por ejemplo, ¿qué repeticiones o paralelos utiliza? ¿En qué contradicciones se concentra el autor y con qué finalidad?

Vocabulario
Word families:
corona: coronar
criollo/a: *used both as noun and adjective*
derrotar: la derrota
dominio: dominar, dominante
traicionar: la traición, el traidor, la traidora

Conexión personal In order to get the discussion going, you might want to begin with a description of your own family. Ex: **Mis bisabuelos paternos eran campesinos mexicanos; mis bisabuelos maternos eran comerciantes españoles. La familia de mi padre era pobre y muy trabajadora....**

HERNÁN CORTÉS

Carlos Fuentes

Lines 68–75 In *The Prince*, written in 1513, Niccolo Machiavelli (**Maquiavelo**) argued that in order to maintain political stability, a ruler might need to resort to harsh or inhumane tactics. His point of view, now expressed by the adjective "Machiavellian," includes the ideas that the end justifies the means and that "It is best to be both feared and loved; however, if one cannot be both it is better to be feared than loved."

skimped on 1 Los mexicanos no hemos escatimado° homenajes a nuestra cultura colonial. Los misioneros Gantes, Motolinia y Bartolomé de las Casas, los escritores 5 Bernardo de Balbuena y Sor Juana Inés de la Cruz, incluso los virreyes de la Nueva España, que cuentan con barrio propio° y *have a neighborhood named after them* toda la cosa en las Lomas de Chapultepec°, certifican *privileged area of Mexico City* 10 que México es consciente del proceso histórico y cultural que, entre 1519 y 1810, forjó eso que podemos llamar «la nacionalidad» 15 mexicana.

omission El gran ausente° de estas nomenclaturas es el conquistador Hernán Cortés. Un palacio en 20 Cuernavaca, un busto y una calle secretos, marcan un paso que se diría invisible si *were it not* no estuviese° estigmatizado por las huellas de la sangre, el crimen y la destrucción. Hernán 25 Cortés, en México, ha sido tradicionalmente *cursed* olvidado o execrado° aunque a veces, también, elogiado. La tradición liberal *renounces* abjura° de él, la conservadora lo exalta, pero el justo medio historiográfico es obra de 30 un eminente escritor contemporáneo, José Luis Martínez, quien en 1990 publicó la más equilibrada biografía del conquistador.

A pesar de todo ello, Hernán Cortés sigue siendo un personaje vivo; la censura 35 no logra matarlo y, acaso, el odio lo vivifica. Cortés es parte de nuestro trauma nacional. Lo execramos porque venció a los indios, destruyó una cultura y demostró, *only too well* sobradamente°, la violenta crueldad de su

carácter. Pero, en el fondo, nos identificamos 40 —criollos y mestizos— con la sociedad indohispana fundada por el extremeño°. *person from the Spanish province of Extremadura* Voy más allá; los mexicanos modernos veneramos a los indios en los museos, donde no nos pueden hacer daño. Pero al indio de 45 carne y hueso lo despreciamos con crueldad más severa, por engañosa°, *deceptive* que la batalla abierta librada por Cortés contra el imperio de Moctezuma 50 Xocoyotzin.

Sin embargo, nos cuesta mucho, así sea a regañadientes°, no admirar *reluctantly* la épica encarnada por un 55 hombre que, al frente de once navíos°, quinientos *ships* soldados, dieciséis caballos y varias piezas de artillería, logró someter un imperio 60 indígena que se extendía del centro de México a la América Central. La quema de las naves, la decisión de marchar hasta Tenochtitlán, la inteligencia política para advertir° las fisuras° del 65 *detect/splits* imperio azteca y sumar descontentos en contra del autócrata Moctezuma, todo ello identifica a Hernán Cortés con su tiempo, el renacimiento europeo, y su psicología, la del Príncipe maquiavélico. Realmente, 70 la gesta mexicana de Cortés puede leerse como si el extremeño hubiese° leído al *had he* florentino°. Claro que El Príncipe no es *individual from Florence* publicado hasta 1531, después de consumada la conquista de México. Pero que la figura 75 del político maquiavélico ya estaba presente en el aire del tiempo, lo prueba, como nadie, Hernán Cortés.

Lines 3 to 6 The people referenced are: Pedro de Gantes: Franciscan friar and missionary, founder of one of the first schools in Mexico / Motolinia (Toribio de Benavente): Franciscan friar and missionary / Bartolomé de las Casas: Dominican friar, chronicler of the Conquest and defender of the indigenous population / Bernardo de Balbuena: Spanish poet raised in the New World / Sor Juana Inés de la Cruz: Mexican nun, poet and scholar famous for her defense of women's rights.

Virtud, Fortuna y Necesidad; los tres términos capitales de la política maquiavélica encarnan soberanamente° en Cortés. La fortuna de Cortés es que su desembarco en Veracruz coincide con la profecía del regreso del dios blanco, barbado° y bienhechor°, Quetzalcóatl. El asombro° y el temor° paralizan, por principio de cuentas, al adversario indígena. La necesidad, dice Maquiavelo, puede limitar la capacidad política, pero también acicatearla°. En el caso de Cortés, la necesidad de vencer a Moctezuma lo estimula como a un jugador de ajedrez°. El extremeño supera constantemente los azares de la fortuna haciendo —literalmente— de tripas corazón°. Si no persuade, traiciona. Si no traiciona, combate. Si no combate, asesina. Las matanzas° de Cholula son la más negra página de la biografía de Cortés. La virtud, en fin, lo mueve a asumir la paradoja de amar lo que ha combatido, de destruir una civilización pero de fundar una nueva. La necesaria alianza con la traductora indígena, doña Marina, la Malinche, se traduce, a su vez, en el símbolo del mestizaje, base de la comunidad mexicana y augurio°, hoy mismo, de lo que será el siglo XXI.

La conquista de México fue una catástrofe. Pero una catástrofe sólo es catastrófica, advierte María Zambrano, si de ella no nace nada que la redima. De la conquista de México nacimos todos nosotros, ya no aztecas, ya no españoles, sino indo hispano americanos, mestizos. Hablamos castellano. Adaptamos, sincréticamente, la religión católica a nuestro universo sagrado. Nos apropiamos, a través de España, de las costumbres helénicas, latinas, musulmanas y hebreas de la cuenca° del Mediterráneo. Somos los que somos porque Hernán Cortés, para bien y para mal, hizo lo que hizo.

Hay un tema final que quisiera tocar. Hernán Cortés era un «hombre nuevo», un producto de la naciente° civilización urbana post feudal de España. Ignoro° si era portador° de ese impulso democratizador que fue brutalmente arrestado en Villalar en 1521. No deja de ser llamativo° que ese mismo año 1521, Cortés conquista la capital del imperio azteca y Carlos V derrota a las comunidades de Castilla. ¿Perdieron las burguesías postmedievales españolas en Villalar y ganaron en México? Si así fue, si el hijo del molinero° de Medellín y pasajero alumno de Salamanca venció con su genio político y militar al imperio del Gran Tlatoani Moctezuma, no cabe duda de que, también, Cortés fue derrotado por la corona española. Cualquier veleidad° democrática o independentista en estos hombres de Andalucía y Extremadura que le dieron al Habsburgo° el dominio del mundo sin necesidad de que se desplazara° de Flandes y de Castilla fue rápidamente aplastada° por el poder real. Cortés mismo no puede consolidar poder alguno en México. Los emisarios del rey lo acusan, lo humillan, lo desplazan y lo condenan a un melancólico ocaso°.

Pero los dos hijos de Cortés, los dos Martines, el Martín criollo hijo de Juana de Zúñiga y el Martín mestizo hijo de la Malinche, serán los protagonistas, en 1566, de la primera intentona° independentista de México. Es como si los hijos hubiesen querido° cumplir el imposible destino del padre, Hernán Cortés, el Príncipe que no fue, el buen burgués condenado a esperar su hora histórica. Pero si ésta tardó en llegarle a Hernán Cortés y los «hombres nuevos» de España, momento épico sí les perteneció; la virtud, la necesidad y la fortuna sí les sonrieron y si al cabo° las tres les dieron la espalda, ¿quién, como escribió Bernal Díaz del Castillo, podría quitarles la memoria de aquellas jornadas° de gloria? ∎

Márgenes:
- 80 — supremely (soberanamente)
- 84 — bearded/benefactor (barbado/bienhechor)
- 85 — astonishment (asombro)
- fear (temor)
- 90 — stimulate it (acicatearla)
- chess (ajedrez)
- 95 — plucking up courage (tripas corazón)
- slaughters (matanzas)
- 105 — omen (augurio)
- basin (cuenca)
- incipient (naciente)
- 125 — I know not (Ignoro)
- proponent (portador)
- striking (llamativo)
- 130 —
- 135 — miller (molinero)
- 140 —
- whim (veleidad)
- Spanish king Carlos V (Habsburgo)
- 145 — that he leave (se desplazara)
- crushed (aplastada)
- 150 — decline (ocaso)
- 155 — attempt (intentona)
- had wanted (querido)
- 160 —
- 165 — in the end (al cabo)
- days; times (jornadas)

Las matanzas de Cholula (Line 98) At the time of the Conquest of Mexico, Cholula was the second largest city in Mexico with a population of almost 100,000 people. When Cortés entered Cholula in 1519 he killed thousands of unarmed members of the ruling class for supposed treachery and to terrify the remaining Aztecs into submission.

Después de leer

Hernán Cortés
Carlos Fuentes

1 **Comprensión** Indica si las oraciones son **ciertas** o **falsas**. Corrige las falsas.

1. Según Fuentes, el proceso histórico y cultural que forjó la nacionalidad mexicana empezó en el siglo XIX.
   Falso. Ocurrió entre 1519 y 1810.
2. Hay muchos monumentos en homenaje a Cortés en México.
   Falso. Hay muy pocos: un palacio en Cuernavaca, un busto y una calle.
3. Cortés ha sido tradicionalmente olvidado o execrado, aunque a veces elogiado.
   Cierto.
4. Los mestizos y criollos se identifican exclusivamente con los indígenas de México.
   Falso. Se identifican con la sociedad indohispana fundada por Cortés.
5. Cortés observó la falta de unión del imperio azteca.
   Cierto.
6. Los emisarios de Carlos V celebraron a Cortés después de la conquista.
   Falso. Lo acusaron, lo humillaron, lo desplazaron y lo condenaron a un melancólico ocaso.

2 **Interpretación** Contesta las preguntas con oraciones completas.

1. ¿Qué quiere decir Fuentes cuando escribe que Cortés es parte del "trauma nacional" de México?
2. Según Fuentes, ¿por qué es condenado Cortés?
3. Por otra parte, ¿por qué es admirado, aunque sea a regañadientes (*reluctantly*)?
4. Describe el papel de la "Fortuna" en las hazañas (*deeds*) de Cortés.

3 **Análisis** En parejas, contesten las preguntas.

1. ¿En qué sentido dio origen Hernán Cortés a la nación mexicana?
2. ¿Qué sentimientos contradictorios señala Fuentes con respecto a los indígenas?
3. Según la lógica del ensayo, ¿qué redime la conquista de México?
4. ¿El ensayo hizo que cambiaran su opinión sobre Cortés? ¿De qué manera?

4 **La Malinche** En parejas, lean este párrafo sobre La Malinche y la referencia a ella que aparece en el ensayo. Luego contesten las preguntas.

Doña Marina El papel de la indígena doña Marina (1496–1529) —también conocida como la Malinche— en la conquista de México es muy polémico. Fue la intérprete de Cortés y también su amante, la figura intermediaria que hizo posible la comunicación de los españoles con los indígenas. Algunos consideran su acto de traducción como una traición a sus raíces; otros ven en ella a una mujer capaz e inteligente que consiguió sobrevivir en situaciones muy difíciles. Al tener un hijo con Cortés, se convirtió para otros en la madre simbólica del pueblo mestizo de México.

1. ¿Qué importancia tiene la figura de la Malinche en la cultura mexicana?
2. Teniendo en cuenta el punto de vista de Fuentes sobre Cortés, ¿creen que Fuentes la considera una traidora? ¿Por qué?

5 **Otra perspectiva** Elige una figura polémica de la historia o de la cultura popular y escribe un ensayo de una página. Explica la impresión pública de este individuo, en particular los factores que influyen en la percepción negativa. Toma una postura y trata de convencer al lector.

---

3 Bring students back to the questions in the **Opiniones** on p. 289 and ask if any of their answers would change to take into account the two perspectives presented in the essay.

5 Some ideas include:
• **Historical:** Lucrecia Borgia, Rasputín, Niccolo Machiavelli, Queen Elizabeth I, Cleopatra, Julius Caesar, Mao Zedong, Che Guevara, Emiliano Zapata, Pancho Villa, Mata Hari, Catherine de Medici, Aaron Burr and Lizzie Borden

• **Contemporary:** Howard Stern, Don Imus, Martha Stewart, Paris Hilton, Madonna, Princess Diana, the Pope, Kim Jong-il, Hugo Chávez, Rigoberta Menchú, and Fidel Castro

Antes de leer

Mis recuerdos de Tibacuí

Sobre la autora

Josefa Acevedo de Gómez fue la primera mujer escritora de Colombia después de la época colonial. Además, fue la primera escritora laica (*lay*), ya que durante la colonia las únicas escritoras colombianas eran religiosas. Nació en Bogotá el 23 de enero de 1803 y murió en Pasca el 19 de enero de 1861. Provenía de una familia de fortuna y con una importante participación en la vida política y militar de la flamante (*brand-new*) república. Recibió una educación que no era común para las mujeres de su época, tuvo dos hijos y se ganó un lugar en las letras de su país como poetisa y escritora moralista y costumbrista. Sus obras incluyen ensayos sobre temas como los deberes de los casados y la economía doméstica, que permiten conocer los usos y costumbres de la época. También escribió numerosos cuentos, poesías y biografías.

Vocabulario

la aldea *village*	**el/la mayor** *elder*
el cementerio *cemetery*	**la parroquia** *parish*
la choza *hut*	**la procesión** *procession*
esclavizar *to enslave*	**la raza** *race*

 Palabras relacionadas Elige la palabra que no corresponda al grupo.

1. cura – parroquia – (choza)
2. raza – (procesiones) – descendientes
3. choza – casa – (monarca)
4. (esclavizar) – liberar – independencia
5. aldeas – pueblos – (mayores)

Conexión personal

¿Conoces alguna aldea o pueblo en el campo? ¿Qué diferencias notas con respecto a una gran ciudad o capital? ¿Cómo es la gente? ¿Te parece que las tradiciones de un país se preservan mejor en el campo que en las grandes ciudades?

Análisis literario: El costumbrismo

El costumbrismo narra las costumbres de una región o país determinado, buscando una expresión nacional. En general se trata de composiciones breves (ensayos o cuentos); el elemento más importante es la descripción detallada, y puede incluir algún tipo de crítica. Presta atención a las descripciones de usos, costumbres, modos de vida y personajes típicos en el relato que vas a leer.

Conexión personal For expansion, ask students about where they grew up: **¿Tu pueblo/ciudad natal ha cambiado mucho a lo largo de los años? Describe tu pueblo/ciudad antes y ahora.**

Análisis literario
• Ask students about customs and traditions. **Si escribieras un ensayo sobre tu pueblo natal, ¿cuáles son las costumbres que incluirías?** Call on volunteers to give the class a detailed description of one important custom.

• Have students give examples from film or literature in which the protagonist revisits his or her hometown after time away.

Preview Ask students to discuss this question: **¿Por qué creen que es importante que, además de contar hechos que involucran a personas importantes y a naciones, los autores e historiadores cuenten las historias de gente común?**

Mis *recuerdos* de Tibacuí

Point out that the current name of the town is Tibacuy and it is located in the Cundinamarca Department in Colombia.

Josefa Acevedo de Gómez

halfway through ¹ A mediados° del año de 1836 me hallaba yo en las inmediaciones° de la parroquia de Tibacuí, en el cantón de Fusagasugá, y recibí una atenta y expresiva ⁵ invitación del cura, el alcalde y los principales vecinos, para que concurriese° a la fiesta de Corpus°, que se celebraba el domingo inmediato. Jamás he gustado de fiestas ni

vicinity

attend

feast to commemorate the institution of the Holy Eucharist

de reuniones bulliciosas°, por lo cual pensé excusarme; mas° al recordar la pequeñez de ¹⁰ aquella parroquia y la pobreza del vecindario, comprendí que no sería aquella fiesta de la clase de la que siempre he evitado, porque producen disipación en el espíritu y dejan vacío° en el corazón. Fui, pues, a Tibacuí y ¹⁵ llegué a las siete de la mañana.

boisterous

but

emptiness

Teaching option As students read, have them take notes on the narrator's descriptions and reactions to Tibacuí.

Teaching option Have students make a list of adjectives used to describe nature in the story. Ask: **¿Qué efecto tiene la descripción detallada de la naturaleza en este cuento?**

Se compone made of straw/ extremely scattered

here and there/ slope 20

roof tile/neat

25

roofing/wide agave leaves 30

hill/grass

hermitages

sides/jail

35

dale; glen

wild

stream

soft grass

40

yards/natives

shaded/banana groves 45

avocados/ cherimoya (tree)

50

Compónese° aquella población de una o dos docenas de casas pajizas°, sumamente° estrechas y pobres, esparcidas° aquí y acullá° por la pendiente que forma la falda° prolongada de una alta y espesa montaña. Hay en el lugar más llano una pequeña iglesia de teja°, pobre y aseada°, a cuya izquierda se ve la casa del cura, también de paja, como las demás del pueblo, pero menos pequeña que las otras habitaciones. Entre éstas hay algunas que no pudieron cubrirse con paja a causa de la pobreza de sus dueños, y sólo les sirven de techado° algunas anchas° y verdes hojas de fique°. La plaza no es sino la continuación de una colina° cubierta de verde yerba°, cuyo cuadro lo forman cuatro ermitas° de tierra y en sus costados° solamente se ven la cárcel° y cinco o seis chozas miserables. A la derecha de la iglesia, paralela a un costado de la plaza, hay una hondonada° verde y llena de árboles silvestres°, por la cual corre en invierno un hermoso torrente°, pero que en verano está seca y cubierta de mullida grama°. Esta hondonada se prolonga como trescientas varas° hasta el pie de la Plaza, y los naturales° la llaman la calle de la Amargura por ser aquél el camino por donde suelen llevar las procesiones de semana santa. Estas pocas chozas, sombreadas° por verdes platanares°, elevados aguacates° y aromáticos chirimoyos°, y rodeadas por algunas gallinas, patos, perros, cerdos y otros animales domésticos, presentan un aspecto pintoresco e interesante para quien no busca allí el lujo y las comodidades de la vida. El vecindario se compone de dos razas perfectamente marcadas: algunos blancos,

en quienes se descubre desde luego el origen europeo; el resto, indios puros, descendientes de los antiguos poseedores de la América. 55 Todos son labradores°; todos pobres, y, casi puedo decir, todos honrados y sencillos, hospitalarios y amables. Allí no ha penetrado todavía la civilización del siglo XIX.

peasants

Cuando yo llegué, me rodeó la mayor 60 parte del vecindario. Unos querían que fuese a alojarme a su casita, otros que admitiese su almuerzo, otros que les permitiese cuidar de mi caballo. Procuré manifestar mi agradecimiento a todos, y fui a desmontarme 65 en la casa del cura, digno pastor de aquella inocente grey°. Luego que conversamos un rato, salí a tomar chocolate en casa del alcalde y a dar un paseo por la plaza. Jamás olvidaré ni la obsequiosa° bondad° con que se me 70 dio un decente y abundante desayuno, ni la grata° impresión que recibí al dar aquel paseo matutino°.

flock

attentive; obliging/ kindness

pleasant

morning

Con palmas y árboles floridos cortados en la montaña vecina se había formado una doble 75 calle de verdura por los cuatro lados de la plaza. Esta calle estaba cortada en varios puntos por vistosos arcos, cubiertos de flores y de todas las frutas que brinda° la sierra caliente en aquella estación: era el mes de junio. Aquí se veía un 80 hermoso racimo° de mararayes°; allí dos o tres de amarillos y sazonados plátanos; más allá un grupo de aromáticas chirimoyas°; después una multitud de lustrosos aguacates, de una magnitud poco común; acá un extraño tejido 85 de guamas° de diversas especies y figuras; en otra parte, yucas° extraordinarias y gran variedad de raíces, legumbres y hortalizas°.

offers

bunch/fruit of the ruffle palm

cherimoya (fruit)

tropical tree

yucca; manioc

vegetables

Figura humana hecha con fruta en el Festival de las frutas y las flores durante Corpus Christi en Anolaima, Colombia.

y hermosos adornos, que aquellas inmensas fuentes de plata, aquella multitud de espejos, cintas, flecos° y retazos de seda° y gasa° que *fringe/silk/gauze* se ostentan en esta fiesta, en la capital de la 110 República! Yo gozaba con delicia de este espectáculo, y las risas, cantos y alegría de este pueblo inocente, alejaban de mí las tristes impresiones que casi siempre dejan en mi alma las reuniones en numerosas concurrencias°. 115 *with lots of participants* Mezcléme° con los hijos de Tibacuí, y tuve el *Me mezclé* placer de ayudarles a componer sus ermitas, altares y arcos, procurando que los menos pobres no dañasen con adornos heterogéneos el gusto sencillo y campestre que allí reinaba. 120

Las campanas repicaban° sin cesar, y *bells pealed* todo el mundo se manifestaba alegre, activo y oficioso°. De repente oí el ruido de un *diligent* tamboril° y un pito°. Entonces vino a bailar *small drum/ whistle* delante de mí la danza del pueblo. Componíase 125 ésta de doce jóvenes indígenas de 15 a 18 años, sin más vestido que unas enaguas° *petticoats* cortas y unos gorros hechos de pintadas y vistosas plumas°. Llevaban también plumas *feathers* en las muñecas y las gargantas de los pies°, y 130 *tops of the feet* un carcaj° lleno de flechas° sobre la espalda. *quiver/arrows* El resto de sus cuerpos desnudos estaba caprichosamente pintado de varios colores. Presidía a estos muchachos un anciano de más de setenta años, vestido como lo están 135 siempre aquellos infelices indios, es decir, sin camisa, con unos calzoncillos cortos de lienzo° *canvas* del país muy ordinario, y una ruanita° de lana *poncho* que les cubre un poco más abajo de la cintura. Este viejo estaba sin sombrero, y llevaba 140 colgado del cuello el tamboril, al cual daba golpes acompasados° con la mano izquierda, *regular; rhythmic*

exhibited

Otros arcos ostentaban° los productos de la 90 caza: conejos, comadrejas, zorros, ulamáes, armadillos y otros animales silvestres. Más *ring-shaped biscuit or bread* allá se veían pendientes, doradas roscas° de *corn bread/ strings* pan de maíz°, sartas° de huevos de diversos colores, cogidos por aquellos montes, y 95 muchos pajarillos vivos y muertos, cuya vistosa variedad atraía y encantaba la vista. Sería difícil decir detalladamente la multitud de objetos naturales que se habían reunido para *erected* adornar aquellos arcos de triunfo erigidos° 100 en obsequio del Santísimo Sacramento. Una inmensa profusión de animales, frutas y flores, formaba la ofrenda campestre que ofrecía *handful* aquel puñado° de cristianos sencillos al Dios *mercy* cuya misericordia° se celebra en esta solemne, 105 misteriosa y sagrada fiesta. ¡Cuánto más bellos y dignos del Criador son estos rústicos

mientras con la derecha sostenía y tocaba el
pito. Con esta extraña música bailaban los
145 jóvenes una danza graciosa, llena de figuras
y variaciones, arrojando° y recogiendo° sus
flechas con asombrosa agilidad. Yo los miré
un rato con ternura° y complacencia, les di
algunas monedas y me retiré.

*throwing/
gathering up*

tenderness

CONTEXTO CULTURAL

Mis recuerdos de Tibacuí fue publicado en 1861
en el libro titulado *Cuadros de la vida privada de
algunos granadinos*. En el texto original se pueden
apreciar algunas particularidades ortográficas.
Por ejemplo, la autora no usa nunca la letra **y**
cuando suena como la vocal **i** (por ejemplo, escribe
"hai" en lugar de "hay"). También omite algunos
acentos pero les pone acento a palabras de una
sola sílaba que normalmente no lo llevan (por
ejemplo, escribe "fuí" en lugar de "fui"). Estas
particularidades no son errores sino que nos
muestran el español americano en las épocas
posteriores a la colonia, que no era uniforme en
su ortografía y su vocabulario.
El texto original comienza así: "A mediados del año
de 1836 me hallaba yo en las inmediaciones de la
parroquia de Tibacuí, en el cantón de Fusagasugá,
i recibí una atenta i expresiva invitacion del cura,
el alcalde i los principales vecinos, para que
concurriese a la fiesta de Corpus, que se celebraba
el domingo inmediato".

150 Salió bien pronto la procesión. El pueblo
se prosternó° respetuosamente, y ya no se
oía sino el canto sagrado, el alegre tañido°
de las campanas y el tamboril y el pito de la
danza que iba bailando delante del Santo
155 Sacramento. Entonces empezó a arder° un
castillo de pólvora°, preparado para la primera
estación. Dos indios de la danza fingieron°

*kneeled or
bowed*

peal

to burn

gunpowder

feigned

terror, estrecharon sus arcos° contra el pecho
y se dejaron caer con los rostros° contra la
tierra. Al cesar el ruido de la pólvora, volvieron 160
a levantarse y continuaron ágiles y alegres
su incansable danza. Pero cuantas veces se
quemaron castillos o ruedas, ellos repitieron
aquella expresiva pantomima. Confieso
que no pude ya resistir la impresión que me 165
causó aquella escena. Mis lágrimas corrieron
al ver la inocente y cándida alegría con que
los descendientes de los antiguos dueños del
suelo americano renuevan en una pantomima
tradicional la imagen de su destrucción, el 170
recuerdo ominoso y amargo° del tiempo en
que sus abuelos fueron casi exterminados y
vilmente° esclavizados por aquellos hombres
terribles que, en su concepto, manejaban el
rayo°. En el trascurso de más de tres siglos 175
estos hijos degenerados de una raza valiente
y numerosa, ignorantes de su origen, de
sus derechos y de su propia miseria,
celebran una fiesta cristiana contrahaciendo°
momentáneamente los usos de sus mayores, 180
y se ríen representando el terror de sus padres
en aquellos días aciagos° en que sus opresores
los aniquilaban para formar colonias
europeas sobre los despojos° de una grande y
poderosa nación. 185

bows

faces

bitter

despicably

lightning

imitating

*unfortunate;
fateful*

remains

II

Miguel Guzmán se llamaba el respetable
indio que conducía la danza de Tibacuí el
día de la fiesta del Sacramento, que acabo de
pintar. Era este anciano de mediana estatura,
y tenía el color y las facciones de un indio 190
sin mezcla de sangre europea. Sus pequeños
y negros ojos estaban siempre animados de

Teaching option Have students read the last few lines of part I and the beginning of part II (p. 303). Write these words on the board: **narración; opinión; descripción; costumbres.** Have students decide which of these words best describe the style of each part of the story.

Vista panorámica de Tibacuy en el año 1998.

una expresión de benevolencia: su amable sonrisa hacía un notable contraste con las

wrinkles/ 195 hondas y prolongadas arrugas° que surcaban°
creased
scant su frente y sus mejillas: sus cabellos y escasa° barba eran blancos como la nieve; y la edad había destruido la mayor parte de sus dientes, a pesar de que casi todos los indios conservan
200 blanca y sana la dentadura, aunque vivan un siglo.

Después del día de la fiesta, Guzmán y Mariana su esposa venían frecuentemente
help; aid a mi casa. Yo les daba algunos socorros°,
205 les compraba sus chirimoyas, y con más
gift frecuencia admitía el obsequio° que de ellas me hacían. Jamás tuve ocupación bastante grave que me impidiese recibir a aquellos honrados ancianos. Me contaban sus
210 miserias y sus prosperidades; me referían las tradiciones de la aldea, los acontecimientos
seen notables que habían presenciado° en su larga vida; solicitaban mi aprobación o mis consejos sobre los pequeños negocios de sus parientes
215 y amigos, y jamás salían de casa sin haber comido y sin llevar pan para dos nietos que los acompañaban. Ya hacía más de catorce meses que yo veía semanalmente aquella

virtuosa pareja, y jamás la oí quejarse de su suerte, pedirme cosa alguna, ni murmurar de 220 su prójimo°.   *fellow man*

Una mañana vino Mariana a decirme que Miguel estaba enfermo, y que ella pensaba sería de debilidad, porque hacía muchos días que no comía carne. Hice que le dieran 225 unas dos gallinas y algunos otros víveres°, y le   *supplies;* encargué que si la enfermedad de su esposo   *provisions* se prolongaba viniese a avisarme. El día 16 de octubre de 37 llegó un indio llamado Chavista, y me dijo: «Esta madrugada murió Miguel 230 Guzmán, y su viuda me encargó que viniera a decírselo a su merced.» No pude rehusar°   *refuse* algunas lágrimas a la memoria del anciano; envié un socorro a la viuda, y le mandé a decir que cuando pudiera viniese a verme. 235

A los cinco días estuvo en casa Mariana. Esta mujer distaba mucho de° tener la   *was far from* fisonomía° franca, risueña° y expresiva   *face/smiling* de Guzmán. Su cara era larga, sus ojos empañados° y hundidos, su tez° negra y 240   *cloudy/* acartonada°. Era también muy vieja; pero su   *complexion* cabello no estaba enteramente cano°. En fin,   *wizened* ella no inspiraba simpatías en su favor, a pesar   *gray* de sus modales bondadosos y del cariño que su esposo la tenía. Yo la hice sentar y le dije: 245

—Ya supongo, Mariana, que usted habrá estado muy triste.

—Sí, su merced, pero mi Dios lo ha dispuesto así.

—Ésa es la vida, dije, debemos 250 conformarnos°.   *be content*

—Sí, yo estoy conforme y vengo a darle a su merced las gracias por todo el bien que nos ha hecho.

255 Al decir esto su voz era firme, su aspecto perfectamente impasible, y ninguna marca de dolor se pintaba en aquella cara negra y arrugada, que me recordaba la idea que en mi *witches* infancia me daban de las brujas°. Sin embargo, 260 recordé que era la viuda de Guzmán, que tenía reputación de ser una buena mujer, y le dije:

—Mire usted, Mariana, aquí tengo un cuarto donde usted puede vivir: véngase a 265 casa y no tendrá que pensar más en el pan de cada día; si se enferma, aquí la cuidaremos, y *to bundle up* si tiene frío yo le daré con qué abrigarse°.

Guardó ella un instante de silencio y después me dijo:

270 —¡No, su merced, jamás!

—¿Y por qué no?

Entonces exclamó:

—¡Qué! ¿Yo comería buenos alimentos *bite* de que no podría guardarle a él un bocadito°? 275 ¿yo dormiría en cuarto y cama abrigados cuando él está debajo de la tierra? ¡Que Dios me libre de eso! Mire su merced, más de cuarenta y cinco años hemos vivido los dos en ese pobre rancho. Cuando él iba a la ciudad a *thread* 280 vender el hilo° que yo hilaba y las chirimoyas, *stove* yo lo esperaba junto al fogón° y ya tenía algo que darle. Llegaba, me abrazaba siempre, me entregaba el real o la sal que traía, y juntos nos tomábamos el *calentilto* (aguamiel), la 285 arepa o la yuca asada que le tenía. Si era yo la que iba a lavar al río, él me esperaba junto al fogón, y si no tenía qué darme, siquiera *poked/fire* atizaba° la lumbre°, y me decía: esta noche *firewood* no hay qué cenar, pero tengo bastante leña° 290 y nos calentaremos juntos. ¡No; jamás dejaré

ese ranchito! ¡Ya nadie se sienta en él junto al fogón! ¡Ya no estará allí ese ángel! Pero su alma no estará lejos, y se afligiría si yo abandonara nuestra casita.

Al decir esto, Mariana cruzó sus manos 295 sobre el pecho con un dolor convulsivo. Dos torrentes de lágrimas corrieron sobre sus acartonadas mejillas, y por más de media hora escuché su silencioso llanto° y sus sollozos *weeping* ahogados°. ¡Cuán mal había yo juzgado a 300 *muffled sobs* Mariana por su fisonomía! ¡Ah! ¡Jamás había yo visto un dolor más elocuente y sublime; jamás había comprendido tanto amor en un discurso tan corto y sencillo! ¡Pobre anciana! Yo lloré con ella y no traté de consolarla. 305 Cuando su llanto se calmó le dije:

—Mariana, mi ofrecimiento subsiste, aunque conozco que usted tiene razón en no aceptarlo por ahora. Pero algún día, cuando usted pueda, recuerde que ésta es su casa y 310 venga aquí a vivir más tranquila.

—No, su merced, me dijo, eso no será jamás, porque yo sé que él no se amañará° sin *will not* mí en el cielo. *manage*

Diciendo esto dio un profundo suspiro°, 315 *sigh* y al propio tiempo que sonrió con cierto aire de calma e indiferencia. Apenas le di un corto socorro, temiendo que uno más abundante la hiciese sentir con más amargura° su viudedad. *bitterness* Al despedirse besó dos veces mi mano e hizo 320 tiernas caricias a mi pequeña familia. La insté° *I urged* que volviese, y no me respondió.

Seis días después, Mariana descansaba en el cementerio de la aldea, al lado del venerable Miguel. ∎ 325

Después de leer

Mis recuerdos de Tibacuí

Josefa Acevedo de Gómez

① Before completing the activity, call on volunteers to use the eight statements and other details they remember to summarize the story in their own words.

1 **Comprensión** Ordena los acontecimientos del cuento.

   5   a. Miguel Guzmán y su esposa, Mariana, visitan a la narradora.

   7   b. Cambia la opinión de la narradora sobre la esposa de Miguel.

   3   c. Junto con los pobladores, la narradora arma los adornos de la fiesta.

   1   d. La narradora recibe una invitación a la fiesta de Corpus de Tibacuí.

   2   e. La narradora toma chocolate en casa del alcalde.

   8   f. Mariana muere seis días después.

   4   g. Comienza la procesión de Corpus.

   6   h. Miguel se enferma y muere días después.

② For expansion, ask students additional questions: ¿Te sorprendió que Mariana no fuera a vivir con la narradora? ¿Qué efecto tiene la comparación de Tibacuí con la gran ciudad donde vive la narradora?

2 **Análisis** Lee el relato nuevamente y responde a las preguntas.

1. ¿Qué porcentaje del cuento es descripción? ¿Qué te dice esto sobre el estilo de la autora?

2. En la fiesta se destacan los elementos naturales de la zona de Tibacuí: animales, frutos, árboles, etc. ¿Por qué te parece que ocupan un lugar tan destacado?

3. ¿La narradora vive habitualmente en Tibacuí? ¿Cuál es el punto de vista que tiene al mirar y describir a las personas de la aldea?

4. Vuelve a leer las descripciones de Manuel y Mariana. ¿Qué elementos destaca la narradora: los rasgos exteriores (fisonomía, rasgos físicos) o los interiores (personalidad, actitud)? ¿Por qué sucede esto según tu opinión?

③ Ask these additional interpretation questions. 5. La narradora cuenta que no simpatiza con Mariana. ¿Les parece que tiene motivos reales? ¿Conoce de verdad a la esposa de Guzmán? 6. La narradora señala que la civilización del siglo XIX no ha entrado en Tibacuí. ¿Piensan que eso es algo bueno o algo malo? ¿Por qué?

3 **Interpretación** En parejas, contesten las preguntas.

1. ¿Cómo es la narradora? ¿Qué piensa de las fiestas en general?

2. ¿Por qué crees que es tan importante la fiesta para la gente de Tibacuí?

3. ¿Cuál te parece que es la razón de las lágrimas de la narradora al ver la fiesta?

4. "Mezcléme con los hijos de Tibacuí", dice la narradora. ¿Te parece que llega realmente a mezclarse con los pobladores de Tibacuí?

4 **Historias para la posteridad** En grupos de tres, elijan un acontecimiento o un objeto contemporáneo y preparen una descripción que sea clara para alguien que escuche la historia dentro de cien años. Compartan sus historias con el resto de la clase.

> **MODELO**
>
> ¡Qué emoción el día que me regalaron mi primer iPod! Este artefacto, cuyo nombre se pronunciaba "ai pod", te permitía guardar miles de canciones que antes hubieran requerido muchísimos CD, que son unos disquitos que se usaban para grabar música e información.

⑤ Preview the activity by asking which students are from large cities and which are from small towns.

5 **Contrastes** En el relato, la narradora, que viene de una ciudad grande, visita Tibacuí, una aldea pequeña. Imagina que vives en Tibacuí o en otro pueblo pequeño. Acabas de visitar una gran ciudad por primera vez. Escribe una carta a una persona de tu pueblo. Describe tu primera impresión de la gran ciudad y saca conclusiones: ¿Dónde se vive mejor? ¿Por qué? ¿Dónde preferirías vivir?

Taller de escritura

Preparación: Claves para un buen ensayo

No existe una fórmula infalible para un buen ensayo: es algo que aprenderás con la práctica y leyendo buenos modelos. Sin embargo, presta especial atención a estos elementos:

- **Concisión** Evita la redundancia tanto en el lenguaje como en las ideas. No repitas lo que ya dijiste. Quita las palabras que no sean necesarias y simplifica lo más posible la estructura de cada oración.

- **Tono** Usa el tono adecuado dependiendo de tu público e intención. No seas excesivamente informal, pero tampoco uses un tono demasiado pretensioso.

- **Lenguaje** Usa palabras definidas y concretas. Al revisar, concéntrate en las palabras principales de cada oración y hazte esta pregunta: ¿Sé lo que significa esta palabra y el tipo de asociaciones que le sugerirá al lector?

- **Fluidez** El argumento debe fluir claramente de principio a fin. Si hay oraciones o párrafos que distraen demasiado, cámbialos de posición o sácalos. Es bueno variar las ideas y sorprender al lector, pero nunca al grado de confundirlo.

Práctica Lee este párrafo. Corrige el tono, el lenguaje, la fluidez y la redundancia.

Me súper fascina el ajedrez. Ha habido muchos grandes jugadores, pero uno de los más grandes es el cubano Capablanca. Él vivió de 1888 a 1942. Él aprendió a jugar viendo jugar a su padre a los 4 años, y él se convirtió en campeón de todo el mundo. Yo juego al ajedrez todos los domingos y soy cubano, por eso Capablanca es mi héroe idolatrado.

Ensayo Elige uno de estos temas y escribe un ensayo.

Requisitos

- Tu ensayo debe hacer referencia a por lo menos dos de las cuatro obras estudiadas en esta lección (cultura, cortometraje, dos obras literarias) o, en el caso del último tema, una de las obras puede ser de una lección anterior.
- Tu ensayo debe ser de por lo menos dos páginas.
- Al terminar, revisa que tu ensayo sea conciso, tenga fluidez y que el tono y el lenguaje sean adecuados.

- Estas obras hablan del "mestizaje" o mezcla de civilizaciones. ¿Qué ventajas tiene pertenecer a dos culturas distintas? ¿Qué problemas psicológicos o culturales genera? Da ejemplos específicos de las lecturas y el corto.

- La memoria es la base de la identidad cultural, pero los recuerdos tanto de los individuos como de las culturas suelen ser un poco selectivos. ¿Qué cosas prefieren olvidar o reprimir los personajes en estas obras? ¿Qué cosas recuerdan?

- El escritor irlandés James Joyce dice en una obra: "la historia es una pesadilla de la cual intento despertar". ¿Concuerdan las obras de esta lección con esta cita? ¿Cómo proponen que escapemos, o lleguemos a comprender, el peso de la historia?

- Vas a participar en el programa de televisión *Survivor*, y debes elegir cuatro personajes de las obras de este libro para tu equipo. ¿A quién es elegirías?

Preparación Encourage students to go back and review the information about essays presented in the **Taller de escritura** section of previous lessons before beginning their final essay.

Ensayo
- For the first topic, encourage students to use a graphic organizer such as a chart or a Venn diagram to compare and contrast advantages and disadvantages.
- For the second, encourage students to imagine themselves in the characters' situation. **¿Qué preferirían olvidar? ¿Por qué?**
- For the third, have students compare Joyce's statement with the truisms **La historia se repite** and **Los que desconocen la historia están condenados a repetirla.**
- For the fourth, have students make a list of at least ten characters from the book's selections and then narrow them down to four.

12 CONEXIONES

Abriendo ventanas

Pasado, presente y futuro

Presentación Trabajen en grupos de cuatro o cinco.

A. Números y estadísticas Lean estas estadísticas y contesten las preguntas.

- El 36 % de los extranjeros que residen legalmente en España son latinoamericanos.
- Latinoamérica recibió el 69,5% de las remesas° que salieron de España en 2005.
- Para Bolivia los envíos de remesas desde España representaron en 2005 el 5,6% del PIB (*gross domestic product*) del país.
- Cada 24 horas, los inmigrantes latinos en Estados Unidos envían a sus familias en sus países de origen unos US $69,45 millones.
- Dos tercios de los 25 millones de latinoamericanos que viven en el exterior envían periódicamente dinero a sus familiares en sus países de origen.
- En 2004, las remesas recibidas por América Latina y el Caribe ascendieron a US $45.800 millones.

remesas *money sent by immigrants to their families in their home country*
Fuente: BBC

1. ¿Cuál de estos datos les llama más la atención? ¿Por qué?

2. ¿Las remesas familiares enviadas a América Latina tienen un efecto negativo o positivo en el país desde el cual se envían? ¿Por qué?

3. ¿Los nietos de inmigrantes deben tener derecho a la nacionalidad de sus abuelos? ¿Por qué?

B. Migraciones Lean estas opiniones. ¿Están de acuerdo? ¿Por qué?

> Muchos países occidentales son países de inmigrantes. Los nuevos inmigrantes están repitiendo la historia de los primeros colonos y las primeras olas de inmigración. ¡Nadie calificó de ilegales a quienes viajaron en el Mayflower!

> Muchos grupos indígenas fueron desplazados o masacrados por los colonizadores. Las naciones contemporáneas fundadas por los europeos tienen una deuda pendiente con los pueblos indígenas.

> Los latinoamericanos de hoy son quienes son gracias a los europeos y por culpa de los europeos. Lo positivo y lo negativo de la historia son prácticamente inseparables.

Parte A Tell students that the custom of sending money to one's relatives back home is not limited to Hispanic cultures. In cities with diverse populations, it is common to see small businesses based on serving the various groups of immigrants who want to wire money to their families.

Parte B

• Encourage students to reflect on their own family's history of immigration and ask those who are comfortable doing so to share their story with the rest of the class.

• Bring up current events related to immigration and migration or ask students to read newspapers and/or watch television to identify some.

C. Van a preparar una presentación sobre uno de estos temas:

- El pasado, el presente y el futuro de un grupo indígena latinoamericano
- La situación actual de un grupo inmigratorio hispano
- La "contrainmigración" latinoamericana (hijos y nietos de inmigrantes que emigran a Europa)
- La situación actual de los grupos indígenas en EE.UU. o Canadá en comparación con América Latina

Elección del tema

Repasen las respuestas de las partes **A** y **B**. De acuerdo con las respuestas y opiniones del grupo, ¿qué tema les interesa más?

Preparación

Hagan una investigación sobre el tema elegido en Internet o en la biblioteca. Busquen fotos y datos estadísticos para acompañar la presentación. También pueden realizar entrevistas para reunir información y opiniones. La presentación debe incluir como mínimo:

- datos históricos
- perspectivas futuras
- descripción de la situación actual
- conclusión con opinión crítica del grupo

También pueden incluir materiales audiovisuales como logotipos, afiches con detalles de la programación, etc.

Estrategia de comunicación

Conectores Éstos son algunos términos y expresiones que pueden usar para expresar relaciones entre ideas.

- **adversativos:** pero, no obstante, sin embargo, a pesar de
- **concesivos:** aunque, si bien, por más que
- **copulativos:** y, ni, además, también, tampoco
- **condicionales:** si, con tal (de) que, siempre que
- **causales:** ya que, porque, pues, debido a
- **consecutivos:** por lo tanto, por eso
- **explicativos:** es decir, esto es, mejor dicho, o sea, por ejemplo
- **comparativos:** tan...como, al igual que, a diferencia de, tanto... como
- **finales:** a fin de (que), con el objeto de, para que

Estrategia de comunicación In order to help students assimilate these connectors, have them work in pairs or small groups to write sentences using at least two from each group.

Organización

Organicen la presentación en un esquema que resuma los puntos principales. La presentación deberá durar unos diez minutos. Decidan qué parte(s) presentará cada uno/a. Recuerden que todos los integrantes del grupo deben participar.

Presentación

Usen el esquema como guía para la presentación. Recuerden que deben hablar a la clase y no leer una presentación escrita. Después de la presentación, contesten las preguntas de sus compañeros/as.

La historia

① For the fifth item, ask students what remnants of today's civilization and culture will be examined and studied by archeologists of the future. Ask: **Basándose en estos "restos arqueológicos", ¿cómo describirán los expertos del futuro a nuestra sociedad?**

1

5 min. La clase se divide en cinco grupos. Cada uno tiene que pensar y anotar sus ideas sobre uno de estos temas.

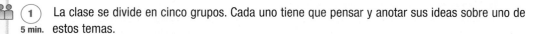

¿Creen que el tipo de colonización determina el futuro de las naciones?

¿Se debe usar el pasado para justificar los problemas actuales?

¿Creen que los grupos indígenas deben tener sus propias leyes? ¿Por qué?

¿Qué piensan de las personas que reniegan de su propia cultura, pero se maravillan con las extranjeras?

¿Es importante el estudio de restos arqueológicos? ¿Por qué?

2

10 min. Cada grupo tiene que preparar una breve presentación sobre uno de los temas. En el caso de que no todos opinen lo mismo, pueden mencionar que dentro del grupo hay distintas opiniones.

3

25 min. Los diferentes grupos presentan sus ideas a la clase, mientras todos toman nota.

4

10 min. Cuando todos los grupos han terminado de presentar sus ideas, toda la clase debe participar haciendo preguntas o expresando sus opiniones.

Lista de revisión para ensayos

Para corregir tu propio trabajo, debes tomar distancia de tus ideas y adquirir un buen ojo crítico. Intenta leer tu ensayo como si lo hubiera escrito otra persona. ¿Te convence? ¿Hay cosas que te molestan o te aburren? ¿Qué cambiarías? Esta lista te ayudará a cubrir todos los aspectos del ensayo, desde las características globales hasta los pequeños detalles.

Primer paso: una visión panorámica

Tema

¿Responde el ensayo a la pregunta o el tema asignado?

Tesis

¿Has comunicado claramente tu tesis?
- La tesis no es lo mismo que el tema: es un argumento específico que determina la estructura del ensayo.
- La tesis debe aparecer en el primer párrafo, no debe perderse de vista en ningún momento del ensayo y debe resumirse, pero no simplemente repetirse, en la conclusión.

Lógica y estructura

Lee el ensayo de principio a fin, concentrándote en la organización de las ideas.
- ¿Se relaciona cada idea con la siguiente? Elimina cualquier brecha lógica.
- ¿Hay secciones irrelevantes o que debas cambiar de posición?
- ¿Has respaldado tu tesis con suficientes argumentos o faltan ejemplos?

Audiencia

El ensayo debe adecuarse al tipo de lector.
- Si el lector no está informado sobre el tema, asegúrate de incluir suficiente **contexto** para que pueda seguir tu razonamiento. Explica los términos que puedan confundirlo.
- Adapta el **tono** y el **vocabulario** a la audiencia. Siempre ten en mente un lector inteligente y escéptico que no aceptará tus ideas a menos que lo convenzas. El tono nunca debe ser demasiado coloquial, pretensioso o frívolo.

Intención

Si quieres informar o explicar un tema, debes ser preciso y meticuloso. Un ensayo argumentativo debe caracterizarse por la objetividad; evita las opiniones personales subjetivas. Si buscas persuadir al lector puedes expresar opiniones personales o juicios de valor, siempre y cuando los defiendas con argumentos lógicos.

Segundo paso: el párrafo

Luego concéntrate en cada párrafo con estas preguntas en mente.

Párrafos

- ¿Hay una oración tema en cada párrafo? La idea central no sólo debe darle coherencia y unidad al párrafo, sino también vincularlo a la tesis principal del ensayo.
- ¿Cómo es la transición entre un párrafo y otro? Si es clara, el ensayo tendrá fluidez. Si es demasiado abrupta, puede confundir o irritar al lector.
- ¿Cómo empieza y cómo termina el ensayo? La introducción debe ser interesante y debe identificar la tesis. La conclusión no debe limitarse a repetir lo que ya dijiste: como cualquier otro párrafo, debe presentar una idea original.
- Lee el párrafo, de ser posible en voz alta, y presta atención al ritmo del lenguaje. Si todas las oraciones son iguales, la lectura se vuelve monótona y aburrida. Trata de variar la longitud y el ritmo de las oraciones.

Tercer paso: la oración

Por último, lee detalladamente cada oración.

Oraciones

- Busca la palabra ideal para cada situación. Considera posibles sinónimos. Usa siempre un lenguaje directo, preciso y concreto.
- Evita la redundancia. Elimina toda oración o palabra que sea una distracción o repita algo que ya dijiste.
- Revisa la **gramática**. Asegúrate que haya concordancia entre el sujeto y el verbo, entre los sustantivos y los adjetivos, y entre los pronombres y sus antecedentes. Asegúrate de usar las preposiciones correctas.
- Revisa la ortografía. Presta especial atención a los acentos.

Evaluación y progreso

Revisión

De ser posible, intercambia tu ensayo con el de un(a) compañero/a y háganse sugerencias para mejorar su trabajo. Menciona lo que cambiarías pero también lo que te gusta.

Correcciones

Cuando tu profesor(a) te devuelva un ensayo, lee sus comentarios y correcciones. En una hoja aparte, escribe el título **Notas para mejorar la escritura** y haz una lista de tus errores más comunes. Guárdala junto con el ensayo en una **Carpeta de trabajos** y consúltala regularmente. Así podrás evaluar tu progreso y evitar caer siempre en los mismos errores.

Estrategias de comunicación

Al hacer presentaciones orales o al escribir ensayos, usa frases y expresiones que sirvan de guía para tu audiencia y le permitan comprender la estructura de tu argumento. En los recuadros de **Estrategias de comunicación** ya has aprendido muchas expresiones útiles (pp. 23, 31, 55, 73, 81, 97, 105, 131, 149, 175, 183, 253, 309). Éstas son otras frases y palabras que puedes utilizar.

Para introducir un tema
El propósito de este ensayo es... *The purpose of this essay is to...*
Este ensayo examinará/estudiará/analizará... *This essay will examine/study/analize...*

Para explicar causa y efecto
Es por esto que... *It is for this reason that...*
Esto se debe a... *This is due to...*
Por lo tanto, ... *Therefore, ...*

Para hacer concesiones o expresar desacuerdo
Si bien... *Although...*
Aunque... *Although...*
A pesar de (que)... *Despite...*

Para dar un ejemplo
ilustrar *to illustrate*
ejemplificar *to exemplify*

Para cambiar de tema
Por otra parte... *On the other hand...*
También hay que tener en cuenta que... *One must also take into account that...*
Además, ... *Furthermore, ...*
Lo que es más, ... *What's more, ...*

Para resumir y concluir un argumento
En breve, ... *In brief...*
En resumen, ... *To summarize...*
Para terminar/finalizar/concluir, ... *To conclude...*

Discurso indirecto

El discurso indirecto comunica las palabras que dijo o escribió otra persona, convirtiéndolas en una cláusula subordinada.

Si el verbo que introduce el discurso indirecto está en el presente, no hay cambio en la forma verbal de la cláusula subordinada. La única excepción es el imperativo, que se convierte en subjuntivo.

DISCURSO DIRECTO	DISCURSO INDIRECTO
"Caminante no **hay** camino, se **hace** camino al andar." (Antonio Machado)	Machado dice que no **hay** camino sino el que se **hace** al andar.
"**Quítame** el pan si quieres... pero no me **quites** tu risa." (Pablo Neruda)	Neruda le dice a su amada que le **quite** el pan pero no su risa.

Si el verbo que introduce el discurso indirecto está en el pasado, la forma del verbo de la cláusula subordinada puede cambiar. Éstos son algunos ejemplos.

DISCURSO DIRECTO	DISCURSO INDIRECTO
"**Voy/Iba** a la playa." (presente/imperfecto)	Dijo que **iba** a la playa. (imperfecto)
"**Iré/Iría** a la playa." (futuro/condicional)	Dijo que **iría** a la playa. (condicional)
"**He/Había** ido a la playa." (pretérito perfecto/pluscuamperfecto)	Dijo que **había ido** a la playa. (pluscuamperfecto)
"**Fui** a la fiesta." (pretérito)	Dijo que **había ido/fue** a la playa. (pluscuamperfecto/pretérito)
"Tal vez **vaya** a la playa." (pres. subjuntivo)	Dijo que tal vez **iría** a la playa. (pret. subjuntivo)
"**Ve** a la fiesta." (imperativo)	Dijo que **fuera** a la fiesta. (imperf. subjuntivo)

Análisis literario: Expansión

Escribir sobre una obra literaria es distinto que escribir sobre otros temas. En la sección de **Análisis literario** has aprendido acerca de los recursos artísticos que emplean distintos autores, así como sobre los movimientos a los que pertenece su obra. Estos son algunos consejos generales que te ayudarán a escribir sobre literatura.

1. Al escribir sobre una obra literaria, utiliza siempre el tiempo presente para describir lo que ocurre en ella. Por ejemplo: "*Continuidad de los Parques* es un cuento fantástico. El protagonista lee un libro y al final se da cuenta de que el libro trata de él".

2. Si el autor es muy conocido, usa sólo su apellido. Por ejemplo: "*Don Quijote* es la obra más famosa de Cervantes". Si es menos conocido, usa su nombre completo la primera vez que lo menciones y de ahí en adelante su apellido. Por ejemplo: "Vicente Huidobro es uno de los grandes poetas latinoamericanos del siglo XX... En su poema *Altazor*, Huidobro explora..."

3. Tu análisis debe ir más allá de la expresión de un gusto personal. Puedes estar de acuerdo o no con la obra, elogiarla o criticarla, pero debes dar argumentos que ayuden al lector a comprenderla. Por ejemplo, "*Hamlet* es una gran obra" no es suficiente como argumento, pero podrías decir: "Uno de los aspectos más fascinantes de *Hamlet* es la complejidad de las relaciones familiares".

4. Un error frecuente al escribir sobre literatura es resumir el texto en vez de interpretarlo y presentar nuevas ideas. Tu ensayo debe estar organizado en base a la estructura de tu argumento y no del texto. Si empiezas hablando del comienzo de la obra, luego del medio y luego del final, es probable que estés resumiendo la obra en lugar de interpretarla.

5. Tus argumentos deben estar basados en observaciones concretas sobre la obra. Cita y discute pasajes específicos.

6. Ten en mente tanto la forma como el contenido de la obra. Piensa en los temas que trata el autor pero también en sus decisiones técnicas y estilísticas.

ANÁLISIS LITERARIO: VOCABULARIO ÚTIL

aludir *to allude*	**el motivo** *motif*
ambiguo *ambiguous*	**la narrativa** *narrative*
connotar/sugerir *to connote/to suggest*	**la obra de ficción** *work of fiction*
el cuento *short story, tale*	**el/la narrador** *narrator*
convincente/poco convincente *convincing/unconvincing*	**el personaje** *character*
cursi *cheesy, sentimental*	**el/la protagonista** *protagonist*
el desenlace *outcome, denouement*	**el punto de vista** *point of view*
esbozar *to sketch*	**el símbolo** *symbol*
la estrofa *stanza*	**la tendencia artística** *artistic trend/movement*
evocar *to evoke*	**la trama** *plot*
el género literario *literary genre*	**verosímil/inverosímil** *true-to-life/unrealistic*
el mensaje del texto/del poema *the message of the text/poem*	**el verso** *verse*

Glossary of Grammatical Terms

ADJECTIVE A word that modifies, or describes, a noun or pronoun.

muchos libros
many books

un hombre **rico**
*a **rich** man*

Demonstrative adjective An adjective that specifies which noun a speaker is referring to.

esta fiesta
this party

ese chico
that boy

aquellas flores
those flowers

Possessive adjective An adjective that indicates ownership or possession.

su mejor vestido
her best dress

Éste es **mi** hermano.
This is my brother.

Stressed possessive adjective A possessive adjective that emphasizes the owner or possessor.

un libro **mío**
*a **book of mine***

una amiga **tuya**
*a friend **of yours***

ADVERB A word that modifies, or describes, a verb, adjective, or other adverb.

Pancho escribe **rápidamente**.
*Pancho writes **quickly**.*

Este cuadro es **muy** bonito.
*This picture is **very** pretty.*

ANTECEDENT The noun to which a pronoun or dependent clause refers.

El **libro** que compré es interesante.
The book that I bought is interesting.

Le presté cinco dólares a **Diego**.
I loaned Diego five dollars.

ARTICLE A word that points out a noun in either a specific or a non-specific way.

Definite article An article that points out a noun in a specific way.

el libro
the book

la maleta
the suitcase

los diccionarios
the dictionaries

las palabras
the words

Indefinite article An article that points out a noun in a general, non-specific way.

un lápiz
a pencil

una computadora
a computer

unos pájaros
some birds

unas escuelas
some schools

CLAUSE A group of words that contains both a conjugated verb and a subject, either expressed or implied.

Main (or Independent) clause A clause that can stand alone as a complete sentence.

Pienso ir a cenar pronto.
I plan to go to dinner soon.

Subordinate (or Dependent) clause A clause that does not express a complete thought and therefore cannot stand alone as a sentence.

Trabajo en la cafetería **porque necesito dinero para la escuela.**
*I work in the cafeteria **because I need money for school.***

Adjective clause A dependent clause that functions to modify or describe the noun or direct object in the main clause. When the antecedent is uncertain or indefinite, the verb in the adjective clause is in the subjunctive.

Queremos contratar al candidato **que mandó su currículum ayer.**
*We want to hire the candidate **who sent his résumé yesterday.***

¿Conoce un buen restaurante **que esté cerca del teatro?**
*Do you know of a good restaurant **that's near the theater?***

Adverbial clause A dependent clause that functions to modify or describe a verb, an adjective, or another adverb. When the adverbial clause describes an action that has not yet happened or is uncertain, the verb in the adverbial clause is usually in the subjunctive.

Llamé a mi mamá **cuando me dieron la noticia.**
*I called my mom **when they gave me the news.***

El ejército está preparado **en caso de que haya un ataque.**
*The army is prepared **in case there is an attack.***

Noun clause A dependent clause that functions as a noun, often as the object of the main clause. When the main clause expresses will, emotion, doubt, or uncertainty, the verb in the noun clause is in the subjunctive (unless there is no change of subject).

José sabe **que mañana habrá un examen.**
*José knows **that tomorrow there will be an exam.***

Luisa dudaba **que la acompañáramos.**
*Luisa doubted **that we would go with her.***

COMPARATIVE A grammatical construction used with nouns, adjectives, verbs, or adverbs to compare people, objects, actions, or characteristics.

Tus clases son **menos interesantes** que las mías.
*Your classes are **less interesting** than mine.*

Como **más frutas** que verduras.
*I eat **more fruits** than vegetables.*

CONJUGATION A set of the forms of a verb for a specific tense or mood or the process by which these verb forms are presented.

PRETERITE CONJUGATION OF CANTAR:

cant**é**	cant**amos**
cant**aste**	cant**asteis**
cant**ó**	cant**aron**

CONJUNCTION A word used to connect words, clauses, or phrases.

Susana es de Cuba **y** Pedro es de España.
*Susana is from Cuba **and** Pedro is from Spain.*

No quiero estudiar **pero** tengo que hacerlo.
*I don't want to study, **but** I have to.*

CONTRACTION The joining of two words into one. The only contractions in Spanish are **al (a + el)** and **del (de + el)**.

Mi hermano fue **al** concierto ayer.
*My brother went **to the** concert yesterday.*

Saqué dinero **del** banco.
*I took money **from the** bank.*

DIRECT OBJECT A noun or pronoun that directly receives the action of the verb.

Tomás lee **el libro**.	**La** pagó ayer.
*Tomás reads **the book**.*	*She paid **it** yesterday.*

GENDER The grammatical categorizing of certain kinds of words, such as nouns and pronouns, as masculine, feminine, or neuter.

MASCULINE
articles **el, un**
pronouns **él, lo, mío, éste, ése, aquél**
adjective **simpático**

FEMININE
articles **la, una**
pronouns **ella, la, mía, ésta, ésa, aquélla**
adjective **simpática**

IMPERSONAL EXPRESSION A third-person expression with no expressed or specific subject.

Es muy importante.	**Llueve** mucho.
It's very important.	*It's raining hard.*

Aquí **se habla** español.
*Spanish **is spoken** here.*

INDIRECT OBJECT A noun or pronoun that receives the action of the verb indirectly; the object, often a living being, to or for whom an action is performed.

Eduardo **le** dio un libro **a Linda**.
*Eduardo gave a book **to Linda**.*

La profesora **me** dio una C en el examen.
*The professor gave **me** a C on the test.*

INFINITIVE The basic form of a verb. Infinitives in Spanish end in **-ar**, **-er**, or **-ir**.

hablar	**correr**	**abrir**
to speak	*to run*	*to open*

INTERROGATIVE An adjective or pronoun used to ask a question.

¿Quién habla?	**¿Cuántos** compraste?
Who is speaking?	*How many did you buy?*

¿Qué piensas hacer hoy?
What do you plan to do today?

MOOD A grammatical distinction of verbs that indicates whether the verb is intended to make a statement or command or to express a doubt, emotion, or condition contrary to fact.

Imperative mood Verb forms used to make commands.

Di la verdad.	**Caminen** ustedes conmigo.
Tell the truth.	*Walk with me.*
¡Comamos ahora!	¡No lo **hagas**!
Let's eat now!	*Don't do it!*

Indicative mood Verb forms used to state facts, actions, and states considered to be real.

Sé que **tienes** el dinero.
I know that you have the money.

Subjunctive mood Verb forms used principally in subordinate (dependent) clauses to express wishes, desires, emotions, doubts, and certain conditions, such as contrary-to-fact situations.

Prefieren que **hables** en español.
*They prefer that **you speak** in Spanish.*

NOUN A word that identifies people, animals, places, things, and ideas.

hombre	**gato**
man	*cat*
México	**casa**
Mexico	*house*
libertad	**libro**
freedom	*book*

NUMBER A grammatical term that refers to singular or plural. Nouns in Spanish and English have number. Other parts of a sentence, such as adjectives, articles, and verbs, can also have number.

SINGULAR	PLURAL
una cos**a**	**unas** cos**as**
a thing	*some things*
el profesor	**los** profesor**es**
the professor	*the professor**s***

PASSIVE VOICE A sentence construction in which the recipient of the action becomes the subject of the sentence. Passive statements emphasize the thing that was done or the person that was acted upon. They follow the pattern [*recipient*] + **ser** + [*past participle*] + **por** + [agent].

ACTIVE VOICE:
Juan **entregó** la tarea.
*Juan **turned in** the assignment.*

PASSIVE VOICE:
La tarea **fue entregada por** Juan.
*The assignment **was turned in by** Juan.*

PAST PARTICIPLE A past form of the verb used in compound tenses. The past participle may also be used as an adjective, but it must then agree in number and gender with the word it modifies.

Han **buscado** por todas partes.
*They have **searched** everywhere.*

Yo no había **estudiado** para el examen.
*I hadn't **studied** for the exam.*

Hay una ventana **abierta** en la sala.
*There is an **open** window in the living room.*

PERSON The form of the verb or pronoun that indicates the speaker, the one spoken to, or the one spoken about. In Spanish, as in English, there are three persons: first, second, and third.

PERSON	SINGULAR	PLURAL
1st	**yo** *I*	**nosotros/as** *we*
2nd	**tú, Ud.** *you*	**vosotros/as, Uds.** *you*
3rd	**él, ella** *he, she*	**ellos, ellas** *they*

PREPOSITION A word or words that describe(s) the relationship, most often in time or space, between two other words.

Anita es **de** California.
*Anita is **from** California.*

La chaqueta está **en** el carro.
*The jacket is **in** the car.*

PRESENT PARTICIPLE In English, a verb form that ends in *-ing*. In Spanish, the present participle ends in **-ndo**, and is often used with **estar** to form a progressive tense.

Está **hablando** por teléfono ahora mismo.
*He is **talking** on the phone right now.*

PRONOUN A word that takes the place of a noun or nouns.

Demonstrative pronoun A pronoun that takes the place of a specific noun.

Quiero **ésta**.
*I want **this one**.*

¿Vas a comprar **ése**?
*Are you going to buy **that one**?*

Juan prefirió **aquéllos**.
*Juan preferred **those** (over there).*

Object pronoun A pronoun that functions as a direct or indirect object of the verb.

Te digo la verdad.
*I'm telling **you** the truth.*

Me lo trajo Juan.
*Juan brought **it to me**.*

Possessive pronoun A pronoun that functions to show ownership or possession. Possessive pronouns are preceded by a definite article and agree in gender and number with the nouns they replace.

Perdí mi libro. ¿Me prestas el **tuyo**?
*I lost my book. Will you loan me **yours**?*

Las clases suyas son aburridas, pero **las nuestras** son buenísimas.
*Their classes are boring, but **ours** are great.*

Prepositional pronoun A pronoun that functions as the object of a preposition. Except for **mí, ti,** and **sí**, these pronouns are the same as subject pronouns. The adjective **mismo/a** may be added to express *myself, himself*, etc. After the preposition **con**, the forms **conmigo, contigo,** and **consigo** are used.

¿Es para **mí**?	Juan habló **de ella**.
*Is this **for me**?*	*Juan spoke **about her**.*
Iré **contigo**.	Se lo regaló **a sí mismo**.
*I will go **with you**.*	*He gave it **to himself**.*

Reflexive pronoun A pronoun that indicates that the action of a verb is performed by the subject on itself. These pronouns are often expressed in English with *-self: myself, yourself,* etc.

Yo **me** bañé.	Elena **se** acostó.
*I **took a bath**.*	*Elena **went to bed**.*

Relative pronoun A pronoun that connects a subordinate clause to a main clause.

El edificio **en el cual** vivimos es antiguo.
*The building **that** we live in is old.*

La mujer **de quien** te hablé acaba de renunciar.
*The woman **(whom)** I told you about just quit.*

Subject pronoun A pronoun that replaces the name or title of a person or thing, and acts as the subject of a verb.

Tú debes estudiar más.
***You** should study more.*

Él llegó primero.
***He** arrived first.*

SUBJECT A noun or pronoun that performs the action of a verb and is often implied by the verb.

María va al supermercado.
***María** goes to the supermarket.*

(Ellos) Trabajan mucho.
***They** work hard.*

Esos libros son muy caros.
***Those books** are very expensive.*

SUPERLATIVE A grammatical construction used to describe the most or the least of a quality when comparing a group of people, places, or objects.

Tina es **la menos simpática** de las chicas.
*Tina is **the least pleasant** of the girls.*

Tu coche es **el más rápido** de todos.
*Your car is **the fastest** one of all.*

Los restaurantes en Calle Ocho son **los mejores** de todo Miami.
*The restaurants on Calle Ocho are **the best** in all of Miami.*

Absolute superlatives Adjectives or adverbs combined with forms of the suffix **ísimo/a** in order to express the idea of extremely or very.

¡Lo hice **facilísimo**!
*I did it **so easily**!*

Ella es **jovencísima**.
*She is **very, very young**.*

TENSE A set of verb forms that indicates the time of an action or state: past, present, or future.

Compound tense A two-word tense made up of an auxiliary verb and a present or past participle. In Spanish, there are two auxiliary verbs: **estar** and **haber**.

En este momento, **estoy estudiando**.
*At this time, **I am studying**.*

El paquete no **ha llegado** todavía.
*The package **has** not **arrived** yet.*

Simple tense A tense expressed by a single verb form.

María **estaba** mal anoche.
*María **was** ill last night.*

Juana **hablará** con su mamá mañana.
*Juana **will speak** with her mom tomorrow.*

VERB A word that expresses actions or states-of-being.

Auxiliary verb A verb used with a present or past participle to form a compound tense. **Haber** is the most commonly used auxiliary verb in Spanish.

Los chicos **han** visto los elefantes.
*The children **have** seen the elephants.*

Espero que **hayas** comido.
*I hope you **have** eaten.*

Reflexive verb A verb that describes an action performed by the subject on itself and is always used with a reflexive pronoun.

Me compré un carro nuevo.
***I** bought **myself** a new car.*

Pedro y Adela **se levantan** muy temprano.
*Pedro and Adela **get (themselves) up** very early.*

Spelling-change verb A verb that undergoes a predictable change in spelling, in order to reflect its actual pronunciation in the various conjugations.

practicar	c→qu	practico	practiqué
dirigir	g→j	dirigí	dirijo
almorzar	z→c	almorzó	almorcé

Stem-changing verb A verb whose stem vowel undergoes one or more predictable changes in the various conjugations.

entender	(e:ie)	entiendo
pedir	(e:i)	piden
dormir	(o:ue, u)	duermo, durmieron

Verb conjugation tables

Guide to the Verb Lists and Tables

Below you will find the infinitive of the verbs introduced as active vocabulary in **VENTANAS**. Each verb is followed by a model verb conjugated on the same pattern. The number in parentheses indicates where in the verb tables, pages 322–329, you can find the conjugated forms of the model verb.

abrazar (z:c) like cruzar (37)
aburrir(se) like vivir (3)
acabar(se) like hablar (1)
acallar(se) like hablar (1)
acariciar like hablar (1)
acentuar (acentúo) **like** graduar (40)
acercarse (c:qu) like tocar (43)
aclarar like hablar (1)
acompañar like hablar (1)
aconsejar like hablar (1)
acordar(se) (o:ue) like contar (24)
acostar(se) (o:ue) like contar (24)
acostumbrar(se) like hablar (1)
actualizar (z:c) like cruzar (37)
adelgazar (z:c) like cruzar (37)
adivinar like hablar (1)
adjuntar like hablar (1)
adorar like hablar (1)
afeitar(se) like hablar (1)
afligir(se) (g:j) like proteger (42) for endings only
agitar like hablar (1)
agotar like hablar (1)
agredir like vivir (3)
ahorrar like hablar (1)
aislar (aíslo) like enviar (39)
alcanzar like cruzar (37)
alojar(se) like hablar (1)
amar like hablar (1)
amenazar (z:c) like cruzar (37)
anotar like hablar (1)
apagar (g:gu) like llegar (41)
aparecer (c:zc) like conocer (35)
aplaudir like vivir (3)
apreciar like hablar (1)
arraigar like llegar (41)
arreglar(se) like hablar (1)
arrepentirse (e:ie) like sentir (33)
ascender (e:ie) like entender (27)

asombrar like hablar (1)
atraer like traer (21)
atrapar like hablar (1)
atreverse like comer (2)
averiguar like hablar (1)
bailar like hablar (1)
bañar(se) like hablar (1)
barrer like comer (2)
beber like comer (2)
bendecir (e:i) like decir (8)
besar like hablar (1)
borrar like hablar (1)
botar like hablar (1)
brindar like hablar (1)
caber (4)
caer (y) (5)
calentar (e:ie) like pensar (30)
cancelar like hablar (1)
cazar (z:c) like cruzar (37)
celebrar like hablar (1)
cepillar(se) like hablar (1)
clonar like hablar (1)
cobrar like hablar (1)
cocinar like hablar (1)
colocar (c:qu) like tocar (43)
colonizar (z:c) like cruzar (37)
comer(se) (2)
componer like poner (15)
comprobar (o:ue) like contar (24)
conducir (c:zc) (6)
congelar(se) like hablar (1)
conocer (c:zc) (35)
conquistar like hablar (1)
conseguir (e:i) like seguir (32)
conservar like hablar (1)
contagiar(se) like hablar (1)
contaminar like hablar (1)
contar (o:ue) (24)
contentarse like hablar (1)

contraer like traer (21)
contratar like hablar (1)
contribuir (y) like destruir (38)
convertirse (e:ie) like sentir (33)
coquetear like hablar (1)
crear like hablar (1)
crecer (c:zc) like conocer (35)
creer (y) (36)
criar(se) (crío) like enviar (39)
criticar (c:qu) like tocar (43)
cruzar (z:c) (37)
cuidar like hablar (1)
cumplir like vivir (3)
curarse like hablar (1)
dar a (7)
dar(se) (7)
deber like comer (2)
decir (e:i) (8)
dejar like hablar (1)
delatar like hablar (1)
denunciar like hablar (1)
depositar like hablar (1)
derretir(se) (e:i) like pedir (29)
derribar like hablar (1)
derrocar (c:qu) like tocar (43)
derrotar like hablar (1)
desafiar (desafío) like enviar (39)
desaparecer (c:zc) like conocer (35)
desarrollar(se) like hablar (1)
descansar like hablar (1)
descargar (g:gu) like llegar (41)
descongelar(se) like hablar (1)
descubrir like vivir (3) *except* past participle is descubierto
descuidar(se) like hablar (1)
desear like hablar (1)
deshacer like hacer (11)
despedir(se) (e:i) like pedir (29)

despertar(se) (e:ie) like pensar (30)
destruir (y) (38)
devolver (o:ue) like volver (34)
dibujar like hablar (1)
dirigir (g:j) like proteger (42) for endings only
disculpar(se) like hablar (1)
discutir like vivir (3)
diseñar like hablar (1)
disfrutar like hablar (1)
disgustar like hablar (1)
disponer(se) like poner (15)
distinguir (gu:g) like seguir (32) for endings only
distraer like traer (21)
divertirse (e:ie) like sentir (33)
doler (o:ue) like volver (34) *except* past participle is regular
dormir(se) (o:ue) (25)
ducharse like hablar (1)
echar like hablar (1)
editar like hablar (1)
educar (c:qu) like tocar (43)
elegir (e:i) (g:j) like proteger (42) for endings only
embalar(se) like hablar (1)
emigrar like hablar (1)
empatar like hablar (1)
empeorar like hablar (1)
empezar (e:ie) (z:c) (26)
enamorarse like hablar (1)
encabezar (z:c) like cruzar (37)
encantar like hablar (1)
encargar(se) (g:gu) like llegar (41)
encender (e:ie) like entender (27)
enfermarse like hablar (1)
enganchar like hablar (1)

engañar like hablar (1)

engordar like hablar (1)

ensayar like hablar (1)

entender (e:ie) (27)

enterarse like hablar (1)

enterrar (e:ie) like pensar (30)

entretener(se) (e:ie) like tener (20)

enviar (envío) (39)

errar like hablar (1) in Latin America

esclavizar (z:c) like cruzar (37)

escoger (g:j) like proteger (42)

esculpir like vivir (3)

establecer(se) (c:zc) like conocer (35)

estar (9)

exigir (g:j) like proteger (42) for endings only

explotar like hablar (1)

exportar like hablar (1)

expulsar like hablar (1)

extinguir(se) like destruir (38)

fabricar (c:qu) like tocar (43)

faltar like hablar (1)

fascinar like hablar (1)

festejar like hablar (1)

fijar(se) like hablar (1)

financiar like hablar (1)

florecer (c:zc) like conocer (35)

flotar like hablar (1)

formular like hablar (1)

freír (e:i) (frío) like reír (31)

funcionar like hablar (1)

gastar like hablar (1)

gobernar (e:ie) like pensar (30)

grabar like hablar (1)

graduar(se) (gradúo) (40)

guardar(se) like hablar (1)

gustar like hablar (1)

haber (10)

habitar like hablar (1)

hablar (1)

hacer(se) (11)

herir (e: ie) like sentir (33)

hervir (e:ie) like sentir (33)

hojear like hablar (1)

huir (y) like destruir (38)

humillar like hablar (1)

importar like hablar (1)

impresionar like hablar (1)

imprimir like vivir (3)

inscribirse like vivir (3)

insistir like vivir (3)

instalar like hablar (1)

integrar(se) like hablar (1)

interesar like hablar (1)

invadir like vivir (3)

inventar like hablar (1)

invertir (e:ie) like sentir (33)

investigar (g:gu) like llegar (41)

ir (12)

jubilarse like hablar (1)

jugar (u:ue) (g:gu) (28)

jurar like hablar (1)

lastimarse like hablar (1)

latir like vivir (3)

lavar(se) like hablar (1)

levantar(se) like hablar (1)

liberar like hablar (1)

lidiar like hablar (1)

limpiar like hablar (1)

llegar (g:gu) (41)

llevar(se) like hablar (1)

llorar like hablar (1)

lograr like hablar (1)

luchar like hablar (1)

lucir like hablar (1) except present tenses like conducir (6)

madrugar (g:gu) like llegar (41)

malgastar like hablar (1)

manipular like hablar (1)

maquillarse like hablar (1)

mecer(se) like vencer (44)

meditar like hablar (1)

mejorar like hablar (1)

merecer (c:zc) like conocer (35)

meter(se) like comer (2)

molestar like hablar (1)

morder (o:ue) like volver (34)

morirse (o:ue) like dormir (25) *except* past participle is muerto

mudar(se) like hablar (1)

narrar like hablar (1)

navegar (g:gu) like llegar (41)

necesitar like hablar (1)

obedecer (c:zc) like conocer (35)

ocultar(se) like hablar (1)

odiar like hablar (1)

oír (y) (13)

olvidar(se) like hablar (1)

opinar like hablar (1)

oponerse like poner (15)

oprimir like vivir (3)

oscurecer (c:zc) like conocer (35)

parar like hablar (1)

parecer(se) (c:zc) like conocer (35)

patear like hablar (1)

pedir (e:i) (29)

peinar(se) like hablar (1)

pensar (e:ie) (30)

permanecer (c:zc) like conocer (35)

pertenecer (c:zc) like conocer (35)

pillar like hablar (1)

pintar like hablar (1)

poblar (o:ue) like contar (24)

poder (o:ue) (14)

poner(se) (15)

preferir (e:ie) like sentir (33)

preocupar(se) like hablar (1)

prestar like hablar (1)

prevenir (e:ie) like venir (22)

prever like ver (23)

probar(se) (o:ue) like contar (24)

producir (c:sz) like conducir (6)

prohibir (prohíbo) like enviar (39) for endings only

proponer like poner (15)

proteger (g:j) (42)

protestar like hablar (1)

publicar (c:qu) like tocar (43)

quedar(se) like hablar (1)

quejarse like hablar (1)

querer (e:ie) (16)

quitar(se) like hablar (1)

recetar like hablar (1)

rechazar (z:c) like cruzar (37)

reciclar like hablar (1)

reclamar like hablar (1)

recomendar (e:ie) like pensar (30)

reconocer (c:zc) like conocer (35)

recorrer like comer (2)

recuperar(se) like hablar (1)

reducir (c:zc) like conducir (6)

reflejar like hablar (1)

regresar like hablar (1)

rehacer like hacer (11)

reír(se) (e:i) (31)

relajarse like hablar (1)

rendirse (e:i) like pedir (29)

renunciar like hablar (1)

reservar like hablar (1)

resolver (o:ue) like volver (34)

retratar like hablar (1)

reunir(se) like vivir (3)

rezar (z:c) like cruzar (37)

rociar like hablar (1)

rodar (o:ue) like contar (24)

rogar (o:ue) like contar (24) for stem changes; (g:gu) like llegar (41) for endings

romper like comer (2) except past participle is roto

saber (17)

sacrificar (c:qu) like tocar (43)

salir (18)

salvar like hablar (1)

sanar like hablar (1)

secar(se) (c:qu) like tocar (43)

seguir (e:i) (gu:g) (32)

seleccionar like hablar (1)

sentir(se) (e:ie) (33)

señalar like hablar (1)

sepultar like hablar (1)

ser (19)

soler (o:ue) like volver (34)

solicitar like hablar (1)

sonar (o:ue) like contar (24)

soñar (o:ue) like contar (24)

sorprender(se) like comer (2)

subsistir like vivir (3)

suceder like comer (2)

sufrir like vivir (3)

sugerir (e:ie) like sentir (33)

suponer like poner (15)

suprimir like vivir (3)

suscribirse like vivir (3)

tener (e:ie) (20)

tirar like hablar (1)

titularse like hablar (1)

tocar (c:qu) (43)

torear like hablar (1)

toser like comer (2)

traducir (c:zc) like conducir (6)

traer (21)

transcurrir like vivir (3)

transmitir like vivir (3)

trasnochar like hablar (1)

tratar(se) like hablar (1)

valer like salir (18) only for endings

vencer (c:z) (44)

venerar like hablar (1)

venir (e:ie) (22)

ver(se) (23)

vestir(se) (e:i) like pedir (29)

vigilar like hablar (1)

vivir (3)

volar (o:ue) like contar (24)

volver (o:ue) (34)

volverse like volver (34)

votar like hablar (1)

Verb conjugation tables

Regular verbs: simple tenses

Infinitive	INDICATIVE Present	Imperfect	Preterite	Future	Conditional	SUBJUNCTIVE Present	Past	IMPERATIVE
1 hablar	hablo	hablaba	hablé	hablaré	hablaría	hable	hablara	
	hablas	hablabas	hablaste	hablarás	hablarías	hables	hablaras	habla tú (no hables)
Participles:	habla	hablaba	habló	hablará	hablaría	hable	hablara	hable Ud.
hablando	hablamos	hablábamos	hablamos	hablaremos	hablaríamos	hablemos	habláramos	hablemos
hablado	habláis	hablabais	hablasteis	hablaréis	hablaríais	habléis	hablarais	hablad (no habléis)
	hablan	hablaban	hablaron	hablarán	hablarían	hablen	hablaran	hablen Uds.
2 comer	como	comía	comí	comeré	comería	coma	comiera	
	comes	comías	comiste	comerás	comerías	comas	comieras	come tú (no comas)
Participles:	come	comía	comió	comerá	comería	coma	comiera	coma Ud.
comiendo	comemos	comíamos	comimos	comeremos	comeríamos	comamos	comiéramos	comamos
comido	coméis	comíais	comisteis	comeréis	comeríais	comáis	comierais	comed (no comáis)
	comen	comían	comieron	comerán	comerían	coman	comieran	coman Uds.
3 vivir	vivo	vivía	viví	viviré	viviría	viva	viviera	
	vives	vivías	viviste	vivirás	vivirías	vivas	vivieras	vive tú (no vivas)
Participles:	vive	vivía	vivió	vivirá	viviría	viva	viviera	viva Ud.
viviendo	vivimos	vivíamos	vivimos	viviremos	viviríamos	vivamos	viviéramos	vivamos
vivido	vivís	vivíais	vivisteis	viviréis	viviríais	viváis	vivierais	vivid (no viváis)
	viven	vivían	vivieron	vivirán	vivirían	vivan	vivieran	vivan Uds.

All verbs: compound tenses

PERFECT TENSES

INDICATIVE Present Perfect		Past Perfect		Future Perfect		Conditional Perfect	
he	hablado	había	hablado	habré	hablado	habría	hablado
has	comido	habías	comido	habrás	comido	habrías	comido
ha	vivido	había	vivido	habrá	vivido	habría	vivido
hemos		habíamos		habremos		habríamos	
habéis		habíais		habréis		habríais	
han		habían		habrán		habrían	

SUBJUNCTIVE Present Perfect		Past Perfect	
haya	hablado	hubiera	hablado
hayas	comido	hubieras	comido
haya	vivido	hubiera	vivido
hayamos		hubiéramos	
hayáis		hubierais	
hayan		hubieran	

PROGRESSIVE TENSES

INDICATIVE				SUBJUNCTIVE	
Present Progressive	Past Progressive	Future Progressive	Conditional Progressive	Present Progressive	Past Progressive
estoy	estaba	estaré	estaría	esté	estuviera
estás	estabas	estarás	estarías	estés	estuvieras
está hablando	estaba hablando	estará hablando	estaría hablando	esté hablando	estuviera hablando
estamos comiendo	estábamos comiendo	estaremos comiendo	estaríamos comiendo	estemos comiendo	estuviéramos comiendo
estáis viviendo	estabais viviendo	estaréis viviendo	estaríais viviendo	estéis viviendo	estuvierais viviendo
están	estaban	estarán	estarían	estén	estuvieran

Irregular verbs

	Infinitive	INDICATIVE					SUBJUNCTIVE		IMPERATIVE
		Present	Imperfect	Preterite	Future	Conditional	Present	Past	
4	caber	**quepo**	cabía	**cupe**	**cabré**	**cabría**	**quepa**	**cupiera**	
		cabes	cabías	**cupiste**	**cabrás**	**cabrías**	**quepas**	**cupieras**	cabe tú (no **quepas**)
		cabe	cabía	**cupo**	**cabrá**	**cabría**	**quepa**	**cupiera**	**quepa** Ud.
	Participles:	cabemos	cabíamos	**cupimos**	**cabremos**	**cabríamos**	**quepamos**	**cupiéramos**	**quepamos**
	cabiendo	cabéis	cabíais	**cupisteis**	**cabréis**	**cabríais**	**quepáis**	**cupierais**	cabed (no **quepáis**) Uds.
	cabido	caben	cabían	**cupieron**	**cabrán**	**cabrían**	**quepan**	**cupieran**	**quepan** Uds.
5	caer(se)	**caigo**	caía	caí	caeré	caería	**caiga**	**cayera**	
		caes	caías	**caíste**	caerás	caerías	**caigas**	**cayeras**	cae tú (no **caigas**)
		cae	caía	**cayó**	caerá	caería	**caiga**	**cayera**	**caiga** Ud. (no **caiga**)
	Participles:	caemos	caíamos	**caímos**	caeremos	caeríamos	**caigamos**	**cayéramos**	**caigamos**
	cayendo	caéis	caíais	**caísteis**	caeréis	caeríais	**caigáis**	**cayerais**	caed (no **caigáis**)
	caído	caen	caían	**cayeron**	caerán	caerían	**caigan**	**cayeran**	**caigan** Uds.
6	conducir	**conduzco**	conducía	**conduje**	conduciré	conduciría	**conduzca**	**condujera**	
	(c:zc)	conduces	conducías	**condujiste**	conducirás	conducirías	**conduzcas**	**condujeras**	conduce tú (no **conduzcas**)
		conduce	conducía	**condujo**	conducirá	conduciría	**conduzca**	**condujera**	**conduzca** Ud. (no **conduzca**)
	Participles:	conducimos	conducíamos	**condujimos**	conduciremos	conduciríamos	**conduzcamos**	**condujéramos**	**conduzcamos**
	conduciendo	conducís	conducíais	**condujisteis**	conduciréis	conduciríais	**conduzcáis**	**condujerais**	conducid (no **conduzcáis**)
	conducido	conducen	conducían	**condujeron**	conducirán	conducirían	**conduzcan**	**condujeran**	**conduzcan** Uds.

7 dar — Participles: dando, dado

	INDICATIVE					SUBJUNCTIVE		IMPERATIVE
	Present	Imperfect	Preterite	Future	Conditional	Present	Past	
	doy	daba	di	daré	daría	dé	diera	
	das	dabas	diste	darás	darías	des	dieras	da tú (no des)
	da	daba	dio	dará	daría	dé	diera	dé Ud.
	damos	dábamos	dimos	daremos	daríamos	demos	diéramos	demos
	dais	dabais	disteis	daréis	daríais	deis	dierais	dad (no deis)
	dan	daban	dieron	darán	darían	den	dieran	den Uds.

8 decir (e:i) — Participles: diciendo, dicho

	Present	Imperfect	Preterite	Future	Conditional	Present	Past	IMPERATIVE
	digo	decía	dije	diré	diría	diga	dijera	
	dices	decías	dijiste	dirás	dirías	digas	dijeras	di tú (no digas)
	dice	decía	dijo	dirá	diría	diga	dijera	diga Ud.
	decimos	decíamos	dijimos	diremos	diríamos	digamos	dijéramos	digamos
	decís	decíais	dijisteis	diréis	diríais	digáis	dijerais	decid (no digáis)
	dicen	decían	dijeron	dirán	dirían	digan	dijeran	digan Uds.

9 estar — Participles: estando, estado

	Present	Imperfect	Preterite	Future	Conditional	Present	Past	IMPERATIVE
	estoy	estaba	estuve	estaré	estaría	esté	estuviera	
	estás	estabas	estuviste	estarás	estarías	estés	estuvieras	está tú (no estés)
	está	estaba	estuvo	estará	estaría	esté	estuviera	esté Ud.
	estamos	estábamos	estuvimos	estaremos	estaríamos	estemos	estuviéramos	estemos
	estáis	estabais	estuvisteis	estaréis	estaríais	estéis	estuvierais	estad (no estéis)
	están	estaban	estuvieron	estarán	estarían	estén	estuvieran	estén Uds.

10 haber — Participles: habiendo, habido

	Present	Imperfect	Preterite	Future	Conditional	Present	Past	IMPERATIVE
	he	había	hube	habré	habría	haya	hubiera	
	has	habías	hubiste	habrás	habrías	hayas	hubieras	
	ha	había	hubo	habrá	habría	haya	hubiera	
	hemos	habíamos	hubimos	habremos	habríamos	hayamos	hubiéramos	
	habéis	habíais	hubisteis	habréis	habríais	hayáis	hubierais	
	han	habían	hubieron	habrán	habrían	hayan	hubieran	

11 hacer — Participles: haciendo, hecho

	Present	Imperfect	Preterite	Future	Conditional	Present	Past	IMPERATIVE
	hago	hacía	hice	haré	haría	haga	hiciera	
	haces	hacías	hiciste	harás	harías	hagas	hicieras	haz tú (no hagas)
	hace	hacía	hizo	hará	haría	haga	hiciera	haga Ud.
	hacemos	hacíamos	hicimos	haremos	haríamos	hagamos	hiciéramos	hagamos
	hacéis	hacíais	hicisteis	haréis	haríais	hagáis	hicierais	haced (no hagáis)
	hacen	hacían	hicieron	harán	harían	hagan	hicieran	hagan Uds.

12 ir — Participles: yendo, ido

	Present	Imperfect	Preterite	Future	Conditional	Present	Past	IMPERATIVE
	voy	iba	fui	iré	iría	vaya	fuera	
	vas	ibas	fuiste	irás	irías	vayas	fueras	ve tú (no vayas)
	va	iba	fue	irá	iría	vaya	fuera	vaya Ud.
	vamos	íbamos	fuimos	iremos	iríamos	vayamos	fuéramos	vamos (no vayamos)
	vais	ibais	fuisteis	iréis	iríais	vayáis	fuerais	id (no vayáis)
	van	iban	fueron	irán	irían	vayan	fueran	vayan Uds.

13 oír (y) — Participles: oyendo, oído

	Present	Imperfect	Preterite	Future	Conditional	Present	Past	IMPERATIVE
	oigo	oía	oí	oiré	oiría	oiga	oyera	
	oyes	oías	oíste	oirás	oirías	oigas	oyeras	oye tú (no oigas)
	oye	oía	oyó	oirá	oiría	oiga	oyera	oiga Ud.
	oímos	oíamos	oímos	oiremos	oiríamos	oigamos	oyéramos	oigamos
	oís	oíais	oísteis	oiréis	oiríais	oigáis	oyerais	oíd (no oigáis)
	oyen	oían	oyeron	oirán	oirían	oigan	oyeran	oigan Uds.

14 — poder (o:ue)
Participles: pudiendo, podido

	INDICATIVE					SUBJUNCTIVE		IMPERATIVE
Infinitive	Present	Imperfect	Preterite	Future	Conditional	Present	Past	
poder (o:ue)	puedo	podía	pude	podré	podría	pueda	pudiera	
	puedes	podías	pudiste	podrás	podrías	puedas	pudieras	puede tú (no puedas)
	puede	podía	pudo	podrá	podría	pueda	pudiera	pueda Ud.
	podemos	podíamos	pudimos	podremos	podríamos	podamos	pudiéramos	podamos
	podéis	podíais	pudisteis	podréis	podríais	podáis	pudierais	poded (no podáis)
	pueden	podían	pudieron	podrán	podrían	puedan	pudieran	puedan Uds.

15 — poner
Participles: poniendo, puesto

	INDICATIVE					SUBJUNCTIVE		IMPERATIVE
Infinitive	Present	Imperfect	Preterite	Future	Conditional	Present	Past	
poner	pongo	ponía	puse	pondré	pondría	ponga	pusiera	
	pones	ponías	pusiste	pondrás	pondrías	pongas	pusieras	pon tú (no pongas)
	pone	ponía	puso	pondrá	pondría	ponga	pusiera	ponga Ud.
	ponemos	poníamos	pusimos	pondremos	pondríamos	pongamos	pusiéramos	pongamos
	ponéis	poníais	pusisteis	pondréis	pondríais	pongáis	pusierais	poned (no pongáis)
	ponen	ponían	pusieron	pondrán	pondrían	pongan	pusieran	pongan Uds.

16 — querer (e:ie)
Participles: queriendo, querido

	INDICATIVE					SUBJUNCTIVE		IMPERATIVE
Infinitive	Present	Imperfect	Preterite	Future	Conditional	Present	Past	
querer (e:ie)	quiero	quería	quise	querré	querría	quiera	quisiera	
	quieres	querías	quisiste	querrás	querrías	quieras	quisieras	quiere tú (no quieras)
	quiere	quería	quiso	querrá	querría	quiera	quisiera	quiera Ud.
	queremos	queríamos	quisimos	querremos	querríamos	queramos	quisiéramos	queramos
	queréis	queríais	quisisteis	querréis	querríais	queráis	quisierais	quered (no queráis)
	quieren	querían	quisieron	querrán	querrían	quieran	quisieran	quieran Uds.

17 — saber
Participles: sabiendo, sabido

	INDICATIVE					SUBJUNCTIVE		IMPERATIVE
Infinitive	Present	Imperfect	Preterite	Future	Conditional	Present	Past	
saber	sé	sabía	supe	sabré	sabría	sepa	supiera	
	sabes	sabías	supiste	sabrás	sabrías	sepas	supieras	sabe tú (no sepas)
	sabe	sabía	supo	sabrá	sabría	sepa	supiera	sepa Ud.
	sabemos	sabíamos	supimos	sabremos	sabríamos	sepamos	supiéramos	sepamos
	sabéis	sabíais	supisteis	sabréis	sabríais	sepáis	supierais	sabed (no sepáis)
	saben	sabían	supieron	sabrán	sabrían	sepan	supieran	sepan Uds.

18 — salir
Participles: saliendo, salido

	INDICATIVE					SUBJUNCTIVE		IMPERATIVE
Infinitive	Present	Imperfect	Preterite	Future	Conditional	Present	Past	
salir	salgo	salía	salí	saldré	saldría	salga	saliera	
	sales	salías	saliste	saldrás	saldrías	salgas	salieras	sal tú (no salgas)
	sale	salía	salió	saldrá	saldría	salga	saliera	salga Ud.
	salimos	salíamos	salimos	saldremos	saldríamos	salgamos	saliéramos	salgamos
	salís	salíais	salisteis	saldréis	saldríais	salgáis	salierais	salid (no salgáis)
	salen	salían	salieron	saldrán	saldrían	salgan	salieran	salgan Uds.

19 — ser
Participles: siendo, sido

	INDICATIVE					SUBJUNCTIVE		IMPERATIVE
Infinitive	Present	Imperfect	Preterite	Future	Conditional	Present	Past	
ser	soy	era	fui	seré	sería	sea	fuera	
	eres	eras	fuiste	serás	serías	seas	fueras	sé tú (no seas)
	es	era	fue	será	sería	sea	fuera	sea Ud.
	somos	éramos	fuimos	seremos	seríamos	seamos	fuéramos	seamos
	sois	erais	fuisteis	seréis	seríais	seáis	fuerais	sed (no seáis)
	son	eran	fueron	serán	serían	sean	fueran	sean Uds.

20 — tener (e:ie)
Participles: teniendo, tenido

	INDICATIVE					SUBJUNCTIVE		IMPERATIVE
Infinitive	Present	Imperfect	Preterite	Future	Conditional	Present	Past	
tener (e:ie)	tengo	tenía	tuve	tendré	tendría	tenga	tuviera	
	tienes	tenías	tuviste	tendrás	tendrías	tengas	tuvieras	ten tú (no tengas)
	tiene	tenía	tuvo	tendrá	tendría	tenga	tuviera	tenga Ud.
	tenemos	teníamos	tuvimos	tendremos	tendríamos	tengamos	tuviéramos	tengamos
	tenéis	teníais	tuvisteis	tendréis	tendríais	tengáis	tuvierais	tened (no tengáis)
	tienen	tenían	tuvieron	tendrán	tendrían	tengan	tuvieran	tengan Uds.

#	Infinitive	INDICATIVE Present	Imperfect	Preterite	Future	Conditional	SUBJUNCTIVE Present	Past	IMPERATIVE
21	traer Participles: **trayendo** **traído**	**traigo** traes trae traemos traéis traen	traía traías traía traíamos traíais traían	**traje** **trajiste** **trajo** **trajimos** **trajisteis** **trajeron**	traeré traerás traerá traeremos traeréis traerán	traería traerías traería traeríamos traeríais traerían	**traiga** **traigas** **traiga** **traigamos** **traigáis** **traigan**	**trajera** **trajeras** **trajera** **trajéramos** **trajerais** **trajeran**	 trae tú (no **traigas**) **traiga** Ud. **traigamos** traed (no **traigáis**) **traigan** Uds.
22	venir (e:ie) Participles: **viniendo** venido	**vengo** **vienes** **viene** venimos venís **vienen**	venía venías venía veníamos veníais venían	**vine** viniste **vino** **vinimos** vinisteis **vinieron**	**vendré** **vendrás** **vendrá** **vendremos** **vendréis** **vendrán**	**vendría** **vendrías** **vendría** **vendríamos** **vendríais** **vendrían**	**venga** **vengas** **venga** **vengamos** **vengáis** **vengan**	**viniera** **vinieras** **viniera** **viniéramos** **vinierais** **vinieran**	**ven** tú (no **vengas**) **venga** Ud. **vengamos** venid (no **vengáis**) **vengan** Uds.
23	ver Participles: **viendo** **visto**	**veo** ves ve vemos **veis** ven	**veía** **veías** **veía** **veíamos** **veíais** **veían**	**vi** viste **vio** vimos visteis vieron	veré verás verá veremos veréis verán	vería verías vería veríamos veríais verían	**vea** **veas** **vea** **veamos** **veáis** **vean**	**viera** **vieras** **viera** **viéramos** **vierais** **vieran**	ve tú (no **veas**) **vea** Ud. **veamos** ved (no **veáis**) **vean** Uds.

Stem-changing verbs

#	Infinitive	INDICATIVE Present	Imperfect	Preterite	Future	Conditional	SUBJUNCTIVE Present	Past	IMPERATIVE
24	contar (o:ue) Participles: contando contado	**cuento** **cuentas** **cuenta** contamos contáis **cuentan**	contaba contabas contaba contábamos contabais contaban	conté contaste contó contamos contasteis contaron	contaré contarás contará contaremos contaréis contarán	contaría contarías contaría contaríamos contaríais contarían	**cuente** **cuentes** **cuente** contemos contéis **cuenten**	contara contaras contara contáramos contarais contaran	 **cuenta** tú (no **cuentes**) **cuente** Ud. contemos contad (no contéis) **cuenten** Uds.
25	dormir (o:ue) Participles: **durmiendo** dormido	**duermo** **duermes** **duerme** dormimos dormís **duermen**	dormía dormías dormía dormíamos dormíais dormían	dormí dormiste **durmió** dormimos dormisteis **durmieron**	dormiré dormirás dormirá dormiremos dormiréis dormirán	dormiría dormirías dormiría dormiríamos dormiríais dormirían	**duerma** **duermas** **duerma** **durmamos** **durmáis** **duerman**	**durmiera** **durmieras** **durmiera** **durmiéramos** **durmierais** **durmieran**	**duerme** tú (no **duermas**) **duerma** Ud. **durmamos** dormid (no **durmáis**) **duerman** Uds.
26	empezar (e:ie) (z:c) Participles: empezando empezado	**empiezo** **empiezas** **empieza** empezamos empezáis **empiezan**	empezaba empezabas empezaba empezábamos empezabais empezaban	**empecé** empezaste empezó empezamos empezasteis empezaron	empezaré empezarás empezará empezaremos empezaréis empezarán	empezaría empezarías empezaría empezaríamos empezaríais empezarían	**empiece** **empieces** **empiece** **empecemos** **empecéis** **empiecen**	empezara empezaras empezara empezáramos empezarais empezaran	**empieza** tú (no **empieces**) **empiece** Ud. **empecemos** empezad (no **empecéis**) **empiecen** Uds.

	Infinitive	INDICATIVE Present	Imperfect	Preterite	Future	Conditional	SUBJUNCTIVE Present	Past	IMPERATIVE
27	entender (e:ie)	entiendo	entendía	entendí	entenderé	entendería	entienda	entendiera	
		entiendes	entendías	entendiste	entenderás	entenderías	entiendas	entendieras	entiende tú (no entiendas)
		entiende	entendía	entendió	entenderá	entendería	entienda	entendiera	entienda Ud.
	Participles:	entendemos	entendíamos	entendimos	entenderemos	entenderíamos	entendamos	entendiéramos	entendamos
	entendiendo	entendéis	entendíais	entendisteis	entenderéis	entenderíais	entendáis	entendierais	entended (no entendáis)
	entendido	entienden	entendían	entendieron	entenderán	entenderían	entiendan	entendieran	entiendan Uds.
28	jugar (u:ue) (g:gu)	juego	jugaba	jugué	jugaré	jugaría	juegue	jugara	
		juegas	jugabas	jugaste	jugarás	jugarías	juegues	jugaras	juega tú (no juegues)
		juega	jugaba	jugó	jugará	jugaría	juegue	jugara	juegue Ud.
	Participles:	jugamos	jugábamos	jugamos	jugaremos	jugaríamos	juguemos	jugáramos	juguemos
	jugando	jugáis	jugabais	jugasteis	jugaréis	jugaríais	juguéis	jugarais	jugad (no juguéis)
	jugado	juegan	jugaban	jugaron	jugarán	jugarían	jueguen	jugaran	jueguen Uds.
29	pedir (e:i)	pido	pedía	pedí	pediré	pediría	pida	pidiera	
		pides	pedías	pediste	pedirás	pedirías	pidas	pidieras	pide tú (no pidas)
		pide	pedía	pidió	pedirá	pediría	pida	pidiera	pida Ud.
	Participles:	pedimos	pedíamos	pedimos	pediremos	pediríamos	pidamos	pidiéramos	pidamos
	pidiendo	pedís	pedíais	pedisteis	pediréis	pediríais	pidáis	pidierais	pedid (no pidáis)
	pedido	piden	pedían	pidieron	pedirán	pedirían	pidan	pidieran	pidan Uds.
30	pensar (e:ie)	pienso	pensaba	pensé	pensaré	pensaría	piense	pensara	
		piensas	pensabas	pensaste	pensarás	pensarías	pienses	pensaras	piensa tú (no pienses)
		piensa	pensaba	pensó	pensará	pensaría	piense	pensara	piense Ud.
	Participles:	pensamos	pensábamos	pensamos	pensaremos	pensaríamos	pensemos	pensáramos	pensemos
	pensando	pensáis	pensabais	pensasteis	pensaréis	pensaríais	penséis	pensarais	pensad (no penséis)
	pensado	piensan	pensaban	pensaron	pensarán	pensarían	piensen	pensaran	piensen Uds.
31	reír(se) (e:i)	río	reía	reí	reiré	reiría	ría	riera	
		ríes	reías	reíste	reirás	reirías	rías	rieras	ríe tú (no rías)
		ríe	reía	rió	reirá	reiría	ría	riera	ría Ud.
	Participles:	reímos	reíamos	reímos	reiremos	reiríamos	riamos	riéramos	riamos
	riendo	reís	reíais	reísteis	reiréis	reiríais	riáis	rierais	reíd (no riáis)
	reído	ríen	reían	rieron	reirán	reirían	rían	rieran	rían Uds.
32	seguir (e:i) (gu:g)	sigo	seguía	seguí	seguiré	seguiría	siga	siguiera	
		sigues	seguías	seguiste	seguirás	seguirías	sigas	siguieras	sigue tú (no sigas)
		sigue	seguía	siguió	seguirá	seguiría	siga	siguiera	siga Ud.
	Participles:	seguimos	seguíamos	seguimos	seguiremos	seguiríamos	sigamos	siguiéramos	sigamos
	siguiendo	seguís	seguíais	seguisteis	seguiréis	seguiríais	sigáis	siguierais	seguid (no sigáis)
	seguido	siguen	seguían	siguieron	seguirán	seguirían	sigan	siguieran	sigan Uds.
33	sentir (e:ie)	siento	sentía	sentí	sentiré	sentiría	sienta	sintiera	
		sientes	sentías	sentiste	sentirás	sentirías	sientas	sintieras	siente tú (no sientas)
		siente	sentía	sintió	sentirá	sentiría	sienta	sintiera	sienta Ud.
	Participles:	sentimos	sentíamos	sentimos	sentiremos	sentiríamos	sintamos	sintiéramos	sintamos
	sintiendo	sentís	sentíais	sentisteis	sentiréis	sentiríais	sintáis	sintierais	sentid (no sintáis)
	sentido	sienten	sentían	sintieron	sentirán	sentirían	sientan	sintieran	sientan Uds.

34 — volver (o:ue) · Participles: volviendo, **vuelto**

	INDICATIVE					SUBJUNCTIVE		IMPERATIVE
Infinitive	Present	Imperfect	Preterite	Future	Conditional	Present	Past	
volver (o:ue)	**vuelvo**	volvía	volví	volveré	volvería	**vuelva**	volviera	
	vuelves	volvías	volviste	volverás	volverías	**vuelvas**	volvieras	**vuelve** tú (no **vuelvas**)
Participles:	**vuelve**	volvía	volvió	volverá	volvería	**vuelva**	volviera	**vuelva** Ud.
volviendo	volvemos	volvíamos	volvimos	volveremos	volveríamos	volvamos	volviéramos	volvamos
vuelto	volvéis	volvíais	volvisteis	volveréis	volveríais	volváis	volvierais	volved (no volváis)
	vuelven	volvían	volvieron	volverán	volverían	**vuelvan**	volvieran	**vuelvan** Uds.

Verbs with spelling changes

35 — conocer (c:zc) · Participles: conociendo, conocido

	INDICATIVE					SUBJUNCTIVE		IMPERATIVE
Infinitive	Present	Imperfect	Preterite	Future	Conditional	Present	Past	
conocer (c:zc)	**conozco**	conocía	conocí	conoceré	conocería	**conozca**	conociera	
	conoces	conocías	conociste	conocerás	conocerías	**conozcas**	conocieras	conoce tú (no **conozcas**)
	conoce	conocía	conoció	conocerá	conocería	**conozca**	conociera	**conozca** Ud.
Participles:	conocemos	conocíamos	conocimos	conoceremos	conoceríamos	**conozcamos**	conociéramos	**conozcamos**
conociendo	conocéis	conocíais	conocisteis	conoceréis	conoceríais	**conozcáis**	conocierais	conoced (no **conozcáis**)
conocido	conocen	conocían	conocieron	conocerán	conocerían	**conozcan**	conocieran	**conozcan** Uds.

36 — creer (y) · Participles: **creyendo**, **creído**

	INDICATIVE					SUBJUNCTIVE		IMPERATIVE
Infinitive	Present	Imperfect	Preterite	Future	Conditional	Present	Past	
creer (y)	creo	creía	creí	creeré	creería	crea	**creyera**	
	crees	creías	**creíste**	creerás	creerías	creas	**creyeras**	cree tú (no creas)
	cree	creía	**creyó**	creerá	creería	crea	**creyera**	crea Ud.
Participles:	creemos	creíamos	**creímos**	creeremos	creeríamos	creamos	**creyéramos**	creamos
creyendo	creéis	creíais	**creísteis**	creeréis	creeríais	creáis	**creyerais**	creed (no creáis)
creído	creen	creían	**creyeron**	creerán	creerían	crean	**creyeran**	crean Uds.

37 — cruzar (z:c) · Participles: cruzando, cruzado

	INDICATIVE					SUBJUNCTIVE		IMPERATIVE
Infinitive	Present	Imperfect	Preterite	Future	Conditional	Present	Past	
cruzar (z:c)	cruzo	cruzaba	**crucé**	cruzaré	cruzaría	**cruce**	cruzara	
	cruzas	cruzabas	cruzaste	cruzarás	cruzarías	**cruces**	cruzaras	cruza tú (no **cruces**)
	cruza	cruzaba	cruzó	cruzará	cruzaría	**cruce**	cruzara	**cruce** Ud.
Participles:	cruzamos	cruzábamos	cruzamos	cruzaremos	cruzaríamos	**crucemos**	cruzáramos	**crucemos**
cruzando	cruzáis	cruzabais	cruzasteis	cruzaréis	cruzaríais	**crucéis**	cruzarais	cruzad (no **crucéis**)
cruzado	cruzan	cruzaban	cruzaron	cruzarán	cruzarían	**crucen**	cruzaran	**crucen** Uds.

38 — destruir (y) · Participles: **destruyendo**, destruido

	INDICATIVE					SUBJUNCTIVE		IMPERATIVE
Infinitive	Present	Imperfect	Preterite	Future	Conditional	Present	Past	
destruir (y)	**destruyo**	destruía	destruí	destruiré	destruiría	destruya	**destruyera**	
	destruyes	destruías	destruiste	destruirás	destruirías	destruyas	**destruyeras**	**destruye** tú (no **destruyas**)
	destruye	destruía	**destruyó**	destruirá	destruiría	destruya	**destruyera**	**destruya** Ud.
Participles:	destruimos	destruíamos	destruimos	destruiremos	destruiríamos	destruyamos	**destruyéramos**	**destruyamos**
destruyendo	destruís	destruíais	destruisteis	destruiréis	destruiríais	destruyáis	**destruyerais**	destruid (no **destruyáis**)
destruido	**destruyen**	destruían	**destruyeron**	destruirán	destruirían	destruyan	**destruyeran**	**destruyan** Uds.

39 — enviar · Participles: enviando, enviado

	INDICATIVE					SUBJUNCTIVE		IMPERATIVE
Infinitive	Present	Imperfect	Preterite	Future	Conditional	Present	Past	
enviar	**envío**	enviaba	envié	enviaré	enviaría	**envíe**	enviara	
	envías	enviabas	enviaste	enviarás	enviarías	**envíes**	enviaras	**envía** tú (no **envíes**)
	envía	enviaba	envió	enviará	enviaría	**envíe**	enviara	**envíe** Ud.
Participles:	enviamos	enviábamos	enviamos	enviaremos	enviaríamos	enviemos	enviáramos	enviemos
enviando	enviáis	enviabais	enviasteis	enviaréis	enviaríais	enviéis	enviarais	enviad (no enviéis)
enviado	**envían**	enviaban	enviaron	enviarán	enviarían	**envíen**	enviaran	**envíen** Uds.

40. graduar(se) (g:gu)
Participles: graduando, graduado

	INDICATIVE					SUBJUNCTIVE		IMPERATIVE
	Present	Imperfect	Preterite	Future	Conditional	Present	Past	
	gradúo	graduaba	gradué	graduaré	graduaría	gradúe	graduara	
	gradúas	graduabas	graduaste	graduarás	graduarías	gradúes	graduaras	gradúa tú (no gradúes)
	gradúa	graduaba	graduó	graduará	graduaría	gradúe	graduara	gradúe Ud.
	graduamos	graduábamos	graduamos	graduaremos	graduaríamos	graduemos	graduáramos	graduemos
	graduáis	graduabais	graduasteis	graduaréis	graduaríais	graduéis	graduarais	graduad (no graduéis)
	gradúan	graduaban	graduaron	graduarán	graduarían	gradúen	graduaran	gradúen Uds.

41. llegar (g:gu)
Participles: llegando, llegado

	INDICATIVE					SUBJUNCTIVE		IMPERATIVE
	Present	Imperfect	Preterite	Future	Conditional	Present	Past	
	llego	llegaba	llegué	llegaré	llegaría	llegue	llegara	
	llegas	llegabas	llegaste	llegarás	llegarías	llegues	llegaras	llega tú (no llegues)
	llega	llegaba	llegó	llegará	llegaría	llegue	llegara	llegue Ud.
	llegamos	llegábamos	llegamos	llegaremos	llegaríamos	lleguemos	llegáramos	lleguemos
	llegáis	llegabais	llegasteis	llegaréis	llegaríais	lleguéis	llegarais	llegad (no lleguéis)
	llegan	llegaban	llegaron	llegarán	llegarían	lleguen	llegaran	lleguen Uds.

42. proteger (g:j)
Participles: protegiendo, protegido

	INDICATIVE					SUBJUNCTIVE		IMPERATIVE
	Present	Imperfect	Preterite	Future	Conditional	Present	Past	
	protejo	protegía	protegí	protegeré	protegería	proteja	protegiera	
	proteges	protegías	protegiste	protegerás	protegerías	protejas	protegieras	protege tú (no protejas)
	protege	protegía	protegió	protegerá	protegería	proteja	protegiera	proteja Ud.
	protegemos	protegíamos	protegimos	protegeremos	protegeríamos	protejamos	protegiéramos	protejamos
	protegéis	protegíais	protegisteis	protegeréis	protegeríais	protejáis	protegierais	proteged (no protejáis)
	protegen	protegían	protegieron	protegerán	protegerían	protejan	protegieran	protejan Uds.

43. tocar (c:qu)
Participles: tocando, tocado

	INDICATIVE					SUBJUNCTIVE		IMPERATIVE
	Present	Imperfect	Preterite	Future	Conditional	Present	Past	
	toco	tocaba	toqué	tocaré	tocaría	toque	tocara	
	tocas	tocabas	tocaste	tocarás	tocarías	toques	tocaras	toca tú (no toques)
	toca	tocaba	tocó	tocará	tocaría	toque	tocara	toque Ud.
	tocamos	tocábamos	tocamos	tocaremos	tocaríamos	toquemos	tocáramos	toquemos
	tocáis	tocabais	tocasteis	tocaréis	tocaríais	toquéis	tocarais	tocad (no toquéis)
	tocan	tocaban	tocaron	tocarán	tocarían	toquen	tocaran	toquen Uds.

44. vencer (c:z)
Participles: venciendo, vencido

	INDICATIVE					SUBJUNCTIVE		IMPERATIVE
	Present	Imperfect	Preterite	Future	Conditional	Present	Past	
	venzo	vencía	vencí	venceré	vencería	venza	venciera	
	vences	vencías	venciste	vencerás	vencerías	venzas	vencieras	vence tú (no venzas)
	vence	vencía	venció	vencerá	vencería	venza	venciera	venza Ud.
	vencemos	vencíamos	vencimos	venceremos	venceríamos	venzamos	venciéramos	venzamos
	vencéis	vencíais	vencisteis	venceréis	venceríais	venzáis	vencierais	venced (no venzáis)
	vencen	vencían	vencieron	vencerán	vencerían	venzan	vencieran	venzan Uds.

Guide to Vocabulary

Contents of the glossary

This glossary contains the words and expressions presented as active vocabulary in **VENTANAS**, as well as other useful vocabulary. A numeral following an entry indicates the lesson of **VENTANAS: Lengua** where the word or expression was introduced. The abbreviation *Lect.* plus lesson number indicates words and expressions introduced in **VENTANAS: Lecturas**.

Abbreviations used in this glossary

adj.	adjective	*fam.*	familiar	*pl.*	plural	*pron.*	pronoun
adv.	adverb	*form.*	formal	*pl.*	plural	*sing.*	singular
conj.	conjunction	*interj.*	interjection	*p.p.*	past participle	*v.*	verb
f.	feminine	*m.*	masculine	*prep.*	preposition		

Note on alphabetization

In the Spanish alphabet **ñ** is a separate letter following **n.** Therefore in this glossary you will find that number **añadir** follows **anuncio.**

Español–Inglés

A

abadesa *f.* abbess *(Lect. 5)*
abogado/a *m., f.* lawyer
abrazar *v.* to hug; to hold *(Lect. 1)*
abrir(se) *v.* to open; **abrirse paso** to make one's way
abrocharse *v.* to fasten; **abrocharse el cinturón de seguridad** to fasten one's seatbelt
abstracto/a *adj.* abstract 10
aburrir *v.* to bore 2
aburrirse *v.* to get bored 2
acabarse *v.* to run out; to come to an end *(Lect. 6)*
acallarse *v.* to keep quiet *(Lect. 10)*
acantilado *m.* cliff
acariciar *v.* to caress *(Lect. 4, 10)*
acaso *adv.* perhaps *(Lect. 4)*
accidente *m.* accident; **accidente automovilístico** *m.* car accident 5
acentuar *v.* to accentuate 10
acercarse (a) *v.* to approach 2
aclarar *v.* to clarify *(Lect. 9)*
acoger *v.* to welcome; to take in; to receive
acogido/a *adj.* received; **bien acogido/a** well received 8
acompañar *v.* to come with *(Lect. 10)*
aconsejar *v.* to advise; to suggest 4
acontecimiento *m.* event 9
acordar (o:ue) *v.* to agree 2
acordarse (o:ue) **(de)** *v.* to remember 2
acostarse (o:ue) *v.* to go to bed 2
acostumbrado/a *adj.* accustomed to; **estar acostumbrado/a a** *v.* to be used to
acostumbrarse (a) *v.* to get used to; to grow accustomed (to) 3
activista *m., f.* activist 11
acto: en el acto immediately; on the spot 3
actor *m.* actor 9

actriz *f.* actress 9
actual *adj.* current 9
actualidad *f.* current events 9
actualizado/a *adj.* up-to-date 9
actualizar *v.* to update *(Lect. 7)*
actualmente *adv.* currently
acuarela *f.* watercolor 10
adelantado/a *adj.* advanced 12
adelanto *m.* improvement 4; advance *(Lect. 4) (Lect. 7)*
adelgazar *v.* to lose weight 4
adinerado/a *adj.* wealthy *(Lect. 8)*
adivinar *v.* to guess *(Lect. 3)*
adjuntar *v.* to attach 7; **adjuntar un archivo** to attach a file 7
administrar *v.* to manage; to run 8
ADN (ácido desoxirribonucleico) *m.* DNA 7
adorar *v.* to adore 1
aduana *f.* customs; **agente de aduanas** customs agent 5
advertencia *f.* warning *(Lect. 8)*
afeitarse *v.* to shave 2
aficionado/a (a) *adj.* fond of; a fan (of) 2; **ser aficionado/a de** to be a fan of
afiche *m.* poster *(Lect. 1)*
afligir *v.* afflict *(Lect. 4)*
afligirse *v.* to get upset *(Lect. 3)*
afortunado/a *adj.* lucky
agenda *f.* datebook 3
agente *m., f.* agent; officer; **agente de aduanas** *m., f.* customs agent 5
agitar *v.* wave *(Lect. 2)*
agnóstico/a *adj.* agnostic 11
agobiado/a *adj.* overwhelmed 1
agotado/a *adj.* exhausted 4
agotar *v.* to use up 6
agradecimiento *m.* gratitude
agredir *v.* to assault *(Lect. 10)*
aguja *f.* needle *(Lect. 4)*
agujero *m.* hole; **agujero en la capa de ozono** *m.* hole in the ozone layer; **agujero negro** *m.* black hole 7; **agujerito** *m.* small hole 7
ahogado/a *adj.* drowned *(Lect. 5)*
ahogarse *v.* to smother; to drown

ahorrar *v.* to save 8
ahorrarse *v.* to save oneself *(Lect. 7)*
ahorro *m.* savings 8
aislado/a *adj.* isolated *(Lect. 6)*
aislar *v.* to isolate *(Lect. 9)*
ajedrez *m.* chess 2
ajeno/a *adj.* belonging to others *(Lect. 11)*
ala *m.* wing
alba *f.* dawn; daybreak *(Lect. 11)*
albergue *m.* hostel 5
álbum *m.* album 2; *(Lect. 4)*
alcalde/alcaldesa *m., f.* mayor 11
alcance *m.* reach 7; **al alcance** within reach *(Lect. 10)*; **al alcance de la mano** within reach *(Lect. 7)*
alcanzar *v.* to reach; to achieve; to succeed in *(Lect. 5)*
aldea *f.* village *(Lect. 12)*
alimentación *f.* diet (nutrition) 4
allá *adv.* there
alma (el) *f.* soul *(Lect. 1)*
alojamiento *m.* lodging 5
alojarse *v.* to stay 5
alquilar *v.* to rent; **alquilar una película** to rent a movie 2
alta definición: de alta definición *adj.* high definition 7
alterar *v.* to modify; to alter
altiplano *m.* high plateau *(Lect. 11)*
altoparlante *m.* loudspeaker
alusión *f.* allusion *(Lect. 10)*
amable *adj.* nice; kind
amado/a *m., f.* loved one; sweetheart 1
amanecer *m.* sunrise *(Lect. 6)*
amar *v.* to love *(Lect. 1)*
ambiental *adj.* environmental *(Lect. 6)*
ambos/as *pron., adj.* both
amenaza *f.* menace; threat *(Lect. 3, 8)*
amenazar *v.* to threaten *(Lect. 3)*
amor *m.* love; **amor (no) correspondido** (un)requited love
amueblado/a *adj.* furnished
analfabetismo *m.* illiteracy *(Lect. 8)*
anciano/a *adj.* elderly

anciano/a *m., f.* elderly gentleman/lady

andar *v.* to walk; **andar** + *pres. participle* to be (doing something)

anfitrión/anfitriona *m.* host(ess) (*Lect. 8*)

anillo *m.* ring (*Lect. 5*)

animado/a *adj.* lively **2**

animar *v.* to cheer up; to encourage; **¡Anímate!** Cheer up! (*sing.*) **2**; **¡Anímense!** Cheer up! (*pl.*) **2**

ánimo *m.* spirit **1**

anotar (un gol/un punto) *v.* to score (a goal/ a point) **2**

ansia *f.* anxiety **1**

ansioso/a *adj.* anxious **1**

antemano: de antemano *beforehand*

antena *f.* antenna; **antena parabólica** satellite dish

anterior *adj.* previous **8**

antes que nada first and foremost

antigüedad *f.* antiquity

antiguo/a *adj.* ancient (*Lect. 8*)

antipático/a *adj.* mean; unpleasant

anuncio *m.* advertisement; commercial **9**

añadir *v.* to add

apagado/a *adj.* turned off (*Lect. 7*)

apagar *v.* to turn off **3**; **apagar las velas** to blow out the candles **8**

apañar *v.* to mend; to fix (*Lect. 4*)

apañarse *v.* to manage (*Lect. 4*)

aparecer *v.* to appear **1**

apenas *adv.* hardly; scarcely **3**

aplaudir *v.* to applaud **2**

apogeo *m.* height; highest level (*Lect. 5*)

aportación *f.* contribution **11**

apostar (o:ue) *v.* to bet

apoyarse (en) *v.* to lean (on)

apreciado/a *adj.* appreciated

apreciar *v.* to appreciate **1**

aprendizaje *m.* learning **12** (*Lect. 8*)

aprobación *f.* approval **9**

aprobar (o:ue) *v.* to approve; to pass (*a class*); **aprobar una ley** to pass a law **11**

aprovechar *v.* to make good use of; to take advantage of

apuesta *f.* bet

apuro: tener apuro to be in a hurry; to be in a rush

araña *f.* spider **6** (*Lect. 8*)

árbitro/a *m., f.* referee **2**

árbol *m.* tree **6**

archivo *m.* file; **bajar un archivo** to download a file

arduo/a *adj.* hard (*Lect. 4*)

arepa *f.* cornmeal cake (*Lect. 11*)

argumento *m.* plot **10**

árido/a *adj.* arid (*Lect. 11*)

aristocrático/a *adj.* aristocratic (*Lect. 12*)

arma *f.* weapon

armado/a *adj.* armed

arqueología *f.* archaeology

arqueólogo/a *m., f.* archaeologist

arraigar *v.* to take root (*Lect. 10*)

arrancar *v.* to start (*a car*)

arrastrar *v.* to drag

arrecife *m.* reef **6**

arreglarse *v.* to get ready **3**

arrepentirse (de) (e:ie) *v.* to repent **2**

arriesgado/a *adj.* risky **5**

arriesgar *v.* to risk

arriesgarse *v.* to risk; to take a risk

arroba *f.* @ symbol **7**

arroyo *m.* stream (*Lect. 10*)

arruga *f.* wrinkle

artefacto *m.* artifact (*Lect. 5*)

artesano/a *m., f.* artisan **10**

asaltar *v.* to rob (*Lect. 11*)

ascender (e:ie) *v.* to rise; to be promoted **8**

asco *m.* revulsion; **dar asco** to be disgusting

asegurar *v.* to assure; to guarantee

asegurarse *v.* to make sure

aseo *m.* cleanliness; hygiene; **aseo personal** *m.* personal care

asesor(a) *m., f.* consultant; advisor **8**

así *adv.* like this; so **3**

asiento *m.* seat **2**

asilo (de ancianos) *m.* nursing home (*Lect. 4*)

asombrar *v.* to amaze (*Lect. 3*)

asombrarse *v.* to be astonished

asombro *m.* amazement; astonishment

asombroso/a *adj.* astonishing

aspecto *m.* appearance; look; **tener buen/ mal aspecto** to look healthy/sick **4**

aspirina *f.* aspirin **4**

astronauta *m., f.* astronaut **7**

astrónomo/a *m., f.* astronomer **7**

asunto *m.* matter; topic

asustado/a *adj.* frightened; scared

atar *v.* to tie (up)

ataúd *m.* casket (*Lect. 2*)

ateísmo *m.* atheism

ateo/a *adj.* atheist **11**

aterrizar *v.* to land (an airplane)

atletismo *m.* track-and-field events

atracción *f.* attraction

atraer *v.* to attract **1**

atrapar *v.* to trap; to catch **6**

atrasado/a *adj.* late **3**

atrasar *v.* to delay

atreverse (a) *v.* to dare (to) **2**

atropellar *v.* to run over

audiencia *f.* audience

aumento *m.* increase; raise; **aumento de sueldo** *m.* raise in salary **8**

auricular *m.* telephone receiver (*Lect. 7*)

ausente *adj.* absent

auténtico/a *adj.* real; genuine **3**

autobiografía *f.* autobiography **10**

autoestima *f.* self-esteem **4**

autoritario/a *adj.* strict; authoritarian **1**

autorretrato *m.* self-portrait **10** (*Lect. 4*)

auxiliar de vuelo *m., f.* flight attendant

auxilio *m.* help; aid; **primeros auxilios** *m. pl.* first aid **4**

avance *m.* advance; breakthrough **7**

avanzado/a *adj.* advanced **7**

avaro/a *m., f.* miser

ave *f.* bird **6** (*Lect. 6*)

aventura *f.* adventure **5**

aventurero/a *m., f.* adventurer **5**

avergonzado/a *adj.* ashamed; embarrassed,

averiguar *v.* to find out (*Lect. 1*)

avisar *v.* to inform; to warn

aviso *m.* notice; warning **5**

azar *m.* chance; fate (*Lect. 5, 12*)

B

bahía *f.* bay (*Lect. 5*)

bailar *v.* to dance **1**

bailarín/bailarina *m., f.* dancer

bajar *v.* to lower

balcón *m.* balcony **3**

balón *m.* ball (*Lect. 2*)

bancario/a *adj.* banking

bancarrota *f.* bankruptcy **8**

banda sonora *f.* soundtrack **9**

bandera *f.* flag (*Lect. 2*)

bañarse *v.* to take a bath **2**

baranda *f.* railing (*Lect. 9*)

barato/a *adj.* cheap; inexpensive **3**

barbaridad *f.* outrageous thing (*Lect. 10*)

barrer *v.* to sweep **3**

barrio *m.* neighborhood (*Lect. 5*)

bastante *adv.* quite; enough **3**

batalla *f.* battle **12**

bautismo *m.* baptism

beber *v.* to drink **1**

bellas artes *f., pl* fine arts **10**

bendecir (e:i) *v.* to bless **11**

beneficios *m. pl.* benefits

besar *v.* to kiss (*Lect. 1*)

bien acogido/a *adj.* well-received **8**

bienestar *m.* well-being **4**

bienvenida *f.* welcome **5**

bilingüe *adj.* bilingual (*Lect. 9*)

billar *m.* billiards **2**

biografía *f.* biography **10**

biólogo/a *m., f.* biologist **7**

bioquímico/a *adj.* biochemical **7**

bitácora *f.* travel log; weblog (*Lect. 7*)

blog *m.* blog **7**

blogonovela *f.* blognovel (*Lect. 7*)

blogosfera *f.* blogosphere (*Lect. 7*)

bobo/a *m., f.* silly, stupid person (*Lect. 7*)

boleto *m.* ticket (*Lect. 1*)

boliche *m.* bowling **2**

bolsa *f.* bag; sack; stock market; **bolsa de valores** *f.* stock market **8**

bombardeo *m.* bombing (*Lect. 6*)

bondad *f.* goodness; **¿Tendría usted la bondad de** + *inf.*...? Could you please ...? (*form.*)

bordo: a bordo *adv.* on board **5**

borrar *v.* to erase **7**

borrego *m.* young lamb (*Lect. 6*)

bosque *m.* forest; **bosque lluvioso** *m.* rain forest **6**

bostezar *v.* to yawn

botar *v.* to throw... out (*Lect. 5*)

botarse *v.* to outdo oneself (*P. Rico; Cuba*) (*Lect. 5*)

bote *m.* boat (*Lect. 5*)

brillo *m.* shine (*Lect. 10*)

brindar *v.* to make a toast **2**

broma *f.* joke (*Lect. 1*)

bromear *v* to joke

brújula *f.* compass **5**

buceo *m.* scuba diving **5**
budista *adj.* Buddhist **11**
bueno/a *adj.* good; **estar bueno/a**
  v. to (still) be good (i.e., *fresh*); **ser**
  bueno/a
  v. to be good (*by nature*); **¡Buen fin de**
  semana! Have a nice weekend!; **Buen**
  provecho. Enjoy your meal.
búfalo *m.* buffalo
burla *f.* mockery
burlarse (de) *v.* to make fun (of)
burocracia *f.* bureaucracy
buscador *m.* search engine **7**
búsqueda *f.* search
buzón *m.* mailbox

C

caber *v.* to fit **1**; **no caber duda** to be
  no doubt
cabo *m.* cape; end (*rope, string*); **al fin y**
  al cabo sooner or later, after all; **llevar a**
  cabo to carry out (*an activity*)
cabra *f.* goat
cacique *m.* tribal chief **12**
cadena *f.* network **9**; **cadena de**
  televisión *f.* television network
caducar *v* to expire
caer(se) *v.* to fall **1**; **caer bien/mal** to
  get along well/badly with **2**
caja *f.* box; **caja de**
  herramientas toolbox
cajero/a *m., f.* cashier; **cajero**
  automático *m.* ATM
calentamiento global *m.* global
  warming **6**
calentar (e:ie) *v.* to warm up **3**
calidad *f.* quality
callado/a *adj.* quiet/silent
callarse *v.* to be quiet, silent
calmante *m.* painkiller; tranquilizer **4**
calmarse *v.* to calm down; to relax
calzoncillos *m. pl.* underwear (men's)
camarero/a *m., f.* waiter; waitress
cambiar *v* to change
cambio *m.* change; **a cambio de** in
  exchange for
camerino *m.* star's dressing room **9**
campamento *m.* campground **5**
campaña *f.* campaign **11**
campeón/campeona *m., f.* champion **2**
campeonato *m.* championship **2**
campo *m.* ball field (*Lect. 5*)
campo *m.* countryside; field **6**
canal *m.* channel **9**; **canal de**
  televisión *m.* television channel
cancelar *v.* to cancel **5**
cáncer *m.* cancer
cancha *f.* (playing) field (*Lect. 2*)
candidato/a *m., f.* candidate **11**
canon literario *m.* literary canon
  (*Lect. 10*)
cansancio *m.* exhaustion (*Lect. 3*)
cansarse *v.* to become tired
cantante *m., f.* singer **2**
capa *f.* layer; **capa de ozono** *f.* ozone
  layer **6**

capaz *adj.* competent; capable **8**
capilla *f.* chapel (*Lect. 11*)
capitán *m.* captain
capítulo *m.* chapter
caracterización *f.* characterization **10**
cargo *m.* position; **estar a cargo de** to
  be in charge of **1**
cariño *m.* affection **1**
cariñoso/a *adj.* affectionate **1**
carne *f.* meat; flesh
caro/a *adj.* expensive **3**
cartas *f. pl.* (playing) cards **2**
casado/a *adj.* married **1**
cascada *f.* cascade; waterfall (*Lect. 5*)
casi *adv.* almost **3**
  casi nunca *adv.* rarely **3**
castigo *m.* punishment
casualidad *f.* chance; coincidence
  (*Lect. 5*) (*Lect. 7*); **por casualidad** by
  chance **3**
catástrofe *f.* catastrophe; disaster;
  catástrofe natural *f.* natural disaster
categoría *f.* category **5**; **de buena**
  categoría *adj.* high quality **5**
católico/a *adj.* Catholic **11**
cazar *v.* to hunt **6**
ceder *v.* give up (*Lect. 11*)
celda *f.* cell
celebrar *v.* to celebrate **2**
celebridad *f.* celebrity **9**
celos *m. pl.* jealousy; **tener celos de**
  to be jealous of **1**
célula *f.* cell **7**
cementerio *m.* cemetery (*Lect. 12*)
censura *f.* censorship **9**
centavo *m.* cent
centro comercial *m.* mall **3**
cepillarse *v.* to brush **2**
cercano/a *adj.* close (*Lect. 10*)
cerdo *m.* pig **6**
cerro *m.* hill
certeza *f.* certainty
certidumbre *f.* certainty **12**
chisme *m.* gossip **9**
chiste *m.* joke (*Lect. 1*)
choque *m.* crash (*Lect. 3*)
choza *f.* hut (*Lect. 12*)
cicatriz *f.* scar
ciencia ficción *f.* science fiction **10**
científico/a *adj.* scientific
científico/a *m., f.* scientist **7**
cierto/a *adj.* certain, sure; **¡Cierto!**
  Sure!; **No es cierto.** That's not so.
cine *m.* movie theater; cinema **2**
cinturón *m.* belt;
  cinturón de seguridad *m.* seatbelt **5**;
  abrocharse el cinturón de
  seguridad *v.* to fasten one's
  seatbelt; **ponerse (el cinturón)** *v.* to
  fasten (the seatbelt) **5**; **quitarse (el**
  cinturón) *v.* to unfasten (the seatbelt) **5**
circo *m.* circus **2**
cirugía *f.* surgery **4**
cirujano/a *m., f.* surgeon **4**
cisterna *f.* cistern; underground tank
  (*Lect. 6*)

cita *f.* date; quotation; **cita a ciegas**
  f. blind date **1**
ciudadano/a *m., f.* citizen **11**
civilización *f.* civilization **12**
civilizado/a *adj.* civilized
claro *interj.* of course **3**
clásico/a *adj.* classic **10**
claustro *m.* cloister (*Lect. 11*)
clima *m.* climate
clonar *v.* to clone **7**
club *m.* club; **club deportivo** *m.* sports
  club **2**
coartada *f.* alibi (*Lect. 10*)
cobrador(a) *m., f.* debt collector
  (*Lect. 8*)
cobrar *v.* to charge; to receive **8**
cochinillo *m.* suckling pig (*Lect. 10*)
cocinar *v.* to cook **3**
cocinero/a *m., f.* chef; cook
codo *m.* elbow
cohete *m.* rocket **7**
cola *f.* line; tail; **hacer cola** to wait
  in line **2**
coleccionar *v.* to collect
coleccionista *m., f.* collector
colgar (o:ue) *v.* to hang (up)
colina *f.* hill
colmena *f.* beehive (*Lect. 8*)
colocar *v.* to place (*an object*) (*Lect. 2*)
colonia *f.* colony **12**
colonizar *v.* to colonize **12**
columnista *m., f.* columnist (*Lect. 9*)
combatiente *m., f.* combatant
combustible *m.* fuel **6**
comediante *m., f.* comedian (*Lect. 1*)
comensal *m., f.* dinner guest (*Lect. 10*)
comer *v.* to eat **1, 2**
comerciante *m., f.* storekeeper; trader
comercio *m.* commerce; trade **8**
comerse *v.* to eat up **1**
comestible *adj.* edible; **planta**
  comestible *f.* edible plant
cometa *m.* comet **7**
comida *f.* food **6**; **comida**
  enlatada *f.* canned food **6**; **comida**
  rápida *f.* fast food **4**
cómo *adv.* how; **¡Cómo no!** Of course!;
  ¿Cómo que son...? What do you mean
  they are...?
compañía *f.* company **8**
completo/a *adj.* complete; filled up;
  El hotel está completo. The hotel is
  filled.
componer *v.* to compose **1**
compositor(a) *m., f.* composer
comprobar (o:ue) *v.* to prove **7**
compromiso *m.* awkward situation
  (*Lect. 10*)
compromiso *m.* commitment;
  responsibility **1**
computación *f.* computer science
computadora portátil *f.* laptop **7**
comunidad *f.* community **4**
conciencia *f.* conscience
concierto *m.* concert **2**
conducir *v.* to drive **1**
conductor(a) *m., f.* announcer

conejo *m.* rabbit **6**
conexión de satélite *f.* satellite connection **7**
conferencia *f.* conference **8**
confesar (e:ie) *v.* to confess
confianza *f.* trust; confidence **1**
confundido/a *adj.* confused
confundir (con) *v.* to confuse (with)
congelado/a *adj.* frozen
congelar(se) *v.* to freeze *(Lect. 7)*
congeniar *v.* to get along
congestionado/a *adj.* congested
congestionamiento *m.* traffic jam **5**
conjunto *m.* collection; **conjunto (musical)** *m.* (musical) group, band
conmovedor(a) *adj.* moving
conocer *v.* to know **1**
conocimiento *m.* knowledge **12**
conquista *f.* conquest **12**
conquistador(a) *m., f.* conquistador; conqueror **12**
conquistar *v.* to conquer **12**
conseguir (e:i) **boletos/entradas** *v.* to get tickets **2**
conservador(a) *adj.* conservative **11**
conservador(a) *m., f.* curator
conservar *v.* to conserve; to preserve **6**
considerar *v.* to consider; **Considero que...** In my opinion, ...
consiguiente *adj.* resulting; consequent; **por consiguiente** consequently; as a result
consulado *m.* consulate *(Lect. 11)*
consulta *f.* doctor's appointment **4**
consultorio *m.* doctor's office **4**
consumo *m.* consumption; **consumo de energía** *m.* energy consumption
contador(a) *m., f.* accountant **8**
contagiarse *v.* to become infected **4**
contaminación *f.* pollution; contamination **6**
contaminar *v.* to pollute; to contaminate **6**
contar (o:ue) *v.* to tell; to count **2**; **contar con** to count on
contemporáneo/a *adj.* contemporary **10**
contentarse con *v.* to be contented/ satisfied with *(Lect. 1)*
continuación *f.* sequel
contraer *v.* to contract **1**
contraseña *f.* password **7**
contratar *v.* to hire **8**
contrato *m.* contract **8**
contribuir (a) *v.* to contribute **6**
control remoto *m.* remote control; **control remoto universal** *m.* universal remote control **7**
controvertido/a *adj.* controversial **9**
contundente *adj.* filling; heavy *(Lect. 10)*
convertirse (en) (e:ie) *v.* to become **2**
copa *f.* (drinking) glass; **Copa del mundo** World Cup
coquetear *v.* to flirt **1**
coraje *m.* courage
corazón *m.* heart *(Lect. 1)*
cordillera *f.* mountain range **6**

cordura *f.* sanity *(Lect. 4)*
coro *m.* choir; chorus
corona *f.* crown *(Lect. 12)*
corrector ortográfico *m.* spell-checker **7**
corresponsal *m., f.* correspondent **9**
corrida *f.* bullfight *(Lect. 2)*
corriente *f.* movement **10**
corrupción *f.* corruption
corte *m.* cut; **de corte ejecutivo** of an executive nature
corto *m.* short film *(Lect. 1)*
cortometraje *m.* short film *(Lect. 1)*
cosecha *f.* harvest *(Lect. 10)*
costa *f.* coast **6**
costoso/a *adj.* costly; expensive
costumbre *f.* custom; habit **3**
cotidiano/a *adj.* everyday **3**; **vida cotidiana** *f.* everyday life
crear *v.* to create **7**
creatividad *f.* creativity
crecer *v.* to grow **1**
crecimiento *m.* growth
creencia *f.* belief **11**
creer (en) *v.* to believe (in) **11**; **No creas.** Don't you believe it.
creyente *m., f.* believer **11**
criar *v.* to raise; **haber criado** to have raised **1**
criarse *v.* to grow up *(Lect. 1)*
criollo/a *m., f.* Latin American born of European parents *(Lect. 12)*
crisis *f.* crisis; **crisis económica** economic crisis **8**
cristiano/a *adj.* Christian **11**
criticar *v.* to critique **11**
crítico/a *m., f.* critic; *adj.* critical **crítico/a de cine** movie critic **9**
crucero *m.* cruise (ship) **5**
cruzar *v.* to cross *(Lect. 11)*
cuadro *m.* painting *(Lect. 3)*, **10**
cuarentón/cuarentona *adj.* forty-year-old; in her/his forties **11**
cubismo *m.* cubism **10**
cucaracha *f.* cockroach **6**
cuenta *f.* calculation, sum; bill; account; **al final de cuentas** after all; *(Lect. 7)* **cuenta corriente** *f.* checking account **8**; **cuenta de ahorros** *f.* savings account **8**; **tener en cuenta** to keep in mind
cuento *m.* short story
cuerpo *m.* body; **cuerpo y alma** heart and soul
cueva *f.* cave
cuidado *m.* care **1**; **bien cuidado/a** well-kept
cuidadoso/a *adj.* careful **1**
cuidar *v.* to take care of **1**
cuidarse *v.* to take care of oneself
culpa *f.* guilt *(Lect. 1)*
culpable *adj.* guilty *(Lect. 11)*
cultivar *v.* to grow
culto *m.* worship
culto/a *adj.* cultured; educated; refined **12**
cultura *f.* culture; **cultura popular** *f.* pop culture

cumbre *f.* summit; peak
cumplir *v.* to carry out *(Lect. 8)*
cura *m.* priest *(Lect. 12)*
curarse *v.* to heal; to be cured **4**
curativo/a *adj.* healing **4**
currículum vitae *m.* résumé **8**

D

dañino/a *adj.* harmful **6**
dar *v.* to give; **dar a** to look out upon; to face *(Lect. 5)*; **dar asco** to be disgusting; **dar de comer** to feed **6**; **dar el primer paso** to take the first step; **dar la gana** to feel like *(Lect. 9)*; **dar la vuelta (al mundo)** to go around (the world); **dar paso a** to give way to; **dar un paseo** to take a stroll/walk **2**; **dar una vuelta** to take a walk/stroll; **darse cuenta** to realize **2**, *(Lect. 9)*; **darse por aludido/a** to realize/assume that one is being referred to *(Lect. 9)*; **darse por vencido** to give up
dardos *m. pl.* darts **2**
dato *m.* piece of data
de repente *adv.* suddenly **3**
de terror *adj.* horror (*story/novel*) **10**
deber *m.* duty *(Lect. 8)*
deber *v.* to owe *(Lect. 8)*; **deber dinero** to owe money *(Lect. 2)*
deber + inf. *v.* ought + *inf.*
década *f.* decade **12**
decir (e:i) *v.* to say **1**
dedicatoria *f.* dedication
deforestación *f.* deforestation **6**
dejar *v.* to leave; to allow; to dump *(Lect. 1)*; **dejar a alguien** to leave someone **1**; **dejar de fumar** quit smoking **4**; **dejar en paz** to leave alone *(Lect. 8)*
delatar *v.* to denounce *(Lect. 3)*
demás: los/las demás *pron.* others; other people
demasiado/a *adj., adv.* too; too much
democracia *f.* democracy **11**
demorar *v.* to delay
denunciar *v.* to denounce *(Lect. 9)*
deportista *m., f.* athlete **2**
depositar *v.* to deposit **8**
depresión *f.* depression **4**
deprimido/a *adj.* depressed **1**
derecho *m.* law; right; **derechos civiles** *m.* civil rights **11**; **derechos humanos** *m.* human rights **11**
derramar *v.* to spill
derretir(se) (e:i) *v.* to melt *(Lect. 7)*
derribar *v.* to bring down; to overthrow **12**
derrocar *v.* to overthrow **12**
derrota *f.* defeat
derrotado/a *adj.* defeated **12**
derrotar *v.* to defeat **12** *(Lect. 12)*
desafiante *adj.* challenging *(Lect. 4)*
desafiar *v.* to challenge **2**
desafío *m.* challenge **7**
desanimado/a *adj.* discouraged
desanimarse *v.* to get discouraged

desánimo *m.* the state of being discouraged **1**
desaparecer *v.* to disappear **1, 6**
desarrollado/a *adj.* developed **12**
desarrollarse *v.* to take place **10**
desarrollo *m.* development **6; país en vías de desarrollo** *m.* developing country
desatar *v.* to untie
descalzo/a *adj.* barefoot (*Lect. 4*)
descansar *v.* to rest **4**
descanso *m.* rest **8**
descargar *v.* to download **7**
descendiente *m., f.* descendant (*Lect. 12*)
descongelar(se) *v.* to defrost (*Lect. 7*)
desconocido/a *m., f.* stranger; *adj.* unknown
descubridor(a) *m., f.* discoverer
descubrimiento *m.* discovery **7**
descubrir *v.* discover (*Lect. 4*)
descuidar(se) *v.* to get distracted; to neglect (*Lect. 6*)
desear *v.* to desire; to wish **4**
desechable *adj.* disposable **6**
desempleado/a *adj.* unemployed **8**
desempleo *m.* unemployment **8**
desencanto *m.* disenchantment (*Lect. 11*)
desenlace *m.* ending
deseo *m.* desire; wish; **pedir un deseo** to make a wish
deshacer *v.* to undo **1**
desierto *m.* desert **6**
desigual *adj.* unequal **11**
desilusión *f.* disappointment
desmayarse *v.* to faint **4**
desorden *m.* disorder; mess **7;** (*Lect. 4*)
despacho *m.* office
despedida *f.* farewell **5**
despedido/a *adj.* fired
despedir (e:i) *v.* to fire **8**
despedirse (e:i) *v.* to say goodbye (*Lect. 3*)
despertarse (e:ie) *v.* to wake up **2**
destacado/a *adj.* prominent **9**
destacar *v.* to emphasize; to point out
destino *m.* destination **5**
destrozar *v.* to destroy
destruir *v.* to destroy **6**
detestar *v.* to detest
deuda *f.* debt **8**
devolver (o:ue) *v.* to return (*items*) **3** (*Lect. 7*)
devoto/a *adj.* pious (*Lect. 11*)
día *m.* day; **estar al día con las noticias** to keep up with the news
diamante *m.* diamond (*Lect. 5*)
diario *m.* newspaper **9**
diario/a *adj.* daily **3**
dibujar *v.* to draw **10**
dictador(a) *m., f.* dictator **12**
dictadura *f.* dictatorship
didáctico/a *adj.* educational **10**
dieta *f.* diet; **estar a dieta** to be on a diet **4**

digestión *f.* digestion
digital *adj.* digital **7**
digno/a *adj.* worthy (*Lect. 6*)
diluvio *m.* heavy rain
dinero *m.* money; **dinero en efectivo** cash **3**
Dios *m.* God **11**
dios(a) *m., f.* god/goddess (*Lect. 5*)
diputado/a *m., f.* representative **11**
dirección de correo electrónico *f.* e-mail address **7**
directo/a *adj.* direct; **en directo** *adj.* live **9**
director(a) *m., f.* director
dirigir *v.* to direct; to manage **1**
discoteca *f.* discotheque; dance club **2**
discriminación *f.* discrimination
discriminado/a *adj.* discriminated
disculpar *v.* to excuse
disculparse *v.* to apologize (*Lect. 6*)
discurso *m.* speech; **pronunciar un discurso** to give a speech **11**
discutir *v.* to argue **1**
diseñar *v.* to design (*Lect. 8*), **10**
disfraz *m.* costume
disfrazado/a *adj.* disguised; in costume
disfrutar (de) *v.* to enjoy **2**
disgustado/a *adj.* upset **1**
disgustar *v.* to upset **2**
disminuir *v* to decrease
disponerse a *v.* to be about to (*Lect. 6*)
disponible *adj.* available
distinguido/a *adj.* honored
distinguir *v.* to distinguish **1**
distraer *v.* to distract **1**
distraído/a *adj.* distracted
disturbio *m.* riot **8**
diversidad *f.* diversity **4**
divertido/a *adj.* fun **2**
divertirse (e:ie) *v.* to have fun **2**
divorciado/a *adj.* divorced **1**
divorcio *m.* divorce **1**
doblado/a *adj.* dubbed **9**
doblaje *m.* dubbing (film)
doblar *v.* to dub (film); to fold; to turn (*a corner*)
doble *m., f.* double (*in movies*) **9**
documental *m.* documentary **9**
dolencia *f.* illness; condition (*Lect. 4*)
doler (o:ue) *v.* to hurt; to ache **2**
dominio *m.* rule; control (*Lect. 12*)
dominó *m.* dominoes
dondequiera *adv.* wherever **4**
dormir (o:ue) *v.* to sleep **2**
dormirse (o:ue) *v.* to go to sleep, to fall asleep **2**
dramaturgo/a *m., f.* playwright **10**
ducharse *v.* to take a shower **2**
dueño/a *m., f.* owner **8**
duro/a *adj.* hard; difficult (*Lect. 7*)

E

echar *v.* to throw away (*Lect. 5*); **echar un vistazo** to take a look; **echar a correr** to take off running

ecosistema *m.* ecosystem (*Lect. 6*)
ecoturismo *m.* ecotourism **5**
Edad Media *f.* Middle Ages
editar *v.* to publish (*Lect. 10*)
educar *v.* to raise; to bring up **1**
efectivo *m.* cash
efectos especiales *m., pl.* special effects **9**
eficiente *adj.* efficient
ejecutivo/a *m., f.* executive **8; de corte ejecutivo** of an executive nature **8**
ejército *m.* army **12**
electoral *adj.* electoral
electrónico/a *adj.* electronic
elegido/a *adj.* chosen; elected
elegir (e:i) *v.* to elect; to choose **11**
embajada *f.* embassy (*Lect. 11*)
embajador(a) *m., f.* ambassador **11**
embalarse *v.* to go too fast (*Lect. 9*)
embarcar *v.* to board
emigrar *v.* to emigrate **11**
emisión *f.* broadcast; **emisión en vivo/directo** *f.* live broadcast
emisora *f.* (radio) station
emocionado/a *adj.* excited **1**
empatar *v.* to tie (*games*) **2**
empate *m.* tie (*game*) **2**
empeorar *v.* to deteriorate; to get worse **4**
emperador *m* emperor **12**
emperatriz *f.* empress **12**
empezar (e:ie) *v.* to begin
empleado/a *adj.* employed **8**
empleado/a *m., f.* employee **8**
empleo *m.* employment; job **8**
empresa *f.* company; **empresa multinacional** *f.* multinational company **8**
empresario/a *m., f.* entrepreneur **8**
empujar *v.* to push
en línea *adj.* online **7**
enamorado/a (de) *adj.* in love (with) (*Lect. 1*)
enamorarse (de) *v.* to fall in love (with) **1**
encabezar *v.* to lead **12**
encantar *v.* to like very much **2**
encargado/a *m., f.* person in charge; **estar encargado/a de** to be in charge of **1**
encargarse de *v.* to be in charge of **1**
encender (e:ie) *v.* to turn on **3**
encogerse *v.* shrink; **encogerse de hombros** to shrug
energía *f.* energy; **energía eólica** *f.* wind energy; wind power; **energía nuclear** *f.* nuclear energy
enérgico/a *adj.* energetic (*Lect. 8*)
enfermarse *v.* to get sick **4**
enfermedad *f.* disease; illness **4**
enfermero/a *m., f.* nurse (*Lect. 4*)
enfrentar *v.* to confront
enganchar *v.* to get caught (*Lect. 5*)
engañar *v.* to betray **9,** (*Lect. 12*)
engordar *v.* to gain weight **4**
enlace *m.* link (*Lect. 7*)
enojo *m.* anger

enrojecer *v.* to turn red; to blush
ensayar *v.* to rehearse **9**
ensayista *m., f.* essayist **10**
ensayo *m.* essay; rehearsal
enseguida right away **3** *(Lect. 4)*
enseñanza *f.* teaching; lesson **12**
entender (e:ie) *v.* to understand
enterarse (de) *v.* to become informed (about) **9**
enterrado/a *adj.* buried *(Lect. 2)*
enterrar (e:ie) *v.* to bury *(Lect. 12)*
entonces *adv.* then; **en aquel entonces** at that time **3**
entrada *f.* admission ticket
entrega *f.* delivery
entrenador(a) *m., f.* coach; trainer **2**
entretener(se) (e:ie) *v.* to entertain, to amuse (oneself) **2**
entretenido/a *adj.* entertaining **2**
entrevista *f.* interview; **entrevista de trabajo** *f.* job interview **8**
envenenado/a *adj.* poisoned *(Lect. 6)*
enviar *v.* to send
eólico/a *adj.* related to the wind; **energía eólica** *f.* wind energy; wind power
epidemia *f.* epidemic **4**
episodio *m.* episode **9**; **episodio final** *m.* final episode **9**
época *f.* era; epoch; historical period **12** *(Lect. 7)*
equipaje *m.* luggage
equipo *m.* team **2**
equivocarse *v.* to be mistaken; to make a mistake
erosión *f.* erosion **6**
erudito/a *adj.* learned *(Lect. 12)*
errar *v.* to wander *(Lect. 11)*
esbozar *v.* to sketch
esbozo *m.* outline; sketch
escalada *f.* climb *(mountain)*
escalador(a) *m., f.* climber
escalera *f.* staircase **3**; ladder *(Lect. 8)*
escena *f.* scene *(Lect. 1)*
escenario *m.* scenery; stage **2**
esclavitud *f.* slavery **12**
esclavizar *v.* enslave *(Lect. 12)*
esclavo/a *m., f.* slave **12**
escoba *f.* broom
escoger *v.* to choose **1**
esculpir *v.* to sculpt **10**
escultor(a) *m., f.* sculptor **10**
escultura *f.* sculpture **10**
esfuerzo *m.* effort
espacial *adj.* related to space; **transbordador espacial** *m.* space shuttle **7**
espacio *m.* space **7**
espacioso/a *adj.* spacious
espalda *f.* back; **a mis espaldas** behind my back **9**; **estar de espaldas a** to have one's back to
espantar *v.* to scare
especialista *m., f.* specialist
especializado/a *adj.* specialized **7**
especie *f.* species *(Lect. 6)*; **especie en peligro de extinción** *f.* endangered species

espectáculo *m.* show **2**
espectador(a) *m., f.* spectator **2**
espejo retrovisor *m.* rearview mirror
espera *f.* wait
esperanza *f.* hope *(Lect. 6)*
espiritual *adj.* spiritual **11**
estabilidad *f.* stability **12**
establecer(se) *v.* to establish (oneself) **12**
estado de ánimo *m.* mood **4**
estar *v.* to be; **estar al día** to be up-to-date **9**; **estar bajo presión** to be under stress/pressure; **estar bueno** to be good (i.e., *fresh*); **estar a cargo de** to be in charge of; **estar harto/a (de)** to be fed up (with); to be sick (of) **1**; **estar lleno** to be full **5**; **estar al tanto** to be informed **9**; **estar a la venta** to be for sale **10**; **estar resfriado/a** to have a cold **4**
estatal *adj.* public; pertaining to the state
estereotipo *m.* stereotype *(Lect. 10)*
estético/a *m./f.* aesthetic *(Lect. 10)*
estilo *m.* style; **al estilo de...** in the style of ... **10**
estrecho/a *adj.* narrow *(Lect. 3)*
estrella *f.* star; **estrella fugaz** *f.* shooting star; **estrella** *f.* (movie) star [m/f]; **estrella pop** *f.* pop star [m/f] **9**
estreno *m.* premiere; debut **2**
estrofa *f.* stanza **10**
estudio *m.* studio; **estudio de grabación** *m.* recording studio
etapa *f.* stage; phase
eterno/a *adj.* eternal
ético/a *adj.* ethical **7**; **poco ético/a** unethical
etiqueta *f.* label; tag
excitante *adj.* exciting
excursión *f.* excursion; tour **5**
exigir *v.* to demand **1, 4, 8**
exilio político *m.* political exile **11**
éxito *m.* success
exitoso/a *adj.* successful **8**
exótico/a *adj.* exotic
experiencia *f.* experience *(Lect. 8)*
experimentar *v.* to experience; to feel
experimento *m.* experiment **7**
exploración *f.* exploration
explorar *v.* to explore
explotación *f.* exploitation
explotar *v.* to exploit **12**
exportaciones *f., pl.* exports
exportar *v.* to export **8**
exposición *f.* exhibition
expresionismo *m.* expressionism **10**
expulsar *v.* to expel **12**
extinguir *v.* to extinguish
extinguirse *v.* to become extinct **6**
extrañar *v.* to miss; **extrañar a (alguien)** to miss (someone); **extrañarse de algo** to be surprised about something
extraterrestre *m., f.* alien **7**

F

fábrica *f.* factory
fabricar *v.* to manufacture; to make **7**
facciones *f.* facial features *(Lect. 3)*
factor *m.* factor; **factores de riesgo** *m. pl.* risk factors
falda *f.* skirt
fallecer *v* to die
falso/a *adj.* insincere **1**
faltar *v.* to lack; to need **2**
fama *f.* fame **9**; **tener buena/mala fama** to have a good/bad reputation **9**
famoso/a *adj.* famous **9**; **hacerse famoso** *v.* to become famous
fanático/a *m., f.* fan *(Lect. 2)*
farándula *f.* entertainment **1**
faro *m.* lighthouse; beacon *(Lect. 5)*
fascinar *v.* to fascinate; to like very much **2**
fatiga *f.* fatigue; weariness *(Lect. 8)*
fatigado/a *adj.* exhausted *(Lect. 3)*
favor *m.* favor; **hacer el favor** to do someone the favor
favoritismo *m.* favoritism **11**
fe *f.* faith **11**
felicidad *f.* happiness; **¡Felicidades a todos!** Congratulations to all!
feliz *adj.* happy *(Lect. 4)*
feria *f.* fair **2**
festejar *v.* to celebrate **2**
festival *m.* festival **2**
fiabilidad *f.* reliability
fiebre *f.* fever **4**
fijarse *v.* to notice *(Lect. 9)*; **fijarse en** to take notice of **2**
fijo/a *adj.* permanent; fixed **8**
fin *m.* end; **al fin y al cabo** sooner or later; after all
final: al final de cuentas after all **7**
financiar *v.* to finance **8**
financiero/a *adj.* financial **8**
finanza(s) *f.* finance(s)
firma *f.* signature *(Lect. 11)*
firmar *v.* to sign
físico/a *m., f.* physicist **7**
flexible *adj.* flexible
florecer *v.* to flower *(Lect. 6)*
flotar *v.* to float *(Lect. 5)*
fondo *m.* bottom; **a fondo** *adv.* thoroughly
forma *f.* form; shape; **mala forma física** *f.* bad physical shape; **de todas formas** in any case **12**; **ponerse en forma** *v.* to get in shape **4**
formular *v.* to formulate **7**
fortaleza *f.* strength
forzado/a *adj.* forced **12**
fraile *m.* friar *(Lect. 11)*
frasco *m.* flask
freír (e:i) *v.* to fry **3**
frontera *f.* border **5**
fuego *m.* fire; flame *(Lect. 6)*
fuente *f.* fountain; source; **fuente de energía** energy source **6**

fuerza *f.* force; power; **fuerza de voluntad** will power **4**; **fuerza laboral** labor force; **fuerzas armadas** *f., pl.* armed forces **12**

función *f.* performance (*theater/movie*) **2**

funcionar *v.* to work **7**

futurístico/a *adj.* futuristic

G

galería *f.* gallery **10**

gana *f.* desire; **sentir/tener ganas de** to want to; to feel like

ganar *v.* to win; **ganarse la vida** to earn a living **8**; **ganar bien/mal** to be well/poorly paid **8**; **ganar las elecciones** to win an election **11**; **ganar un partido** to win a game **2**

ganga *f.* bargain **3**

gastar *v.* to spend **8**

gen *m.* gene **7**

generar *v.* to produce; to generate

generoso/a *adj.* generous

genética *f.* genetics (*Lect. 4*)

gerente *m., f.* manager **8**

gesta *f.* saga of heroic feats (*Lect. 12*)

gesto *m.* gesture

gimnasio *m.* gymnasium

gitano/a *adj.* gypsy (*Lect. 9*)

globalización *f.* globalization **8**

gobernador(a) *m., f.* governor **11**

gobernante *m., f.* ruler **12**

gobernar (e:ie) *v.* to govern **11**

grabar *v.* to record **9**

gracioso/a *adj.* funny; pleasant **1**

graduarse *v.* to graduate

gravedad *f.* gravity **7**

gripe *f.* flu **4**

gritar *v.* to shout

grupo *m.* group; **grupo musical** *m.* musical group, band

guaraní *m.* Guarani (*Lect. 9*)

guardar *v.* to save **7**

guardarse (algo) *v.* to keep (something) to yourself (*Lect. 1*)

guerra *f.* war; **guerra civil** civil war **11**

guerrero/a *m., f.* warrior **12**

guía turístico/a *m., f.* tour guide **5**

guión *m.* screenplay; script **9**

guita *f.* cash; dough (*Arg.*) (*Lect. 7*)

gusano *m.* worm

gustar *v.* to like **2, 4**; **¡No me gusta nada…!** I don't like … at all!

gusto *m.* taste **10**; **con mucho gusto** gladly; **de buen/mal gusto** in good/bad taste **10**

H

habilidad *f.* skill

hábilmente *adv.* skillfully

habitación *f.* room **5**; **habitación individual/doble** *f.* single/double room **5**

habitante *m., f.* inhabitant **12**

habitar *v.* to inhabit **12**

hablante *m., f.* speaker (*Lect. 9*)

hablar *v.* to speak **1**; **Hablando de esto,…** Speaking of that,…

hacer *v.* to do; to make **1, 4**; **hacer algo a propósito** to do something on purpose; **hacer clic** to click (*Lect. 7*); **hacer cola** to wait in line **2**; **hacerle caso a alguien** to pay attention to someone **1**; **hacerle daño a alguien** to hurt someone; **hacer el favor** do someone the favor; **hacerle gracia a alguien** to be funny to someone; **hacerse daño** to hurt oneself; **hacer las maletas** to pack **5**; **hacer mandados** to run errands **3**; **hacer un viaje** to take a trip **5**

hallazgo *m.* finding; discovery (*Lect. 4*)

hambriento/a *adj.* hungry

haragán/haragana *adj.* lazy; idle (*Lect. 8*)

harto/a *adj.* tired; fed up (with); **estar harto/a (de)** to be fed up (with); to be sick (of) **1**

hasta *adv.* until; **hasta la fecha** up until now

hecho *m.* fact (*Lect. 3*)

helar (e:ie) *v.* to freeze

heredar *v.* to inherit

herencia *f.* heritage; **herencia cultural** cultural heritage **12**

herida *f.* injury **4**

herido/a *adj.* injured

herir (e:ie) *v.* to hurt (*Lect. 1, 9*)

heroico/a *adj.* heroic (*Lect. 12*)

herradura *f.* horseshoe **12**

herramienta *f.* tool; **caja de herramientas** *f.* toolbox

hervir (e:ie) *v.* to boil **3**

hierba *f.* grass

higiénico/a *adj.* hygienic

hindú *adj.* Hindu **11**

historia *f.* history **12**

historiador(a) *m., f.* historian **12**

histórico/a *adj.* historic **12**

histórico/a *adj.* historical **10**

hogar *m.* home; fireplace **3**

hojear *v.* to skim

hombre de negocios *m.* businessman **8**

hombro *m.* shoulder; **encogerse de hombros** to shrug

homenaje *m.* tribute (*Lect. 12*)

hondo/a *adj.* deep (*Lect. 2*)

hora *f.* hour; **horas de visita** *f., pl.* visiting hours

horario *m.* schedule **3**

hormiga *f.* ant **6**

hospedaje *m.* lodging (*Lect. 11*)

hospedarse *v.* to stay; to lodge

huelga *f.* strike (*labor*) (*Lect. 8*)

huella *f.* trace; mark; sign (*Lect. 8*)

huerto *m.* orchard

huida *f.* flight (*Lect. 11*)

huir *v.* to flee; to run away (*Lect. 3*)

humanidad *f.* humankind **12**

húmedo/a *adj.* humid; damp **6**

humillar *v.* to humiliate (*Lect. 8*)

humo *m.* smoke (*Lect. 6*)

humorístico/a *adj.* humorous **10**

hundir *v.* to sink

huracán *m.* hurricane **6**

I

ideología *f.* ideology **11**

idioma *m.* language (*Lect. 9*)

iglesia *f.* church **11**

igual *adj.* equal **11**

igualdad *f.* equality

ilusión *f.* illusion; hope

imagen *f.* image; picture (*Lect. 2*), **7**

imaginación *f.* imagination

imparcial *adj.* unbiased **9**

imperio *m.* empire **12**

importaciones *f., pl.* imports

importado/a *adj.* imported **8**

importante *adj.* important **4**

importar *v.* to be important (to); to matter **2, 4**; to import **8**

impresionar *v.* to impress **1**

impresionismo *m.* impressionism **10**

imprevisto/a *adj.* unexpected (*Lect. 3*)

imprimir *v.* to print **9**

improviso: de improviso *adv.* unexpectedly

impuesto *m.* tax; **impuesto de ventas** *m.* sales tax **8**

inalámbrico/a *adj.* wireless **7**

incapaz *adj.* incompetent; incapable **8**

incendio *m.* fire (*Lect. 6*)

incertidumbre *f.* uncertainty **12**

incluido/a *adj.* included **5**

independencia *f.* independence **12**

índice *m.* index; **índice de audiencia** *m.* ratings

indígena *adj.* indigenous **9**; *m., f.* indigenous person (*Lect. 4*)

industria *f.* industry

inesperado/a *adj.* unexpected **3**

inestabilidad *f.* instability **12**

infancia *f.* childhood

inflamado/a *adv.* inflamed **4**

inflamarse *v.* to become inflamed

inflexible *adj.* inflexible

influyente *adj.* influential **9**

informarse *v.* to get information

informática *f.* computer science **7**

informativo *m.* news bulletin (*Lect. 9*)

ingeniero/a *m., f.* engineer **7**

ingresar *v.* to enter; to enroll in; to become a member of; **ingresar datos** to enter data

injusto/a *adj.* unjust **11**

inmaduro/a *adj.* immature **1**

inmigración *f.* immigration **11**

inmoral *adj.* immoral **11**

innovador(a) *adj.* innovative **7**

inquietante *adj.* disturbing; unsettling **10**

inscribirse *v.* to register **11**

inseguro/a *adj.* insecure **1**

insensatez *f.* folly (*Lect. 4*)

insistir en *v.* to insist on **4**

inspirado/a *adj.* inspired

instalar *v.* to install **7**

integrarse (a) *v.* to become part (of) **12**
inteligente *adj.* intelligent
interesar *v.* to be interesting to; to interest **2**
Internet *m., f.* Internet **7**
interrogante *m.* question; doubt *(Lect. 7)*
intrigante *adj.* intriguing **10**
inundación *f.* flood **6**
inundar *v.* to flood
inútil *adj.* useless **2**
invadir *v.* to invade **12**
inventar *v.* to invent **7**
invento *m.* invention **7**
inversión *f.* investment; **inversión extranjera** *f.* foreign investment **8**
inversor(a) *m., f.* investor
invertir (e:ie) *v.* to invest **8**
investigador(a) *m., f.* researcher *(Lect. 4)*
investigar *v.* to investigate; to research **7**
ir *v.* to go **1, 2**; **¡Qué va!** Of course not!; **ir de compras** to go shopping **3**; **irse (de)** to go away (from) **2**; **ir(se) de vacaciones** to take a vacation **5**
irresponsable *adj.* irresponsible
isla *f.* island **5**
itinerario *m.* itinerary **5**

J

jabalí *m.* wild boar *(Lect. 10)*
jarabe *m.* syrup **4**
jaula *f.* cage
jornada *f.* (work) day
jubilación *f.* retirement
jubilarse *v.* to retire **8**
judío/a *adj.* Jewish **11**
juego *m.* game **2**; **juego de mesa** board game **2**; **juego de pelota** *m.* ball game *(Lect. 5)*
juez(a) *m., f.* judge **11**
jugar (u:ue) *v.* to play
juicio *m.* trial; judgment
jurar *v.* to promise *(Lect. 12)*
justicia *f.* justice **11**
justo/a *adj.* just **11**

L

laboratorio *m.* laboratory; **laboratorio espacial** *m.* space lab
ladrillo *m.* brick
ladrón/ladrona *m., f.* thief
lágrimas *f. pl.* tears *(Lect. 1)*
lanzar *v.* to throw; to launch
largarse *v.* to take off *(Lect. 4)*
largo/a *adj.* long; **a lo largo de** along; beside; **a largo plazo** long-term
largometraje *m.* full length film
lastimar *v.* to injure
lastimarse *v.* to get hurt **4**
latir *v.* to beat *(Lect. 4)*
lavar *v.* to wash **3**
lavarse *v.* to wash (oneself) **2**
lealtad *f.* loyalty *(Lect. 12)*
lector(a) *m., f.* reader **9**

lejano/a *adj.* distant **5**
lejanía *f.* distance *(Lect. 11)*
lengua *f.* language; tongue *(Lect. 9)*
león *m.* lion **6**
lesión *f.* wound *(Lect. 4)*
levantar *v.* to pick up
levantarse *v.* to get up **2**
ley *f.* law; **aprobar una ley** to approve a law; to pass a law; **cumplir la ley** to abide by the law **11**; **proyecto de ley** *m.* bill **11**
leyenda *f.* legend *(Lect. 5)*
liberal *adj.* liberal **11**
liberar *v.* to liberate **12**
libertad *f.* freedom **11**; **libertad de prensa** freedom of the press **9**
libre *adj.* free; **al aire libre** outdoors **6**
líder *m., f.* leader **11**
liderazgo *m.* leadership **11**
lidiar *v.* to fight bulls *(Lect. 2)*
límite *m.* border *(Lect. 11)*
limpiar *v.* to clean **3**
limpieza *f.* cleaning **3**
literatura *f.* literature **10**; **literatura infantil/juvenil** *f.* children's literature **10**
llamativo/a *adj.* striking **10**
llanto *m.* weeping; crying *(Lect. 4, 7)*
llegada *f.* arrival **5**
llegar *v.* to arrive
llevar *v.* to carry **2**; **llevar a cabo** to carry out *(an activity)*; **llevar... años de (casados)** to be (married) for... years **1**; **llevarse** to carry away **2**; **llevarse bien/mal** to get along well/poorly **1**
llorar *v.* to cry *(Lect. 4)*
loco/a **¡Ni loco/a!** *adj.* No way! **9**
locura *f.* madness; insanity
locutor(a) *m., f.* announcer
locutor(a) de radio *m., f.* radio announcer **9**
lograr *v.* to manage; to achieve **3**
loro *m.* parrot
lotería *f.* lottery
lucha *f.* struggle; fight
luchar *v.* to fight; to struggle **11**; **luchar por** to fight (for)
lucir *v.* wear, display *(Lect. 4)*
lugar *m.* place
lujo *m.* luxury *(Lect. 8)*; **de lujo** luxurious
lujoso/a *adj.* luxurious **5**
luminoso/a *adj.* bright **10**
luna *f.* moon; **luna llena** *f.* full moon
luz *f.* power; electricity **7**

M

macho *m.* male
madera *f.* wood
madre soltera *f.* single mother
madriguera *f.* burrow; den *(Lect. 3)*
madrugar *v.* to wake up early **4**
maduro/a *adj.* mature **1**
magia *f.* magic
maldición *f.* curse
malestar *m.* discomfort **4**

maleta *f.* suitcase **5**; **hacer las maletas** to pack **5**
maletero *m.* trunk *(Lect. 9)*
malgastar *v.* to waste **6**
malhumorado/a *adj.* ill tempered; in a bad mood
manantial *m.* spring
mancha *f.* stain
manchar *v.* to stain
manejar *v.* to drive
manga *f.* sleeve *(Lect. 5)*
manifestación *f.* protest; demonstration **11**
manifestante *m., f.* protester *(Lect. 6)*
manipular *v.* to manipulate *(Lect. 9)*
mano de obra *f.* labor
manta *f.* blanket
mantener *v.* to maintain; to keep; **mantenerse en contacto** *v.* to keep in touch **1**; **mantenerse en forma** to stay in shape **4**
manuscrito *m.* manuscript
maquillaje *m.* make-up *(Lect. 4)*
maquillarse *v* to put on makeup **2**
mar *m.* sea **6**
maratón *m.* marathon
marca *f.* brand
marcar *v.* to mark; **marcar (un gol/punto)** to score (a goal/point) **2**
marcharse *v* to leave
marco *m.* frame *(Lect. 4, 5)*
mareado/a *adj.* dizzy **4**
marido *m.* husband
marinero *m.* sailor
mariposa *f.* butterfly
marítimo/a *adj.* maritime *(Lect. 11)*
más *adj., adv.* more; **más allá de** beyond; **más bien** rather
masticar *v.* to chew
matador/a *m., f.* bullfighter who kills the bull *(Lect. 2)*
matemático/a *m., f.* mathematician **7**
matiz *m.* subtlety
matrimonio *m.* marriage
mayor *m.* elder *(Lect. 12)*
mayor de edad *adj.* of age *(Lect. 1)*
mayoría *f.* majority **11**
mecánico/a *adj.* mechanical
mecanismo *m.* mechanism
mecer(se) *v.* to rock *(Lect. 9)*
medicina alternativa *f.* alternative medicine
medida *f.* means; measure; **medidas de seguridad** *f. pl.* security measures **5**
medio *m.* half; middle; means; **medio ambiente** *m.* environment **6**; **medios de comunicación** *m. pl.* media **9**
medir (e:i) *v.* to measure
meditar *v.* to meditate **11**
megáfono *m.* megaphone *(Lect. 2)*
mejilla *f.* cheek *(Lect. 10)*
mejorar *v.* to improve **4**
mendigo/a *m., f.* beggar
mensaje *m.* message; **mensaje de texto** *m.* text message **7**
mentira *f.* lie **1**; **de mentiras** pretend **5**
mentiroso/a *adj.* lying **1**

menudo: a menudo *adv.* frequently; often **3**

mercadeo *m.* marketing **1**

mercado *m.* market **8**

mercado al aire libre *m.* open-air market

mercancía *f.* merchandise

merecer *v.* to deserve **8**

mesero/a *m., f.* waiter; waitress

mestizo/a *m., f.* person of mixed ethnicity (part indigenous) (*Lect. 12*)

meta *f.* finish line

meterse *v.* to break in (*to a conversation*) (*Lect. 1*)

mezcla *f.* mixture

mezquita *f.* mosque **11**

miel *f.* honey (*Lect. 8*)

milagro *m.* miracle (*Lect. 11*)

militar *m., f.* military **11**

ministro/a *m., f.* minister; **ministro/a protestante** *m., f.* Protestant minister

minoría *f.* minority **11**

mirada *f.* gaze (*Lect. 1*)

misa *f.* mass (*Lect. 2*)

mismo/a *adj.* same; **Lo mismo digo yo.** The same here.; **él/ella mismo/a** himself; herself

mitad *f.* half

mito *m.* myth (*Lect. 5*)

moda *f.* fashion; trend; **de moda** *adj.* popular; in fashion **9**; **moda pasajera** *f.* fad **9**

modelo *m., f.* model (*fashion*)

moderno/a *adj.* modern

modificar *v.* to modify; to reform

modo *m.* means; manner

mojar *v.* to moisten

mojarse *v.* to get wet

molestar *v.* to bother; to annoy **2**

momento *m.* moment; **de último momento** *adj.* up-to-the-minute **9**; **noticia de último momento** *f.* last-minute news

monarca *m., f.* monarch **12**

monja *f.* nun

mono *m.* monkey **6**

monolingüe *adj.* monolingual (*Lect. 9*)

montaña *f.* mountain **6**

monte *m.* mountain (*Lect. 6*)

moral *adj.* moral **11**

morder (o:ue) *v.* to bite **6**

morirse (o:ue) **de** *v.* to die of **2**

moroso/a *m., f.* debtor (*Lect. 8*)

mosca *f.* fly (*Lect. 8*)

motosierra *f.* power saw (*Lect. 7*)

móvil *m.* cell phone (*Lect. 7*)

movimiento *m.* movement **10**

mudar *v.* to change **2**

mudarse *v.* to move (*change residence*) **2**

mueble *m.* furniture **3**

muelle *m.* pier (*Lect. 5*)

muerte *f.* death

muestra *f.* sample; example

mujer *f.* woman; wife; **mujer de negocios** *f.* businesswoman **8**

mujeriego *m.* womanizer (*Lect. 2*)

multa *f.* fine (*Lect. 7*)

multinacional *f.* multinational company

multitud *f.* crowd

Mundial *m.* World Cup (*Lect. 2*)

muralista *m., f.* muralist **10**

museo *m.* museum

músico/a *m., f.* musician **2**

musulmán/musulmana *adj.* Muslim **11**

N

naipes *m. pl.* playing cards **2**

narrador(a) *m., f.* narrator **10**

narrar *v.* to narrate **10**

narrativa *f.* narrative work (*Lect. 10*)

nativo/a *adj.* native

naturaleza muerta *f.* still life **10**

nave espacial *f.* spaceship

navegante *m., f.* navigator (*Lect. 7*)

navegar *v.* to sail **5**; **navegar en Internet** to surf the web; **navegar en la red** to surf the web **7**

necesario *adj.* necessary **4**

necesidad *f.* need **5**; **de primerísima necesidad** of utmost necessity **5**

necesitar *v.* to need **4**

necio/a *adj.* stupid

negocio *m.* business

nervioso/a *adj.* nervous

ni... ni... *conj.* neither... nor...

nido *m.* nest

niebla *f.* fog

nítido/a *adj.* sharp

nivel *m.* level; **nivel del mar** *m.* sea level

nombrar *v.* to name

nombre artístico *m.* stage name (*Lect. 1*)

nominación *f.* nomination

nominado/a *m., f.* nominee

noticia *f.* news; **noticias locales/ nacionales/internacionales** *f. pl.* local/ domestic/international news **9**

novela rosa *f.* romance novel **10**

novelista *m., f.* novelist (*Lect. 7*), **10**

nuca *f.* nape (*Lect. 9*)

nutritivo/a *adj.* nutritious **4**

O

o... o... *conj.* either... or...

obedecer *v.* to obey **1**

obesidad *f.* obesity **4**

obra *f.* work; **obra de arte** *f.* work of art **10**; **obra de teatro** *f.* play (*theater*) **2**; **obra maestra** *f.* masterpiece (*Lect. 3*)

obsequio *m.* gift **11**

ocio *m.* leisure

ocultarse *v.* to hide (*Lect. 3*)

ocurrírsele a alguien *v.* to occur to someone

odiar *v.* to hate **1**

ofensa *f.* insult (*Lect. 10*)

oferta *f.* offer; proposal (*Lect. 9*)

ofrecerse (a) *v.* to offer (to)

oír *v.* to hear **1**

ola *f.* wave **5**

óleo *m.* oil painting **10**

Olimpiadas *f. pl.* Olympics

olvidarse (de) *v.* to forget (about) **2**

olvido *m.* forgetfulness; oblivion **1**

ombligo *m.* navel (*Lect. 4*)

onda *f.* wave

operación *f.* operation **4**

operar *v.* to operate

opinar *v.* to think; to be of the opinion; **Opino que es fea/o.** In my opinion, it's ugly.

oponerse a *v.* to oppose **4**

oprimir *v.* to oppress **12**

orador/a *m., f.* speaker; orator (*Lect. 2*)

organismo público *m.* government agency (*Lect. 9*)

orgulloso/a *adj.* proud **1**; **estar orgulloso/a de** to be proud of

orilla *f.* shore; **a orillas de** on the shore of **6**

ornamentado/a *adj.* ornate

oro *m.* gold (*Lect. 8*)

oscurecer *v.* to darken (*Lect. 6*)

oso *m.* bear

oveja *f.* sheep **6**

ovni *m.* UFO **7**

oyente *m., f.* listener **9**

P

pacífico/a *adj.* peaceful **12**

padre soltero *m.* single father

paella *f.* (Esp.) traditional rice and seafood dish (*Lect. 4*)

página *f.* page; **página web** *f.* web page **7**

país en vías de desarrollo *m.* developing country

paisaje *m.* landscape; scenery **6**

pájaro *m.* bird **6**

palmera *f.* palm tree

panfleto *m.* pamphlet (*Lect. 11*)

pantalla *f.* screen (*Lect. 2*); **pantalla de computadora** *f.* computer screen; **pantalla de televisión** *f.* television screen **2**; **pantalla líquida** *f.* LCD screen **7**

papel *m.* role **9**; **desempeñar un papel** to play a role (*in a play*); to carry out

para *prep.* for **Para mí,...** In my opinion, ...; **para nada** not at all

paradoja *f.* paradox

parar el carro *v.* to hold one's horses (*Lect. 9*)

parcial *adj.* biased **9**

parcialidad *f.* bias **9**

parecer *v.* to seem **2**; **A mi parecer,...** In my opinion, ...; **Al parecer, no le gustó.** It looks like he/she didn't like it. **6**; **Me parece hermosa/o.** I think it's pretty.; **Me pareció...** I thought.. **1**; **¿Qué te pareció Mariela?** What did you think of Mariela? **1**; **Parece que está triste/ contento/a.** It looks like he/she is sad/ happy. **6**

parecerse *v.* to look like **2**, (*Lect. 3*)

pared *f.* wall (*Lect. 5*)

pareja *f.* couple; partner **1**

parque *m.* park; **parque de atracciones** *m.* amusement park **2**

parroquia *f.* parish (*Lect. 12*)

parte *f.* part; **de parte de** on behalf of; **Por mi parte,…** As for me,…

particular *adj.* private; personal; particular

partido *m.* party (*politics*); game (*sports*); **partido político** *m.* political party **11** (*Lect. 2*); **ganar/perder un partido** to win/lose a game **2**

pasado/a de moda *adj.* out-of-date; no longer popular **9**

pasaje (de ida y vuelta) *m.* (round-trip) ticket **5**

pasajero/a *adj.* fleeting; passing

pasaporte *m.* passport **5**

pasar *v.* to pass; to make pass (*across, through, etc.*); **pasar la aspiradora** to vacuum **3**; **pasarlo bien/mal** to have a good/bad/horrible time **1**; **Son cosas que pasan.** These things happen. **11**

pasarse *v.* to go too far

pasatiempo *m.* pastime **2**

paseo *m.* stroll

paso *m.* passage; pass; step; **abrirse paso** to make one's way

pastilla *f.* pill **4**

pasto *m.* grass

pastor *m.* shepherd (*Lect. 6*)

pata *f.* foot/leg of an animal

patada *f.* kick **3**

patear *v.* to kick (*Lect. 2*)

patente *f.* patent **7**

payaso/a *m., f.* clown (*Lect. 8*)

paz *f.* peace

pecado *m.* sin

pececillo de colores *m.* goldfish

pecho *m.* chest (*Lect. 10*)

pedir (e:i) *v* to ask **1, 4**; **pedir prestado/a** to borrow **8**; **pedir un deseo** to make a wish **8**

pegar *v.* to stick

peinarse *v.* to comb (one's hair) **2**

peldaño *m.* step; stair (*Lect. 3*)

pelear *v.* to fight

película *f.* film

peligro *m.* danger; **en peligro de extinción** endangered **6**

peligroso/a *adj.* dangerous **5**

pena *f.* sorrow **4** (*Lect. 4*) (*Lect. 8*); **¡Qué pena!** What a pity!

pensar (e:ie) *v.* to think **1**

pensión *f.* bed and breakfast inn

perder (e:ie) *v.* to miss; to lose; **perder un vuelo** to miss a flight **5**; **perder las elecciones** to lose an election **11**; **perder un partido** to lose a game **2**

pérdida *f.* loss (*Lect. 11*)

perdonar *v.* to forgive; **Perdona.** (*fam.*)/ **Perdone.** (*form.*) Pardon me.; Excuse me.

perfeccionar *v.* to improve; to perfect

periódico *m.* newspaper **9**

periodista *m., f.* journalist (*Lect. 9*)

permanecer *v.* to remain; to last **4**

permisivo/a *adj.* permissive; easy-going **1**

permiso. *m.* permission; **Con permiso** Pardon me.; Excuse me.

perseguir (e:i) *v.* to pursue; to persecute

personaje *m.* character **10**; **personaje principal/secundario** *m.* main/secondary character

pertenecer (a) *v.* to belong (to) **12**

pertenencias *f., pl.* belongings (*Lect. 11*)

pesadilla *f.* nightmare

pesca *f.* fishing (*Lect. 5*)

pesimista *m., f.* pessimist

peso *m.* weight

pez *m.* fish (*live*) **6**

picadura *f.* insect bite

picar *v.* to sting, to peck

picnic *m.* picnic

pico *m.* peak, summit

piedad *f.* mercy **8**

piedra *f.* stone (*Lect. 5*) (*Lect. 8*)

pieza *f.* piece (*art*) **10**

pillar *v.* to get (*catch*) (*Lect. 9*)

piloto *m., f.* pilot

pincel *m.* paintbrush **10**

pincelada *f.* brush stroke **10**

pintar *v.* to paint (*Lect. 3*)

pintor(a) *m., f.* painter (*Lect. 3*), **10**

pintura *f.* paint; painting **10**

pirámide *f.* pyramid (*Lect. 5*)

plancha *f.* iron

planear *v.* to plan

plata *f.* money (*L. Am.*) (*Lect. 7*) (*Lect. 8*)

plaza de toros *f.* bullfighting stadium (*Lect. 2*)

plazo: a corto/largo plazo short/long-term **8**

población *f.* population (*Lect. 4*)

poblador(a) *m., f.* settler; inhabitant

poblar (o:ue) *v.* to settle; to populate **12**

pobreza *f.* poverty **8**

poder (o:ue) *v.* to be able to **1**

poderoso/a *adj.* powerful **12**

poesía *f.* poetry **10**

poeta *m., f.* poet **10**

polémica *f.* controversy **11**

polen *m.* pollen (*Lect. 8*)

policíaco/a *adj.* detective (*story/ novel*) **10**

política *f.* politics

político/a *m., f.* politician **11**

polvo *m.* dust **3**; **quitar el polvo** to dust **3**

poner *v.* to put; to place **1, 2**; **poner a prueba** to test; to challenge; **poner cara (de hambriento/a)** to make a (hungry) face; **poner un disco compacto** to play a CD **2**; **poner una inyección** to give a shot **4**

ponerse *v.* to put on (*clothing*) **2**; **ponerse a dieta** to go on a diet **4**; **ponerse bien/mal** to get well/ill **4**; **ponerse de pie** to stand up **12**; **ponerse el cinturón** to fasten the seatbelt **5**; **ponerse en forma** to get in shape **4**; **ponerse pesado/a** to become annoying

popa *f.* stern (*Lect. 5*)

porquería *f.* garbage; poor quality **10**

portada *f.* front page; cover **9**

portarse bien *v.* to behave well

portátil *adj.* portable

posible *adj.* possible; **en todo lo posible** as much as possible

postizo/a *adj.* false (*Lect. 10*)

pozo *m.* well; **pozo petrolero** *m.* oil well

precolombino/a *adj.* pre-Columbian

preferir (e:ie) *v.* to prefer **4**

preguntarse *v.* to wonder

prehistórico/a *adj.* prehistoric **12**

premiar *v.* to give a prize

premio *m.* prize **12**

prensa *f.* press **9**; **prensa sensacionalista** *f.* tabloid(s) **9**; **rueda de prensa** *f.* press conference **11**

preocupado/a (por) *adj.* worried (about) **1**

preocupar *v.* to worry **2**

preocuparse (por) *v.* to worry (about) **2**

presentador(a) de noticias *m., f.* news reporter

presentir (e:ie) *v.* to foresee

presionar *v.* to pressure; to stress

prestar *v.* to lend **8**

presupuesto *m.* budget **8**

prevenido/a *adj.* cautious

prevenir *v.* to prevent **4**

prever *v.* to foresee (*Lect. 6*)

previsto/a *adj., p.p.* planned (*Lect. 3*)

primer(a) ministro/a *m., f.* prime minister **11**

primeros auxilios *m. pl.* first aid **4**

prisa *f.* hurry; rush (*Lect. 6*)

privilegio *m.* privilege (*Lect. 8*)

proa *f.* bow (*Lect. 5*)

probador *m.* dressing room **3**

probar (o:ue) **(a)** *v.* to try **3**

probarse (o:ue) *v.* to try on **3**

procesión *f.* procession (*Lect. 12*)

producir *v.* to produce **1**

productivo/a *adj.* productive **8**

profundo/a *adj.* deep

programa (de computación) *m.* software **7**

programador(a) *m., f.* programmer

prohibido/a *adj.* prohibited **5**

prohibir *v.* to prohibit **4**

prominente *adj.* prominent **11**

promover (o:ue) *v.* to promote

pronunciar *v.* to pronounce; **pronunciar un discurso** to give a speech **11**

propaganda *f.* advertisement (*Lect. 9*)

propensión *f.* tendency

propietario/a *m., f.* (property) owner

proponer *v.* to propose **1, 4**; **proponer matrimonio** to propose (marriage) **1**

proporcionar *v.* to provide; to supply

propósito: a propósito *adv.* on purpose **3**

prosa *f.* prose **10**

protagonista *m., f.* protagonist; main character (*Lect. 1*)

proteger *v.* to protect **1, 6**

protegido/a *adj.* protected **5**

protestar *v.* to protest **11**

provecho *m.* benefit; **Buen provecho.** Enjoy your meal. **6**

proveniente (de) *adj.* originating (in); coming from

provenir (de) *v.* to come from; to originate from

proyecto *m.* project; **proyecto de ley** *m.* bill **11**

prueba *f.* proof *(Lect. 2)*

publicar *v.* to publish **9**

publicidad *f.* advertising **9**

público *m.* public; audience **9**

pueblo *m.* people *(Lect. 4)*

puente *m.* bridge *(Lect. 12)*

puerta de embarque *f.* (airline) gate **5**

puerto *m.* port **5**

puesto *m.* position; job **8**

punto *m.* period **2**

punto de vista *m.* point of view **10**

pureza *f.* purity *(Lect. 6)*

puro/a *adj.* pure; clean

Q

quedar *v.* to be left over; to fit (clothing) **2**

quedarse *v.* to stay **5**; **quedarse callado/a** to remain silent *(Lect. 1)*; **quedarse sin** to be/run out of *(Lect. 6)*; **quedarse sordo/a** to go deaf **4**; **quedarse viudo/a** to become widowed

quehacer *m.* chore **3**

queja *f.* complaint

quejarse (de) *v.* to complain (about) **2**

querer (e:ie) *v.* to love; to want *(Lect. 1)*, **4**

químico/a *adj.* chemical **7**

químico/a *m., f.* chemist **7**

quirúrgico/a *adj.* surgical

quitar *v.* to take away; to remove **2**; **quitar el polvo** to dust **3**

quitarse *v.* to take off *(clothing)* **2**; **quitarse (el cinturón)** to unfasten (the seatbelt) **5**

R

rabino/a *m., f.* rabbi

radiación *f.* radiation

radio *f.* radio

radioemisora *f.* radio station **9**

raíz *f.* root

rama *f.* branch *(Lect. 9)*

rana *f.* frog **6**

rancho *m.* ranch *(Lect. 12)*

rasgo *m.* trait; characteristic

rata *f.* rat

ratos libres *m. pl.* free time **2**

raya *f.* war paint; stripe **5**

rayo *m.* ray; lightning; **¿Qué rayos...?** What on earth...? **5**

raza *f.* race *(Lect. 12)*

reactor *m.* reactor

realismo *m.* realism **10**

realista *adj.* realistic; realist **10**

rebaño *m.* flock *(Lect. 6)*

rebeldía *f.* rebelliousness

rebuscado/a *adj.* complicated

recepción *f.* front desk **5**

receta *f.* prescription **4**

recetar *v.* prescribe *(Lect. 4)*

rechazar *v.* to reject **11**

rechazo *m.* refusal; rejection

reciclable *adj.* recyclable

reciclar *v.* to recycle **6**

recital *m.* recital

reclamar *v.* to claim; to demand *(Lect. 11)*

recomendable *adj.* recommendable; advisable **5**; **poco recomendable** not advisable; inadvisable

recomendar (e:ie) *v.* to recommend **4**

reconocer *v.* to recognize *(Lect. 12)*

reconocimiento *m.* recognition

recordar (o:ue) *v.* to remember

recorrer *v.* to visit; to go around **5**

recuerdo *m.* memory *(Lect. 1)*

recuperarse *v.* to recover **4**

recurso natural *m.* natural resource **6**

redactor(a) *m., f.* editor **9**; **redactor(a) jefe** *m., f.* editor-in-chief

redondo/a *adj.* round *(Lect. 2)*

reducir (la velocidad) *v.* to reduce (speed) **5**

reembolso *m.* refund **3**

reflejar *v.* to reflect; to depict **10**

reforma *f.* reform; **reforma económica** *f.* economic reform

refugiarse *v.* to take refuge

refugio *m.* refuge *(Lect. 6)*

regla *f.* rule *(Lect. 5)*

regocijo *m.* joy *(Lect. 4)*

regresar *v.* to return **5**

regreso *m.* return (trip)

rehacer *v.* to re-make; to re-do **1**

reina *f.* queen

reino *m.* reign; kingdom **12**

reírse (e:i) *v.* to laugh

relacionado/a *adj.* related; **estar relacionado/a** to have good connections

relajarse *v.* to relax **4**

relámpago *m.* lightning **6**

relato *m.* story; account *(Lect. 10)*

religión *f.* religion

religioso/a *adj.* religious **11**

remitente *m.* sender *(Lect. 3)*

remo *m.* oar *(Lect. 5)*

remordimiento *m.* remorse *(Lect. 11)*

rendimiento *m.* performance

rendirse (e:i) *v.* to surrender **12**

renovable *adj.* renewable **6**

renunciar *v.* to quit **8**; **renunciar a un cargo** to resign a post

repaso *m.* revision; review *(Lect. 10)*

repentino/a *adj.* sudden *(Lect. 3)*

repertorio *m.* repertoire

reportaje *m.* news report **9**

reportero/a *m., f.* reporter **9**

reposo *m.* rest; **estar en reposo** to be at rest

repostería *f.* pastry

represa *f.* dam

reproducirse *v.* to reproduce

reproductor de CD/DVD/MP3 *m.* CD/DVD/MP3 player **7**

resbaladizo/a *adj.* slippery **11**

resbalar *v.* to slip

rescatar *v.* to rescue

resentido/a *adj.* resentful *(Lect. 6)*

reservación *f.* reservation

reservar *v.* to reserve **5**

resfriado *m.* cold **4**

residir *v.* to reside

resolver (o:ue) *v.* to solve **6**

respeto *m.* respect

respiración *f.* breathing **4**

responsable *adj.* responsible

retrasado/a *adj.* delayed **5**

retrasar *v.* to delay

retraso *m.* delay

retratar *v.* to portray *(Lect. 3)*

retrato *m.* portrait *(Lect. 3)*

reunión *f.* meeting **8**

reunirse (con) *v.* to get together (with) **2**

revista *f.* magazine **9**; **revista electrónica** *f.* online magazine **9**

revolucionario/a *adj.* revolutionary **7**

revolver (o:ue) *v.* to stir; to mix up

rey *m.* king **12**

rezar *v.* to pray **11**

riesgo *m.* risk

rima *f.* rhyme **10**

rincón *m.* corner; nook *(Lect. 11)*

río *m.* river

riqueza *f.* wealth **8**

rociar *v.* to spray **6**

rodar (o:ue) *v.* to film **9**

rodeado/a *adj.* surrounded **7**

rodear *v.* to surround

rogar (o:ue) *v.* to beg; to plead **4**

romanticismo *m.* romanticism **10**

romper *v.* break *(Lect. 2)*

romper (con) *v.* to break up (with) **1**

rozar *v.* to brush against; to touch *(Lect. 10)*

ruedo *m.* bull ring *(Lect. 2)*

ruido *m.* noise

ruina *f.* ruin **5**

ruta maya *f.* Mayan Trail *(Lect. 5)*

rutina *f.* routine **3**

S

saber *v.* to know; to taste like/of **1**; **¿Cómo sabe?** How does it taste? **4**; **¿Y sabe bien?** And does it taste good? **4**; **Sabe a ajo/menta/limón.** It tastes like garlic/mint/lemon. **4**

sabiduría *f.* wisdom **12** *(Lect. 8)*

sabio/a *adj.* wise

sabor *m.* taste; flavor; **¿Qué sabor tiene? ¿Chocolate?** What flavor is it? Chocolate? **4**; **Tiene un sabor dulce/agrio/amargo/agradable.** It has a sweet/sour/bitter/pleasant taste. **4**

sacerdote *m.* priest

saciar *v.* to satisfy; to quench

sacrificar *v.* to sacrifice *(Lect. 6)*

sacrificio *m.* sacrifice

sacristán *m.* sexton **11**

sagrado/a *adj.* sacred; holy **11**

sala *f.* room; hall; **sala de conciertos** *f.* concert hall; **sala de emergencias** *f.* emergency room **4**

salida *f.* exit (*Lect. 6*)

salir *v.* to leave; to go out **1**; **salir (a comer)** *v.* to go out (to eat) **2**; **salir con** to go out with **1**

salto *m.* jump

salud *f.* health **4**; **¡A tu salud!** To your health!; **¡Salud!** Cheers! **8**

saludable *adj.* healthy; nutritious **4**

salvaje *adj.* wild **6**

salvar *v.* to save (*Lect. 6*)

sanar *v.* to heal **4**

sangre *f.* blood (*Lect. 9*)

sano/a *adj.* healthy **4**

satélite *m.* satellite

sátira *f.* satire

satírico/a *adj.* satirical **10**; **tono satírico/a** *m.* satirical tone

secarse *v.* to dry off **2**

sección *f.* section **9**; **sección de sociedad** *f.* lifestyle section **9**; **sección deportiva** *f.* sports page/section **9**

seco/a *adj.* dry **6**

secuestro *m.* kidnapping (*Lect. 11*)

seguir (i:e) *v.* to follow

seguridad *f.* safety; security **5**; **cinturón de seguridad** *m.* seatbelt **5**; **medidas de seguridad** *f. pl.* security measures **5**

seguro *m.* insurance **5**

seguro/a *adj.* sure; confident **1**

seleccionar *v.* to select; to pick out **3**

sello *m.* seal; stamp

selva *f.* jungle **5**

semana *f.* week

semanal *adj.* weekly

semilla *f.* seed (*Lect. 10*)

senador(a) *m., f.* senator **11**

sensato/a *adj.* sensible **1**

sensible *adj.* sensitive **1**

sentido *m.* sense; **en sentido figurado** figuratively; **sentido común** *m.* common sense

sentimiento *m.* feeling; emotion (*Lect. 1*)

sentirse (e:ie) *v.* to feel **1**

señal *f.* sign (*Lect. 2*)

señalar *v.* to point to; to signal (*Lect. 2*)

separado/a *adj.* separated **1**

sepultar *v.* to bury (*Lect. 12*)

sequía *f.* drought **6**

ser *v.* to be **1**

serpiente *f.* snake **6**

servicio de habitación *m.* room service **5**

servicios *m., pl* facilities

servidumbre *f.* servants; servitude (*Lect. 3*)

sesión *f.* showing

siglo *m.* century **12**

silbar *v.* to whistle

sillón *m.* armchair

simpático/a *adj.* nice

sin *prep.* without; **sin ti** without you (*fam.*)

sinagoga *f.* synagogue **11**

sincero/a *adj.* sincere

sindicato *m.* labor union **8**

síntoma *m.* symptom

sintonía *f.* tuning; synchronization (*Lect. 9*)

sintonizar *v.* to tune into (radio or television)

siquiera *conj.* even; **ni siquiera** *conj.* not even

sitio web *m.* website (*Lect. 7*)

situado/a *adj.* situated; located; **estar situado/a en** to be set in

soberanía *f.* sovereignty **12**

soberano/a *m., f.* sovereign; ruler **12**

sobre *m.* envelope (*Lect. 3*)

sobre todo above all (*Lect. 6*)

sobredosis *f.* overdose

sobrevivencia *f.* survival

sobrevivir *v.* to survive

sociable *adj.* sociable

sociedad *f.* society

socio/a *m., f.* partner; member **8**

solar *adj.* solar

soldado *m.* soldier **12**

soledad *f.* solitude; loneliness **3**

soler (o:ue) *v.* to be in the habit of; to be used to **3**

solicitar *v.* to apply for **8**

solo/a *adj.* alone; lonely **1**

soltero/a *adj.* single **1**; **madre soltera** *f.* single mother; **padre soltero** *m.* single father

sombra *f.* shade (*Lect. 9*)

sonámbulo/a *m., f.* sleepwalker (*Lect. 9*)

sonar (o:ue) *v.* to ring (*Lect. 5, 7*)

soñar (o:ue) **(con)** *v.* to dream (about) **1**

soplar *v.* to blow

soportar *v.* to support; **soportar a alguien** to put up with someone **1**

sordo/a *adj.* deaf; **quedarse sordo/a** to go deaf *v.* **4**

sorprender *v.* to surprise **2**

sorprenderse (de) *v.* to be surprised (about) **2**

sortija *f.* ring (*Lect. 5*)

sospecha *f.* suspicion (*Lect. 11*)

sospechar *v.* to suspect

sótano *m.* basement (*Lect. 3*)

suavidad *f.* smoothness

subasta *f.* auction **10**

subdesarrollo *m.* underdevelopment

subida *f.* ascent

subsistir *v.* to survive (*Lect. 11*)

subtítulos *m., pl.* subtitles **9**

suburbio *m.* suburb

suceder *v.* to happen (*Lect. 1*)

sucursal *f.* branch

sueldo *m.* salary (*Lect. 7*); **aumento de sueldo** raise in salary *m.* **8**; **sueldo fijo** *m.* base salary (*Lect. 8*); **sueldo mínimo** *m.* minimum wage **8**

suelo *m.* floor

suelto/a *adj.* loose

sueño *m.* dream (*Lect. 8*)

sufrimiento *m.* pain; suffering (*Lect. 1*)

sufrir (de) *v.* to suffer (from) **4**

sugerir (e:ie) *v.* to suggest **4**

superar *v.* to overcome

superficie *f.* surface

supermercado *m.* supermarket **3**

supervivencia *f.* survival

suponer *v.* to suppose **1**

suprimir *v.* to abolish; to suppress **12**

supuesto/a *adj.* false; so-called; supposed; **Por supuesto.** Of course.

surrealismo *m.* surrealism **10**

suscribirse (a) *v.* to subscribe (to) **9**

T

tacaño/a *adj.* cheap; stingy **1**

tacón *m.* heel **12**; **tacón alto** high heel

tal como *conj.* just as

talento *m.* talent **1**

talentoso/a *adj.* talented **1**

taller *m.* workshop (*Lect. 7*)

tanque *m.* tank (*Lect. 6*)

tapa *f.* lid, cover

tapón *m.* traffic jam (*Lect. 5*)

taquilla *f.* box office **2**

tarjeta *f.* card; **tarjeta de crédito/débito** *f.* credit/debit card **3**

tatarabuelo/a *m., f.* great-great-grandfather/mother (*Lect. 12*)

teatro *m.* theater

teclado *m.* keyboard

tela *f.* canvas **10**

teléfono celular *m.* cell phone **7**

telenovela *f.* soap opera **9**

telescopio *m.* telescope **7**

televidente *m., f.* television viewer **9**

televisión *f.* television **2**

televisor *m.* television set (*Lect. 2*)

templo *m.* temple **11**

temporada *f.* season; period; **temporada alta/baja** *f.* high/low season **5**

tendencia *f.* trend **9**; **tendencia izquierdista/derechista** *f.* left-wing/right-wing bias

tener (e:ie) *v.* to have **1**; **tener buen/mal aspecto** to look healthy/sick **4**; **tener buena/mala fama** to have a good/bad reputation **9**; **tener celos (de)** to be jealous (of) **1**; **tener fiebre** to have a fever **4**; **tener vergüenza (de)** to be ashamed (of) **1**

tensión (alta/baja) *f.* (high/low) blood pressure **4**

teoría *f.* theory **7**

terapia intensiva *f.* intensive care (*Lect. 4*)

térmico/a *adj.* thermal

terremoto *m.* earthquake **6**

terreno *m.* land (*Lect. 6*)

territorio *m.* territory (*Lect. 11*)

terrorismo *m.* terrorism **11**

testigo *m., f.* witness (*Lect. 10*)

tiburón *m.* shark (*Lect. 5*)

tiempo *m.* time; **a tiempo** on time **3**; **tiempo libre** *m.* free time **2**

tierra *f.* land; earth **6**

tigre *m.* tiger **6**

timbre *m.* doorbell; tone; tone of voice (*Lect. 3*) (*Lect. 5*); **tocar el timbre** to ring the doorbell **3**

timidez *f.* shyness

tímido/a *adj.* shy **1**

típico/a *adj.* typical; traditional

tipo *m.* guy **2**

tira cómica *f.* comic strip **9**

tirar *v.* to throw (*Lect. 5*)

titular *m.* headline **9**

titularse *v.* to graduate (*Lect. 3*)

tocar + me/te/le, etc. *v.* to be my/your/his turn; **¿A quién le toca pagar la cuenta?** Whose turn is it to pay the tab? **2**; **¿Todavía no me toca?** Is it my turn yet? **2**; **A Johnny le toca hacer el café.** It's Johnny's turn to make coffee. **2**; **Siempre te toca lavar los platos.** It's always your turn to wash the dishes. **2**; **tocar el timbre** to ring the doorbell **3**

tomar *v.* to take; **tomar en serio** to take seriously (*Lect. 8*)

torear *v.* to fight bulls in the bullring (*Lect. 2*)

toreo *m.* bullfighting (*Lect. 2*)

torero/a *m., f.* bullfighter (*Lect. 2*)

tormenta *f.* storm; **tormenta tropical** *f.* tropical storm **6**

torneo *m.* tournament **2**

tortilla *f.* (*Esp.*) potato omelet (*Lect. 4*)

tos *f.* cough **4**

toser *v.* to cough **4**

tóxico/a *adj.* toxic **6**

tozudo/a *adj.* stubborn (*Lect. 8*)

trabajador(a) *adj.* industrious; hard-working (*Lect. 8*)

trabajar duro to work hard **8**

tradicional *adj.* traditional **1**

traducir *v.* to translate **1**

traer *v.* to bring **1**

tragar *v.* to swallow

trágico/a *adj.* tragic **10**

traición *f.* betrayal (*Lect. 12*)

traicionar *f.* to betray (*Lect. 12*)

traidor(a) *m., f.* traitor (*Lect. 12*)

traje de luces *m.* bullfighter's outfit (*lit.* costume of lights) (*Lect. 2*)

trama *f.* plot (*Lect. 10*)

tranquilo/a *adj.* calm **1**; **Tranquilo/a.** Be calm.; Relax.

transbordador espacial *m.* space shuttle **7**

transcurrir *v.* to take place (*Lect. 10*)

tránsito *m.* traffic

transmisión *f.* transmission

transmitir *v.* to broadcast **9**

transplantar *v.* to transplant

transporte público *m.* public transportation

trasnochar *v.* to stay up all night **4**

trastero *m.* storage room (*Lect. 4*)

trastorno *m.* disorder

tratado *m.* treaty

tratamiento *m.* treatment **4**

tratar *v.* to treat **4**; **tratar (sobre/acerca de)** to be about; to deal with **4** (*Lect. 10*)

tratarse de *v.* to be about; to deal with **10**

trato *m.* deal (*Lect. 9*)

trayectoria *f.* path; history (*Lect. 1*)

trazar *v.* to trace

tribu *f.* tribe **12**

tribunal *m.* court

tropical *adj.* tropical; **tormenta tropical** *f.* tropical storm **6**

truco *m.* trick **2**

trueno *m.* thunder **6**

trueque *m.* barter; exchange

tubería *f.* piping; plumbing (*Lect. 6*)

turismo *m.* tourism **5**

turista *m., f.* tourist **5**

turístico/a *adj.* tourist **5**

U

ubicar *v.* to put in a place; to locate

ubicarse *v* to be located

único/a *adj.* unique

uña *f.* fingernail

urbano/a *adj.* urban

urgente *adj.* urgent **4**

usuario/a *m., f.* user (*Lect. 7*)

útil *adj.* useful (*Lect. 11*)

V

vaca *f.* cow **6**

vacuna *f.* vaccine **4**

vago/a *m., f.* slacker (*Lect. 7*)

vagón *m.* carriage; coach (*Lect. 7*)

valer *v.* to be worth **1**

valiente brave **5**

valioso/a *adj.* valuable (*Lect. 6*)

valor *m.* bravery; value

vándalo/a *m., f.* vandal (*Lect. 6*)

vanguardia *f.* vanguard; **a la vanguardia** at the forefront (*Lect. 7*)

vedado/a *adj.* forbidden (*Lect. 3*)

vela *f.* candle

venado *m.* deer

vencer *v.* to conquer; to defeat **2**, (*Lect. 9*)

vencido/a *adj.* expired **5**

venda *f.* bandage **4**

vendedor(a) *m., f.* salesperson **8**

veneno *m.* poison (*Lect. 6*)

venenoso/a *adj.* poisonous **6**

venerar *v.* to worship (*Lect. 11*)

venir (e:ie) *v.* to come **1**

venta *f.* sale; **estar a la venta** to be for sale

ventaja *f.* advantage

ver *v.* to see **1**; **Yo lo/la veo muy triste.** He/She looks very sad to me. **6**

vergüenza *f.* shame; embarrassment; **tener vergüenza (de)** to be ashamed (of) **1**

verse *v.* to look; to appear; **Se ve tan feliz.** He/She looks so happy. **6**; **¡Qué guapo/a te ves!** How attractive you look! (*fam.*) **6**; **¡Qué elegante se ve usted!** How elegant you look! (*form.*) **6**

verso *m.* line (*of poetry*) **10**

vestidor *m.* fitting room

vestirse (e:i) *v.* to get dressed **2**

vez *f.* time; **a veces** *adv.* sometimes **3**; **de vez en cuando** now and then; once in a while **3**; **por primera/última vez** for the first/last time (*Lect. 2*); **érase una vez** once upon a time

viaje *m.* trip **5**; **hacer un viaje** to take a trip **5**

viajero/a *m., f.* traveler **5**

victoria *f.* victory

victorioso/a *adj.* victorious **12**

vida *f.* life; **vida cotidiana** *f.* everyday life

video musical *m.* music video **9**

videojuego *m.* video game **2**

vigente *adj.* valid **5**

vigilar *v.* to watch; to keep an eye on (*Lect. 3*)

vínculo *m.* family tie; connection (*Lect. 12*)

virrey *m.* viceroy (*Lect. 12*)

virus *m.* virus **4**

vistazo *m.* glance; **echar un vistazo** to take a look

viudo/a *adj.* widowed **1**

viudo/a *m., f.* widower/widow **1**

vivir *v.* to live **1**

vivo: en vivo *adj.* live **9**

volar (o:ue) *v.* to fly (*Lect. 8*)

volver (o:ue) *v.* to come back **1**

volverse *v.* to become (*Lect. 8*)

vos *pron.* tú (*Lect. 7*)

votar *v.* to vote **11**

vuelo *m.* flight

vuelta *f.* return (trip)

W

web *f.* (the) web (*Lect. 7*)

weblog *m.* blog (*Lect. 7*)

Y

yeso *m.* cast **4**

Z

zaguán *m.* entrance hall; vestibule (*Lect. 3*)

zoológico *m.* zoo **2**

English–Spanish

A

@ symbol arroba *f.* 7
abbess abadesa *f.* (*Lect. 5*)
abolish suprimir *v.* 12
above all sobre todo 6
absent ausente *adj.*
abstract abstracto/a *adj.* 10
accentuate acentuar *v.* 10
accident accidente *m.;* **car accident** accidente automovilístico *m.* 5
account cuenta *f.;* **(story)** relato *m.* 10; **checking account** cuenta corriente *f.* 8; **savings account** cuenta de ahorros *f.*
accountant contador(a) *m., f.* 8
accustomed to acostumbrado/a *adj.;* **to grow accustomed (to)** acostumbrarse (a) *v.* 3
ache doler (o:ue) *v.* 2
achieve lograr *v.* 3; alcanzar *v.* (*Lect. 5*)
activist activista *m., f.* 11
actor actor *m.* 9
actress actriz *f.* 9
add añadir *v.*
admission ticket entrada *f.*
adore adorar *v.* 1
advance avance *m.* 7; adelanto *m.* (*Lect. 7*)
advanced adelantado/a; avanzado/a *adj.* 7, 12
advantage ventaja *f.;* **to take advantage of** aprovechar *v*
adventure aventura *f.* 5
adventurer aventurero/a *m., f.* 5
advertising publicidad *f.* 9
advertisement anuncio *m.,* propaganda *f.* 9
advisable recomendable *adj.* 5; **not advisable, inadvisable** poco recomendable *adj.*
advise aconsejar *v.* 4
advisor asesor(a) *m., f.* 8
aesthetic estético/a *m., f.* 10
affection cariño *m.* 1
affectionate cariñoso/a *adj.* 1
afflict afligir *v.* 4
after all al final de cuentas 7; al fin y al cabo
age: of age mayor de edad
agent agente *m., f.;* **customs agent** agente de aduanas *m., f.* 5
agnostic agnóstico/a *adj.* 11
agree acordar (o:ue) *v.* 2
aid auxilio *m.;* **first aid** primeros auxilios *m. pl.* 4
album álbum *m.* 2
alibi coartada *f.* 10
alien extraterrestre *m., f.* 7
allusion alusión *f.* 10
almost casi *adv.* 3
alone solo/a *adj.* 1
alternative medicine medicina alternativa *f.*

amaze asombrar *v.* (*Lect. 3*)
amazement asombro *m.*
ambassador embajador(a) *m., f.* 11
amuse (oneself) entretener(se) (e:ie) *v.* 2
ancient antiguo/a *adj.* 12
anger enojo *m.*
announcer conductor(a) *m., f.;* locutor(a) *m., f.*
annoy molestar *v.* 2
ant hormiga *f.* 6
antenna antena *f.*
antiquity antigüedad *f.*
anxiety ansia *f.* 1
anxious ansioso/a *adj.* 1
apologize disculparse *v.* 6
appear aparecer *v.* 1
appearance aspecto *m.*
applaud aplaudir *v.* 2
apply for solicitar *v.* 8
appreciate apreciar *v.* 1
appreciated apreciado/a *adj.*
approach acercarse (a) *v.* 2
approval aprobación *f.* 9
approve aprobar (o:ue) *v.*
archaeologist arqueólogo/a *m., f.*
archaeology arqueología *f.*
argue discutir *v.* 1
arid árido/a *adj.* 11
aristocratic aristocrático/a *adj.* 12
armchair sillón *m.*
armed armado/a *adj.*
army ejército *m.* 12
arrival llegada *f.* 5
arrive llegar *v.*
artifact artefacto *m.* 5
artisan artesano/a *m., f.* 10
ascent subida *f.*
ashamed avergonzado/a *adj.;* **to be ashamed (of)** tener vergüenza (de) *v.* 1
ask pedir (e:i) *v* 1, 4
aspirin aspirina *f.* 4
assault agredir *v.* (*Lect. 10*)
assure asegurar *v.*
astonished: be astonished asombrarse *v.*
astonishing asombroso/a *adj.*
astonishment asombro *m.*
astronaut astronauta *m., f.* 7
astronomer astrónomo/a *m., f.* 7
atheism ateísmo *m.*
atheist ateo/a *adj.* 11
athlete deportista *m., f.* 2
ATM cajero automático *m.*
attach adjuntar *v.* 7; **to attach a file** adjuntar un archivo *v.* 7
attract atraer *v.* 1
attraction atracción *f.*
auction subasta *f.* 10
audience audiencia *f.*
audience público *m.* 9
authoritarian autoritario/a *adj.* 1
autobiography autobiografía *f.* 10
available disponible *adj.*
awkward situation compromiso *m.* 10

B

back espalda *f.;* **behind my back** a mis espaldas 9; **to have one's back to** estar de espaldas a
bag bolsa *f.*
balcony balcón *m.* 3
ball balón *m.* 2
ball field campo *m.* 5
ball game juego de pelota *m.* 5
band conjunto (musical) *m.*
bandage venda *f.* 4
banking bancario/a *adj.*
bankruptcy bancarrota *f.* 8
baptism bautismo *m.*
barefoot descalzo/a *adj.* (*Lect. 4*)
bargain ganga *f.* 3
barter trueque *m.*
basement sótano *m.* 3
battle batalla *f.* 12
bay bahía *f.* 5
be able to poder (o:ue) *v.* 1
be about (deal with) tratarse de *v.* 10 tratar (sobre/acerca de) *v.* 4
be about to disponerse a *v.* 6
be out of quedarse sin *v.* (*Lect. 6*)
be promoted ascender (e:ie) *v.* 8
bear oso *m.*
beat latir *v.* 4
become convertirse (en) (e:ie) *v.* 2; volverse *v.* (*Lect. 8*)
  to become annoying ponerse pesado/a *v.;* **to become extinct** extinguirse *v.* 6; **to become infected** contagiarse *v.* 4; **to become inflamed** inflamarse *v.;* **to become informed (about)** enterarse (de) *v.* 9; **to become part (of)** integrarse (a) *v.* 12; **to become tired** cansarse *v.*
bed and breakfast inn pensión *f.*
beehive colmena *f.* 8
beforehand de antemano
beg rogar *v.* 4
beggar mendigo/a *m., f.*
begin empezar (e:ie) *v.*
behalf: on behalf of de parte de
behave well portarse bien *v.*
belief creencia *f.* 11
believe (in) creer (en) *v.* 11; **Don't you believe it.** No creas.
believer creyente *m., f.* 11
belong (to) pertenecer (a) *v.* 12
belonging to others ajeno/a *adj.* (*Lect. 11*)
belongings pertenencias *f., pl.* (*Lect. 11*)
belt cinturón *m.;* **seatbelt** cinturón de seguridad *m.* 5
benefits beneficios *m. pl.*
bet apuesta *f.*
bet apostar (o:ue) *v.*
betray engañar *v.* 9, 12; traicionar *v.* (*Lect. 12*)
betrayal traición *f.* 12
beyond más allá de
bias parcialidad *f.* 9; **left-wing/right-wing bias** tendencia izquierdista/derechista *f.*

biased parcial *adj.* 9
bilingual bilingüe *adj.* 9
bill cuenta *f.;* proyecto de ley *m.* 11
billiards billar *m.* 2
biochemical bioquímico/a *adj.* 7
biography biografía *f.* 10
biologist biólogo/a *m., f.* 7
bird ave *f.* 6 *(Lect. 6);* pájaro *m.* 6
bite morder (o:ue) *v.* 6
blanket manta *f.*
bless bendecir *v.* 11
blog blog *m.* 7 *(Lect. 7)*
blognovel blogonovela *f.* 7
blogosphere blogosfera *f.* 7
blood sangre *f.* 4 *(Lect. 9);* **(high/low) blood pressure** tensión (alta/baja) *f.* 4
blow soplar *v.;* **to blow out the candles** apagar las velas *v.* 8
blush enrojecer *v.*
board embarcar *v.;* **on board** a bordo *adj.* 5
board game juego de mesa *m.* 2
boat bote *m.* 5
body cuerpo *m.*
boil hervir (e:ie) *v.* 3
bombing bombardeo *m.* 6
border frontera *f.* 5
border límite *m.* 11
bore aburrir *v.* 2
borrow pedir prestado/a *v.* 8
both ambos/as *pron., adj.*
bother molestar *v.* 2
bottom fondo *m.*
bow proa *f.* 5
bowling boliche *m.* 2
box caja *f.;* **toolbox** caja de herramientas *f.*
box office taquilla *f.* 2
branch sucursal *f.;* rama *f. (Lect. 9)*
brand marca *f.*
brave valiente 5
bravery valor *m.*
break romper *v. (Lect. 2)*
break in (to a conversation) meterse *v.* 1
break up (with) romper (con) *v.* 1
breakthrough avance *m.* 7
breathing respiración *f.* 4
brick ladrillo *m.*
bridge puente *m.* 12
bright luminoso/a *adj.* 10
bring traer *v.* 1; **to bring down** derribar *v.;* **to bring up (raise)** educar *v.* 1
broadcast emisión *f.;* **live broadcast** emisión en vivo/directo *f.*
broadcast transmitir *v.* 9
broom escoba *f.*
brush cepillarse *v.* 2; **to brush against** rozar *v.*
brush stroke pincelada *f.* 10
Buddhist budista *adj.* 11
budget presupuesto *m.* 8
buffalo búfalo *m.*
bull ring ruedo *m.* 2
bullfight corrida *f.* 2

bullfighter torero/a *m., f.* 2; **bullfighter who kills the bull** matador/a *m., f.* 2; **bullfighter's outfit** traje de luces *m.* 2
bullfighting toreo *m.* 2; **bullfighting stadium** plaza de toros *f.* 2
bureaucracy burocracia *f.*
buried enterrado/a *adj.* 2
burrow madriguera *f.* 3
bury enterrar (e:ie), sepultar *v.* 12
business negocio *m.*
businessman hombre de negocios *m.* 8
businesswoman mujer de negocios *f.* 8
butterfly mariposa *f.*

C

cage jaula *f.*
calculation, sum cuenta *f.*
calm tranquilo/a *adj.* 1
calm down calmarse *v.;* **Calm down.** Tranquilo/a.
campaign campaña *f.* 11
campground campamento *m.* 5
cancel cancelar *v.* 5
cancer cáncer *m.*
candidate candidato/a *m., f.* 11
candle vela *f.*
canon canon *m.* 10
canvas tela *f.* 10
capable capaz *adj.* 8
cape cabo *m.*
captain capitán *m.*
card tarjeta *f.;* **credit/debit card** tarjeta de crédito/débito *f.* 3; **(playing) cards** cartas, *f. pl.* 2, naipes *m. pl.* 2
care cuidado *m.* 1; **personal care** aseo personal *m.*
careful cuidadoso/a *adj.* 1
caress acariciar *v. (Lect. 4, 10)*
carriage vagón *m.* 7
carry llevar *v.* 2; **to carry away** llevarse *v.* 2; **to carry out** cumplir *v.* 8; **to carry out (an activity)** llevar a cabo *v.*
cascade cascada *f.* 5
case: in any case de todas formas 12
cash dinero en efectivo *m.;* *(Arg.)* guita *f.*
cashier cajero/a *m., f.*
casket ataúd *m.* 2
cast yeso *m.* 4
catastrophe catástrofe *f.*
catch atrapar *v.* 6
catch pillar *v.* 9
category categoría *f.* 5
Catholic católico/a *adj.* 11
cautious prevenido/a *adj.*
cave cueva *f.*
celebrate celebrar, festejar *v.* 2
celebrity celebridad *f.* 9
cell célula *f.* 7; celda *f.*
cell phone móvil m. 7, *teléfono celular* **m.** 7
cemetery cementerio *m.* 12
censorship censura *f.* 9
cent centavo *m.*
century siglo *m.* 12

certain cierto/a *adj.*
certainty certeza *f.* certidumbre *f.* 12
challenge desafío *m.* 7; desafiar *v.* 2; poner a prueba *v.*
challenging desafiante *adj.* 4
champion campeón/campeona *m., f.* 2
championship campeonato *m.* 2
chance azar, *m.* 5 casualidad *f.* 5; **by chance** por casualidad 3
change cambio *m.;* cambiar; mudar *v.* 2
channel canal *m.* 9; **television channel** canal de televisión *m.*
chapel capilla *f.* 11
chapter capítulo *m.*
character personaje *m.* 10; **main/ secondary character** personaje principal/secundario *m.*
characteristic (trait) rasgo *m.*
characterization caracterización *f.* 10
charge cobrar *v.* 8
charge: be in charge of encargarse de *v.* 1; estar a cargo de; estar encargado/a de; **person in charge** encargado/a *m., f.*
cheap (stingy) tacaño/a *adj.* 1; **(inexpensive)** barato/a *adj.* 3
cheek mejilla *f.* 10
cheer up animar *v.;* **Cheer up!** ¡Anímate! *(sing.);* ¡Anímense! *(pl.)* 2
Cheers! ¡Salud! 8
chef cocinero/a *m., f.*
chemical químico/a *adj.* 7
chemist químico/a *m., f.* 7
chess ajedrez *m.* 2
chest pecho *m.* 10
chew masticar *v.*
childhood infancia *f.*
choir coro *m.*
choose elegir (e:i) *v.;* escoger *v.* 1
chore quehacer *m.* 3
chorus coro *m.*
chosen elegido/a *adj.*
Christian cristiano/a *adj.* 11
church iglesia *f.* 11
cinema cine *m.* 2
circus circo *m.* 2
cistern cisterna *f.* 6
citizen ciudadano/a *m., f.* 11
civilization civilización *f.* 12
civilized civilizado/a *adj.*
claim reclamar *v.* 11
clarify aclarar *v.* 9
classic clásico/a *adj.* 10
clean limpiar *v.* 3
clean (pure) puro/a *adj.*
cleanliness aseo *m.*
clearing limpieza *f.* 3
click hacer clic 7
cliff acantilado *m.*
climate clima *m.*
climb (mountain) escalada *f.*
climber escalador(a) *m., f.*
cloister claustro *m.* 11
clone clonar *v.* 7
close cercano/a *adj. (Lect. 10)*
clown payaso/a *m., f.* 8

club club *m.;* **sports club** club deportivo *m.* **2**

coach (train) vagón *m.* **7; coach (trainer)** entrenador(a) *m., f.* **2**

coast costa *f.* **6**

cockroach cucaracha *f.* **6**

coincidence casualidad *f.* **5** *(Lect. 7)*

cold resfriado *m.* **4; to have a cold** estar resfriado/a *v.* **4**

collect coleccionar *v.*

colonize colonizar *v.* **12**

colony colonia *f.* **12**

columnist columnista *m., f.* **9**

comb one's hair peinarse *v.* **2**

combatant combatiente *m., f.*

come venir *v.* **1; to come back** volver (o:ue) *v.;* **to come from** provenir (de) *v.;* **to come to an end** acabarse *v.* **6; to come with** acompañar *v.* **10**

comedian comediante *m., f.* **1**

comet cometa *m.* **7**

comic strip tira cómica *f.* **9**

commerce comercio *m.* **8**

commercial anuncio *m.* **9**

commitment compromiso *m.* **1**

community comunidad *f.* **4**

company compañía *f.,* empresa *f.* **8; multinational company** empresa multinacional *f.,* multinacional *f.* **8**

compass brújula *f.* **5**

competent capaz *adj.* **8**

complain (about) quejarse (de) *v.* **2**

complaint queja *f.*

complicated rebuscado/a *adj.*

compose componer *v.* **1**

composer compositor(a) *m., f.*

computer science informática *f.* **7;** computación *f.*

concert concierto *m.* **2**

condition (illness) dolencia *f.* **4**

conference conferencia *f.* **8**

confess confesar (e:ie) *v.*

confidence confianza *f.* **1**

confident seguro/a *adj.* **1**

confront enfrentar *v.*

confuse (with) confundir (con) *v.*

confused confundido/a *adj.*

congested congestionado/a *adj.*

Congratulations! ¡Felicidades!; **Congratulations to all!** ¡Felicidades a todos!

connection conexión *f.;* vínculo *m.* *(Lect. 12);* **to have good connections** estar relacionado *v.*

conquer conquistar, *v.* vencer *v.* **2, 9, 12**

conqueror conquistador(a) *m., f.* **12**

conquest conquista *f.* **12**

conscience conciencia *f.*

consequently por consiguiente *adj.*

conservative conservador(a) *adj.* **11**

conserve conservar *v.* **6**

consider considerar *v.*

consulate consulado *m.* **11**

consultant asesor(a) *m., f.* **8**

consumption consumo *m.;* **energy consumption** consumo de energía *m.*

contaminate contaminar *v.* **6**

contamination contaminación *f.* **6**

contemporary contemporáneo/a *adj.* **10**

contented: be contented with contentarse con *v.* **1**

contract contrato *m.* **8;** contraer *v.* **1**

contribute contribuir (a) *v.* **6**

contribution aportación *f.* **11**

control dominio *m.* *(Lect. 12)*

controversial controvertido/a *adj.* **9**

controversy polémica *f.* **11**

cook cocinero/a *m., f.*

cook cocinar *v.* **3**

corner rincón *m.* **11**

cornmeal cake arepa *f.* **11**

correspondent corresponsal *m., f.* **9**

corruption corrupción *f.*

costly costoso/a *adj.*

costume disfraz *m.;* **in costume** disfrazado/a *adj.*

cough tos *f.* **4**

cough toser *v.* **4**

count contar (o:ue) *v.* **2; to count on** contar con *v.*

countryside campo *m.* **6**

couple pareja *f.* **1**

courage coraje *m.*

course: of course claro *interj.* **3;** por supuesto; ¡cómo no!

court tribunal *m.*

cover portada *f.* **9** tapa *f.*

cow vaca *f.* **6**

crash choque *m.* **3**

create crear *v.* **7**

creativity creatividad *f.*

crisis crisis *f.;* **economic crisis** crisis económica *f.* **8**

critic crítico/a *m., f.;* **movie critic** crítico/a de cine *m., f.* **9**

critical crítico/a *adj.*

critique criticar *v.* **10**

cross cruzar *v.* *(Lect. 11)*

crowd multitud *f.*

crown corona *f.* *(Lect. 12)*

cruise (ship) crucero *m.* **5**

cry llorar *v.* *(Lect. 4)*

crying llanto *m.* *(Lect. 4, 7)*

cubism cubismo *m.* **10**

culture cultura *f.;* **pop culture** cultura popular *f.*

cultured culto/a *adj.* **12**

currently actualmente *adv.*

curse maldición *f.*

custom costumbre *f.* **3**

customs aduana *f.;* **customs agent** agente de aduanas *m., f.* **5**

cut corte *m.*

D

daily diario/a *adj.* **3**

dam represa *f.*

damp húmedo/a *adj.* **6**

dance bailar *v.* **1**

dance club discoteca *f.* **2**

dancer bailarín/bailarina *m., f.*

danger peligro *m.*

dangerous peligroso/a *adj.* **5**

dare (to) atreverse (a) *v.* **2**

darken oscurecer *v.* **6**

darts dardos *m. pl.* **2**

data datos *m.;* **piece of data** dato *m.*

date cita *f.;* **blind date** cita a ciegas *f.* **1**

datebook agenda *f.* **3**

dawn alba *f.* **11** *(Lect. 6)*

day día *m.*

daybreak alba *f.* **11**

deaf sordo/a *adj.;* **to go deaf** quedarse sordo/a *v.* **4**

deal trato *m.* *(Lect. 9)*

deal with (be about) tratarse de *v.* **10**

death muerte *f.*

debt deuda *f.* **8**

debt collector cobrador(a) *m., f.* **8**

debtor moroso/a *m., f.* **8**

debut (premiere) estreno *m.* **2**

decade década *f.* **12**

decrease disminuir *v.*

dedication dedicatoria *f.* **11**

deep hondo/a *adj.* **2;** profundo/a *adj.*

deer venado *m.*

defeat derrota *f.;* vencer *v.* **2, 9;** derrotar *v.* *(Lect. 12)*

defeated derrotado/a *adj.* **12**

deforestation deforestación *f.* **6**

defrost descongelar(se) *v.* **7**

delay retraso *m.;* atrasar *v.;* demorar *v.;* retrasar *v.*

delayed retrasado/a *adj.* **5**

delivery entrega *f.*

demand reclamar *v.* **11;** exigir *v.* **1, 4, 8**

democracy democracia *f.* **11**

demonstration manifestación *f.* **11**

den madriguera *f.* **3**

denounce delatar *v.* **3;** denunciar *v.* **9**

depict reflejar *v.* **10**

deposit depositar *v.* **8**

depressed deprimido/a *adj.* **1**

depression depresión *f.* **4**

descendent descendiente *m., f.* **12**

desert desierto *m.* **6**

deserve merecer *v.* **8**

design diseñar *v.* **8, 10**

desire deseo *m.;* gana *f.*

desire desear *v.* **4**

destination destino *m.* **5**

destroy destruir *v.* **6**

detective (story/novel) policíaco/a *adj.* **10**

deteriorate empeorar *v.* **4**

detest detestar *v.*

developed desarrollado/a *adj.* **12**

developing en vías de desarrollo *adj.;* **developing country** país en vías de desarrollo *m.*

development desarrollo *m.* **6**

diamond diamante *m.* **5**

dictator dictador(a) *m., f.* **12**

dictatorship dictadura *f.*

die fallecer *v.;* **to die of** morirse (o:ue) de *v.* **2**

diet
  (nutrition) alimentación *f.* 4; dieta *f.*;
  to be on a diet estar a dieta *v.* 4; **to go
  on a diet** ponerse a dieta *v.* 4
difficult duro/a *adj.* 7
digestion digestión *f.*
digital digital *adj.* 7
dinner guest comensal *m., f.* 10
direct dirigir *v.* 1
director director(a) *m., f.*
disappear desaparecer *v.* 1, 6
disappointment desilusión *f.*
disaster catástrofe *f.*; **natural disaster**
  catástrofe natural *f.*
discomfort malestar *m.* 4
discotheque discoteca *f.* 2
discouraged desanimado/a *adj.* **to get
  discouraged** desanimarse *v.*; **the state
  of being discouraged** desánimo *m.* 1
discover descubrir *v.* 4
discoverer descubridor(a) *m., f.*
discovery descubrimiento *m.* 7;
  hallazgo *m.* 4
discriminated discriminado/a *adj.*
discrimination discriminación *f.*
disenchantment desencanto *m.*
  (*Lect. 11*)
disease enfermedad *f.* 4
disguised disfrazado/a *adj.*
disgusting: to be disgusting dar asco *v.*
disorder desorden *m.* 7; **(condition)**
  trastorno *m.*
display lucir *v.* (*Lect. 4*)
disposable desechable *adj.* 6
distance lejanía *f.* (*Lect. 11*)
distant lejano/a *adj.* 5
distinguish distinguir *v.* 1
distract distraer *v.* 1
distracted distraído/a *adj.*; **to get
  distracted** descuidar(se) *v.* 6
disturbing inquietante *adj.* 10
diversity diversidad *f.* 4
divorce divorcio *m.* 1
divorced divorciado/a *adj.* 1
dizzy mareado/a *adj.* 4
DNA ADN (ácido desoxirribonucleico)
  m. 7
do hacer *v.* 1, 4; **to be (doing something)**
  andar + *pres. participle v.*; **to do
  someone the favor** hacer el favor *v.*; **to
  do something on purpose** hacer algo a
  propósito *v.*
doctor's appointment consulta *f.* 4
doctor's office consultorio *m.* 4
documentary documental *m.* 9
dominoes dominó *m.*
doorbell timbre *m.* (*Lect. 5*); **to ring the
  doorbell** tocar el timbre *v.*
double (*in movies*) doble *m., f.* 9
doubt interrogante *m.* 7; **to be no
  doubt** no caber duda *v.*
download descargar *v.* 7
drag arrastrar *v.*
draw dibujar *v.* 10
dream sueño *m.* (*Lect. 8*)
dream (about) soñar (o:ue) (con) *v.* 1

dressing room probador *m.* 3; **(*star's*)**
  camerino *m.* 9
drink beber *v.* 1
drinking glass copa *f.*
drive conducir *v.* 1; manejar *v.*
drought sequía *f.* 6
drown ahogarse *v.*
drowned ahogado/a *adj.* 5
dry seco/a *adj.* 6; secar *v.*; **to dry
  off** secarse *v.* 2
dub (*film*) doblar *v.*
dubbed doblado/a *adj.* 9
dubbing doblaje *m.*
dump dejar *v.* (*Lect. 1*)
dust polvo *m.* 3; **to dust** quitar el
  polvo *v.* 3
duty deber *m.* 8

E

earn ganar *m.*; **to earn a living** ganarse
  la vida *v.* 8
earth tierra *f.* 6; **What on earth...?**
  ¿Qué rayos...? 5
earthquake terremoto *m.* 6
easy-going (*permissive*) permisivo/a
  adj. 1
eat comer *v.* 1, 2; **to eat up** comerse
  v. 2
ecosystem ecosistema *m.* 6
ecotourism ecoturismo *m.* 5
edible comestible *adj.*; **edible plant**
  planta comestible *f.*
editor redactor(a) *m., f.* 9
editor-in-chief redactor(a) jefe *m., f.*
educate educar *v.*
educated (*cultured*) culto/a *adj.* 12
educational didáctico/a *adj.* 10
efficient eficiente *adj.*
effort esfuerzo *m.*
either... or... o... o... *conj.*
elbow codo *m.*
elder mayor *m.* 12
elderly anciano/a *adj.*; **elderly
  gentleman/lady** anciano/a *m., f.*
elect elegir (e:i) *v.* 11
elected elegido/a *adj.*
electoral electoral *adj.*
electricity luz *f.* 7
electronic electrónico/a *adj.*
e-mail address dirección de correo
  electrónico *f.* 7
embarrassed avergonzado/a *adj.*
embarrassment vergüenza *f.*
embassy embajada *f.* 11
emigrate emigrar *v.* 11
emotion sentimiento *m.* 1
emperor emperador *m* 12
emphasize destacar *v.*
empire imperio *m.* 12
employed empleado/a *adj.* 8
employee empleado/a *m., f.* 8
employment empleo *m.* 8
empress emperatriz *f.* 12
encourage animar *v.*
end fin *m.*; **(*rope, string*)** cabo *m.*

endangered en peligro de extinción *adj.*;
  endangered species especie en peligro
  de extinción *f.*
ending desenlace *m.*
energetic enérgico/a *adj.* 8
energy energía *f.*; **nuclear energy**
  energía nuclear *f.*; **wind energy** energía
  eólica *f.*
engineer ingeniero/a *m., f.* 7
enjoy disfrutar (de) *v.* 2; **Enjoy your
  meal.** Buen provecho.
enough bastante *adv.* 3
enslave esclavizar *v.* 12
enter ingresar *v.*; **to enter data** ingresar
  datos *v.*
entertain (oneself) entretener(se)
  (e:ie) *v.* 2
entertaining entretenido/a *adj.* 2
entertainment farándula *f.* 1
entrance hall zaguán *m.* (*Lect. 3*)
entrepreneur empresario/a *m., f.* 8
envelope sobre *m.* (*Lect. 3*)
environment medio ambiente *m.* 6
environmental ambiental *adj.* 6
epidemic epidemia *f.* 4
episode episodio *m.* 9; **final episode**
  episodio final *m.* 9
equal igual *adj.* 11
equality igualdad *f.*
era época *f.* 12
erase borrar *v.* 7
erosion erosión *f.* 6
errands mandados *m. pl.* 3; **to run
  errands** hacer mandados *v.* 3
essay ensayo *m.*
essayist ensayista *m., f.* 10
establish (oneself) establecer(se) *v.* 12
eternal eterno/a *adj.*
ethical ético/a *adj.* 7; **unethical** poco
  ético/a *m., f.*
even siquiera *conj.*; **not even** ni
  siquiera *conj.*
event acontecimiento *m.* 9
everyday cotidiano/a *adj.* 3; **everyday
  life** vida cotidiana *f.*
example (*sample*) muestra *f.*
exchange: in exchange for a cambio de
excited emocionado/a *adj.* 1
exciting excitante *adj.*
excursion excursión *f.* 5
excuse disculpar *v.*; **Excuse me; Pardon
  me** Perdona (*fam.*)/Perdone (*form.*);
  Con permiso.
executive ejecutivo/a *m., f.* 8; **of an
  executive nature** de corte ejecutivo 8
exhausted agotado/a *adj.* 4;
  fatigado/a *adj.* 4
exhaustion cansancio *m.* 3
exhibition exposición *f.*
exile exilio *m.*; **political exile** exilio
  político *m.* 11
exit salida *f.* 6
exotic exótico/a *adj.*
expel expulsar *v.* 12
expensive caro/a *adj.* 3; costoso/a *adj.*
experience experiencia *f.* 8;
  experimentar *v.*

experiment experimento *m.* 7
expire caducar *v.*
expired vencido/a *adj.* 5
exploit explotar *v.* 12
exploitation explotación *f.*
exploration exploración *f.*
explore explorar *v.*
export exportar *v.* 8
exports exportaciones *f., pl.*
expressionism expresionismo *m.* 10
extinct: become extinct extinguirse *v.* 6
extinguish extinguir *v.*

F

face dar a *v. (Lect. 5)*
facial features facciones *f., pl.* 3
facilities servicios *m., pl*
fact hecho *m.* 3
factor factor *m.;* **risk factors** factores de riesgo *m. pl.*
factory fábrica *f.*
fad moda pasajera *f.* 9
faint desmayarse *v.* 4
fair feria *f.* 2
faith fe *f.* 11
fall caer *v.* 1; **to fall in love (with)** enamorarse (de) *v.* 1
false postizo/a *adj. (Lect. 10)*
fame fama *f.* 9
family tie vínculo *m. (Lect. 12)*
famous famoso/a *adj.* 9; **to become famous** hacerse famoso *v.* 9
fan (of) aficionado/a (a) *adj.;* fanático/a *m., f. (Lect. 2)* 2; **to be a fan of** ser aficionado/a de *v.*
farewell despedida *f.* 5
fascinate fascinar *v.* 2
fashion moda *f.;* **in fashion, popular** de moda *adj.* 9
fasten abrocharse *v.;* **to fasten one's seatbelt** abrocharse el cinturón de seguridad *v.;* **to fasten (the seatbelt)** ponerse (el cinturón de seguridad) *v.* 5
fate azar *m. (Lect. 12)*
fatigue fatiga *f.* 8
favor favor *m.;* **to do someone the favor** hacer el favor *v.*
favoritism favoritismo *m.* 11
fed up (with) harto/a *adj.;* **to be fed up (with); to be sick (of)** estar harto/a (de) *v.* 1
feed dar de comer *v.* 6
feel sentirse (e:ie) *v.* 1; **(experience)** experimentar *v.;* **to feel like** dar la gana *v.* 9; sentir/tener ganas de *v.*
feeling sentimiento *m.* 1 *(Lect. 1)*
festival festival *m.* 2
fever fiebre *f.* 4; **to have a fever** tener fiebre *v.* 4
field campo *m.* 6; cancha *f.* 2
fight lucha *f.* pelear *v.;* **to fight (for)** luchar por *v.;* **to fight bulls** lidiar *v.* 2; **to fight bulls in the bullring** torear *v.* 2
figuratively en sentido figurado *m.*
file archivo *m.;* **to download a file** bajar un archivo *v.*

filled up completo/a *adj.;* **The hotel is filled.** El hotel está completo.
filling contundente *adj.* 10
film película *f.;* rodar (o:ue) *v.* 9
finance(s) finanzas *f. pl.;* financiar *v.* 8
financial financiero/a *adj.* 8
find out averiguar *v.* 1
finding hallazgo *m.* 4
fine multa *f. (Lect. 7)*
fine arts bellas artes *f., pl.* 10
fingernail uña *f.*
finish line meta *f.*
fire incendio *m.* 6 *(Lect. 6)*; despedir (e:i) *v.* 8
fire; flame fuego *m. (Lect. 6)*
fired despedido/a *adj.*
fireplace hogar *m.* 3
first aid primeros auxilios *m., pl.* 4
first and foremost antes que nada
fish pez *m.* 6
fishing pesca *f.* 5
fit caber *v.* 1; **(clothing)** quedar *v.* 2
fitting room vestidor *m.*
fix apañar *v. (Lect. 4)*
flag bandera *f. (Lect. 2)*
flask frasco *m.*
flavor sabor *m.;* **What flavor is it? Chocolate?** ¿Qué sabor tiene? ¿Chocolate? 4
flee huir *v.* 3
fleeting pasajero/a *adj.*
flexible flexible *adj.*
flight vuelo *m.;* huida *f. (Lect. 11)*
flight attendant auxiliar de vuelo *m., f.*
flirt coquetear *v.* 1
float flotar *v.* 5
flock rebaño *m. (Lect. 6)*
flood inundación *f.* 6; inundar *v.*
floor suelo *m.*
flower florecer *v.* 6
flu gripe *f.* 4
fly mosca *f. (Lect. 8)*; volar (o:ue) *v. (Lect. 8)*
fog niebla *f.*
fold doblar *v.*
follow seguir (e:i) *v.*
folly insensatez *f.* 4
fond of aficionado/a (a) *adj.* 2
food comida *f.* 6; alimento *m.* **canned food** comida enlatada *f.* 6; **fast food** comida rápida *f.* 4
foot (of an animal) pata *f.*
forbidden vedado/a *adj.* 3
force fuerza *f.;* **armed forces** fuerzas armadas *f., pl.* 12; **labor force** fuerza laboral *f.*
forced forzado/a *adj.* 12
forefront: at the forefront a la vanguardia
foresee presentir (e:ie); prever *v.*
forest bosque *m.*
forget (about) olvidarse (de) *v.* 2
forgetfulness; olvido *m.* 1
forgive perdonar *v.*
form forma *f.*
formulate formular *v.* 7

forty-year-old; in her/his forties cuarentón/cuarentona *adj.* 11
fountain fuente *f.*
frame marco *m. (Lect. 4, 5)*
free time tiempo libre *m.* 2; ratos libres *m. pl.* 2
freedom libertad *f.* 11; **freedom of the press** libertad de prensa *f.* 9
freeze congelar(se) *v.* 7
freeze helar (e:ie) *v.*
frequently a menudo *adv.* 3
friar fraile *m.* 11
frightened asustado/a *adj.*
frog rana *f.* 6
front desk recepción *f.* 5
front page portada *f.* 9
frozen congelado/a *adj.*
fry freír (e:i) *v.* 3
fuel combustible *m.* 6
full lleno/a *adj.;* **full-length film** largometraje *m.*
fun divertido/a *adj.* 2
funny gracioso/a *adj.* 1; **to be funny (to someone)** hacerle gracia (a alguien)
furnished amueblado/a *adj.*
furniture mueble *m.* 3
futuristic futurístico/a *adj.*

G

gain weight engordar *v.* 4
gallery galería *f.* 10
game juego *m.* 2; **ball game** juego de pelota *m.* 5; **board game** juego de mesa *m.* 2; **(sports)** partido; *m.;* **to win/lose a game** ganar/perder un partido *v.* 2
garbage (poor quality) porquería *f.* 10
gate: airline gate puerta de embarque *f.* 5
gaze mirada *f.* 1
gene gen *m.* 7
generate generar *v.*
generous generoso/a *adj.*
genetics genética *f.* 4
genuine auténtico/a *adj.* 3
gesture gesto *m.*
get obtener *v.;* **to get along** congeniar *v.;* **to get along well/poorly** llevarse bien/mal *v.* 2; **to get bored** aburrirse *v.* 2; **to get caught** enganchar *v.* 5; **to get discouraged** desanimarse *v.;* **to get distracted; neglect** descuidar(se) *v.* 6; **to get dressed** vestirse (e:i) *v.* 2; **to get hurt** lastimarse *v.* 4; **to get in shape** ponerse en forma *v.* 4; **to get information** informarse *v.;* **to get ready** arreglarse *v.* 3; **to get sick** enfermarse *v.* 4; **to get tickets** conseguir (e:i) boletos/entradas *v.* 2; **to get together (with)** reunirse (con) *v.* 2; **to get up** levantarse *v.* 2; **to get upset** afligirse *v.* 3; **to get used to** acostumbrarse (a) *v.* 3; **to get well/ ill** *v.* ponerse bien/mal 4; **to get wet** mojarse *v.;* **to get worse** empeorar *v.* 4
gift obsequio *m.* 11

give dar *v.;* **to give a prize** premiar *v.;* **to give a shot** poner una inyección *v.* **4; to give up** darse por vencido *v.* **6;** ceder **11; to give way to** dar paso a *v.*
gladly con mucho gusto **10**
glance vistazo *m.*
global warming calentamiento global *m.* **6**
globalization globalización *f.* **8**
go ir *v.* **1, 2; to go across** recorrer *v.* **5; to go around (the world)** dar la vuelta (al mundo) *v.;* **to go away (from)** irse (de) *v.* **2; to go out** salir *v.* **1; to go out (to eat)** salir (a comer) *v.* **2; to go out with** salir con *v.* **1; to go shopping** ir de compras *v.* **3; go to bed** acostarse (o:ue) *v.* **2; go to sleep** dormirse (o:ue) *v.* **2; go too far** pasarse *v.;* **go too fast** embalarse *v.* **9**
goat cabra *f.*
God Dios *m.* **11**
god/goddess dios(a) *m., f.* **5**
gold oro *m.* *(Lect. 8)*
goldfish pececillo de colores *m.*
good bueno/a *adj.* **to be good (i.e. fresh)** estar bueno *v.;* **to be good (by nature)** ser bueno *v.*
goodness bondad *f.*
gossip chisme *m.* **9**
govern gobernar (e:ie) *v.* **11**
government gobierno *m.;* **government agency** organismo público *m.* **9;**
governor gobernador(a) *m., f.* **11**
graduate titularse *v.* **3**
grass hierba *f.;* **pasto** *m.*
gratitude agradecimiento *m.*
gravity gravedad *f.* **7**
great-great-grandfather/mother tatarabuelo/a *m., f.* **12**
group grupo *m.;* **musical group** grupo musical *m.*
grow crecer *v.* **1;** cultivar *v.* **to grow accustomed to;** acostumbrarse (a) *v.* **3; grow up** criarse v. **1**
growth crecimiento *m.*
Guarani guaraní *m.* **9**
guarantee asegurar *v.*
guess adivinar *v.* *(Lect. 3)*
guilt culpa *f.* *(Lect. 1)*
guilty culpable *adj.* **11**
guy tipo *m.* **2**
gymnasium gimnasio *m.*
gypsy gitano/a *adj.* *(Lect. 9)*

H

habit costumbre *f.* **3**
habit: be in the habit of soler (o:ue) *v.* **3**
half mitad *f.*
hall sala *f.* **concert hall** sala de conciertos *f.*
hang (up) colgar (o:ue) *v.*
happen suceder *v.* **1; These things happen.** Son cosas que pasan. **11**
happiness felicidad *f.*

happy feliz *adj.* *(Lect. 4)*
hard duro/a *adj.* **7;** arduo/a *adj.* *(Lect. 4)*
hardly apenas *adv.* **3**
hard-working trabajador(a) *adj.* **8**
harmful dañino/a *adj.* **6**
harvest cosecha *f.* *(Lect. 10)*
hate odiar *v.* **1**
have tener *v.* **1; to have fun** divertirse (e:ie) *v.* **2**
headline titular *m.* **9**
heal curarse; sanar *v.* **4**
healing curativo/a *adj.* **4**
health salud *f.* **4; To your health!** ¡A tu salud!
healthy saludable, sano/a *adj.* **4**
hear oír *v.* **1**
heart corazón *m.* **1; heart and soul** cuerpo y alma
heavy (filling) contundente *adj.* **10; heavy rain** diluvio *m.*
heel tacón *m.* **12; high heel** tacón alto *m.*
height (highest level) apogeo *m.* **5**
help (aid) auxilio *m.*
heritage herencia *f.;* **cultural heritage** herencia cultural *f.* **12**
heroic heroico/a *adj.* **12**
hide ocultarse *v.* **3**
high definition de alta definición *adj.* **7**
highest level apogeo *m.* **5**
hill cerro *m.;* colina *f.*
Hindu hindú *adj.* **11**
hire contratar *v.* **8**
historian historiador(a) *m., f.* **12**
historic histórico/a *adj.* **12**
historical histórico/a *adj.* **10; historical period** era *f.* **12**
history historia *f.* **12**
hold (hug) abrazar *v.* **1; hold your horses** parar el carro *v.* **9**
hole agujero *m.;* **black hole** agujero negro *m.* **7; hole in the ozone layer** agujero en la capa de ozono *m.;* **small hole** agujerito *m.* **7**
holy sagrado/a *adj.* **11**
home hogar *m.* **3**
honey miel *f.* **8**
honored distinguido/a *adj.*
hope esperanza *f.* **6;** ilusión *f.*
horror (story/novel) de terror *adj.* **10**
horseshoe herradura *f.* **12**
host(ess) anfitrión/anfitriona *m., f.* **8**
hostel albergue *m.* **5**
hour hora *f.*
hug abrazar *v.* **1**
humankind humanidad *f.* **12**
humid húmedo/a *adj.* **6**
humiliate humillar *v.* **8**
humorous humorístico/a *adj.* **10**
hungry hambriento/a *adj.*
hunt cazar *v.* **6**
hurricane huracán *m.* **6**
hurry prisa *f.* **6; to be in a hurry** tener apuro *v.*

hurt herir (e: ie) *v.* **1,** *(Lect. 9);* doler (o:ue) *v.* **2; to get hurt** lastimarse *v.* **4; to hurt oneself** hacerse daño; **to hurt someone** hacerle daño a alguien
husband marido *m.*
hut choza *f.* **12**
hygiene aseo *m.*
hygienic higiénico/a *adj.*

I

ideology ideología *f.* **11**
illiteracy analfabetismo *m.* *(Lect. 8)*
illness dolencia *f.* **4;** enfermedad *f.*
ill-tempered malhumorado/a *adj.*
illusion ilusión *f.*
image imagen *f.* **2, 7**
imagination imaginación *f.*
immature inmaduro/a *adj.* **1**
immediately en el acto **3**
immigration inmigración *f.* **11**
immoral inmoral *adj.* **11**
import importar *v.* **8**
important importante *adj.* **4; be important (to); to matter** importar *v.* **2, 4**
imported importado/a **8**
imports importaciones *f., pl.*
impress impresionar *v.* **1**
impressionism impresionismo *m.* **10**
improve mejorar *v.* **4;** perfeccionar *v.*
improvement adelanto *m.* **4**
in love (with) enamorado/a (de) *adj.* **1**
inadvisable poco recomendable *adj.* **5**
incapable incapaz *adj.* **8**
included incluido/a *adj.* **5**
incompetent incapaz *adj.* **8**
increase aumento *m.*
independence independencia *f.* **12**
index índice *m.*
indigenous indígena *adj.* **9**
indigenous person indígena *m., f.* **4**
industrious trabajador(a) *adj.* **8**
industry industria *f.*
inexpensive barato/a *adj.* **3**
infected: become infected contagiarse *v.* **4**
inflamed inflamado/a *adv.* **4; become inflamed** inflamarse *v.*
inflexible inflexible *adj.*
influential influyente *adj.* **9**
inform avisar *v.;* **to be informed** estar al tanto *v.* **9; to become informed (about)** enterarse (de) *v.* **9**
inhabit habitar *v.* **12**
inhabitant habitante *m., f.* **12;** poblador(a) *m., f.*
inherit heredar *v.*
injure lastimar *v.*
injured herido/a *adj.*
injury herida *f.* **4**
innovative innovador(a) *adj.* **7**
insanity locura *f.*
insect bite picadura *f.*
insecure inseguro/a *adj.* **1**

insincere falso/a *adj.* **1**
insist on insistir en *v.* **4**
inspired inspirado/a *adj.*
instability inestabilidad *f.* **12**
install instalar *v.* **7**
insult ofensa *f.* **10**
insurance seguro *m.* **5**
intelligent inteligente *adj.*
intensive care terapia intensiva *f.* **4**
interest interesar *v.* **2**
interesting interesante *adj.;* **to be interesting** interesar *v.* **2**
Internet Internet *m., f.* **7**
interview entrevista *f.;* entrevistar *v.;* **job interview** entrevista de trabajo *f.* **8**
intriguing intrigante *adj.* **10**
invade invadir *v.* **12**
invent inventar *v.* **7**
invention invento *m.* **7**
invest invertir (e:ie) *v.* **8**
investigate investigar *v.* **7**
investment inversión *f.;* **foreign investment** inversión extranjera *f.* **8**
investor inversor(a) *m., f.*
iron plancha *f.*
irresponsible irresponsable *adj.*
island isla *f.* **5**
isolate aislar *v.* **9**
isolated aislado/a *adj.* **6**
itinerary itinerario *m.* **5**

J

jealous celoso/a *adj.;* **to be jealous of** tener celos de *v.* **1**
jealousy celos *m. pl.*
Jewish judío/a *adj.* **11**
job empleo *m.* **8;** (**position**) puesto *m.* **8; job interview** entrevista de trabajo *f.* **8**
joke broma *f.* **1;** chiste *m.* **1**
joke bromear *v*
journalist periodista *m., f.* **9**
joy regocijo *m.* **4**
judge juez(a) *m., f.* **11**
judgment juicio *m.*
jump salto *m.*
jungle selva *f.* **5**
just justo/a *adj.* **11**
just as tal como *conj.*
justice justicia *f.* **11**

K

keep mantener v.; guardar *v.;* **to keep an eye on** vigilar *v. (Lect. 3)*; **to keep in mind** tener en cuenta *v.;* **to keep in touch** mantenerse en contacto *v.* **1; to keep quiet** acallarse *v. (Lect. 10)*; **to keep (something) to yourself** guardarse (algo) *v.* **1; to keep up with the news** estar al día con las noticias *v.*
keyboard teclado *m.*
kick patada *f.* **3;** patear *v.* **2**

kidnapping secuestro *m.* **11**
kind amable *adj.*
king rey *m.* **12**
kingdom reino *m.* **12**
kiss besar *v.* **1**
know conocer *v.;* saber *v.* **1**
knowledge conocimiento *m.* **12**

L

label etiqueta *f.*
labor mano de obra *f.*
labor union sindicato *m.* **8**
laboratory laboratorio *m.;* **space lab** laboratorio espacial *m.*
lack faltar *v.* **2**
ladder escalera *f. (Lect. 8)*
land tierra *f.* **6;** terreno *m.* **6**
land (an airplane) aterrizar *v.*
landscape paisaje *m.* **6**
language idioma *m.* **9;** lengua *f.* **9**
laptop computadora portátil *f.* **7**
late atrasado/a *adj.* **3**
Latin American born of European parents criollo/a *m., f. (Lect. 12)*
laugh reír(se) (e:i) *v.*
launch lanzar *v.*
law derecho *m.;* ley *f.;* **to abide by the law** cumplir la ley *v.* **11 ; to approve a law; to pass a law** aprobar (o:ue) una ley *v.*
lawyer abogado/a *m., f.*
layer capa *f.;* **ozone layer** capa de ozono *f.* **6**
lazy haragán/haragana **8**
lead encabezar *v.* **12**
leader líder *m., f.* **11**
leadership liderazgo *m.* **11**
lean (on) apoyarse (en) *v.*
learned erudito/a *adj.* **12**
learning aprendizaje *m.* **12**
leave marcharse *v. ;* dejar *v. (Lect. 1)*; **to leave alone** dejar en paz *v.* **8; to leave someone** dejar a alguien *v.*
left over: to be left over quedar *v.* **2**
leg (of an animal) pata *f.*
legend leyenda *f.* **5**
leisure ocio *m.*
lend prestar *v.* **8**
lesson (teaching) enseñanza *f.* **12**
level nivel *m.;* **sea level** nivel del mar *m.*
liberal liberal *adj.* **11**
liberate liberar *v.* **12**
lid tapa *f.*
lie mentira *f.* **1**
life vida *f.;* **everyday life** vida cotidiana *f.*
lighthouse faro *m.* **5**
lightning relámpago *m.* **6**
lightning rayo *m.*
like gustar *v.* **2, 4; I don't like ...at all!** ¡No me gusta nada… !; **to like very much** encantar, fascinar *v.* **2**
like this; so así *adv.* **3**

line cola *f.;* **to wait in line** hacer cola *v.* **2**
line (of poetry) verso *m.* **10**
link enlace *m.* **7**
lion león *m.* **6**
listener oyente *m., f.* **9**
literature literatura *f.* **10; children's literature** literatura infantil/juvenil *f.* **10**
live en vivo, en directo *adj.* **9; live broadcast** emisión en vivo/directo *f.*
live vivir *v.* **1**
lively animado/a *adj.* **2**
locate ubicar *v.*
located situado/a *adj.;* **to be located** ubicarse *v.*
lodge hospedarse *v.*
lodging alojamiento *m.* **5;** hospedaje *m. (Lect. 11)*
loneliness soledad *f.* **3**
lonely solo/a *adj.* **1**
long largo/a *adj.;* **long-term** a largo plazo
look aspecto *m.;* **to take a look** echar un vistazo *v.*
look verse *v.;* **to look healthy/sick** tener buen/mal aspecto *v.* **4; to look like** parecerse *v.* **2, 3; to look out upon** dar a *v.;* **He/She looks so happy.** Se ve tan feliz. **6; How attractive you look!** *(fam.)* ¡Qué guapo/a te ves! **6; How elegant you look!** *(form.)* ¡Qué elegante se ve usted! **6; It looks like he/she didn't like it.** Al parecer, no le gustó. **6; It looks like he/she is sad/happy.** Parece que está triste/contento/a. **6; He/She looks very sad to me.** Yo lo/la veo muy triste. **6**
loose suelto/a *adj.*
lose perder (e:ie) *v.;* **to lose an election** perder las elecciones *v.* **11; to lose a game** perder un partido *v.* **2; to lose weight** adelgazar *v.* **4**
loss pérdida *f.* **11**
lottery lotería *f.*
loudspeaker altoparlante *m.*
love amor *m.;* amar; querer (e:ie) *v.* **1;** (**un)requited love** amor (no) correspondido *m.*
lower bajar *v.*
loyalty lealtad *f.* **12**
lucky afortunado/a *adj.*
luggage equipaje *m.*
luxurious lujoso/a **5;** de lujo
luxury lujo *m.* **8**
lying mentiroso/a *adj.* **1**

M

madness locura *f.*
magazine revista *f.* **9; online magazine** revista electrónica *f.* **9**
magic magia *f.*
mailbox buzón *m.*
majority mayoría *f.* **11**

make hacer *v.* **1, 4; to make a (hungry) face** poner cara (de hambriento/a) *v.*; **to make a toast** brindar *v.* **2; to make a wish** pedir un deseo *v.* **8; to make fun of** burlarse (de) *v.*; **to make good use of** aprovechar *v.*; **to make one's way** abrirse paso *v.*; **to make sure** asegurarse *v.*

make-up maquillaje *m.* (*Lect. 4*)

male macho *m.*

mall centro comercial *m.* **3**

manage administrar *v.* **8;** dirigir *v.* **1;** lograr; *v.* **3**

manager gerente *m, f.* **8**

manipulate manipular *v.* **9**

manufacture fabricar *v.* **7**

manuscript manuscrito *m.*

marathon maratón *m.*

maritime marítimo/a *adj.* **11**

market mercado *m.* **8**

marketing mercadeo *m.* **1**

marriage matrimonio *m.*

married casado/a *adj.* **1**

mass misa *f.* **2**

masterpiece obra maestra *f.* **3**

mathematician matemático/a *m., f.* **7**

matter asunto *m.*; importar *v.* **2, 4**

mature maduro/a *adj.* **1**

Mayan Trail ruta maya *f.* **5**

mayor alcalde/alcaldesa *m., f.* **11**

mean antipático/a *adj.*

means medio *m.*; **media** medios de comunicación *m. pl.* **9**

measure medida *f.*; medir (e:i) *v.*; **security measures** medidas de seguridad *f. pl.* **5**

mechanical mecánico/a *adj.*

mechanism mecanismo *m.*

meditate meditar *v.* **11**

meeting reunión *f.* **8**

megaphone megáfono *m.* (*Lect. 2*)

melt derretir(se) (e:i) *v.* **7**

member socio/a *m., f.* **8**

memory recuerdo *m.*

menace amenaza *f.* (*Lect. 3*)

mend apañar *v.* (*Lect. 4*)

merchandise mercancía *f.*

mercy piedad *f.* **8**

mess desorden *m.* (*Lect. 4*), **7**

message mensaje *m.*; **text message** mensaje de texto *m.* **7**

middle medio *m.*

Middle Ages Edad Media *f.*

military militar *m., f.* **11**

minister ministro/a *m., f.*; **Protestant minister** ministro/a protestante *m., f.*

minority minoría *f.* **11**

minute minuto *m.*; **last-minute news** noticia de último momento *f.*; **up-to-the-minute** de último momento *adj.* **9**

miracle milagro *m.* **11**

miser avaro/a *m., f.*

miss extrañar *v.*; perder (e: ie) *v.*; **to miss (someone)** extrañar a (alguien) *v.*; **to miss a flight** perder un vuelo *v.* **5**

mistake: to be mistaken; to make a mistake equivocarse *v.*

mixed: person of mixed ethnicity (*part indigenous*) mestizo/a *m., f.* **12**

mixture mezcla *f.*

mockery burla *f.*

model (*fashion*) modelo *m., f.*

modern moderno/a *adj.*

modify modificar, alterar *v.*

moisten mojar *v.*

moment momento *m.*

monarch monarca *m., f.* **12**

money dinero *m.*; (*L. Am.*) plata *f.* **7; cash** dinero en efectivo *m.* **3**

monkey mono *m.* **6**

monolingual monolingüe *adj.* **9**

mood estado de ánimo *m.* **4; in a bad mood** malhumorado/a *adj.*

moon luna *f.;* **full moon** luna llena *f.*

moral moral *adj.* **11**

mosque mezquita *f.* **11**

mountain montaña *f.* **6;** monte *m.*; **mountain range** cordillera *f.* **6**

move (*change residence*) mudarse *v.* **2**

movement corriente *f.;* movimiento *m.* **10**

movie theater cine *m.* **2**

moving conmovedor(a) *adj.*

muralist muralista *m., f.* **10**

museum museo *m.*

music video video musical *m.* **9**

musician músico/a *m., f.* **2**

Muslim musulmán/musulmana *adj.* **11**

myth mito *m.* **5**

N

name nombrar *v.*

nape nuca *f.* **9**

narrate narrar *v.* **10**

narrative work narrativa *f.* **10**

narrator narrador(a) *m., f.* **10**

narrow estrecho/a *adj.* (*Lect. 3*)

native nativo/a *adj.*

natural resource recurso natural *m.* **6**

navel ombligo *m.* **4**

navigator navegante *m., f.* **7**

necessary necesario *adj.* **4**

necessity necesidad *f.* **5; of utmost necessity** de primerísima necesidad **5**

need necesidad *f.* **5;** necesitar *v.* **4**

needle aguja *f.* **4**

neglect descuidar *v.* **6**

neighborhood barrio *m.* (*Lect. 5*)

neither... nor... ni... ni... *conj.*

nervous nervioso/a *adj.*

nest nido *m.*

network cadena *f.* **9; cadena de televisión** television network *f.*

news noticia *f.;* **local/domestic/ international news** noticias locales/ nacionales/internacionales *f. pl.* **9; news bulletin** informativo *m.* **9; news report** reportaje *m.* **9; news reporter** presentador(a) de noticias *m., f.*

newspaper periódico *m.;* **diario** m. **9**

nice simpático/a, amable *adj.*

nightmare pesadilla *f.*

No way! ¡Ni loco/a! **9**

noise ruido *m.*

nomination nominación *f.*

nominee nominado/a *m., f.*

nook rincón *m.* **11**

notice aviso *m.* **5;** fijarse *v.* **9 to take notice of** fijarse en *v.* **2**

novelist novelista *m., f.* (*Lect. 7*), **10**

now and then de vez en cuando **3**

nun monja *f.*

nurse enfermero/a *m., f.* **4**

nursing home asilo (de ancianos) *m.* (*Lect. 4*)

nutritious nutritivo/a *adj.* **4; (*healthy*)** saludable *adj.* **4**

O

oar remo *m.* **5**

obesity obesidad *f.* **4**

obey obedecer *v.* **1**

oblivion olvido *m.* **1**

occur (to someone) ocurrírsele (a alguien) *v.*

of age mayor de edad *adj.* (*Lect. 1*)

offer oferta *f.* **9;** ofrecerse (a) *v.*

office despacho *m.*

officer agente *m., f.*

often a menudo *adv.* **3**

oil painting óleo *m.* **10**

Olympics Olimpiadas *f. pl.*

on purpose a propósito *adv.* **3**

once in a while de vez en cuando **3**

online en línea *adj.* **7**

open abrir(se) *v.*

open-air market mercado al aire libre *m.*

operate operar *v.*

operation operación *f.* **4**

opinion opinión *f.;* **In my opinion, ...** A mi parecer,...; Considero que...; Opino que...; **to be of the opinion** opinar *v.*

oppose oponerse a *v.* **4**

oppress oprimir *v.* **12**

orator orador/a *m., f.* (*Lect. 2*)

orchard huerto *m.*

originating (in) proveniente (de) *adj.*

ornate ornamentado/a *adj.*

others; other people los/las demás *pron.*

ought to deber + *inf. v.*

outdo oneself (P. Rico; Cuba) botarse *v.* **5**

outline esbozo *m.*

out-of-date pasado/a de moda *adj.* **9**

outrageous thing barbaridad *f.* **10**

overcome superar *v.*

overdose sobredosis *f.*

overthrow derribar *v.;* **derrocar** *v.* **12**

overwhelmed agobiado/a *adj.* **1**

owe deber *v.* **8; to owe money** deber dinero *v.* **2**

owner dueño/a *m., f.* **8;** propietario/a *m., f.*

P

pack hacer las maletas *v.* **5**
page página *f.;* **web page** página web **7**
pain (*suffering*) sufrimiento *m.*
painkiller calmante *m.* **4**
paint pintura *f.* **10**; pintar *v.* **3**
paintbrush pincel *m.* **10**
painter pintor(a) *m., f.* (*Lect. 3*), **10**
painting cuadro *m.* **3, 10**; pintura *f.* **10**
palm tree palmera *f.*
pamphlet panfleto *m.* **11**
paradox paradoja *f.*
parish parroquia *f.* **12**
park parque *m.;* estacionar *v.;* **amusement park** parque de atracciones *m.* **2**
parrot loro *m.*
part parte *f.;* **to become part (of)** integrarse (a) *v.* **12**
partner (*couple*) pareja *f.* **1**; (*member*) socio/a *m., f.* **8**
party (*politics*) partido *m.;* **political party** partido político *m.* **11**
pass (*a class, a law*) aprobar (o:ue) *v.;* **to pass a law** aprobar una ley *v.* **11**
passing pasajero/a *adj.*
passport pasaporte *m.* **5**
password contraseña *f.* **7**
pastime pasatiempo *m.* **2**
pastry repostería *f.*
patent patente *f.* **7**
path (*history*) trayectoria *f.* **1**; prestarle atención a alguien *v.*
pay pagar *v.;* **to be well/poorly paid** ganar bien/mal *v.* **8**; **to pay attention to someone** hacerle caso a alguien *v.* **1**; prestarle atención a alguien *v.*
peace paz *f.*
peaceful pacífico/a *adj.* **12**
peak cumbre *f.;* **pico** *m.*
peck picar *v.*
people pueblo *m.* **4**
performance rendimiento *m.;* (*theater; movie*) función *f.* **2**
perhaps acaso *adv.* (*Lect. 4*)
period época *f.* (*Lect. 7*)
period punto *m.* **2**
permanent fijo/a *adj.* **8**
permission permiso *m.*
permissive permisivo/a *adj.* **1**
persecute perseguir (e:i) *v.*
personal (*private*) particular *adj.*
pessimist pesimista *m., f.*
phase etapa *f.*
photo album álbum de fotos *m.* (*Lect. 4*)
physicist físico/a *m., f.* **7**
pick out seleccionar *v.* **3**
pick up levantar *v.*
picnic picnic *m.*
picture imagen *f.* **2, 7**
piece (*art*) pieza *f.* **10**
pier muelle *m.* **5**

pig cerdo *m.* **6**
pill pastilla *f.* **4**
pilot piloto *m., f.*
pious devoto/a *adj.* **11**
piping tubería *f.* **6**
pity pena *f.;* **What a pity!** ¡Qué pena!
place lugar *m.*
place poner *v.* **1, 2**
place (*an object*) colocar *v.* **2**
plan planear *v.*
planned previsto/a *adj., p.p.* **3**
plateau: high plateau altiplano *m.* **11**
play jugar *v.;* (*theater*) obra de teatro *f.* **10**; **to play a CD** poner un disco compacto *v.* **2**
player (CD/DVD/MP3) reproductor (de CD/DVD/MP3) *m.* **7**
playing cards cartas *f. pl.* **2**; naipes *m. pl.* **2**
playwright dramaturgo/a *m., f.* **10**
plead rogar *v.* **4**
pleasant (*funny*) gracioso/a *adj.* **1**
please: Could you please...? ¿Tendría usted la bondad de + inf.... ? (*form.*)
plot trama *f.* **10**; argumento *m.* **10**
plumbing (*piping*) tubería *f.* **6**
poet poeta *m., f.* **10**
poetry poesía *f.* **10**
point (to) señalar *v.* **2**; **to point out** destacar *v.*
point of view punto de vista *m.* **10**
poison veneno *m.* **6**
poisoned envenenado/a *adj.* **6**
poisonous venenoso/a *adj.* **6**
politician político/a *m., f.* **11**
political party partido *m.* (*Lect. 2*)
politics política *f.*
pollen polen *m.* **8**
pollute contaminar *v.* **6**
pollution contaminación *f.* **6**
poor quality (*garbage*) porquería *f.* **10**
populate poblar *v.* **12**
population población *f.* **4**
port puerto *m.* **5**
portable portátil *adj.*
portrait retrato *m.* **3**
portray retratar *v.* **3**
position puesto *m.* **8**; cargo *m.*
possible posible *adj.;* **as much as possible** en todo lo posible
potato omelet tortilla (*Esp.*) *f.* (*Lect. 4*)
poverty pobreza *f.* **8**
power fuerza *f.;* **will power** fuerza de voluntad **4**
power (electricity) luz *f.* **7**
power saw motosierra *f.* **7**
powerful poderoso/a *adj.* **12**
pray rezar *v.* **11**
pre-Columbian precolombino/a *adj.*
prefer preferir *v.* **4**
prehistoric prehistórico/a *adj.* **12**
premiere estreno *m.* **2**
prescribe recetar *v.* **4**
prescription receta *f.* **4**
preserve conservar *v.* **6**

press prensa *f.* **9**; **press conference** rueda de prensa **11**
pressure (stress) presión *f.;* presionar *v.;* **to be under stress/pressure** estar bajo presión
prevent prevenir *v.* **4**
previous anterior *adj.* **8**
priest cura *m.* **12**; sacerdote
prime minister primer(a) ministro/a *m., f.* **11**
print imprimir *v.* **9**
private particular *adj.*
privilege privilegio *m.* **8**
prize premio *m.* **12**; **to give a prize** premiar *v.*
procession procesión *f.* **12**
produce producir *v.* **1**; (*generate*) generar *v.*
productive productivo/a *adj.* **8**
programmer programador(a) *m., f.*
prohibit prohibir *v.* **4**
prohibited prohibido/a *adj.* **5**
prominent destacado/a *adj.* **9**; prominente *adj.* **11**
promise jurar *v.* **12**
promote promover (o:ue) *v.*
pronounce pronunciar *v.*
proof prueba *f.* **2**
proposal oferta *f.* **9**
propose proponer *v.* **1, 4**; **to propose marriage** proponer matrimonio *v.* **1**
prose prosa *f.* **10**
protagonist protagonista *m., f.* **1, 10**
protect proteger *v.* **1, 6**
protected protegido/a *adj.* **5**
protest manifestación *f.* **11**; protestar *v.* **11**
protester manifestante *m., f.* **6**
proud orgulloso/a *adj.* **1**; **to be proud of** estar orgulloso/a de
prove comprobar (o:ue) *v.* **7**
provide proporcionar *v.*
public público *m.* **9**; (*pertaining to the state*) estatal *adj.*
public transportation transporte público *m.*
publish editar *v.* **10**; publicar *v.* **9**
punishment castigo *m.*
pure puro/a *adj.*
purity pureza *f.* **6**
pursue perseguir (e:i) *v.*
push empujar *v.*
put poner *v.* **1, 2**; **to put in a place** ubicar *v.;* **to put on (*clothing*)** ponerse *v.;* **to put on makeup** maquillarse *v.* **2**
pyramid pirámide *f.* **5**

Q

quality calidad *f.;* **high quality** de buena categoría *adj.* **5**
queen reina *f.*
quench saciar *v.*
question interrogante *m.* **7**
quiet callado/a *adj.;* **be quiet** callarse *v.*

quit renunciar *v.* 8; **quit smoking** dejar de fumar *v.* 4
quite bastante *adv.* 3
quotation cita *f.*

rabbi rabino/a *m., f.*
rabbit conejo *m.* 6
race raza *f.* 12
radiation radiación *f.*
radio radio *f.*
radio announcer locutor(a) de radio *m., f.* 9
radio station (radio)emisora *f.* 9
railing baranda *f.* (*Lect. 9*)
raise aumento *m.;* **raise in salary** aumento de sueldo *m.* 8; criar *v.;* educar *v.* 1; **to have raised** haber criado 1
ranch rancho *m.* 12
rarely casi nunca *adv.* 3
rat rata *f.*
rather bastante *adv.;* más bien *adv.*
ratings índice de audiencia *m.*
ray rayo *m.*
reach alcance *m.* 7; **within reach** al alcance 10; al alcance de la mano; alcanzar *v.,* (*Lect. 5*)
reactor reactor *m.*
reader lector(a) *m., f.* 9
real auténtico/a *adj.* 3
realism realismo *m.* 10
realist realista *adj.* 10
realistic realista *adj.* 10
realize darse cuenta *v.* 2, 9; **to realize/ assume that one is being referred to** darse por aludido/a *v.* 9
rearview mirror espejo retrovisor *m.*
rebelliousness rebeldía *f.*
received acogido/a *adj.;* **well received** bien acogido/a *adj.* 8
recital recital *m.*
recognition reconocimiento *m.*
recognize reconocer *v.* 1, 12
recommend recomendar *v.* 4
recommendable recomendable *adj.* 5
record grabar *v.* 9
recover recuperarse *v.* 4
recyclable reciclable *adj.*
recycle reciclar *v.* 6
redo rehacer *v.* 1
reduce (speed) reducir (velocidad) *v.* 5
reef arrecife *m.* 6
referee árbitro/a *m., f.* 2
refined (cultured) culto/a *adj.* 12
reflect reflejar *v.* 10
reform reforma *f.;* **economic reform** reforma económica *f.*
refuge refugio *m.* 6
refund reembolso *m.* 3
refusal rechazo *m.*
register inscribirse *v.* 11
rehearsal ensayo *m.*
rehearse ensayar *v.* 9
reign reino *m.* 12
reject rechazar *v.* 11

rejection rechazo *m.*
relax relajarse *v.* 4; **Relax.** Tranquilo/a.
reliability fiabilidad *f.*
religion religión *f.*
religious religioso/a *adj.* 11
remain permanecer *v.* 4
remake rehacer *v.* 1
remember recordar (o:ue); acordarse (o:ue) (de) *v.* 2
remorse remordimiento *m.* 11
remote control control remoto *m.;* **universal remote control** control remoto universal *m.* 7
renewable renovable *adj.* 6
rent alquilar *v.;* **to rent a movie** alquilar una película *v.* 2
repent arrepentirse (de) (e:ie) *v.* 2
repertoire repertorio *m.*
reporter reportero/a *m., f.* 9
representative diputado/a *m., f.* 11
reproduce reproducirse *v.*
reputation reputación *f.;* **to have a good/bad reputation** tener buena/mala fama *v.* 9
rescue rescatar *v.*
research investigar *v.* 7
researcher investigador(a) *m., f.* 4
resentful resentido/a *adj.* 6
reservation reservación *f.*
reserve reservar *v.* 5
reside residir *v.*
respect respeto *m.*
responsible responsable *adj.*
rest descanso *m.* 8; reposo *m.;* **to be at rest** estar en reposo *v.*
rest descansar *v.* 4
resulting consiguiente *adj.*
résumé currículum vitae *m.* 8
retire jubilarse *v.* 8
retirement jubilación *f.*
return regresar *v.* 5; **to return (items)** devolver (o:ue) *v.* 3, (*Lect. 7*); **return (trip)** vuelta *f.;* regreso *m.*
review (revision) repaso *m.* 10
revision (review) repaso *m.* 10
revolutionary revolucionario/a *adj.* 7
revulsion asco *m.*
rhyme rima *f.* 10
right derecho *m.;* **civil rights** derechos civiles *m. pl.* 11; **human rights** derechos humanos *m. pl.* 11
right away enseguida 3, (*Lect. 4*)
ring anillo *m.;* sortija *f.* 5; sonar (o:ue) *v.* (*Lect. 5*), 7; **to ring the doorbell** tocar el timbre *v.* 3
riot disturbio *m.* 8
rise ascender (e:ie) *v.* 8
risk riesgo *m.;* arriesgar *v.;* arriesgarse; **to take a risk** arriesgarse *v.*
risky arriesgado/a *adj.* 5
river río *m.*
rock mecer(se) *v.* (*Lect. 9*)
rocket cohete *m.* 7
rob asaltar *v.* 10
role papel *m.* 9; **to play a role (in a play)** desempeñar un papel *v.*
romance novel novela rosa *f.* 10

romanticism romanticismo *m.* 10
room habitación *f.* 5; **emergency room** sala de emergencias *f.* 4; **single/ double room** habitación individual/ doble *f.* 5; **room service** servicio de habitación *m.* 5
root raíz *f.*
round redondo/a *adj.* 2
round-trip ticket pasaje de ida y vuelta *m.* 5
routine rutina *f.* 3
ruin ruina *f.* 5
rule regla *f.* (*Lect. 5*); dominio *m.* 12
ruler gobernante *m., f.* 12; (*sovereign*) soberano/a *m., f.* 12
run correr *v.;* **to run away** huir *v.* 3; **to run out** acabarse *v.* 6; **to run out of** quedarse sin *v.* 6; **to run over** atropellar *v.*
rush prisa *f.* 6; **to be in a rush** tener apuro

sacred sagrado/a *adj.* 11
sacrifice sacrificio *m.;* sacrificar *v.* 6
safety seguridad *f.* 5
saga of heroic feats gesta *f.* (*Lect. 12*)
sail navegar *v.* 5
sailor marinero *m.*
salary sueldo *m.* (*Lect. 7*); **raise in salary** aumento de sueldo *m.* 8; **base salary** sueldo fijo *m.* 8; **minimum wage** sueldo mínimo *m.* 8
sale venta *f.;* **to be for sale** estar a la venta *v.* 10
salesperson vendedor(a) *m., f.* 8
same mismo/a *adj.;* **The same here.** Lo mismo digo yo.
sample muestra *f.*
sanity cordura *f.* 4
satellite satélite *m.;* **satellite connection** conexión de satélite *f.* 7; **satellite dish** antena parabólica *f.*
satire sátira *f.*
satirical satírico/a *adj.* 10; **satirical tone** tono satírico/a *m.*
satisfied: be satisfied with contentarse con *v.* 1
satisfy (quench) saciar *v.*
save ahorrar *v.* 8; guardar *v.* 7; salvar *v.* 6; **save oneself** ahorrarse *v.* 7
savings ahorros *m.* 8
say decir *v.* 1; **say goodbye** despedirse (e:i) *v.* 3
scar cicatriz *f.*
scarcely apenas *adv.* 3
scare espantar *v.*
scared asustado/a *adj.*
scene escena *f.* 1
scenery paisaje *m.* 6; escenario *m.* 2
schedule horario *m.* 3
science fiction ciencia ficción *f.* 10
scientific científico/a *adj.*
scientist científico/a *m., f.* 7
score (a goal/a point) anotar (un gol/un punto) *v.* 2; marcar (un gol/punto) *v.*

screen pantalla *f.* 2; **computer screen** pantalla de computadora *f.*; **LCD screen** pantalla líquida *f.* 7; **television screen** pantalla de televisión *f.* 2

screenplay guión *m.* 9

script guión *m.* 9

scuba diving buceo *m.* 5

sculpt esculpir *v.* 10

sculptor escultor(a) *m., f.* 10

sculpture escultura *f.* 10

sea mar *m.* 6

seal sello *m.*

search búsqueda *f.*; **search engine** buscador *m.* 7

season (*period*) temporada *f.*; **high/low season** temporada alta/baja *f.* 5

seat asiento *m.* 2

seatbelt cinturón de seguridad *m.* 5; **to fasten (the seatbelt)** abrocharse/ponerse (el cinturón de seguridad) *v.* 5; **to unfasten (the seatbelt)** quitarse (el cinturón de seguridad) *v.* 5

section sección *f.* 9; **lifestyle section** sección de sociedad *f.* 9; **sports page/section** sección deportiva *f.* 9

security seguridad *f.* 5; **security measures** medidas de seguridad *f. pl.* 5

see ver *v.* 1

seed semilla *f.* (*Lect. 10*)

seem parecer *v.* 2

select seleccionar *v.* 3

self-esteem autoestima *f.* 4

self-portrait autorretrato *m.* 10 (*Lect. 4*)

senator senador(a) *m., f.* 11

send enviar *v.; mandar v.*

sender remitente *m.* (*Lect. 3*)

sense sentido *m.;* **common sense** sentido común *m.*

sensible sensato/a *adj.* 1

sensitive sensible *adj.* 1

separated separado/a *adj.* 1

sequel continuación *f.*

servants servidumbre *f.* 3

servitude servidumbre *f.* 3

settle poblar *v.* 12

settler poblador(a) *m., f.*

sexton sacristán *m.* 11

shade sombra *f.* (*Lect. 9*)

shame vergüenza *f.*

shape forma *f.;* **bad physical shape** mala forma física *f.;* **to get in shape** *v.* ponerse en forma 4; **to stay in shape** mantenerse en forma *v.* 4

shark tiburón *m.* 5

sharp nítido/a *adj.*

shave afeitarse *v.* 2

sheep oveja *f.* 6

shepherd pastor *m.* (*Lect. 6*)

shine brillo *m.* (*Lect. 10*)

shore orilla *f.;* **on the shore of** a orillas de 6

short film corto, cortometraje *m.* 1

short story cuento *m.*

short/long-term a corto/largo plazo 8

shot (injection) inyección *f.;* **to give a shot** poner una inyección *v.* 4

shoulder hombro *m.*

shout gritar *v.*

show espectáculo *m.* 2

showing sesión *f.*

shrink encogerse *v.*

shrug encogerse de hombros *v.*

shy tímido/a *adj.* 1

shyness timidez *f.*

sick enfermo *adj.;* **to be sick (of); to be fed up (with)** estar harto/a (de) 1; **to get sick** enfermarse *v.* 4

sign señal *f.* 2; firmar *v.*, huella *f.* (*Lect. 12*)

signal señalar *v.* 2

signature firma *f.* 11

silent callado/a *adj.* 7; **to be silent** callarse *v.;* **to remain silent** quedarse callado 1

silly person bobo/a *m., f.* 7

silver plata *f.* (*Lect. 8*)

sin pecado *m.*

sincere sincero/a *adj.*

singer cantante *m., f.* 2

single soltero/a *adj.* 1; **single mother** madre soltera *f.;* **single father** padre soltero *m.*

sink hundir *v.*

situated situado/a *adj.*

sketch esbozo *m.; esbozar v*

skill habilidad *f.*

skillfully hábilmente *adv.*

skim hojear *v.* 10

skirt falda *f.*

slacker vago/a *m., f.* 7

slave esclavo/a *m., f.* 12

slavery esclavitud *f.* 12

sleep dormir *v.* 2

sleepwalker sonámbulo/a *m., f.* (*Lect. 9*)

sleeve manga *f.* 5

slip resbalar *v.*

slippery resbaladizo/a *adj.* 11

smoke humo *m.* (*Lect. 6*)

smoothness suavidad *f.*

snake serpiente *f.* 6; culebra *f.*

soap opera telenovela *f.* 9

sociable sociable *adj.*

society sociedad *f.*

software programa (de computación) *m.* 7

solar solar *adj.*

soldier soldado *m.* 12

solitude soledad *f.* 3

solve resolver (o:ue) *v.* 6

sometimes a veces *adv.* 3

sorrow pena *f.* 4 (*Lect. 8*)

soul alma *f.* 1

soundtrack banda sonora *f.* 9

source fuente *f.;* **energy source** fuente de energía *f.* 6

sovereign soberano/a *m., f.* 12

sovereignty soberanía *f.* 12

space espacial *adj.;* **space shuttle** transbordador espacial *m.* 7

space espacio *m.* 7

spaceship nave espacial *f.*

spacious espacioso/a *adj.*

speak hablar *v.* 1; **Speaking of that,...** Hablando de eso,...

speaker hablante *m., f.* 9, orador/a *m., f.* (*Lect. 2*)

special effects efectos especiales *m., pl.* 9

specialist especialista *m., f.*

specialized especializado/a *adj.* 7

species especie *f.* 6; **endangered species** especie en peligro de extinción *f.*

spectator espectador(a) *m., f.* 2

speech discurso *m.;* **to give a speech** pronunciar un discurso *v.* 11

spell-checker corrector ortográfico *m.* 7

spend gastar *v.* 8

spider araña *f.* 6 (*Lect. 8*)

spill derramar *v.*

spirit ánimo *m.* 1

spiritual espiritual *adj.* 11

spot: on the spot en el acto 3

spray rociar *v.* 6

spring manatial *m.*

stability estabilidad *f.* 12

stage (*theater*) escenario *m.* 2; (*phase*) etapa *f.;* **stage name** nombre artístico *m.* 1

stain mancha *f.;* manchar *v.*

staircase escalera *f.* 3

stamp sello *m.*

stand up ponerse de pie *v.* 12

stanza estrofa *f.* 10

star estrella *f.;* **shooting star** estrella fugaz *f;* (*movie*) **star** [m/f] estrella *f;* **pop star** [m/f] estrella pop *f.* 9

start (*a car*) arrancar *v.*

stay alojarse *v.* 5; hospedarse; quedarse *v.* 5; **stay up all night** trasnochar *v.* 4

step paso *m.;* **to take the first step** dar el primer paso *v.*

step; stair peldaño *m.* (*Lect. 3*)

stereotype estereotipo *m.* 10

stern popa *f.* 5

stick pegar *v.*

still life naturaleza muerta *f.* 10

sting picar *v.*

stingy tacaño/a *adj.* 1

stir revolver (o:ue) *v.*

stock market bolsa de valores *f.* 8

stone piedra *f.* 5, (*Lect. 8*)

storage room trastero *m.* (*Lect. 4*)

storekeeper comerciante *m., f.*

storm tormenta *f.;* **tropical storm** tormenta tropical *f.* 6

story (*account*) relato *m.* 10

stranger desconocido/a *adj.*

stream arroyo *m.* 10

strength fortaleza *f.*

strict autoritario/a *adj.* 1

strike (*labor*) huelga *f.* 8

Striking llamativo/a *adj.* 10

stripe raya *f.* 5

stroll paseo *m.*

struggle lucha *f.;* luchar *v.* 11
stubborn tozudo/a *adj.* 8
studio estudio *m.;* **recording studio** estudio de grabación *f.*
stupid necio/a *adj.*
stupid person bobo/a *m., f.* 7
style estilo *m.;* **in the style of ...** al estilo de… 10
subscribe (to) suscribirse (a) *v.* 9
subtitles subtítulos *m., pl.* 9
subtlety matiz *m.*
suburb suburbio *m.*
succeed in (reach) alcanzar *v.* (Lect. 5)
success éxito *m.*
successful exitoso/a *adj.* 8
suckling pig cochinillo *m.* 10
sudden repentino/a *adj.* 3
suddenly de repente *adv.* 3
suffer (from) sufrir (de) *v.* 4
suffering sufrimiento *m.* (Lect. 1)
suggest aconsejar; sugerir (e:ie) *v.* 4
suitcase maleta *f.* 5
summit cumbre *f.*
sunrise amanecer *m.*
supermarket supermercado *m.* 3
supply proporcionar *v.*
support soportar *v.;* **to put up with someone** soportar a alguien *v.* 1
suppose suponer *v.* 1
suppress suprimir *v.* 12
sure (confident) seguro/a *adj.* 1; **(certain)** cierto/a *adj.;* **Sure!** ¡Cierto!
surf the web navegar en la red *v.* 7; navegar en Internet
surface superficie *f.*
surgeon cirujano/a *m., f.* 4
surgery cirugía *f.* 4
surgical quirúrgico/a *adj.*
surprise sorprender *v.* 2
surprised sorprendido *adj.* 2; **be surprised (about)** sorprenderse (de) *v.* 2
surrealism surrealismo *m.* 10
surrender rendirse (e:i) *v.* 12
surround rodear *v.*
surrounded rodeado/a *adj.* 7
survival supervivencia *f.;* sobrevivencia *f.*
survive subsistir *v.* 11; sobrevivir *v.*
suspect sospechar *v.*
suspicion sospecha *f.* (Lect. 11)
swallow tragar *v.*
sweep barrer *v.* 3
sweetheart amado/a *m., f.* 1
symptom síntoma *m.*
synagogue sinagoga *f.* 11
syrup jarabe *m.* 4

T

tabloid(s) prensa sensacionalista *f.* 9
tag etiqueta *f.*

take tomar *v.;* **to take a bath** bañarse *v.* 2; **to take a look** echar un vistazo *v.;* **to take a trip** hacer un viaje *v.* 5; **to take a vacation** ir(se) de vacaciones *v.* 5; **to take away (remove)** quitar *v.* 2; **to take care of** cuidar *v.* 1; **to take care of oneself** cuidarse *v.;* **to take off** largarse *v.* (Lect. 4); **to take off (clothing)** quitarse *v.* 2; **to take off running** echar a correr *v.;* **to take place** desarrollarse, transcurrir *v.* 10; **to take refuge** refugiarse *v.;* **to take root** arraigar *v.* (Lect. 10); **to take seriously** tomar en serio *v.* 8
talent talento *m.* 1
talented talentoso/a *adj.* 1
tank tanque *m.* 6
taste gusto *m.* 10; **in good/bad taste** de buen/mal gusto 10; sabor *m.;* **It has a sweet/sour/bitter/pleasant taste.** Tiene un sabor dulce/agrio/amargo/agradable. 4
taste like/of saber *v.* 1; **How does it taste?** ¿Cómo sabe? 4; **And does it taste good?** ¿Y sabe bien? 4; **It tastes like garlic/mint/lemon.** Sabe a ajo/menta/limón. 4
tax impuesto *m.;* **sales tax** impuesto de ventas *m.* 8
teaching enseñanza *f.* 12
team equipo *m.* 2
tears lágrimas *f. pl.* (Lect. 1)
telephone receiver auricular *m.* 7
telescope telescopio *m.* 7
television televisión *f.* 2; **television set** televisor *m.* 2; **television viewer** televidente *m., f.* 2
tell contar (o:ue) *v.* 2
temple templo *m.* 11
tendency propensión *f.*
territory territorio *m.* 11
terrorism terrorismo *m.* 11
test (challenge) poner a prueba *v.*
theater teatro *m.*
then entonces *adv.* 3
theory teoría *f.* 7
there allá *adv.*
thermal térmico/a *adj.*
thief ladrón/ladrona *m., f.*
think pensar (e:ie) *v.* 1; **(to be of the opinion)** opinar; *v.* **I think it's pretty.** Me parece hermosa/o.; **I thought...** Me pareció... 1; **What did you think of Mariela?** ¿Qué te pareció Mariela? 1
thoroughly a fondo *adv.*
threat amenaza *f.* 8
threaten amenazar *v.* 3
throw tirar *v.* 5; **throw away** echar *v.* 5; **throw out** botar *v.* 5
thunder trueno *m.* 6
ticket boleto *m.*
tie (game) empate *m.* 2; **tie (up)** atar *v.;* **(games)** empatar *v.* 2

tiger tigre *m.* 6
time tiempo *m.;* vez *f.;* **at that time** en aquel entonces; **for the first/last time** por primera/última vez 2; **on time** a tiempo 3; **once upon a time** érase una vez; **to have a good/bad/horrible time** pasarlo bien/mal 1
tired cansado/a *adj.;* **to become tired** cansarse *v.*
tone of voice timbre *m.* 3
tongue lengua *f.* 9
too; too much demasiado/a *adj., adv.*
tool herramienta *f.;* **toolbox** caja de herramientas *f.* 2
toolbox caja de herramientas *f.* 2
topic asunto *m.*
touch rozar *v.* (Lect. 10)
tour excursión *f.* 5; **tour guide** guía turístico/a *m., f.* 5
tourism turismo *m.* 5
tourist turista *m., f.* 5; turístico/a *adj.* 5
tournament torneo *m.* 2
toxic tóxico/a *adj.* 6
trace huella *f.* 8; trazar *v.*
track-and-field events atletismo *m.*
trade comercio *m.* 8
trader comerciante *m., f.*
traditional tradicional *adj.* 1; **(typical)** típico/a *adj.*
traffic tránsito *m.;* **traffic jam** congestionamiento, tapón *m.* 5
tragic trágico/a *adj.* 10
trainer entrenador(a) *m., f.* 2
trait rasgo *m.*
traitor traidor(a) *m., f.* 12
translate traducir *v.* 1
transmission transmisión *f.*
transplant transplantar *v.*
trap atrapar *v.* 6
travel log bitácora *f.* 7
traveler viajero/a *m., f.* 5
treat tratar *v.* 4
treatment tratamiento *m.* 4
treaty tratado *m.*
tree árbol *m.* 6
trend moda *f.;* tendencia *f.* 9
trial juicio *m.*
tribal chief cacique *m.* 12
tribe tribu *f.* 12
tribute homenaje *m.* (Lect. 12)
trick truco *m.* 2
trip viaje *v.* 5; **to take a trip** hacer un viaje *v.* 5
tropical tropical *adj.;* **tropical storm** tormenta tropical *f.* 6
trunk maletero *m.* 9
trust confianza *f.* 1
try probar (o:ue) (a) *v.* 3; **try on** probarse (o:ue) *v.* 3
tune into (radio or television) sintonizar *v.*
tuning sintonía *f.* 9

turn: to be my/your/his turn *me/te/le, etc. + tocar v.;* **Whose turn is it to pay the tab?** ¿A quién le toca pagar la cuenta? **2; Is it my turn yet?** ¿Todavía no me toca? **2; It's Johnny's turn to make coffee.** A Johnny le toca hacer el café. **2; It's always your turn to wash the dishes.** Siempre te toca lavar los platos. **2**
turn (*a corner*) doblar *v.;* **to turn off** apagar *v.* **3; to turn on** encender (e:ie) *v.* **3; to turn red** enrojecer *v.*
turned off apagado/a *adj.* **7**

U

UFO ovni *m.* **7**
unbiased imparcial *adj.* **9**
uncertainty incertidumbre *f.* **12**
underdevelopment subdesarrollo *m.*
underground tank cisterna *f.* **6**
understand entender (e:ie) *v.*
underwear (*men's*) calzoncillos *m. pl.*
undo deshacer *v.* **1**
unemployed desempleado/a *adj.* **8**
unemployment desempleo *m.* **8**
unequal desigual *adj.* **11**
unexpected imprevisto/a *adj.;* inesperado/a *adj.* **3**
unexpectedly de improviso *adv.*
unique único/a *adj.*
unjust injusto/a *adj.* **11**
unpleasant antipático/a *adj.*
unsettling inquietante *adj.* **10**
untie desatar *v.*
until hasta *adv.;* **up until now** hasta la fecha
update actualizar *v.* **7**
upset disgustado/a *adj.* **1;** disgustar *v.* **2;** **to get upset** afligirse *v.* **3**
up-to-date actualizado/a *adj.* **9; to be up-to-date** estar al día *v.* **9**
urban urbano/a *adj.*
urgent urgente *adj.* **4**
use up agotar *v.* **6**
used: to be used to estar acostumbrado/a a; **I used to... (*was in the habit of*)** solía; **to get used to** acostumbrarse (a) *v.* **3**
useful útil *adj.* **11**
useless inútil *adj.* **2**
user usuario/a *m., f.* **7**

V

vacation vacaciones *f. pl.;* **to take a vacation** ir(se) de vacaciones *v.* **5**
vaccine vacuna *f.* **4**
vacuum pasar la aspiradora *v.* **3**
valid vigente *adj.* **5**
valuable valioso/a *adj.* **6**
value valor *m.*
vandal vándalo/a *m., f.* **6**
vestibule zaguán *m.* (*Lect. 3*)
viceroy virrey *m.* (*Lect. 12*)
victorious victorioso/a *adj.* **12**
victory victoria *f.*

video game videojuego *m.* **2**
village aldea *f.* **12**
virus virus *m.* **4**
visit recorrer *v.* **5**
visiting hours horas de visita *f., pl.*
vote votar *v.* **11**

W

wage: minimum wage sueldo mínimo *m.* **8**
wait espera *f.;* esperar *v.* **to wait in line** hacer cola *v.* **2**
waiter/waitress camarero/a *m., f.;* mesero/a *m., f.*
wake up despertarse (e:ie) *v.* **2; wake up early** madrugar *v.* **4**
walk andar *v.;* **to take a stroll/walk** dar un paseo *v.* **2; to take a stroll/ walk** *v.* dar una vuelta
wall pared *f.* **5**
wander errar *v.* (*Lect. 11*)
want querer (e:ie) *v.* **1, 4**
war guerra *f.;* **civil war** guerra civil *f.* **11**
warm up calentar (e:ie) *v.* **3**
warn avisar *v.*
warning advertencia *f.* **8;** aviso *m.* **5**
warrior guerrero/a *m., f.* **12**
wash lavar *v.* **3; wash oneself** lavarse *v.* **2**
waste malgastar *v.* **6**
watch vigilar *v.* (*Lect. 3*)
watercolor acuarela *f.* **10**
waterfall cascada *f.* **5**
wave ola *f.* **5;** onda *f.*
wave agitar *v.* (*Lect. 2*)
wear lucir *v.* (*Lect. 4*)
wealth riqueza *f.* **8**
wealthy adinerado/a *adj.* **8**
weapon arma *m.*
weariness fatiga *f.* **8**
web (the) web *f.* **7;** red *f.*
weblog bitácora *f.* **7**
website sitio web *m.* **7**
week semana *f.*
weekend fin de semana; **Have a nice weekend!** ¡Buen fin de semana!
weekly semanal *adj.*
weeping llanto *m.* (*Lect. 4, 7*)
weight peso *m.*
welcome bienvenida *f.* **5**
welcome (*take in; receive*) acoger *v.*
well pozo *m.;* **oil well** pozo petrolero *m.*
well-being bienestar *m.* **4**
well-received bien acogido/a *adj.* **8**
wherever dondequiera *adv.* **4**
whistle silbar *v.*
widowed viudo/a *adj.* **1; to become widowed** quedarse viudo/a *v.*
widower/widow viudo/a *m., f.*
wild salvaje *adj.* **6;** silvestre *adj.*
wild boar jabalí *m.* **10**
win ganar *v.;* **to win an election** ganar las elecciones *v.* **11; to win a game** ganar un partido *v.* **2**

wind power energía eólica *f.*
wine vino *m.*
wing ala *m.*
wireless inalámbrico/a *adj.* **7**
wisdom sabiduría *f.* **12** (*Lect. 8*)
wise sabio/a *adj.*
wish deseo *m.;* desear *v.* **4; to make a wish** pedir un deseo *v.* **8**
without sin *prep.;* **without you** sin ti (*fam.*)
witness testigo *m., f.* **10**
woman mujer *f.;* **businesswoman** mujer de negocios *f.* **8**
womanizer mujeriego *m.* **2**
wonder preguntarse *v.*
wood madera *f.*
work obra *f.;* **work of art** obra de arte *f.* **10;** funcionar *v.* **7;** trabajar; **to work hard** trabajar duro *v.* **8**
work day jornada *f.*
workshop taller *m.* (*Lect. 7*)
World Cup Copa del Mundo *f.,* Mundial *m.* **2**
worm gusano *m.*
worried (about) preocupado/a (por) *adj.* **1**
worry preocupar *v.* **2; to worry (about)** preocuparse (por) *v.* **2**
worship culto *m.;* venerar *v.* **11**
worth: be worth valer *v.* **1**
worthy digno/a *adj.* **6**
wound lesión *f.* **4**
wrinkle arruga *f.*

Y

yawn bostezar *v.*
young lamb borrego *m.* (*Lect. 6*)

Z

zoo zoológico *m.* **2**

Contents of the index

The index contains page references for items and sections in **VENTANAS**. A numeral following the entry indicates the page of **VENTANAS: Lengua** where an item appears. The abbreviation *(Lect.)* after a section header or page numbers in italics indicate the section is part of **VENTANAS: Lecturas.**

Text Credits

[LEN] **28–29** © 2004, Maitena. **58–59** © Puebla, *Qué me pongo* de la Serie Gente Singular (2003), reprinted by permission of José Manuel Puebla. **180–181** Patricio Betteo/© Editorial Televisa. **208–209** © Ricardo Peláez. *Los pájaros trinando por los altavoces*, México. Reprinted by permission of the author. **264–265** © Leo Ríos, *Al llegar de la pega…* (2007), reprinted by permission of the author. **[LEC]** **14–15** Pablo Neruda, Poema 20, from Veinte poemas de amor y una canción desesperada, 1924. Esta autorización se concede por cortesía de: Fundación Pablo Neruda. **18–19** Alfredo Bryce Echenique. "Después del amor primero", PERMISO PARA VIVIR. © Alfredo Bryce Echenique, 1995. **38–39** Mario Benedetti, Idilio. © Mario Benedetti, c/o Guillermo Schavelzon, Agente Literario, info@schavelzon.com. **42–43** De Microcosmos III © Rodrigo Soto. **62–63** © 1995 by Maria Kodama, reprinted with permission of The Wylie Agency. **66–69** Reprinted by permission of the author, Esther Díaz Llanillo. **88–89** © Ángeles Mastretta, 1991. **92–93** D.R. © 1972 FONDO DE CULTURA ECONÓMICA, Carretera Picacho-Ajusco 227, C.P. 14200, México, D.F. Esta edición consta de 15,000 ejemplares. **112–113** © Cristina Fernández Cubas, 1998. **116–119** © Gabriel García Márquez, 1992. **138–139** © Augusto Monterroso. **142–145** © Teresa Crespo Toral. **164–165** © Arturo Pérez-Reverte, "Ese bobo del móvil", El Semanal, Madrid, 5 de marzo del 2000. **168–171** Reprinted by permission of the author, Hernán Casciari. **174** Reprinted by permission of Fundación Bip Bip, www.fundacionbip-bip.org. **180–181** © El País S.L./Isabel Piquer. **190–191** Permission requested. Best efforts made. **216–217** © Herederos de Federico García Lorca. **220–223** © Edmundo Paz Soldán, c/o Guillermo Schavelzon & Asociados, Agencia Literaria, info@schavelzon.com. **242–243** Julio Cortázar, Continuidad de los parques. Esta autorización se concede por cortesía de: Herederos de Julio Cortázar. **246–249** © Herederos de Miguel Hernández, 1936. **268–269** Por permiso de la autora, Marjorie Agosín. **296–297** © Carlos Fuentes, 2000.

Commercials and TV clips

[LEN] **88–89** Univision Communications Inc. **120–121** © 2007 adidas-Salomon AG. Adidas, the adidas logo and the 3-Stripes mark are registered trademarks of the adidas-Salomon AG group. **150–151** © La Prensa Gráfica, El Salvador. **238–239** © Banco Comercial, Publicis Ímpetu y Paris Texas. Todos los derechos registrados. **288–289** 2007 Lima, Perú. Perú Rock Opera:Concepto, música y arreglos son propiedad de Isla 3 S.A.C. y La Banda S.A.C. Todos los derechos reservados. **316–317** Permission requested. Best efforts made. **348–349** © Televisión Autonomía Madrid, S.A. (Telemadrid), España. Todos los derechos registrados.

Fine Art Credits

[LEN] **192** (t) Quirino Cristiani. *Frame from animated film "El Apostol"*. 1917. Courtesy Giannalberto Vendáis, Milano, Italia. **271** (ml) Salvador Dalí. *Soft Watch*. © Salvador Dalí, Gala-Salvador Dalí Foundation/Artists Rights Society (ARS), New York. Image © Christie's Images/Corbis, (mr) Pablo Picasso. *The Red Armchair*. ca. 1930–1940 © Sucesión Picasso. Image © Archivo Iconografico, S.A./Corbis, (r) Claude Monet. *The Haystacks, End of Summer. Giverny*. 1891 © Erich Lessing/Art Resource, NY, (l) Andy Warhol. *Marilyn*. 1967. Silkscreen on paper, 91x91 cm. © the AndyWarhol Foundation for the Visual Arts/ARS, NY. Photo © Tate Gallery, London/ Art Resource, NY. **275** (m) Gonzalo Cienfuegos. *El Trofeo*. 2005. Courtesy of the artist. **277** (t) Guillermo Nuñez. Excerpt from "*Todo en ti fue Naufragio*". Permission requested. Best efforts made. **286** (r) Diego Velásquez. *Las Meninas, the Family of Philip IV*. 1656 © Museo del Prado Madrid. Photo by Jose Blanco. **321** (t) Santiago Hernandez. Lithograph print from *El Libro Rojo*, Published by Francisco Dias de Leon y White. 1870 © Instituto Nacional de Antropología y Historia (INAH), Mexico. Permission requested. Best efforts made, (m) Diego Duran. *Montezuma, 1466–1520 last king of the Aztecs, leaving for a retreat upon being told of the Spanish disembarking*. From folio 192R of the Historia de los Indios. 1579 © The Art Archive/Biblioteca Nacional Madrid/ Dagli Orti. **347** *Still Life with Setter to Mr. Lask* by William Michael. **[LEC]** **2** Fernando Botero. *Una Familia*. 1989. Colección Banco de la República – Bogatá, Colombia. **12** Pablo Picasso. *Los Enamorados*. 1923 © Sucesión Picasso/Artists Rights Society (ARS) New York. **26** Yori Morel. *La Bachata*. 1942. Cortesía Museo de Arte Moderno. Santo Domingo, República Dominicana. **27** Achille Beltrame. *Juanita Cruz*. 1934. © The Art Archive/Domenica del Corriere/Dagli Orti (A). **36** Aldo Severi. *Calesita en la Plaza*. 1999 © Aldo Severi. Courtesy of Giuliana F. Severi. **50** Herman Braun-Vega. *Concierto en el Mercado*. 1997 © Herman Graun-Vega, courtesy of the artist. **51** (b) Bartolome Esteban Murillo. *Niños comiendo uvas y un melón*. 17th century © Scala/Art Resource, NY. **52** Diego Rodríguez Velázquez. *La Vieja friendo huevos*. 1618 © Scala/Art Resource, NY. **53** (t) Diego Velázquez. *Los Borracios*. Before 1629. © The Art Archive/Museo del Prado, Madrid/Dagli Orti (b) Diego Velásquez. *Las Meninas, the Family of Philip IV*. 1656 © The Art Archive/Museo del Prado Madrid. **60** Antonio Berni. *La siesta*. 1943. Óleo sobre tela 155 x 220 cm. Colección Privada. **62** Carlos Morel. *Rio de la Plata Calgary, Argentina*. 1845 © The Art Archive/Nacional Library Buenos Aires/Dagli Orti. **63** Pierre Raymond Jacques Monvoisin. *Juan Manuel de Rosas*. 1842 © The Art Archive/Museo Nacional de Bellas Artes Buenos Aires/Dagli Orti. **76** Arturo Michelena. *El Niño Enfermo*. 1886 Galería de Arte Nacional. Caracas, Venezuela. **86** Hector Giuffre. *Vegetal Life*. 1984 © Hector Giuffre. **89** Lino Eneas Spilimbergo. *La Planchadora*. 1936. Permission requested. Best efforts made. **92** Frida Kahlo. *Self-portrait with Cropped Hair*. 1940. Digital Image © The Museum of Modern Art/Licenses by SCALA/Art Resource, NY. **100** Jacqueline Brito Jorge. *Etatis XX (hecho a los 20 años)*. 1996. © Collection of the Arizona State University Art Museum. **110** Armando Morales. *Paisaje Marino*. 1983. © 2002 Artists Rights Society (ARS), NY/ADAGP, Paris. **116** Graciela Rodo Boulanger. *Altamar*. 2000. © Courtesy Edmund Newman Inc. **119** Diego Rivera. *Emiliano Zapata*. 1928 © Banco de Mexico Trust, Schalkwijk/Art Resource, NY.

126 Frida Kahlo. *Autorretrato con mono*. 1938. Oil on masonite, overall 16 x 12" (40.64 x 30.48 cms). Albright-Knox Art Gallery, Buffalo, New York. Bequest of A. Conger Goodyear, 1966. **136** Wilfredo Lam. *Vegetación Tropical*. 1948. Moderna Museet. Estocolmo, Suecia. **152** Remedios Varo. *Tres Destinos*. 1954 © Christie's Images. **154/5** (t) selections from *"Weblog de una Mujer Gorda"*. © Bernardo Erlich 2000. **162** Joaquín Torres García. *Composicion Constructiva*. 1938 © Art Museum of the Americas, Organization of American States, Washington, D.C. **168, 170/1** Bernardo Erlich. Selections from *Weblog de Una Mujer Gorda*. Episode "Hay Tiempo Para Todo, Mama". **178** Antonio Berni. *Manifestacion*. 1934. Courtesy of MALBA © José Berni, Spain. **180** Andy Warhol. *Carolina Herrera*. 1979. 40" x 40". Synthetic polymer paint and silkscreen ink on canvas. © The Andy Warhol Foundation, Inc./Art Resource NY. **188** Diego Rivera. *Mercado de flores*. 1949 Óleo/tela 180 x 150 cms. Colección Museo Español de Arte Contemporáneo. Madrid, España. Foto © Fondo Documental Diego Rivera. CENIDIAP.INBA. Conaculta, México. **194, 197** Alfredo Bedoya Selections from *"La Abeja Haragana"* © 2002 Alfredo Bedoya. Courtesy of the Artist. **204** Rafael Barradas. *Naturaleza muerta con carta de Torres García*. 1919. Museo Nacional de Artes Visuales. Montevideo, Uruguay. **214** Salvador Dalí. *Automovil vestido*. 1941 © 2002 Salvador Dalí, Gala-Salvador Dalí Foundation. Artists Rights Society (ARS), New York. **230** Juan Gris. *El Libron*. 1913 © Musée d'Art Moderne de la ville de Paris. **235** Marta Minujin. *El Partenon de Libros*. 1983. Buenos Aires, Argentina c. 1980 © Marta Minujin. Courtesy of the artist. **240** Armando Barrios. *Cantata*. 1985. Óleo sobre tela. 150 x 150 cms. –catálogo general: 868. Fundación Armando Barrios. Caracas, Venezuela. **256** Wifredo Lam. *Tercer Mundo*. 1966. © 2002 Artists Rights Society (ARS), New York/ADAGP Paris. **266** José Antonio Velásquez. *San Antonio de Oriente*. 1957 Colección: Art Museum of the Americas, Organization of American States. Washington D.C. **284** José Sabogal. *EL alcade de Chinceros*; Varayoc. 1925 Óleo sobre lienzo. Municipalidad Metropolitana de Lima. Pinacoteca "Ignacio Merino." Lima, Peru. **285** Anonymous. 16th Century. *Portrait of Atahualpa, 13th and last King of the Incas* © Bildarchiv Preussischer Kulturbesitz/Art Resource, NY. Photo by Dietrich Graf. **294** Diego Rivera. *Disembarkation of the Spanish at Veracruz (with portrait of Cortes as a hunchback)*. 1951 National Palace, Mexico City, D.F., Mexico. © Banco de Mexico Trust. Photograph © Schalkwijk/Art Resource, NY. **300** William Penhallow Henderson, *"San Juan Pueblo (New Mexico)"*. Ca. 1921 © Smithsonian American Art Museum, Washington, DC/Art Resource, NY Harnett.

Illustration Credits

Debra Dixon: [LEN] (mr) 32, 62, 99, 124, 125, 132, 162, 194, 212, 242, 259, 268, 269, 292, 320, 321, **[LEC]** 3
Sophie Casson: [LEN] 64, 87, 92, 139, 173, 227, **[LEC]** 244, 397
Pere Virgili: [LEN] 34, 47, 51, 54, 57, 81, 85, 108, 112, 113, 126, 147, 149, 178, 205, 213, 231, 235, 283, 285, 295, 335, **[LEC]** 4, 17, 24, 25, 245, 247
Hermann Mejia: [LEN] 100, 193, 313, **[LEC]** 130
Franklin Hammond: [LEN] 201, **[LEC]** 291

Photography Credits

Corbis Images: [LEN] 2 (bl) Cobis. 10 LWA-Dann Tardif. 11 (b) Rick Gomez. 12 Steve Prezant. 13 (t) Marc Serota/ Reuters. 21 (tr) Reuters, (br) Toru Hanai/Reuters. 32 (tr) Jim Cummings. 40 (l) Robert Galbraith/Reuters. 41 (ml) Reuters. 49 Corbis. 50 (tr) Lester Lefkowitz, (tm) Stephen Welstead. 56 (m) Peter Muhly/Reuters. 70 (t, b) Reuters, (m) Pool. 71 (mr) TVE, (ml) Hubert Stadler. 79 James W. Porter. 86 Jeffery Alan Salter/SABA. 101 (t) Jeremy Horner, (m) Janet Jarman. 103 (b) Reuters. 127 Dave G. Houser/Post-Houserstock. 132 (t) Atlantide Phototravel. 133 (t) Dave G. Houser/Post-Houserstock, (m) Richard Cummins. 134 Juan Carlos Ulate/Reuters. 154 (ml) Martin Harvey. 155 (m) Firefly Production. 161 (b) Michael & Patricia Fogden. 163 (t) Stephen Frink. 184 (tl) Ruediger Knobloch. 193 (br) Jim Craigmyle. 216 Aro Balzarini/epa. 219 (m) Claudio Edinger. 220 Steve Starr. 221 (mr) Reuters. 222 Sergio Dorantes. 226 (l) Miraflores Palace/Handout/Reuters. 242 (bm) Fabio Cardoso/zefa. 243 (m) Douglas Kirkland. 249 (t) Tonatiuh Figueroa/epa, (b) Roger Ressmeyer. 250 (t) Dave G. Houser/Post-Houserstock. 251 (t) Andres Stapff/Reuters, (b) Lindsay Hebberd. 262 Despotovic Dusko/SYGMA. 275 (t) Bettman. 276 (tl) Macduff Everton. 278 Marcus Moellenberg/zefa. 286 (l) Carl & Ann Purcell. 287 (l) Despotovic Dusko. 292 (bl) Steve Raymer, (tl) Jorge Silva/Reuters. 293 (t) Nancy Kaszerman/Zuma Press. 301 (t) Martin Alipaz/epa, (bl) Gustavo Gilabert, (br) Garmendia/Biosfera. 302 Reuters. 320 (mr) Reuters. 329 (m) Philippe Eranian. 330 Mark A Jonson. **[LEC]** 7 (r) Bettmann, (ml) Lisa O'Connor/Zuma. 14 (foreground) Josh Westrich/zefa. 17 Bassouls Sophie/SYGMA. 22 (ml) Paul Buck/epa. 28 Mark L Stephenson. 31 (l) Lawrence Manning. 32 Josh Westrich/Zefa. 34 Bettmann. 37 Eduardo Longoni. 38 Jason Horowitz/ zefa. 48 Images. com. 55 (r) Tom Stewart/Zefa. 61 Bettmann. 77 Reuters. 79 (1) Abilio Lope, (m) Torleif Svensson, (r) Lawrence Manning. 101 Macduff Everton. 103 (b) Richard A. Cooke. 104 (l) Kevin Fleming, (m) Philip James Corwin. 111 © Bassouls Sophie. 131 (l) Stephanie Maze, (r) Wolfgang Kaehler. 157 Jean-Louis de Jeune/Images.com. 194 H. Takano/zefa. 195 Tony Frank. 233 Tony Albir/epa. 237 MAPS.com. 244 (tl) Ruediger Knobloch/A.B./zefa. 246 Bettmann. 257 (t) Robert Harding World Imagery. 259 Carlos Cazalis. 272 David H. Wells. 274 Tibor Bognar. 276 O. Alamany & E. Vicens. 280 (m) Reuters, (l) Najiah Feanny, (r) Bettmann. 282 Erich Schlegel/Dallas Morning News. 284 Francoise de Mulder. 286 (l) James Sparshatt. 289 (l) Peter M. Wilson, (r) Jorge Silva/Reuters. 295 Vittoriano Rastelli. 251 (t) Andres Stapff/Reuters, (b) Lindsay Hebberd. 302 Jeremy Horner.
Getty: [LEN] 9 (t) Janie Airey. 21 (bl) Ezra Shaw. 39 (b) AFP/AFP. 40 (r) Carlos Alvarez. 42 Lipnitzki/Roger Viollet. 56 (r) Evan Agostini, (l) Susana Gonzalez/AFP. 63 (b) Michelangelo Gratton. 73 Alberto Bocos Gil/AFP. 80 David C. Tomlinson. 99 (m) Stu Forster/Allsport. 135 (t) Juan Barreto/AFP. 139 (l) Cosmo Condina.

156 Photographer's Choice. **161** (m) Joe Sartore. **162** (t) Jeff Hunter. **191** (t) Wesley Bocxe/Newsmakers. **193** (bl) NASA/ Liaison. **206** Altrendo Images. **207** Javier Pierini. **212** (tl) Chabruken. **249** (m) Getty Images. **277** (l) Jose Jordan/AFP. **300** (t) Gonzalo Espinoza/AFP. **327** (m) Luis Acosta, (t) Alfredo Estrella/AFP. **[LEC] 3** Frank Micelotta. **7** (r) Hulton Archive. **22** (r) Roberto Schmidt/AFP, (l) Frank Micelotta. **51** (t) Dominique Faget/AFP. **55** (l) Alan Thornton. **72** (l) Paula Bronstein. **115** Piero Pomponi/Liaison. **119** (1) Roger Viollet Collection. **148** (l) Martin Bernetti/AFP. **179** Robyn Beck/AFP. **181** Carlos Alvarez. **189** Steve Northup/TimePix/Time Life. **211** (m) Joel Sartore. **212** Jeff Hunter **215** Dominique Faget/AFP. **231** Susana Gonzalez. **234** Derke/O'Hara. **238** (2) Georgette Douwma. **268** VEER Scott Barrow. **271** Pierre-Philippe Marcou/AFP.

Alamy: [LEN] 9 (m) Jack Hobhouse, (b) Robert Fried. **21** (tl) Allstar Picture Library. **27** eStock Library. **39** (t) Nicolas Osorio/eStock Photo. **62** (tl) James Quine. **72** Mark Shenley. **101** (b) bildagentur-online.com/th-foto. **125** (b) Mark Lewis. **131** (b) AM Corporation. **139** (ml) Paul Thompson Images, (r) Mecky Fogeling. **154** (tr) Bruce Coleman, (tl) Peter Adams Photography, (r2) Florida Images. **161** (t) Hemis. **163** (bl) David Tipling. **164** Stephen Frink Collection. **171** (l) Mediacolor's. **179** Nigel Hicks. **185** (b) Stock Connection Distribution. **225** Chad Ehlers. **276** (br) Craig Novell- All Rights Reserved. **299** (m) Helene Rogers. **320** (tl) David Myers Photography. **328** ImageBroker. **[LEC] 7** (mr) Mary Evans Picture Library. **10** EuroStyle Graphics. **22** (mr) Allstar Picture Library. **27** Stock Connection Distribution. **31** Mary Evans Picture Library. **57** (background) Stock Connection Distribution. **78** archivberlin Fotoagentur GmbH. **96** (r) Adam Van Bunnens. **257** (b) © Robert Harding Picture Library. **258** Frame Zero. **286** (r) Robert Harding Picture Library Ltd. **296** Mireille Vautier

WireImage: [LEN] 41 (t) Gram Jepson. **[LEC] 4** Michael Schwartz. **5** (l, m, r) Michael Schwartz. **104** (r) Barry King.

Masterfile: [LEN] 2 (rm) Matthew Wiley. **3** (m) T. Ozonas. **11** (ml) Darrell Lecorre. **125** (t) Hill Brooks. **139** (mr) Gloria H. Cómica. **[LEC] 10** (ml) Darrell Lacorre. **205** (br) Rick Fischer. **275** Carl Vailquet.

Danita Delimont: [LEN] 133 (b) Cindy Millar Hopkins.

Lonely Planet Images: [LEN] 20 Richard Cummings. **69** (m) Oliver Strewe. **191** (b) Holger Leue. **251** Krzysztof Dydynski. **[LEC] 213** (br) Steve Simonsen. **238** Steve Simonsen.

AP Wide World Photos: [LEN] 43 AP Photo/Jaime Puebla. **71** (b) AP Photo/EFE, Cherna Moya (t) AP Photo/Tim Gram. Picture Library. **99** (b) AP Photo/Esteban Felix. **165** AP Photo/Ariel Leon. **212** (br) AP Photo/Ana Maria Otero. **221** (t) AP Photo/Esteban Felix (b) AP Photo/Jorge Saenz. **299** (t) Roberto Candia. **315** Nick Ut. **[LEC] 87** AP Photo/ Jose Caruci. **160** Oronoz.

Misc: [LEN] 11 (t) Caterina Bernardi, (mr) Diseño de cubierto por Matteo Bologna por Mucca Design. Foto por Thurston Hopkins/ Getty Images. **13** (b) Dorothy Shi Photo, courtesy Mario German, Puntographics.com. **39** (m) Rachel Weill/foodpix/Jupiter Images. **41** (mr) Film Tour/South Fork/Senador Film/The Kobal Collection (b) Arau/ Cinevista/Aviacsa/The Kobal Collection /The Picture-desk. **99** (t) StockFood.com. **100** Martin Bernetti. **103** (t) Marta Gomez. **195** (t) Photo courtesy of Universal Music Argentina. **219** Caretas Magazine. Permission requested. Best efforts made. **223** Desorden Publico. Courtesy Jeremy Patton, Megalith Records and the band. **251** (m) Rachel Distler. 2006. **253** www.nataliaoreiro.com. Permission requested. Best efforts made. **275** (b) Museo de Arte, Latinoamericano de Buenos Aires/Colección Costantini. **276** (tr, mr) 2005 Fundación Pablo Neruda. Fernando Márquez de la Plata 0192, Santiago de Chile. **277** (b) Roser Bru, from EBEN Interiors at www.eben.lesrevistes.com. Permission requested. Best efforts made. (mr) 2006 Universidad de Concepción, Concepción, Chile. **279** www.viletaparra. scd.cl. Permission requested. Best efforts made. **300** (b) © James Brunker/Magical Andes Photography. **303** Los Kjarkas. **327** (b) 2005 National Public Radio, Jay Paul. **331** (t) Peru Negro private collection (b) Filmar Lopez. **346** © Rue de Archives/The Granger Collection, New York. **[LEC] 31** (l) © Victor Englebert. **41** © Anne Claire Paingris. Courtesy of Rodrigo Soto. **46** (l) © R. Sabatier/ Travel-Images.com. **65** photo Courtesy of the Author. **69** Sandra Johanson/Jupiter Images. **91** © Lola Alvarez Bravo, courtesy of Galeria Juan Martin. **102** (t) Warren Marr/ Panoramic Images/NGSImages.com. **122** (l) Oscar Artavia Solano/ VHL, (ml) Janet Dracksdorf/VHL, (mr, r) José Blanco/VHL. **129** 2000 Doug Myerscough. **141** Courtesy of Teresa Crespo de Salvador. **148** (l) José Blanco/VHL, (m) Paola Rios Schaff/VHL. **167** Courtesy of Hernán Casciari. **193** public domain. **199** (t) Robert Frerck /Odyssey Productions, Inc. **200** © Got Milk?™, National Fluid Milk Processor Promotion Board and Siboney USA, Inc. **206** Editorial Servilibro, Paraguay. **209** (l) © Living Language, Inc., a Random House Company. **215** © Agencia EFE. **219** 2006 Dave Feiling. **220** Lomo/Jupiter Images. **222** Gram Monro/Jupiter Images. **226** (r) from *Montecristo,* Telefe International © 1996–2007 The Izarro Group. **245** © Agencia EFE. **249** Best efforts made. **258** (inset) Best efforts made. **267** Courtesy of Marjorie Agosín and blackbird.vcu.edu. **279** Messe Bremen/www.robocup2006.org. **233** Harper Collins. **286** (m) This image is in the Public Domain. Taken from www.wikipedia.com. **287** Biblioteca Virtual Miguel de Cervantes, www.cervantesvirtual.com. **304** Diego Vizcaino, www.geocities. com/tibacuy.geo/ee.html

About the Authors

José A. Blanco founded Vista Higher Learning in 1998. A native of Barranquilla, Colombia, Mr. Blanco holds degrees in Literature and Hispanic Studies from Brown University and the University of California, Santa Cruz. He has worked as a writer, editor, and translator for Houghton Mifflin and D.C. Heath and Company and has taught Spanish at the secondary and university levels. Mr. Blanco is also co-author of several other Vista Higher Learning programs: **VISTAS, VIVA, AVENTURAS,** and **PANORAMA** at the introductory level, **ENFOQUES, FACETAS, IMAGINA,** and **SUEÑA** at the intermediate level, and **REVISTA** at the advanced conversation level.

María Colbert received her PhD in Hispanic Literature from Harvard University in 2005. A native of both Spain and the U.S., Dr. Colbert has taught language, film, and literature courses at both the high school and college levels. Her interests include: Basque culture, Spain's regional identities, and Spanish literature and film. Dr. Colbert's numerous publications range from travel guides to literary criticism. She is currently an Assistant Professor of Spanish at Colby College in Maine.